高等职业教育"十二五"规划教材

全国高职高专道路与桥梁工程技术专业系列规划教材

路桥应用力学

骆 毅 主编

施 斌 郭定林 副主编

科 学 出 版 社

北 京

内 容 简 介

本书是道路与桥梁工程专业规划教材,是高职高专院校道路与桥梁工程技术专业及相关专业群教学用书,也可供行业继续教育或岗位培训使用,还可供相关从业人员参考。

全书由 12 个单元组成,主要内容包括:绪论、工程构件受力分析、工程受力构件平衡条件分析、轴向拉压杆件的内力与承载能力分析、梁的内力与承载能力分析、工程构件破坏成因分析、工程构件在多种变形同时发生下的承载能力分析、受压构件稳定性分析、工程结构几何组成分析、工程静定平面杆系结构内力分析、工程静定平面结构位移计算、工程超静定平面杆系结构承载能力分析、工程结构影响线等。

每个单元都结合工程实例对知识点进行讲解,并附有单元小结和自我检测。

图书在版编目(CIP)数据

路桥应用力学/骆毅主编 . —北京:科学出版社,2011
(高等职业教育"十二五"规划教材·全国高职高专道路与桥梁工程技术专业系列规划教材)
ISBN 978-7-03-032149-7

Ⅰ.①路… Ⅱ.①骆… Ⅲ.①道路工程-工程力学-高等职业教育-教材②桥梁工程-工程力学-高等职业教育-教材 Ⅳ.①U411②U441

中国版本图书馆 CIP 数据核字(2011)第 170308 号

责任编辑:彭明兰 张雪梅 / 责任校对:耿 耘
责任印制:吕春珉 / 封面设计:曹 来

科 学 出 版 社 出版
北京东黄城根北街 16 号
邮政编码:100717
http://www.sciencep.com
新科印刷有限公司 印刷
科学出版社发行 各地新华书店经销
*
2011年9月第 一 版 开本:787×1092 1/16
2019年8月第五次印刷 印张:19 3/4
字数:464 000
定价:48.00元

(如有印装质量问题,我社负责调换〈新科〉)

销售部电话 010-62134988 编辑部电话 010-62132124(VA03)

前　　言

本书按照教育部高等职业教育课程改革国家规划新教材编写的指导思想和相关原则进行编写。

本书力求打破传统力学教材的编写框架，在内容选取、编排方面，从"构建与道路和桥梁工程行业标准相衔接，以能力为本位的力学课程体系"出发，力求向学生提供其未来工作岗位所需要的力学知识和技能，重点讲解道桥工作岗位最需要的知识点。

对编写模式进行全新的尝试。通过"想一想"、"练一练"等生动活泼的教学模式，以及浅显易懂的类比等方式，由实例导入内容，然后展开理论描述，努力站在学生的角度思考问题，内容衔接巧妙，寓乐于教于学，更符合老师的教学要求，也更能激发学生的学习兴趣。每个单元都结合典型易懂且和力学相关的工程实例对知识点进行讲解，拉近学生和实际工程的距离，也方便学生理解理论知识在工程中的应用，培养学生的职业素质。

本书在编写过程中力求既保证传统力学的科学性、正确性，又联系道路与桥梁工程专业，同时贴合高职高专学生实际（例如本书采用重点内容例题多而全、习题则适量的编写原则），是编写老师多年"教、学、做一体化"教学实践的结晶。

本书由骆毅担任主编，负责本教材编写前期的构思、样章编写，中期编写的规划、协调和实施，后续的统稿等工作，并负责绪论、单元2、单元3部分内容和单元4编写工作；施斌、郭定林担任副主编，参与教材编写规划、协调和实施工作，并分别负责单元1和单元9～单元11及附录1和附录2的编写工作；罗冬梅负责单元5和单元6的编写工作；李可勤参与样章编写并负责单元7和单元12的编写工作；何军拥负责单元8的编写工作；丁虎、余景良、何广雄参与了单元3部分内容的编写工作；陈理参与部分内容的校核工作。

由于编者水平有限，书中难免有不足和疏漏之处，恳请读者不吝指正。

目　录

绪　论

教学目标

1. 明确路桥应用力学的研究对象和任务。
2. 掌握强度、刚度和稳定性的概念。
3. 了解工程结构计算简图概念及确定计算简图的原则。
4. 了解工程平面杆系结构的分类。

生活中，处处可以见到各种建筑物。如果对建筑物的施工过程稍加注意，便可以看到，这些建筑物是由许许多多的构件组合起来的。一个庞大的建筑物，在建造之前，设计人员将对它的所有构件都一一进行受力分析，构件的尺寸大小、所用的材料、排列的位置都要通过计算来确定，这样才能保证建筑物的牢固和安全。

0.1　路桥应用力学的研究对象和基本任务

路桥应用力学是为道路和桥梁的建筑结构提供受力分析方法和计算理论依据的一门学科，是道路桥梁工程技术专业和相关专业群的一门重要的技术基础课程。

力学是一门既古老又散发着永恒活力的学科（图 0-1）。工程不断给力学提出问题，力学的研究成果又不断应用于工程实践并推动其进步。

工程力学是各技术工程学科的重要理论基础，是沟通自然科学基础理论与工程实践的桥梁。

任何建筑物在施工过程中和建成后的使用过程中都要受到各种各样的力的作用。例如，建筑物各部分的自重、人和设备的重力、风力、地震力等，这种力在工程上称为荷载，荷载分静载和活载，静载又分集中荷载和分布荷载，如图 0-2 所示。

活载是作用位置不断改变的移动荷载，如移

图 0-1　伽利略做木梁弯曲试验的装置

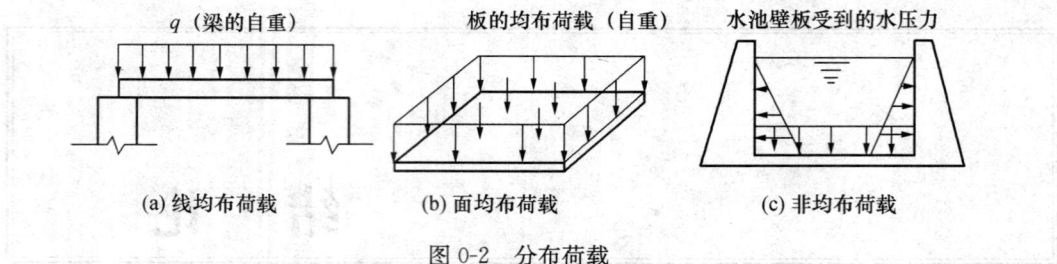

图 0-2　分布荷载

动的人荷载、车荷载等。

在建筑物中承受和传递荷载而起骨架作用的部分称为结构，组成结构的部件称为构件。

工程中结构的形状是多种多样的。一般构件按几何形状和尺寸的不同大致可分为：

1）杆——构件在某一方向的尺寸远远大于另两个方向的尺寸的称杆，例如梁、柱、轴等，如图 0-3 中 $l \gg b$ 与 h 的构件。

2）板、壳——构件在某一方向的尺寸（如厚度）较其他两个方向的尺寸小得多的称板（无曲率变化）、壳（有曲率变化）结构，如图 0-3 中 $h \ll a$ 与 b 的平板和双曲扁壳。

3）块体——三个方向尺寸差不多的构件，如图 0-3 中的块体。

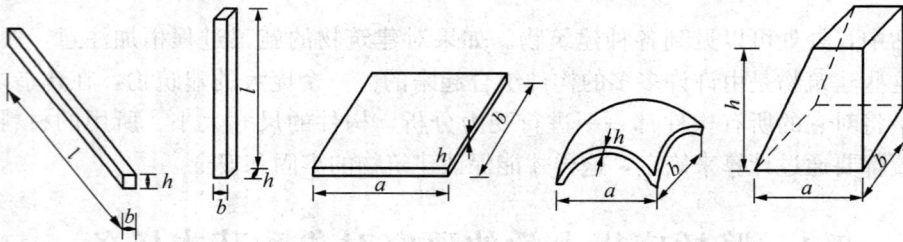

图 0-3　杆、板、壳、块体

路桥应用力学的研究对象主要是杆系结构（图 0-4）。

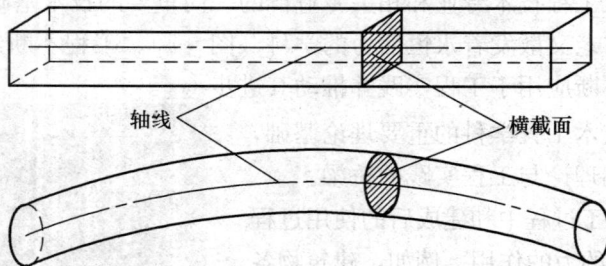

图 0-4　杆的轴线和横截面

【实例 0-1】　单层工业厂房。

图 0-5 是一个单层工业厂房承重骨架的示意图，它由屋面板、屋架、吊车梁、柱子

及基础等构件组成，这些构件都起着承受和传递荷载的作用。如屋面板承受着屋面上的荷载并通过屋架传给柱子，吊车荷载通过吊车梁传给柱子，柱子将其受到的各种荷载传给基础，最后传给地基。

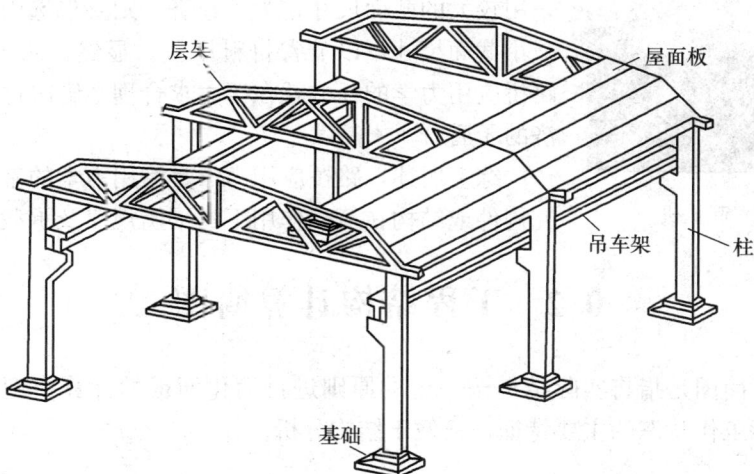

图 0-5　单层工业厂房承重骨架示意图

工程中，要求结构在承受和传递荷载时必须安全、正常地工作，这就要求：

1）在荷载作用下构件不发生破坏，即应具有足够的强度。

强度——构件抵抗破坏的能力。

例如，当吊车起吊重物时荷载过大，会使吊车梁发生弯曲断裂，即强度不够。

2）在荷载作用下构件所产生的变形在工程的允许范围内，即应具有足够的刚度。

刚度——构件抵抗变形的能力。

例如，吊车梁的变形如果超过一定的限度，吊车就不能在它上面正常行驶。楼板变形过大，其上的抹灰就会脱落。也就是说，变形过大就要影响构件正常工作，即刚度不够。

3）承受荷载作用时，构件在其原有形状下应保持稳定的平衡，即应具有足够的稳定性。

稳定性——细长压杆保持其原有直线平衡状态的能力。

例如，细长的中心受压柱子，当压力超过某一定值时，会突然地改变原来的直线平衡状态而发生弯曲，以致构件倒塌，也即发生了"失稳"。

【实例 0-2】　起重机。

建筑工地使用的塔式起重机（图 0-6），首先考虑为使起重机在空载和满载时都不致倾倒，平衡配重需要多大，只要使系统的重心在支座之间，起重机就不会翻倒。其次，从机架到左轨、右轨的设计中，考虑的问题是**在确定的起吊重量下，保证足够的强度和刚度**。

此外，在结构设计中，如果把构件截面设计得过小，构件受力后会迅速破坏或因

图 0-6 起重机

变形过大而影响正常使用；如果构件截面设计得过大，其所能承受的荷载过分大于所受的荷载，则又会不经济，造成人力、物力上的浪费。为了安全，要选用较好的材料或采用较大的截面尺寸；为了经济，则要求选用廉价材料或减小截面尺寸，以节省材料用量。显然，两者是矛盾的。路桥应用力学的任务就在于力求合理地解决这种安全与经济的矛盾。

综上所述，路桥应用力学是运用力学的基本原理，研究构件或结构在荷载作用下的平衡规律及承载能力。

0.2 工程结构计算简图

结构计算简图是指将实际结构按一定的原则进行简化而得的计算模型，它既能反映原结构实际工作状态的主要特征，又便于结构分析。

0.2.1 结构的简化

1. 平面简化

实际的工程结构，一般都是由若干构件或杆件按照某种方式组成的空间结构。因此，首先要把这种空间形式的结构根据其实际的受力情况简化为平面形式的结构，如图 0-7 所示。

> **知识窗：结构计算简图的简化**
>
> 工程结构计算简图可从以下几方面进行简化：
> 结构的简化；
> 节点的简化；
> 支座的简化；
> 荷载的简化。

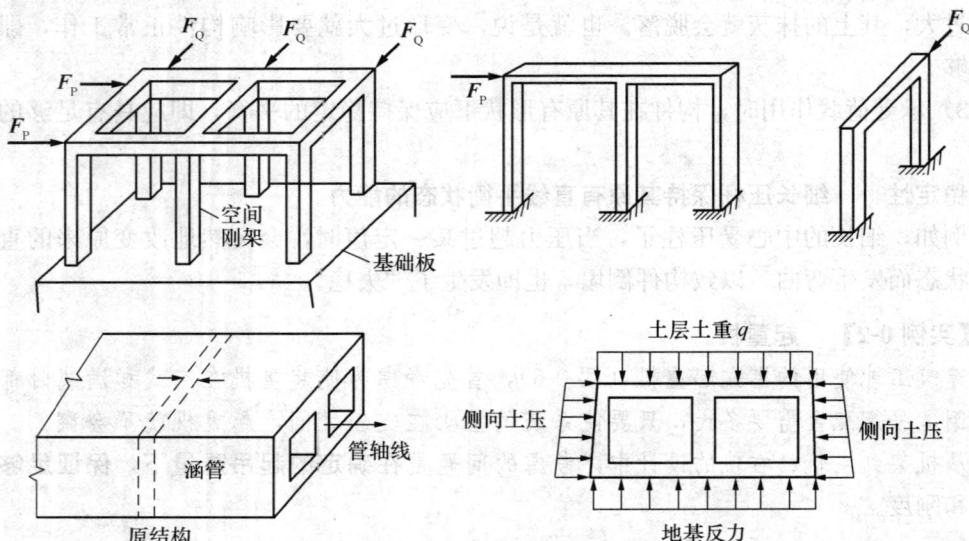

图 0-7 平面简化图

2. 杆件简化

对于构件或杆件，由于它们的截面尺寸通常要比其长度小得多，在计算简图中通常用其纵向轴线来表示杆件，如图 0-8 所示。

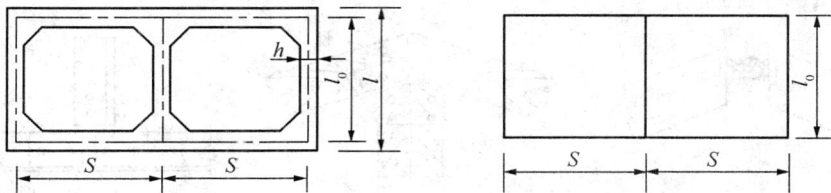

图 0-8 杆件简化图

0.2.2 节点的简化

杆件与杆件的连接处称为节点。

根据连接处构造的差异，节点可分为刚节点和铰节点两种。

刚节点是指构件之间既不能产生相对移动，也不能产生相对转动，即使结构在荷载作用下发生了变形，在节点处各杆端之间的夹角仍然保持不变的节点。图 0-9 所示为现浇钢筋混凝土结构的连接。

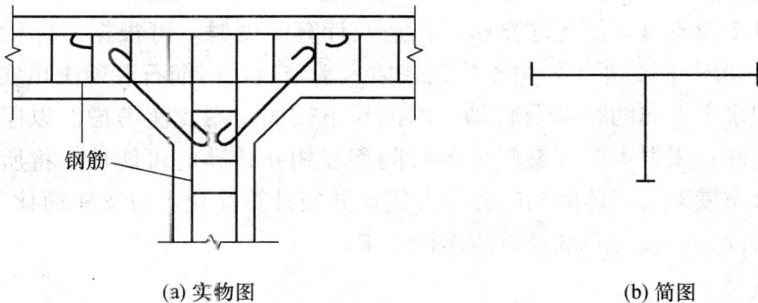

钢筋

(a) 实物图   (b) 简图

图 0-9 钢筋混凝土节点的简化

铰节点是指杆件与杆件之间是以圆柱铰链约束的形式连接，连接后杆件之间可以绕节点中心自由地转动而不能产生相对移动。在工程实际中的连接 [图 0-10 （a）] 一

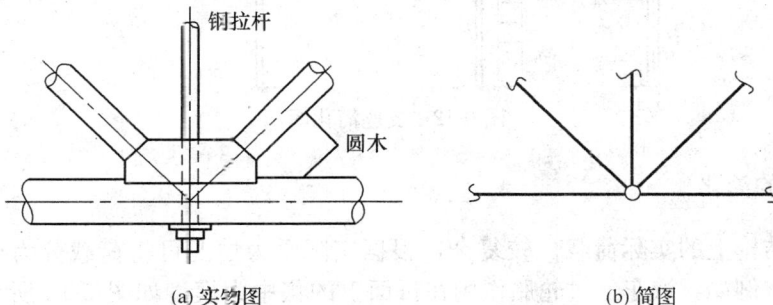

铜拉杆

圆木

(a) 实物图   (b) 简图

图 0-10 木屋架节点的简化

般认为各杆之间可以产生比较微小的转动，所以在计算简图中杆与杆之间的连接方式常简化成如图 0-10 （b）所示的铰节点。

图 0-11 （a）所示为典型的合页式铰，图 0-11 （d）所示为其计算简图。图 0-11 （b，c）所示分别为木结构与钢结构的节点构造图，它们通常简化为铰节点，计算简图如图 0-11 （e，f）所示。

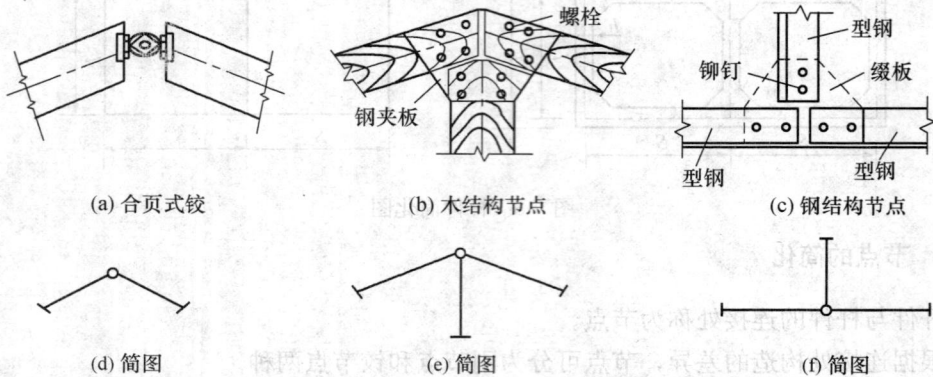

(a) 合页式铰　　　(b) 木结构节点　　　(c) 钢结构节点

(d) 简图　　　(e) 简图　　　(f) 简图

图 0-11　合页式铰计算简图

0.2.3　支座的简化

支座起着支承结构的作用，根据支座的构造和所起作用的不同，一般可简化为固定铰支座、可动铰支座、固定端支座。在选取计算简图时，可根据实际构造和约束情况进行简化。如图 0-12 所示，由于牛腿柱插入基础后，用细石混凝土填实，限制了柱在竖直方向和水平方向的移动及转动，因此柱下按固定端支座考虑。以屋架各杆件的轴线代替各杆件；根据木杆件交汇处各杆间存在相互转动的可能性，将所有节点简化为铰节点；考虑屋架与墙体间实际支撑方式，并使计算简化，将支座简化为简支形式，即一端是固定铰支座，另一端是单链连杆支座。

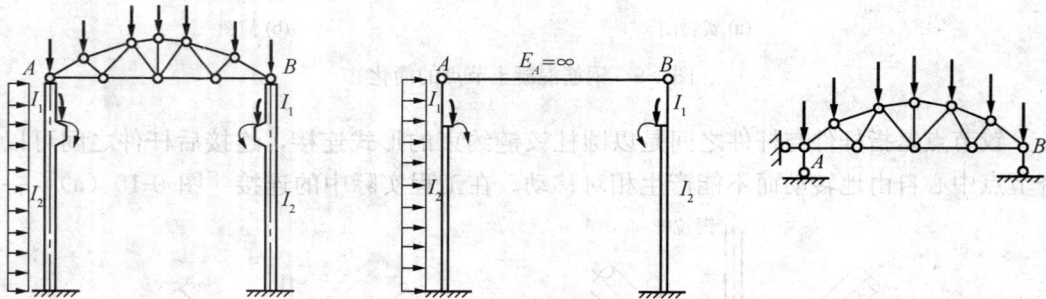

图 0-12　支座简化图

0.2.4　荷载的简化

作用在结构上的实际荷载比较复杂，根据实际受力情况可将荷载分为集中荷载和分布荷载等。例如，汽车通过轮胎作用在桥面上的集中力模型如图 0-13 所示，桥面板作用在钢梁上的分布力模型如图 0-14 所示。

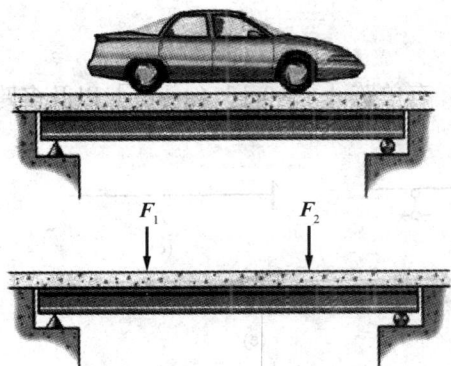

图 0-13　汽车通过轮胎作用在桥面上
的集中力模型

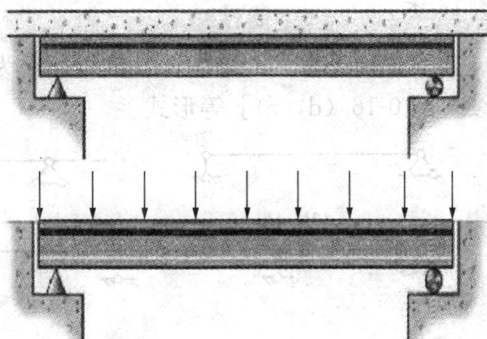

图 0-14　桥面板作用在钢梁上的分布力模型

图 0-15 为五层钢筋混凝土框架结构的计算简图。其中，横、竖线分别代表各层梁柱结构。梁柱交接处应视为相互不能发生转动的刚性节点，支座均视为固定端。梁上承受由板传来的竖向荷载，框架边柱上作用的是水平风荷载。

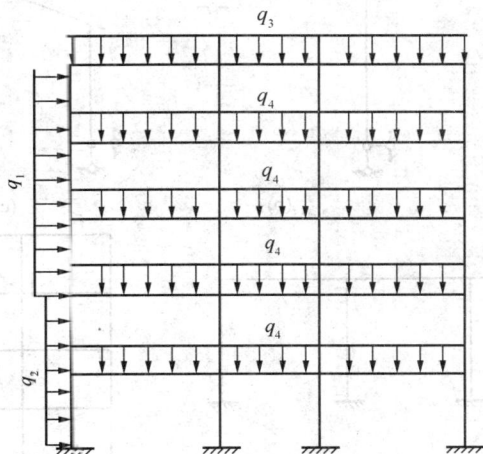

图 0-15　五层钢筋混凝土框架结构的计算简图

0.3　工程平面杆系结构的分类

杆系结构是指由若干杆件按一定的方式连接而成的结构，也称杆件结构。按照空间位置，杆系结构又可以分为平面杆系结构和空间杆系结构。

凡是组成结构的所有杆件的轴线和作用在结构上的荷载都位于同一平面内，这种结构称为平面杆系结构；反之，如果组成结构的所有杆件的轴线或作用在结构上的荷载不在同一平面内，这种结构称为空间杆系结构。

平面杆系结构通常可分为梁、刚架、拱、桁架和组合结构。

1. 梁

梁是一种最常见的结构，其轴线通常为直线，有单跨［图 0-16（a～c）］以及多跨连续［图 0-16（d，e）］等形式。

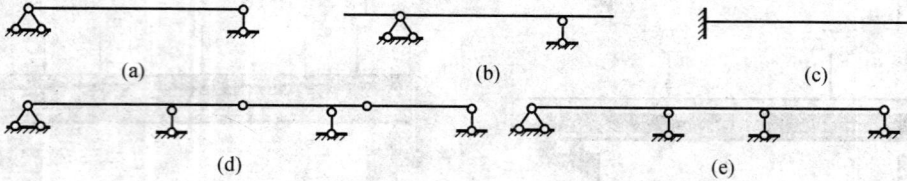

图 0-16　梁

2. 刚架

刚架由直杆组成，各杆主要产生弯曲变形，节点大多数是刚节点，也可以有部分铰节点，如图 0-17 所示。

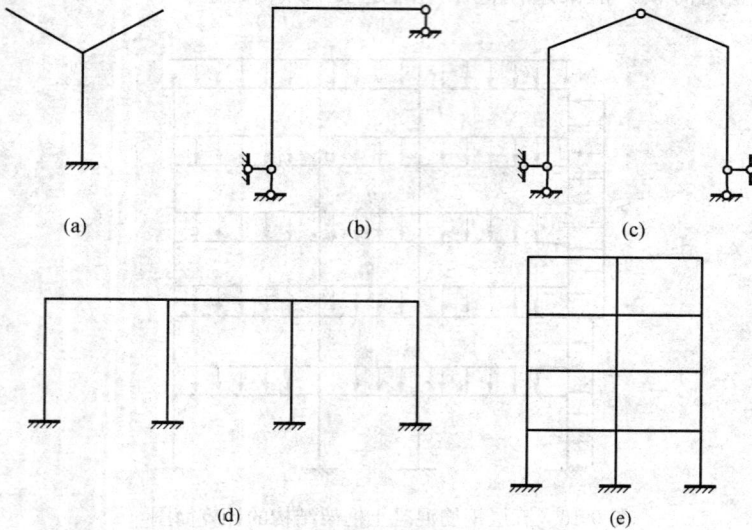

图 0-17　刚架

3. 拱

拱的轴线是曲线，这种结构在竖向荷载作用下，不仅产生竖向反力，还产生水平反力，如图 0-18 所示。

4. 桁架

桁架由直杆组成，各节点都假设为理想的铰节点，荷载作用在节点上，各杆只产生轴力。图 0-19（a）所示为平行弦桁架，图 0-19（b）所示为一个三角形桁架，

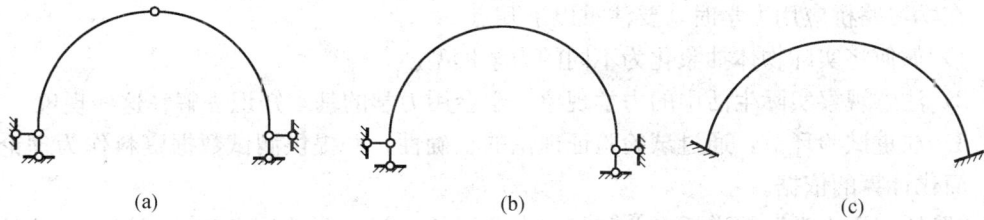

图 0-18　拱

图 0-19（c）所示为折线形桁架。

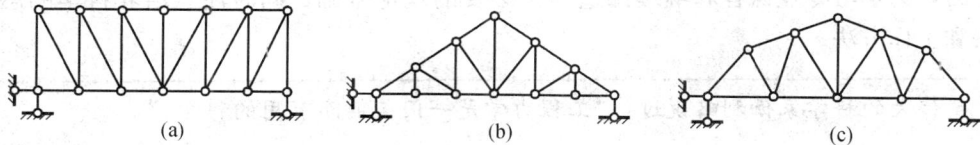

图 0-19　桁架

5. 组合结构

在组合结构中，一部分是桁架杆件，只承受轴力，而另一部分杆件则是梁或刚架杆件，即受弯杆件，主要受弯矩和剪力。也就是说，这种结构由两种结构组合而成，如图 0-20 所示。

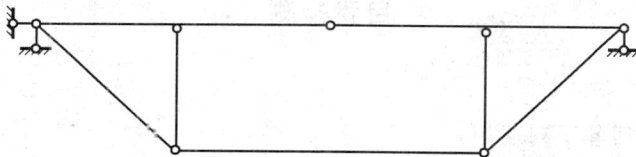

图 0-20　组合结构

0.4　学习路桥应用力学的意义

路桥应用力学是打开进入结构设计和解决施工现场许多受力问题的大门的钥匙。

通过对公路工程建设所做的调研和分析，可以把公路交通土建工程的主要任务归结为：①勘测；②设计；③施工准备；④施工；⑤竣工验收；⑥运营管理（主要是公路养护管理）。与这些工作任务对应的工作岗位有测量员、设计员、预算员、施工员、材料员、实验员、监理员、质检员和养护管理员。各岗位能力要求中都要求具备应用力学的知识分析、解决公路工程实际问题的能力。即使作为现场施工技术和施工管理人员，也只有懂得力学知识，才能知道结构的受力情况，什么位置是危险截面，各种力的传递途径以及构件在这些力的作用下会发生怎样的破坏等。这样才能很好地理解设计图纸的意图及要求，科学地组织施工，制订出合理的安全和质量保证措施。

在学习路桥应用力学时，要注重以下几点：

1）如何将实际物体抽象化为不同的力学模型。

2）注意观察实际生活中的力学现象，学会用力学的基本知识去解释这些现象。

3）注重试验环节，通过试验验证理论的正确性，并提供测试数据资料作为理论分析、简化计算的依据。

"路桥应用力学"是道桥专业和相关专业群的一门重要的技术基础课程，在基础课和专业课中起着承前启后的作用。通过本课程的学习，学生应具有初步对建筑工程问题进行简化的能力，一定的力学分析与计算能力，其中也包含了理论分析和逻辑思维的能力，为学习专业课程和继续深造提供必要的理论基础，同时注意培养科学的思想方法和工作方法。

> 伟大的科学家伽利略说过："工程力学是一门美丽而有用的科学。"
>
> ——同学们，努力吧！

单元小结

本单元讨论了路桥应用力学的研究对象和基本任务、工程结构计算简图、工程平面杆系结构的分类和学习路桥应用力学的意义，并结合工程实例对知识点进行了讲解。

自我检测

简答题

结合工程实例回答下列问题：

1. 路桥应用力学的研究对象和基本任务是什么？

2. 举例说明强度、刚度和稳定性的概念。

3. 试做结构计算简图举例。

工程构件受力分析

1. 掌握静力学基本概念、四个公理及两个推论、约束和约束反力的概念。
2. 掌握受力分析方法并会画受力图。
3. 能灵活应用所学理论和方法对工程实践中的路桥结构物进行受力分析，并能画出相应的受力图。

1.1 工程构件受力分析基础知识

本节主要讲述静力学基本概念、四个公理及两个推论以及约束和约束反力。

1.1.1 静力学基本概念

1. 力

> **想一想**
>
> 在生活中，人用力推小车，可以使小车由静到动；手用力拉弹簧，弹簧会产生伸长变形。这些力对物体产生了哪些作用效果？

力是物体间相互的机械作用，这种作用使物体的运动状态或形状发生改变。物体间的相互作用按照物体有无接触可分两类：一类是物体间直接接触产生，如拉力、压力和摩擦力等；另一类是物体间间接接触产生，如万有引力（包括重力）、电场力和磁场力等。

力是矢量，即由大小、方向（方位和指向）和作用点组成。

力的单位常用牛顿（N）、kN 或 GN 表示。

力的图示法如图 1-1 所示。

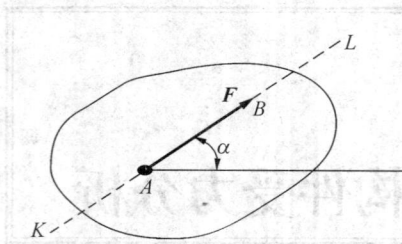

图 1-1 力的图示法

2. 平衡

平衡是指物体相对于地球保持静止或作匀速直线运动的状态。

3. 刚体

在外力作用下不变形的物体称刚体，其是一种力学模型。

1.1.2 四个公理及两个推论

想一想

如图 1-2 所示，如果把雨伞挂在桌边，雨伞必须摆动到其重心和挂点在同一铅垂线上时雨伞才能平衡。为什么？

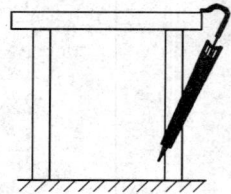

图 1-2 雨伞的平衡示意图

公理 1：二力平衡公理

作用于刚体上的两个力，使刚体处于平衡状态的必要与充分条件是等值、反向、共线并作用于同一个物体上。

受二力作用而平衡的物体如图 1-3 所示。

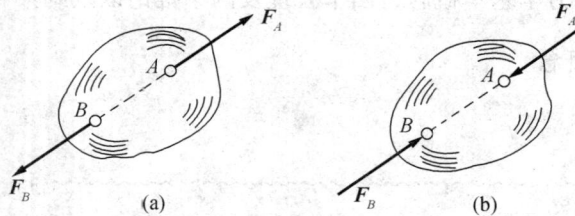

图 1-3 受二力平衡的物体

想一想

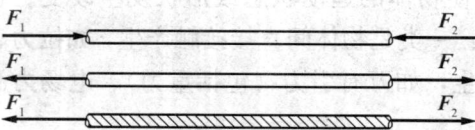

图 1-4 两端受拉的绳索

二力平衡公理对于刚体是充分的也是必要的，但对于变形体呢？如图 1-4 所示，绳索的两端若受到一对大小相等、方向相反的拉力作用可以平衡，但两端若受到一对大小相等、方向相反的压力作用还会平衡吗？

受二力作用而处于平衡的杆件或构件称为二力杆件（简称为二力杆）或二力构件，如图 1-5（b）所示。

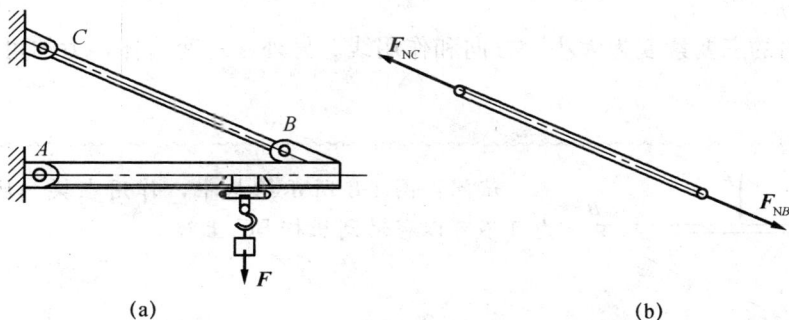

图 1-5　简易起重机

二力杆可以是直杆，也可以是曲杆。

练一练

　　试画出图 1-6 所示结构中二力杆的受力图。试问："二力方向的确定只与两力的作用点有关，而与二力构件的形态无关"这一说法对吗？

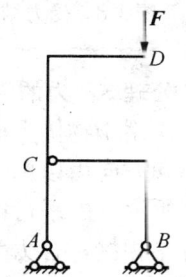

图 1-6　杆系结构

公理 2：加减平衡力系公理

在作用于刚体的已知力系上，加上或减去任意一个平衡力系，并不改变原力系对刚体的作用效应。

其推证如图 1-7 所示。

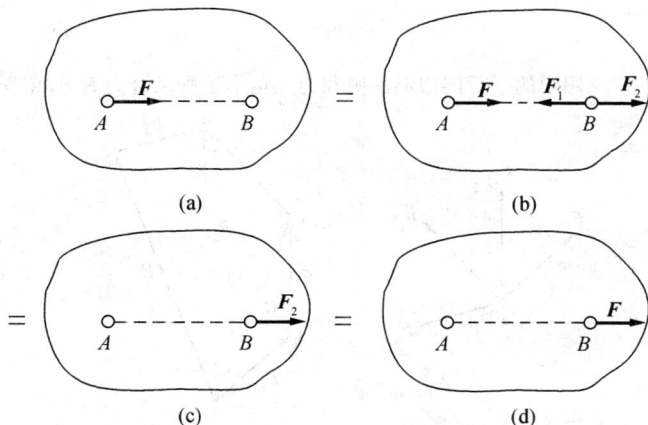

图 1-7　推证加减平衡力系公理示意图

推论1：力的可传性原理

作用于刚体上的力可沿其作用线移动到同一刚体内的任一点，而不改变该力对刚体的作用效应。

由此，力的三要素变为大小、方向和作用线。另外，对变形体，力的可传性原理不成立。

想一想

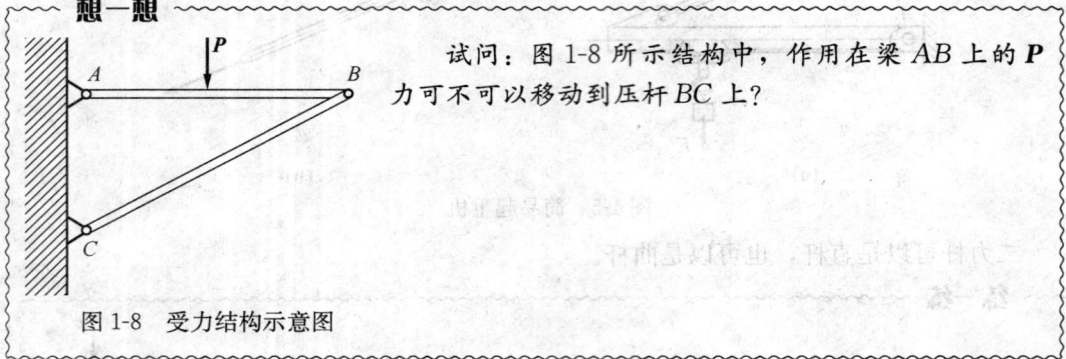

试问：图1-8所示结构中，作用在梁 AB 上的 P 力可不可以移动到压杆 BC 上？

图1-8 受力结构示意图

公理3：力的平行四边形法则

作用于物体上同一点的两个力可合成为一个合力，此合力也作用于该点，合力的大小和方向由以原两力矢为邻边所构成的平行四边形的对角线来表示。其推证如图1-9（a）所示。由平行四边形对边相等得力三角形法则，且可推广得力多边形法则：各分力首尾相接，合力为封闭边，如图1-9（b，c）和图1-10（a，b）所示。

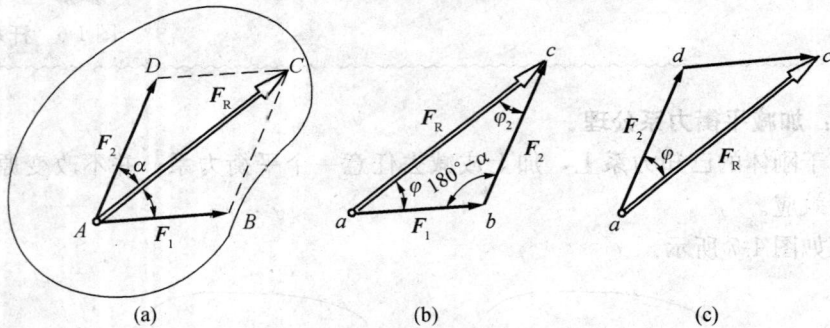

图1-9 应用力的平行四边形法则和力三角形法则求合力 R 示意图

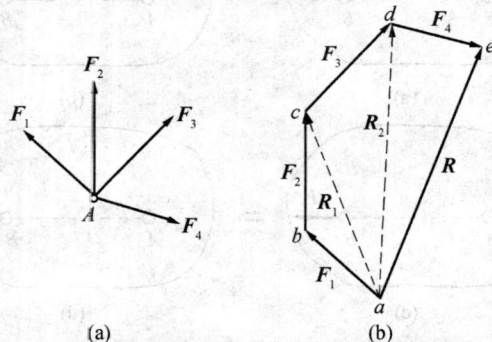

图1-10 应用力多边形法则求合力 R 示意图

练一练

试写出图 1-11 中两个矢量三角形所对应的矢量式。

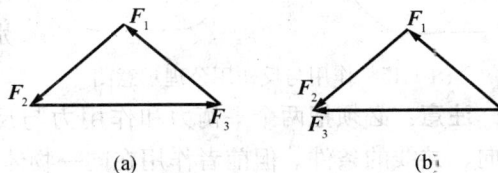

图 1-11 矢量三角形示意图

推论 2：三力平衡汇交定理

一刚体受共面不平行的三力作用而平衡时，此三力的作用线必汇交于一点。

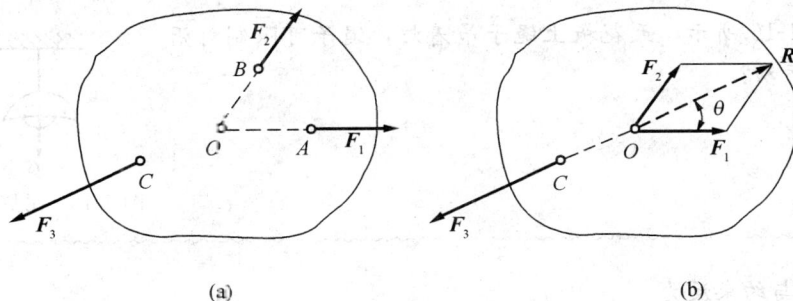

其推证如图 1-12 所示。

图 1-12 推证三力平衡汇交定理示意图

练一练

1. 如图 1-13 所示的三铰拱桥，由左右两拱桥铰接而成。设各拱桥的自重不计，在拱上作用有载荷 F，试分别画出左拱和右拱的受力图。

2. 如图 1-14 所示的承重三角形支架，A、C、D 三处均为铰接，在 B 处承重为 G，请画出 CD 杆与 AB 杆的受力分析图。两杆自重不考虑。

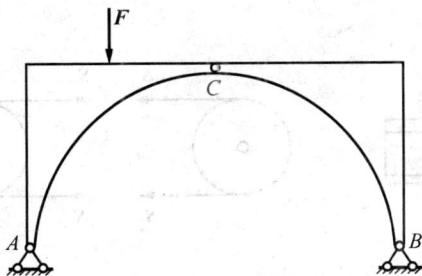

图 1-13 三铰拱桥

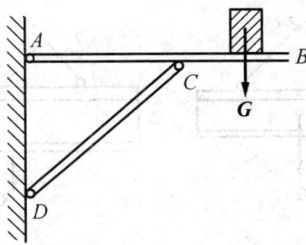

图 1-14 承重三角形支架

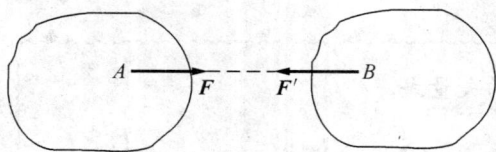

公理 4：作用力和反作用力定律

两个相互作用物体之间的作用力与反作用力大小相等、方向相反、沿同一直线且分别作用在这两个物体上。

其示意图见图 1-15。

图 1-15　作用与反作用公理示意图

注意：必须把两个平衡力和作用力与反作用力区别开来。它们虽然都满足等值、反向、共线的条件，但前者作用在同一物体上，后者分别作用在两个不同的物体上。

1.1.3　约束和约束反力

知识窗：自由体与非自由体

自由体：运动不受限制的物体，如鸟儿、飞机、子弹和卫星等物体。

非自由体：运动受到其他物体限制的物体。

想一想

如图 1-16 所示，天花板上绳子吊着灯，绳子可限制灯沿哪个方向运动？

图 1-16　吊灯示意图

1. 约束与约束反力

约束：限制其他物体运动的物体。

约束反力（约反力）：约束给被约束物体的力。

主动力：使物体运动状态发生变化或产生运动趋势的力。

被动力：由主动力引起，随主动力的改变而改变的力。

2. 工程中常见的约束及其约束反力

柔性体约束：用柔软的皮带、绳索、链条阻碍物体运动而构成的约束（图 1-17）。

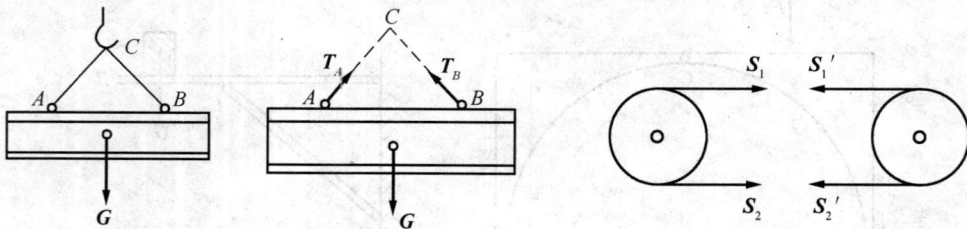

图 1-17　柔性体约束示意图

柔性体约束给被约束物体的力只能是拉力。

光滑接触面约束：当两物体在接触处的摩擦力很小而忽略不计时，其中一个物体就是另一个物体的光滑接触面约束（图 1-18）。

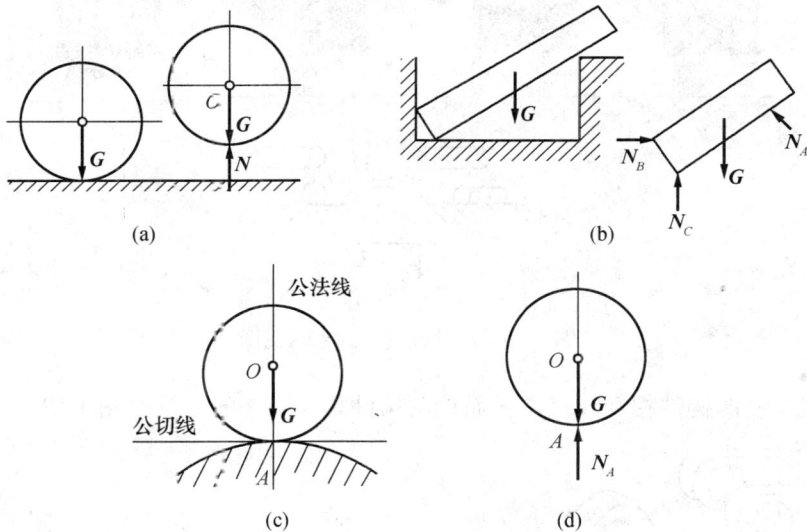

(a)　(b)

(c)　(d)

图 1-18　光滑接触面约束示意图

光滑接触面约束给被约束物体的力只能是压力，且沿公法线方向。

光滑铰链：由销钉连接两个带孔的构件组成，同时不计摩擦，忽略构件间的间隙的影响，称为光滑铰链约束。光滑铰链约束又有固定铰、可动铰和中间铰之分。注意约束反力的指向是假设的。

固定铰：限制物体移动而不限制转动的铰链（图 1-19）。

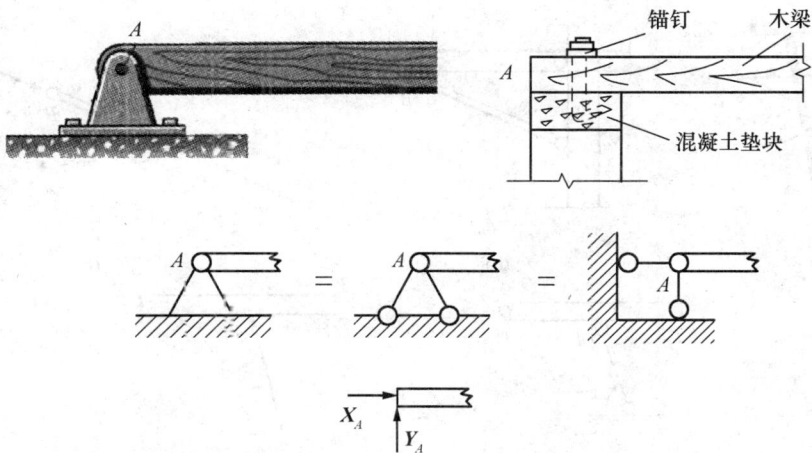

图 1-19　固定铰支座约束示意图

可动铰：因有轮子，故只限制垂直方向的移动而不限制其转动的铰链（图 1-20）。

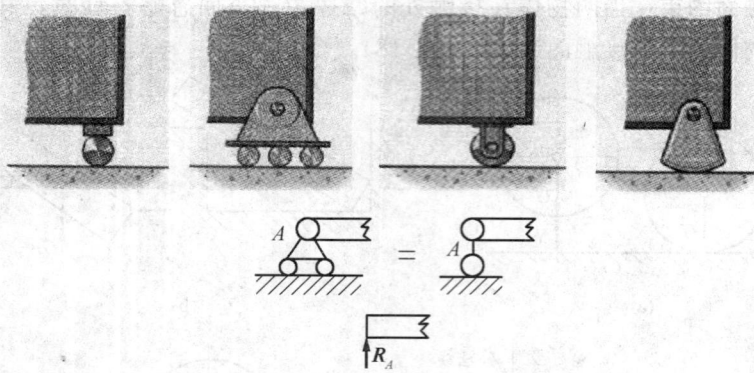

图 1-20　可动铰支座约束示意图

中间铰：使两构件相互连接，从而让两构件相互限制的铰链（图 1-21）。

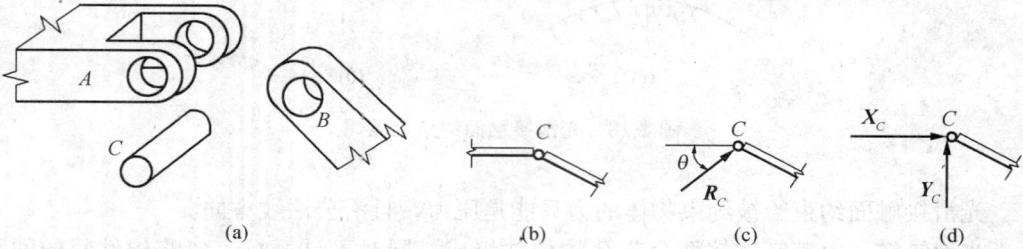

图 1-21　中间铰约束示意图

链杆约束：两端各以铰链与不同的物体连接，且中间为不再受力（自重忽略不计）的直杆构成的约束（图 1-22）。

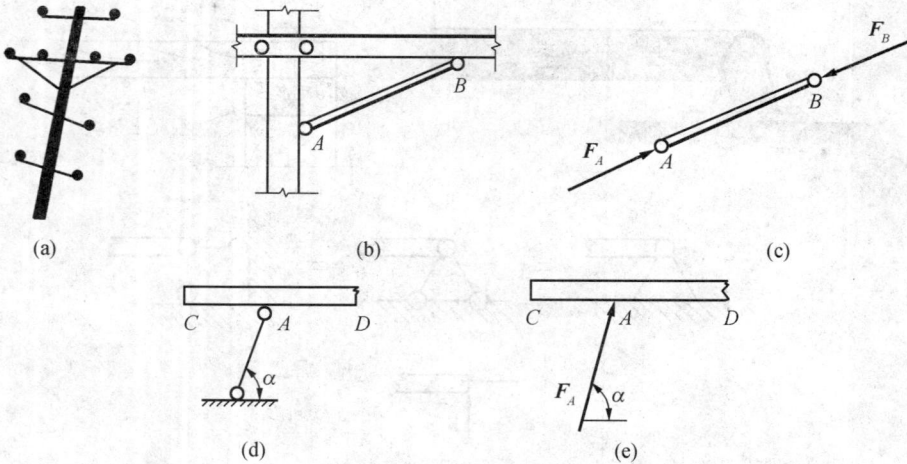

图 1-22　链杆约束示意图

固定端：不仅限制被约束物体移动，还限制其转动的约束（图 1-23）。

注意约反力的指向、转向都是假设的。

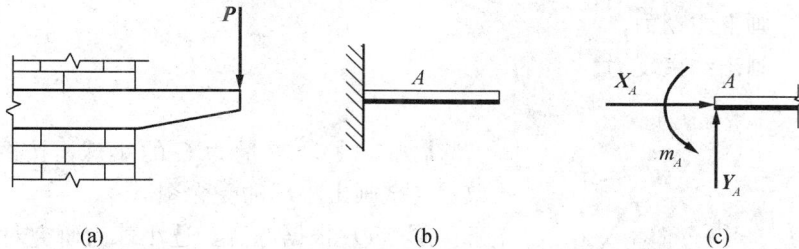

(a)　　　　　　　　　　(b)　　　　　　　　　　(c)

图 1-23　固定端支座约束示意图

【实例 1-1】　**排架结构**。

排架结构（图 1-24）由屋架（或屋面梁）、柱和基础组成。柱与屋架铰接，而与基础刚接，广泛应用于单层厂房。排架结构传力明确，构造简单，施工也较方便。当对排架柱（含柱顶）进行内力分析时，通常可**将屋架（或屋面梁）简化为与柱顶铰接、刚度无限大的链杆，柱子与基础的刚性连接简化为固定端。**

图 1-24　排架结构示意图

定向支座约束：可限制被约束物体转动，还限制其在垂直方向的移动，但沿水平方向可以移动的约束（图 1-25）。

注意约束反力的指向、转向都是假设的。

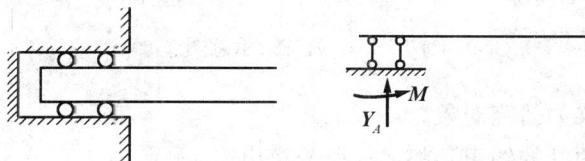

图 1-25　定向支座约束示意图

1.2　工程构件受力分析和受力图

本节将讲述受力分析方法和受力图，并以实例形式介绍如何对工程实践中的路桥结构物进行受力分析。

研究路桥结构物的力学问题，首先要了解物体的受力状态，即对物体进行受力分析。

受力图：反映物体受力状态的图。

绘制受力图的步骤：

第 1 步，选研究对象；

第 2 步，取分离体；

第 3 步，画上主动力；

第 4 步，画出约束反力。

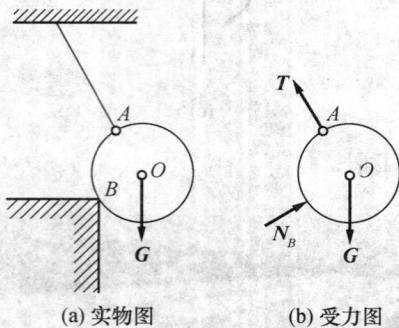

(a) 实物图　　　　　(b) 受力图

图 1-26　小球示意图

【例 1-1】　　重量为 G 的小球，按图 1-26（a）放置，试画出小球的受力图。

解　1）根据题意，选小球为研究对象。

2）将小球分离出来。

3）画上主动力：主动力为小球所受重力。

4）画出约束反力：约束反力为绳子的约束反力以及光滑接触面的约束反力。

小球的受力图如图 1-26（b）所示。

【例 1-2】　　简支梁的支座两端分别用固定铰支座和可动铰支座支承，如图 1-27（a）所示。在 C 处作用一荷载 P，梁重不计，试画出简支梁 AB 的受力图。

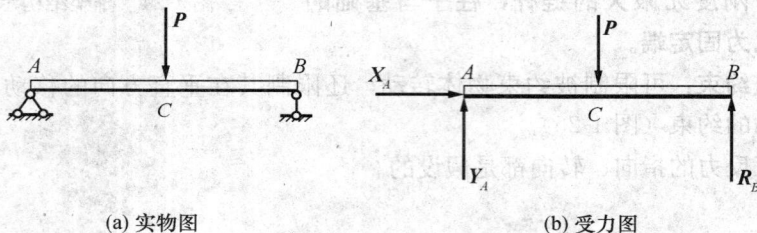

(a) 实物图　　　　　(b) 受力图

图 1-27　简支梁示意图

解　1）选 AB 梁为研究对象。

2）解除 A、B 两处的约束，将 AB 梁分离出来。

3）在梁上 C 点画出主动力 P。

4）在受约束的 A 处和 B 处，根据约束类型画出约束反力。A 处为固定铰支座约束，其反力通过铰链中心 A，并以相互垂直的分力 X_A、Y_A 表示。B 处为可动铰支座约束，其反力通过铰链中心且垂直于支承面，指向假定，反力的大小用 R_B 表示，梁 AB 的受力图如图 1-27（b）所示。

【例 1-3】　　悬臂梁是一端用固定端支承、一端自由的梁。已知梁 AB 在 B 处作用一荷载 P，在 C 处作用一荷载 Q，A 端是固定端支座，如图 1-28（a）所示。梁重不计，试画出悬臂梁 AB 的受力图。

解　1）选 AB 梁为研究对象。

2）解除 A 处的约束，将 AB 梁分离出来。

3）在梁的 B 点画出主动力 P，在 C 点画出主动力 Q。

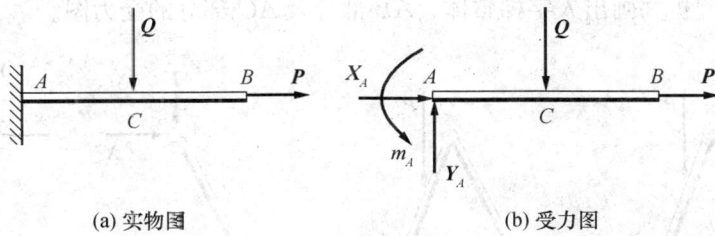

(a) 实物图　　　　　　　　　　　　　(b) 受力图

图 1-28　悬臂梁示意图

4）在受约束的 A 处，根据约束类型画出约束反力。A 处为固定端支座，固定端支座的约束反力用三个分量来表示，即两个相互垂直的分力 X_A、Y_A 和力偶 m_A，指向假定，如图 1-28（b）所示。

【例 1-4】　质量为 G 的圆管用角钢 AB 及钢丝绳 BC 支承，如图 1-29（a）所示。接触点 D、E 两处的摩擦及角钢自重都不计，试分别画出圆管及角钢 AB 的受力图。

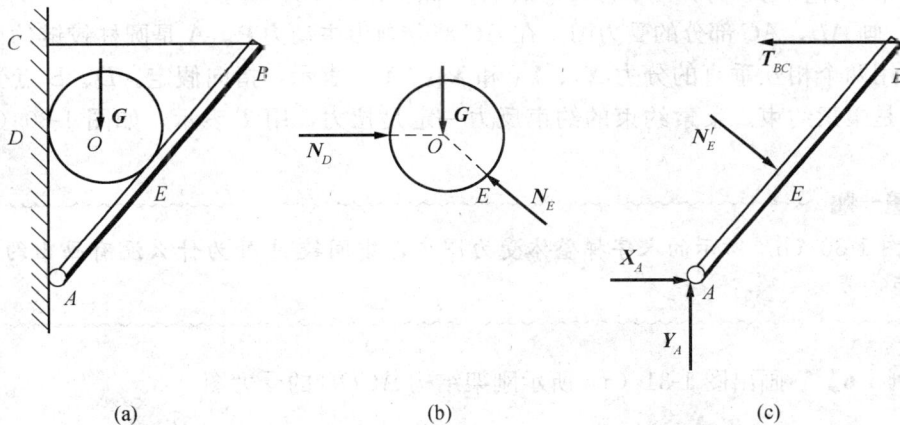

(a)　　　　　　　　　　(b)　　　　　　　　　　(c)

图 1-29　圆管、角钢及钢丝绳示意图

解　1）作圆管的受力图。管子受主动力 G，通过中心 O。因 D、E 两处为光滑接触面约束，圆管的约束反力通过圆管中心，分别为压力 N_D、N_E，如图 1-29（b）所示。

2）画角钢 AB 的受力图。A 是圆柱铰链约束，约束反力用两个相互垂直的分力 X_A、Y_A 表示，指向假定。B 点受钢丝绳支承，为柔索约束。柔索约束的约束反力一定是拉力，用 T_{BC} 表示。E 点受到圆管子的作用，是光滑接触面约束，并且与圆管的约束反力 N_E 互为作用力与反作用力，用 N'_E 表示，N'_E 的方向必须与 N_E 的方向相反，如图 1-29（c）所示。

【例 1-5】　图 1-30（a）所示为人字梯的示意图，AB 和 BC 两部分在 A 点铰接，又在 D、E 两点用水平绳子连接。梯子放在光滑的地平面上，在 BC 作用有荷载 P。如不计梯重，试分析并画出人字梯整体、AB 部分及 AC 部分的受力图。

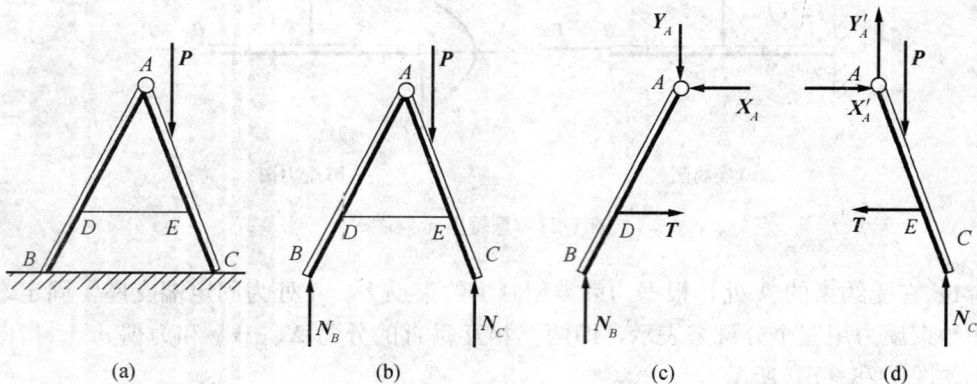

图 1-30　人字梯示意图

解　1）作整体的受力图。人字梯受主动力 P 的作用。B、C 两处与地面为光滑接触面约束，并且为压力，用 N_B、N_C 表示，如图 1-30（b）所示。

2）画 AB、AC 部分的受力图。在 AC 部分画出主动力 P。A 是圆柱铰链约束，约束反力用两个相互垂直的分力 X_A、Y_A 和 X'_A、Y'_A 表示，指向假定。D、E 点受绳子约束，是柔索约束。柔索约束的约束反力一定是拉力，用 T 表示，如图 1-30（c，d）所示。

> **想一想**
>
> 图 1-30（b）所示的人字梯整体受力图中，中间铰 A 处为什么没有画出约束反力呢？

【例 1-6】　画出图 1-31（a）所示刚架结构 ACDB 的受力图。

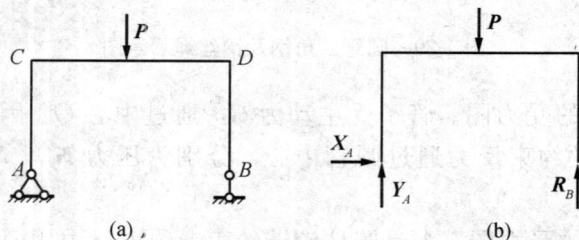

图 1-31　刚架结构示意图

解　1）选刚架 ACDB 为研究对象。

2）解除 A、B 两处的约束，将刚架 ACDB 分离出来。

3）画上主动力：主动力为 P。

4）画出约束反力：约束为固定铰支座和可动铰支座，画出它们的约束反力，如图 1-30（b）所示。

【例 1-7】 三角架如图 1-32（a）所示，水平梁 AB 用斜杆 CD 支撑，A、B 和 C 均为光滑铰链连接。水平梁 AB 重 G_1，其上放一重为 G_2 的电动机，斜杆 CD 自重不计，试画出整体和水平梁 AB（包括电动机）、斜杆 CD 的受力图。

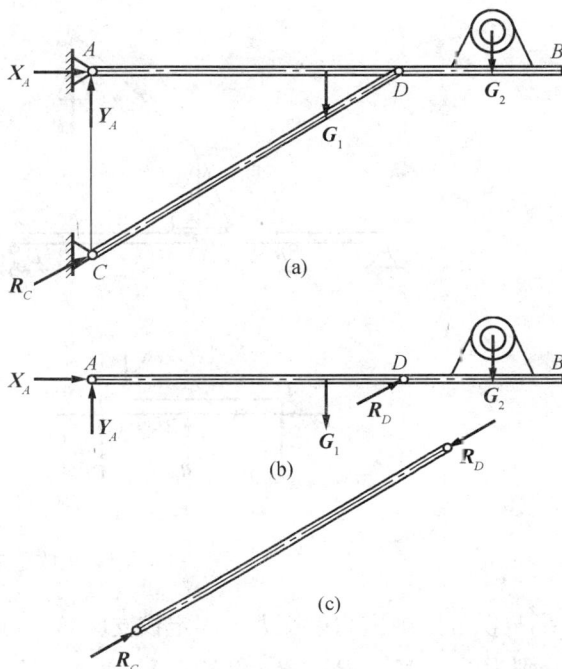

解 1）画整体受力图，如图 1-32（a）所示。

① 选整体为研究对象。

② 解除 A、C 两处的约束，将整体分离出来。

③ 画上主动力：主动力为 G_1、G_2。

④ 画出约束反力：固定铰支座 A、C 的约束反力分别为 X_A、Y_A 和 R_C。

图 1-32 三角架受力图

2）分别画水平梁 AB（包括电动机）的受力图，如图 1-32（b）所示，以及斜杆 CD 的受力图，如图 1-32（c）所示。

① 分别选水平梁 AB、斜杆 CD 为研究对象。

② 解除 A、C 和 D 处的约束，将水平梁 AB、斜杆 CD 分别分离出来。

③ 画上主动力：主动力为 G_1、G_2。

④ 画出约束反力：固定铰支座 A、C 和中间铰 D 的约束反力分别为 X_A、Y_A、R_C 和 R_D。

【例 1-8】 图 1-33（a）所示多跨梁上起重机的起重量为 P，起重机重为 G，其重心位于铅垂线 EC 上，梁自重不计，试分别画出起重机和梁 AC、梁 CD 的受力图。

解 1）画起重机的受力图，如图 1-33（b）所示。

① 选起重机为研究对象。

② 将起重机分离出来。

③ 画上主动力：主动力为 P、G。

④ 画出约束反力：梁给的支撑力 N。

2）分别画梁 AC 和梁 CD 的受力图如图 1-33（c，d）所示。

① 分别选梁 AC 和梁 CD 为研究对象。

② 解除 A、B、C 和 D 处的约束，将梁 AC、梁 CD 分别分离出来。

③ 分别画上起重机轮子给的压力 N。

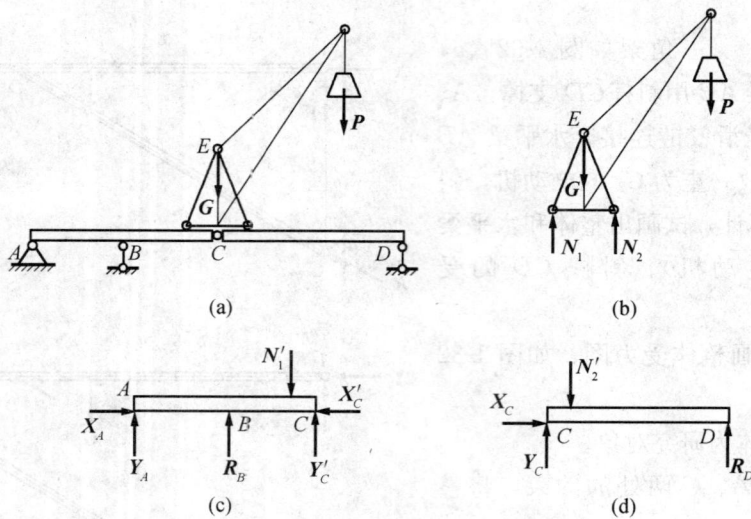

图 1-33　起重机放于多跨梁上示意图

④ 分别画出约束反力：固定铰支座 A、可动铰支座 B、D 和中间铰 C 的约束反力分别为 X_A、Y_A、R_B、R_D 和 X_C、Y_C。

通过以上各例的分析，现将画受力图的注意点归纳如下。

1. 明确研究对象

根据题意，选择适当的研究对象并将其从机构中分离出来，也即解除它所受的全部约束，单独画出该物体的简图。

2. 注意约束反力与约束一一对应

去掉全部的约束后，把它相应的约束反力画在研究对象上。约束反力的方向要根据约束的类型来画，不能根据主动力的方向简单推断。

3. 注意作用与反作用的关系

在分析两物体之间的相互作用时，要符合作用与反作用的关系，作用力的方向一经确定，反作用力的方向就必须与它相反。

====== 单元小结 ======

本单元讨论了工程构件受力分析基础知识（静力学基本概念、四个公理及两个推论、约束和约束反力）及工程构件受力分析和受力图。

1. 静力学的基本概念

（1）力是物体间相互的机械作用，这种作用使物体的运动状态改变或使物体产生变形。力对物体的作用取决于力的三要素：大小、方向和作用点。

（2）刚体是在任何外力作用下，大小和形状保持不变的物体。

（3）平衡是物体相对于地球保持静止或作匀速直线运动的状态。

（4）约束是阻碍物体运动的其他周围物体。约束阻碍物体运动趋向的力称为约束反力。约束反力的方向根据约束的类型来决定，它总是与约束所能阻碍物体的运动方向相反。

2. 静力学公理

静力学公理揭示了力的基本性质，是静力学的理论基础。

（1）二力平衡公理说明了刚体的平衡条件。

（2）加减平衡力系公理是力系等效代换的基础。

（3）力的平行四边形法则反映了两个力合成的规律。

（4）作用与反作用公理说明了力在两个物体之间的传递规律。

3. 物体的受力分析

画物体的受力图，要明确研究对象。画出分离体图，并画上已知的主动力，根据约束类型在解除约束处画出相应的约束反力。

自我检测

一、简答题

1. 试说明下列式子的意义和区别。

（1）$|\boldsymbol{F}_1| = |\boldsymbol{F}_2|$。

（2）$\boldsymbol{F}_1 = -\boldsymbol{F}_2$。

（3）力 $\boldsymbol{F}_1$ 等于 $\boldsymbol{F}_2$。

2. 二力平衡公理和作用力与反作用力公理区别在哪里？

3. 判断下列说法是否正确，并说明原因。

（1）刚体是指在外力作用下变形很小的物体。　　　　　　　　　　　　（　　）

（2）凡是两端用铰链连接的直杆都是二力杆。　　　　　　　　　　　　（　　）

（3）如果作用在刚体上的三个力共面且汇交于一点，则刚体一定平衡。（　　）

（4）如果作用在刚体上的三个力共面，但不汇交于一点，则刚体不能平衡。（　　）

二、画图题

1. 如图 1-34 所示，式在各杆的 A、B 两点各加一个力，使该杆处于平衡状态。

2. 如图 1-35 所示，画出下列各单个物体的受力图。所有的接触面均为光滑接触面，未注明者自重均不计。

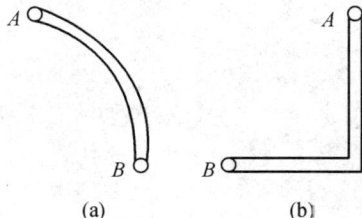

(a)　　　　　　(b)

图 1-34　加力，使杆平衡

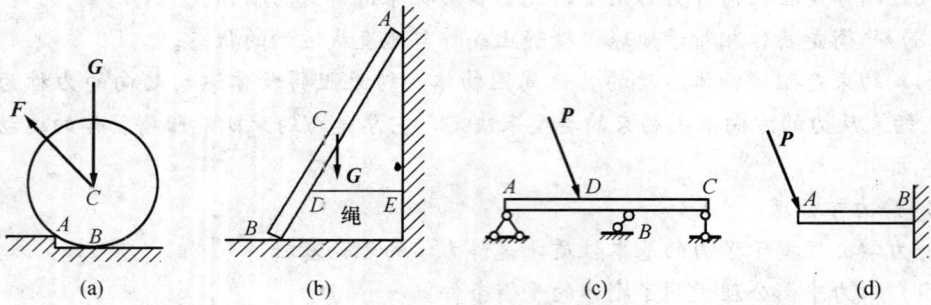

图 1-35　画单个物体的受力图

3. 如图 1-36 所示，画出下列各题整体及各部分物体的受力图。所有的接触面均为光滑接触面，未注明者自重均不计。

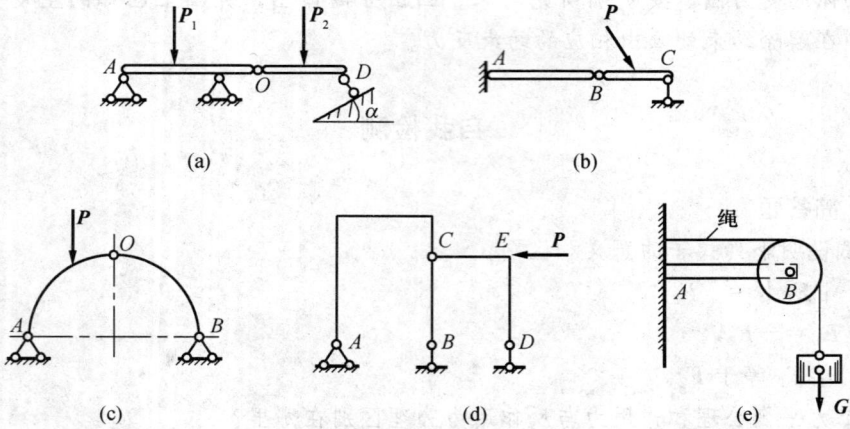

图 1-36　画整体及各部分的受力图

单元 2

工程受力构件平衡条件分析

教学目标

1. 掌握力在坐标轴上的投影、合力投影定理、力对点之矩、合力矩定理、力偶的合成与平衡及力的平移定理。
2. 掌握平面汇交力系及平面一般力系（包括平面平行力系）的平衡方程及其应用。
3. 能灵活运用所学的基本原理，研究组成工程结构物的基本构件在平面力系作用下的平衡规律。

本单元将运用力学的基本原理，着重研究组成工程结构物的基本构件在平面力系作用下的平衡规律。

平面力系是工程中常见的力系，工程中有些结构所承受的本来不是平面力系，但可以简化为平面力系来处理。平面力系可根据其特点分为平面汇交力系、平面力偶系和平面一般力系等。

2.1 平面汇交力系

平面汇交力系是各力的作用线在同一平面内且相交于一点的力系。本节主要介绍力在坐标轴上的投影、平面汇交力系的平衡方程及其应用。

2.1.1 力在坐标轴上的投影

想一想

看过皮影戏吗？知道它的成像原理吗？其实很简单，光沿直线传播，遇到道具，光透不过去，在其后方就产生了影子，而将道具移动，影子就随之移动了。大家想象一下，如果我们将道具换成一个力（用一个带箭头的线段表示力），那么力在坐标轴上形成的影子会是什么样的？

如图 2-1 所示，在力 F 作用的平面内建立直角坐标系 Oxy。从力 F 的始端 A 和末端 B 分别向 x 轴和 y 轴作垂线，得垂足 a、b 和 a_1、b_1，所得两垂足之间的线段 ab 和 a_1b_1 的长度加正号或负号就称为力 F 在 x、y 轴上的投影，记作 F_x、F_y。

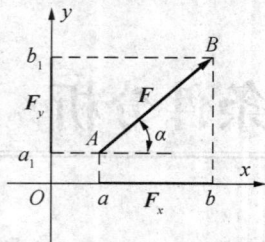

设力 F 与 x 轴的夹角为 α，则有

$$\left.\begin{array}{l} F_x = \pm F\cos\alpha \\ F_y = \pm F\sin\alpha \end{array}\right\} \qquad (2\text{-}1)$$

投影的正负号规定如下：从投影的起点 a 或 a_1 到终点 b 或 b_1 的指向与投影坐标轴正向一致时，力的投影取正号；反之，取负号。

图 2-1 F 在坐标轴上的投影

力在坐标轴上投影时，存在以下两种特殊情况：

1）当力与坐标轴垂直时，力在该轴上的投影等于零。

2）当力与坐标轴平行时，力在该轴上的投影的绝对值等于该力的大小。

【例 2-1】 已知 $F_1 = F_2 = F_3 = F_4 = 100\text{N}$，试分别求出图 2-2 中各力在 x 轴和 y 轴上的投影。

解 $F_{1x} = F_1\cos45° \approx 100 \times 0.707 \approx 70.7\text{N}$

$F_{1y} = -F_1\sin45° \approx -100 \times 0.707 \approx -70.7\text{N}$

$F_{2x} = 100\text{N}, \qquad F_{2y} = 0$

$F_{3x} = 0, \qquad F_{3y} = -100\text{N}$

$F_{4x} = F_4\sin60° \approx 100 \times 0.866 \approx 86.6\text{N}$

$F_{4y} = F_4\cos60° = 100 \times 0.5 = 50\text{N}$

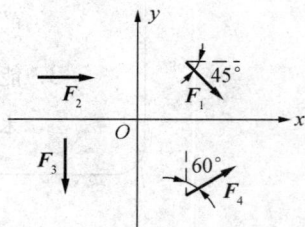

图 2-2 力在坐标轴上投影的计算

练一练

已知 $F_1 = 100\text{kN}$，$F_2 = 200\text{kN}$，试求图 2-3 中 F_1、F_2 在 x 轴和 y 轴上的投影。

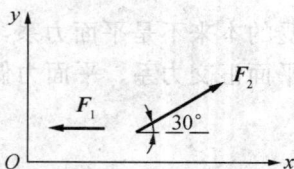

图 2-3 F_1、F_2 在 x 轴和 y 轴上的投影计算

想一想

力在坐标轴上的投影与力的分解有什么异同（图 2-4）？

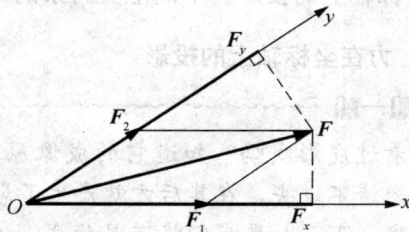

图 2-4 力在坐标轴上的投影与力的分解示意图

2.1.2　平面汇交力系的平衡

想一想

图 2-5 中的 4 个力可否用一个力来替代？

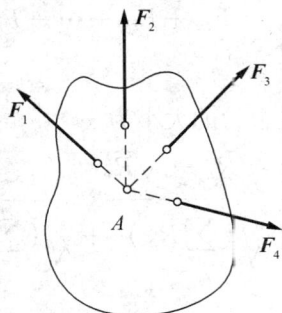

图 2-5　平面汇交力系示意图

1. 平面汇交力系平衡的条件

由力的可传性，我们可以将图 2-5 中各力沿其作用线移至汇交点 A，如图 2-6（a）所示。连续应用力的平行四边形法则，将各力依次合成（F_1 与 F_2 合成得 R_1，R_1 与 F_3 合成得 R_2，R_2 与 F_4 合成得 R），可求得原汇交力系 F_1、F_2、F_3、F_4 的合力 R，如图 2-6（b）所示。

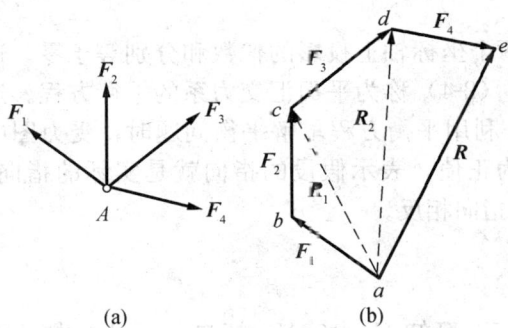

上述结果表明：平面汇交力系的合成结果是一合力，合力的作用线通过各力的汇交点。若合力等于零，则物体处于平衡状态；反之，若物体在平面汇交力系作用下处于平衡，则该力系的合力一定为零。因此，平面汇交力系平衡的必要和充分条件为：该力系的合力等于零，即

图 2-6　应用力的平行四边形法则求合力 R

$$R = \sum_{i=1}^{n} F_i = 0$$

2. 合力投影定理

合力投影定理：平面汇交力系的合力在任一坐标轴上的投影，等于它的各分力在同一坐标轴上投影的代数和。

如图 2-7 所示，当平面汇交力系为已知时，我们可以选定直角坐标系，求出力系中各力在 x 和 y 轴上的投影，再根据合力投影定理求出合力 R 在 x 轴和 y 轴上的投影 R_x 和 R_y，即

$$R_x = F_{1x} + F_{2x} + \cdots + F_{nx} = \sum_{i=1}^{n} F_{ix}$$

$$R_y = F_{1y} + F_{2y} + \cdots + F_{ny} = \sum_{i=1}^{n} F_{iy}$$

（2-2）

于是合力的大小为

$$R = \sqrt{R_x^2} + \sqrt{R_y^2}$$

$$= \sqrt{\left(\sum_{i=1}^{n} R_{ix}\right)^2} + \sqrt{\left(\sum_{i=1}^{n} R_{iy}\right)^2}$$

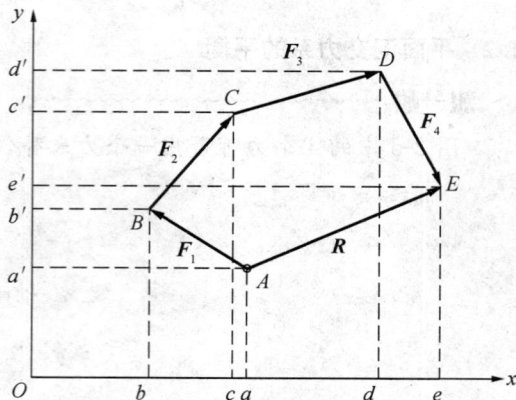

（2-3）

图 2-7　几何证明合力投影定理示意图

3. 平面汇交力系的平衡方程

我们已经知道，平面汇交力系平衡的必要和充分的条件是该力系的合力等于零。由式（2-3）可知，欲使 $R=0$，必须且只需满足下式的要求，即

$$\left.\begin{array}{l} \sum_{i=1}^{n} F_{ix} = 0 \\ \sum_{i=1}^{n} F_{iy} = 0 \end{array}\right\}$$

（2-4）

从式（2-4）可以看出，力系中各力在两个坐标轴上投影的代数和分别等于零。这是平面汇交力系平衡的必要和充分条件。式（2-4）称为平面汇交力系的平衡方程。这两个独立的平衡方程可以求解两个未知量。利用平衡方程求解平衡问题时，受力图中未知力的指向可以任意假设。若计算结果为正值，表示假设的指向就是实际的指向；若计算结果为负值，表示假设的指向与实际指向相反。

2.1.3 平衡条件的应用

【例 2-2】　图 2-8（a）所示为三角支架，已知 $G=10\text{kN}$，杆自重不计，求 AB、AC 两杆所受的力。

解　1）取铰 A 为研究对象，画受力图。AB、AC 两杆为二力杆件，因此铰 A 受已知力 G 和未知约束反力 F_{AB}、F_{AC} 三个力作用，如图 2-8（b）所示。

2）建立如图 2-8（b）所示的坐标轴，列平衡方程，即可得

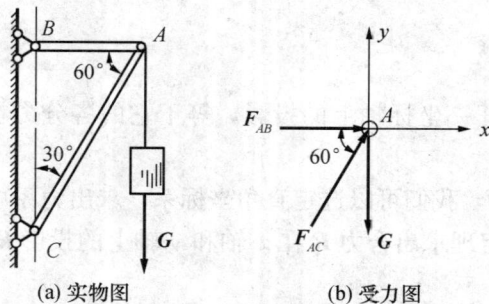

$$\sum_{i=1}^{n} F_{iy} = 0, \quad F_{AC}\sin 60° - G = 0$$

$$F_{AC} = G/\sin 60° \approx 11.6\text{kN}$$

$$\sum_{i=1}^{n} F_{ix} = 0, \quad F_{AB} + F_{AC}\cos 60° = 0$$

$$F_{AB} = -F_{AC}\cos 60° = -11.6 \times 0.5$$

$$= -5.8\text{kN}$$

（a）实物图　　（b）受力图

图 2-8　三角支架受力计算

计算结果 F_{AB} 为负值，说明 F_{AB} 实际受力方向与图示方向相反。

【例 2-3】　起吊时构件在图 2-9（a）所示的位置平衡，已知构件重 $G = 30\text{kN}$，试求钢索 AB 和 AC 的拉力。

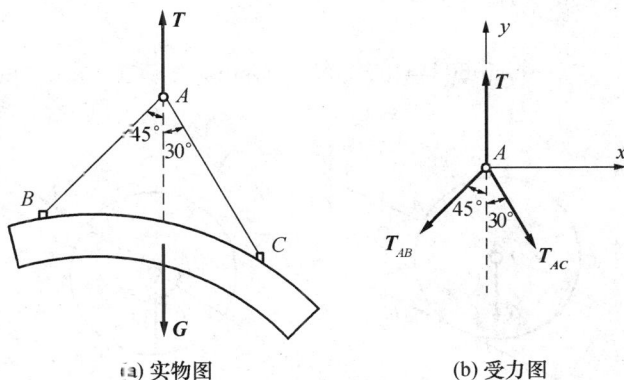

(a) 实物图　　　　　　　(b) 受力图

图 2-9　钢索拉力的计算

解　1）取 A 为研究对象，画受力图，AB、AC 为钢索，属柔体约束，因此 A 受已知力 T 和未知约束反力 T_{AB}、T_{AC} 三个力作用，如图 2-9（b）所示。

2）建立如图 2-9（b）所示的坐标轴，列平衡方程，即可得

$$\sum_{i=1}^{n} F_{ix} = 0, \quad T_{AC}\sin30° - T_{AB}\sin45° = 0, \quad T_{AC} = \sqrt{2}\,T_{AB}$$

$$\sum_{i=1}^{n} F_{iy} = 0, \quad T - T_{AC}\cos30° - T_{AB}\cos45° = 0$$

将 $T_{AC} = \sqrt{2}\,T_{AB}$ 代入上式，有

$$T - \sqrt{2}\,T_{AB}\cos30° - T_{AB}\cos45° = 0$$

显然有 $T = G = 30\text{kN}$，解上式得

$$T_{AB} \approx 15.5\text{kN}$$

因此

$$T_{AC} = \sqrt{2}\,T_{AB} \approx 1.414 \times 15.5 \approx 21.9\text{kN}$$

从以上几个例题可以看出，平面汇交力系平衡问题的解题步骤如下：

1）选取研究对象。根据已知量和待求量，选择适当的研究对象。

2）画研究对象的受力图。在研究对象上画出它所受到的全部主动力和约束反力。

3）选取适当的坐标系。最好使某一坐标轴与一个未知力垂直，以便简化计算。

4）列平衡方程，求解未知量。列方程时，应注意各力投影的正负号。

【例 2-4】　如图 2-10 所示，重 $G = 100\text{N}$ 的球放在与水平面成 $30°$ 角的光滑斜面上，并用与斜面平行的绳 AB 系住，试求 AB 绳受到的拉力及球对斜面的压力。

解　1）取球为研究对象，画受力图，球受力有自重 G、光滑面约束反力 N、柔体约束反力 T。

2）建立如图 2-10（b）所示的坐标轴，列平衡方程即可得解。

$$\sum_{i=1}^{n} F_{ix} = 0, \quad T - G\cos 60° = 0, \quad T = G\cos 60° = 100 \times 0.5 = 50\text{N}$$

$$\sum_{i=1}^{n} F_{iy} = 0, \quad N - G\sin 60° = 0, \quad N = G\sin 60° \approx 100 \times 0.866 \approx 86.6\text{N}$$

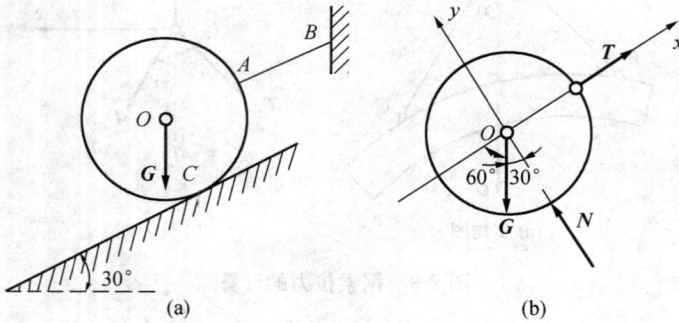

图 2-10　AB 绳受的拉力及斜面对球的压力计算

想一想

上例若选 x 轴为水平方向，y 轴为竖直方向也可求解，大家动笔解一解，然后再来比较一下，看哪种坐标选择计算更简单。想一想：为了简化计算，应如何合理选择坐标？

练一练

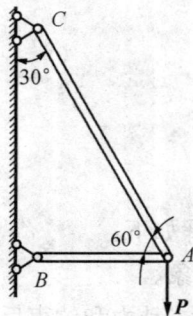

图 2-11 所示为三角支架，已知 $P = 20\text{kN}$，杆自重不计，求 AB、AC 两杆所受的力。

图 2-11　三角支架示意图

2.2　力　矩

在度量力对物体的转动效应和研究平面一般力系时，需要掌握力矩的概念，并能计算其大小。利用合力矩定理可以简化力矩的计算。

2.2.1　力对点之矩

想一想

如图 2-12 所示，在生活中，有时我们用手拔钉子拔不出来，而为什么用钉锤一下子就能拔出来呢？

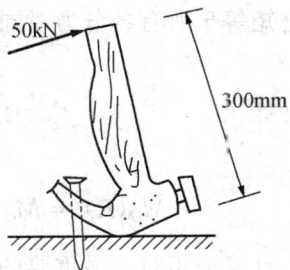

图 2-12　钉锤拔钉子示意图

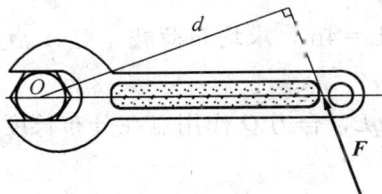

图 2-13 为用扳手拧紧螺母的示意图，作用于扳手上的力 F 使扳手绕 O 点转动。

实践证明，这种转动效应不仅与力的大小和方向有关，而且与 O 点到力作用线的垂直距离 d 有关。把乘积 Fd 冠以适当的正、负号，称为力 F 对 O 点的矩，简称力矩。它是度量力 F 使物体绕 O 点转动效应的物理量，用 $M_O(\boldsymbol{F})$ 表示，即

$$M_O(\boldsymbol{F}) = \pm Fd \tag{2-5}$$

图 2-13　用扳手拧紧螺母示意图

其中，O 为矩心；d 为力臂。

式（2-5）中的正负号用来表示力 F 使物体绕 O 点转动的方向。通常规定：力使物体绕矩心逆时针转动时为正，反之为负。力矩在两种情况下等于零：力等于零或力的作用线通过矩心。力矩的单位常用 N·m 或 kN·m。

【例 2-5】　如图 2-14 所示，已知 $P_1=200\text{N}$，$P_2=100\text{N}$，$P_3=300\text{N}$，试求各力对 O 点的力矩。

解　$M_O(\boldsymbol{P_1}) = P_1 d_1 = 200 \times 1$

　　　　$= 200\text{N·m}$

　　　$M_O(\boldsymbol{P_2}) = P_2 d_2$

　　　　$= -100 \times 2\sin 30°$

　　　　$= -100\text{N·m}$

因为力 P_3 的作用线通过矩心 O，有 $d_3 = 0$，故

图 2-14　力矩的计算（一）

$$M_O(\boldsymbol{P_3}) = P_3 d_3 = 300 \times 0 = 0$$

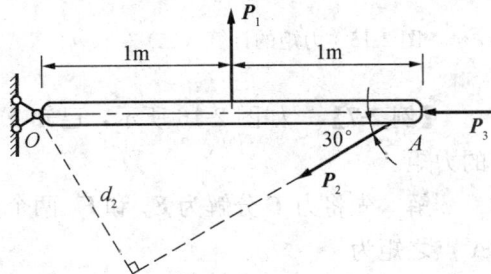

2.2.2 合力矩定理

合力矩定理：如果平面汇交力系有合力，则平面汇交力系的合力对其平面内任一点之矩等于所有各分力对同一点之矩的代数和。若

$$R = F_1 + F_2 + \cdots + F_n = \sum_{i=1}^{n} F_i$$

则有

$$M_O(\boldsymbol{R}) = M_O(F_1) + M_O(F_2) + \cdots + M_O(F_n) = \sum_{i=1}^{n} M_O(F_i) \tag{2-6}$$

计算力矩时，最重要的是确定力臂，但在某些实际问题中，由于几何关系比较复杂，力臂不易求出，这时我们可以将此力分解为相互垂直的分力，如果两分力对该点力臂已知，即可求出两分力对该点的力矩的代数和，从而求出原力对该点的力矩。

【例 2-6】 如图 2-15 所示，已知 $q=10\text{kN/m}$，$L=4\text{m}$，求均布荷载 q 对 A 点的力矩。

解 先将均布荷载合成为一个合力 $\boldsymbol{Q}$，显然 $Q=qL$，合力 $\boldsymbol{Q}$ 作用点在分布长度 L 中间，根据合力矩定理可得

$$M_O(\boldsymbol{Q}) = -qL \frac{L}{2} = -10 \times 4 \times \frac{4}{2} = -80\text{kN} \cdot \text{m}$$

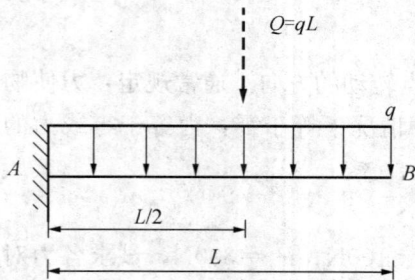

图 2-15 力矩的计算（二）

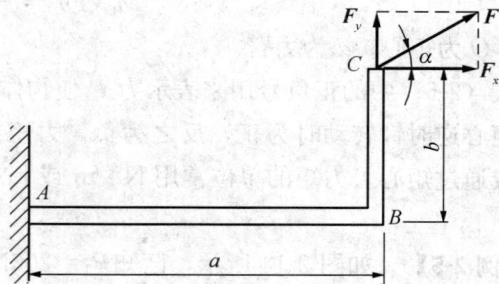

图 2-16 力矩的计算（三）

【例 2-7】 如图 2-16 所示，已知 $F=2\text{kN}$，$a=2\text{m}$，$b=1\text{m}$，$\alpha=30°$，求 $\boldsymbol{F}$ 对 A 点的力矩。

解 先将力 $\boldsymbol{F}$ 分解为 F_x 和 F_y 两个分力，利用合力矩定理可方便地计算出力 $\boldsymbol{F}$ 对 A 点之矩为

$$M_A(\boldsymbol{F}) = M_A(F_x) + M_A(F_y)$$
$$= -F_x b + F_y a = -Fb\cos\alpha + Fa\sin\alpha$$
$$= -2 \times 1 \times \cos 30° + 2 \times 2 \times \sin 30° \approx 0.268\text{kN} \cdot \text{m}$$

【例 2-8】　如图 2-17 所示，已知最大荷载集度 $q_0=10\text{kN/m}$，$L=4\text{m}$，求三角形分布荷载的合力 Q 和合力 Q 的作用线位置。

解　由合力投影定理得

$$Q=\int_0^l q(x)\mathrm{d}x=\int_0^l \frac{q_0}{l}x\mathrm{d}x=\frac{1}{2}q_0 l$$

由合力矩定理得

$$Qx_z=\int_0^l xq(x)\mathrm{d}x=\int_0^l \frac{q_0}{l}x^2\mathrm{d}x=\frac{2}{3}q_0 l^2$$

因此

$$x_c=\frac{2}{3}l$$

由此可知，三角形分布荷载的合力正好等于三角形分布荷载图形的面积，而合力作用点距梁 A 端 2/3 梁长处，正好是三角形分布荷载图形面积形心的 x 坐标。据此，在计算三角形分布荷载时，可应用这一规律直接计算，而不必积分。其他形式的分布荷载也有类似规律，可自行总结。

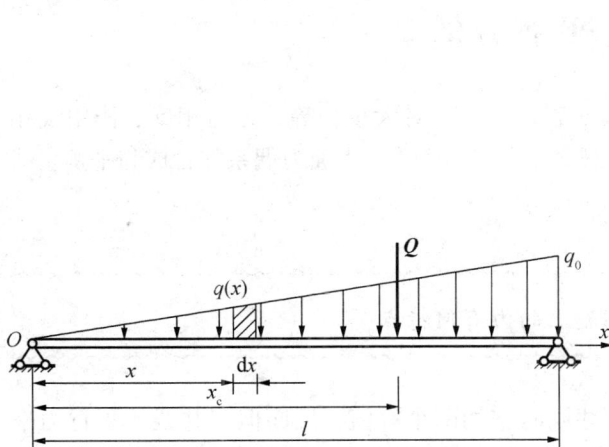

图 2-17　三角形分布荷载示意图

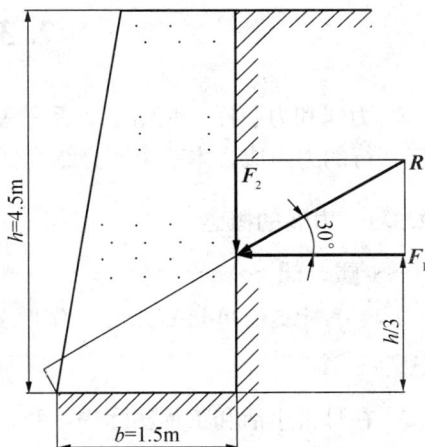

图 2-18　挡土墙示意图

【例 2-9】　如图 2-18 所示，每 1m 长挡土墙所受土压力的合力为 R，其大小 $R=150\text{kN}$，方向如图所示，求土压力 R 使墙倾覆的力矩。

解　土压力 R 欲使墙绕 A 点倾覆，故求 R 使墙倾覆的力矩即求 R 对 A 点的力矩。

$$M_A(R)=M_A(F_1)+M_A(F_2)$$
$$=F_1\frac{h}{3}-F_2 b$$
$$=150\times\cos30°\times1.5-150\times\sin30°\times1.5$$
$$=82.4\text{kN}\cdot\text{m}$$

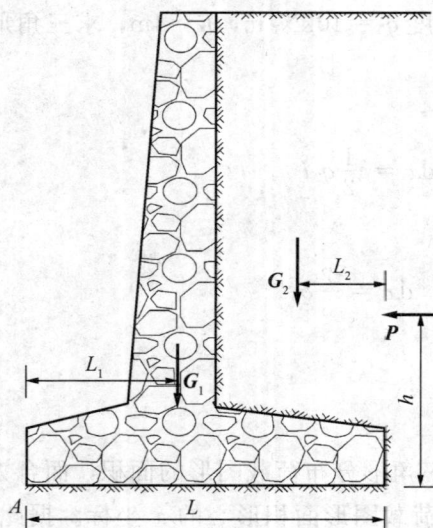

图 2-19　挡土墙示意图

【实例 2-1】 挡土墙的抗倾覆验算。

试验算图 2-19 所示挡土墙是否会倾覆。已知：挡土墙重 $G_1 = 90\text{kN}$，垂直土压力 $G_2 = 140\text{kN}$，水平土压力 $P = 100\text{kN}$，$L_1 = 1.1\text{m}$，$L_2 = 1\text{m}$，$L = 3\text{m}$，$h = 1.6\text{m}$。

解　倾覆力矩为 Ph，抗倾覆力矩为 $G_1L_1 + G_2(L - L_2)$，显然，挡土墙不会倾覆的平衡条件为

$$G_1L_1 + G_2(L - L_2) \geqslant Ph$$
$$G_1L_1 + G_2(L - L_2) = 90 \times 1.1 + 140 \times (3 - 1)$$
$$= 379\text{kN} \cdot \text{m}$$
$$Ph = 100 \times 1.6 = 160\text{kN} \cdot \text{m}$$

验算结果：不会倾覆。

2.3　平面力偶系

力偶和力一样，是组成力系的基本元素，它由一对大小相等、方向相反、作用线相互平行的力组成。本节主要介绍力偶的概念、力偶的性质、平面力偶系的合成与平衡。

2.3.1　力偶的概念

想一想

平时我们用钥匙开门，作用在钥匙上的力有何特点？

在日常生活和工程实际中，我们往往同时施加两个等值、反向但不共线的平行力来使物体转动。例如，汽车驾驶员用双手转动转向盘 [图 2-20 (a)]，用两个手指拧动水龙头 [图 2-20 (b)] 等。实践证明，它们能使物体产生转动效应，而不产生移动效应。

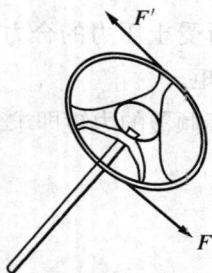

(a) 转动方向盘示意图　　　　(b) 拧动水龙头示意图

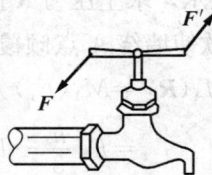

图 2-20　力偶的应用实例

这种由两个大小相等、方向相反，且不共线的平行力组成的力系，称为力偶，如图 2-21 所示，记作（F，F'）。力偶的两力之间的垂直距离 d 称为力偶臂，力偶所在的平面称为力偶的作用面。

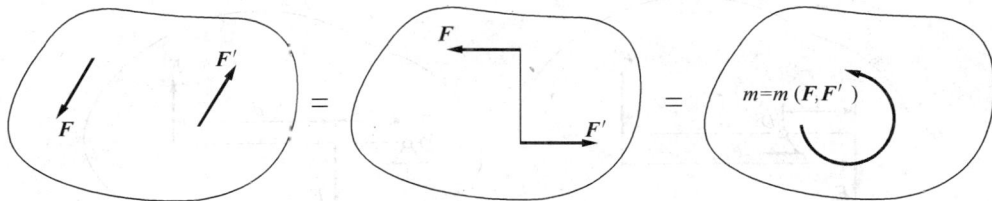

图 2-21 力偶表达式示意图

力偶使物体发生转动，其转动效应由力偶矩来度量。将力偶中力的大小与力偶臂相乘，并冠以正负号，称为力偶矩，记为 M（F，F'）或简记为 M。

$$M = M（F，F'）= \pm Fd \tag{2-7}$$

式（2-7）中的正负号规定为：逆时针转向为正，反之为负。力偶矩的单位与力矩的单位相同，即为 N·m 或 kN·m。

2. 3. 2 力偶的性质

性质 1：力偶只能与力偶平衡。

想一想

力偶不能和一个力来平衡，为什么图 2-22 中的轮子又能平衡呢？

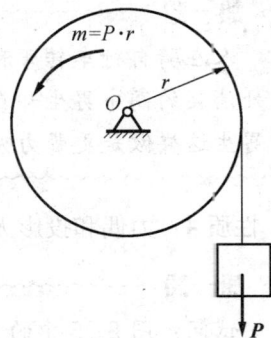

图 2-22 处于平衡的轮子

练一练

图 2-23 所示简支梁在外力偶 m 的作用下为什么会处于平衡状态呢？

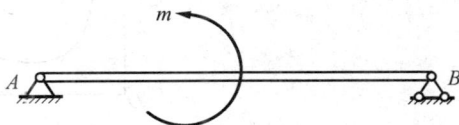

图 2-23 外力偶 m 作用的简支梁

性质2：力偶对物体的转动效应只用力偶矩来度量，而与矩心的位置无关。

在力偶作用面内任取一点 O 为矩心，分别如图 2-24（a）和图 2-24（b）所示，则力偶的两个力对 O 点之矩的和分别如下：

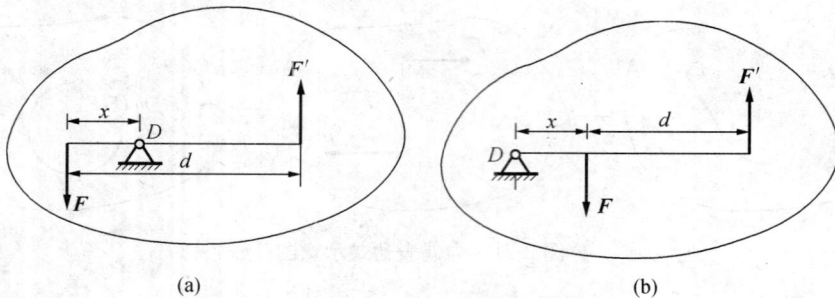

图 2-24　力偶矩的示意图

对应图 2-24（a），有

$$M_O(F) + M_O(F') = Fx + F(d-x) = Fd = M(\boldsymbol{F}, \boldsymbol{F}')$$

对应图 2-24（b），有

$$M_O(F) + M_O(F') = -Fx + F(x+d) = Fd = M(\boldsymbol{F}, \boldsymbol{F}')$$

这一结果表明，力偶对作用面内任意一点的矩与矩心的位置无关。

性质3：只要力偶矩保持不变，可以同时改变力偶中力的大小和力偶臂的长短，而不改变力偶对物体的作用效应。

> **想一想**
>
> 人在骑自行车转弯时，通常将手放在自行车龙头两边的把手上。但是有力气又没处消耗的高中男生却喜欢将两手垂直放在龙头上。请问：要达到同样的效果，高中男生这样做是更费力呢还是更省力？

性质4：力偶和投影无关。

> **想一想**
>
> 试问：图 2-25 中的力偶与投影有关吗？
>
>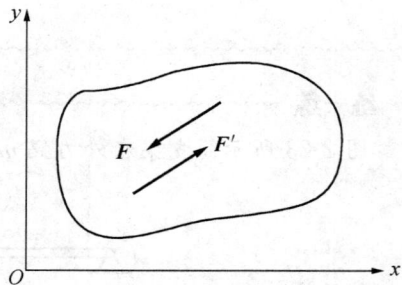
>
> 图 2-25　力偶与投影无关示意图

2.3.3   平面力偶系的合成与平衡

1. 平面力偶系的合成

若作用在同一平面内有 n 个力偶，则合力偶矩等于各分力偶矩的代数和，即

$$M = m_1 + m_2 + \cdots + m_n = \sum_{i=1}^{n} m_i \qquad (2\text{-}8)$$

【例 2-10】   如图 2-26 所示，在物体的某平面内受到三个力偶的作用，设 $F_1 = F'_1 = 200\text{N}$，$F_2 = F'_2 = 600\text{N}$，$m = 100\text{N} \cdot \text{m}$，求其合力偶矩。

解   各分力偶矩为

$$m_1 = F_1 d_1 = 200 \times 1 = 200\text{N} \cdot \text{m}$$

$$m_2 = F_2 d_2 = 600 \times 0.25/\sin 30° = 300\text{N} \cdot \text{m}$$

$$m_3 = -m = -100\text{N} \cdot \text{m}$$

由式（2-9）得合力偶矩为

$$M = m_1 + m_2 + m_3 = \sum_{i=1}^{n} m_i$$

$$= 200 + 75 - 100 = 175\text{N} \cdot \text{m}$$

即合力偶矩为 175N·m，转向为逆时针方向，与原力偶系共面。

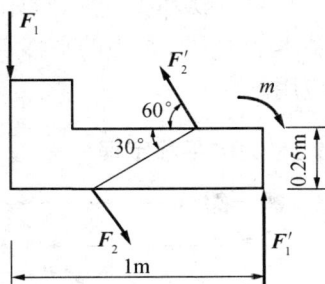

图 2-26   合力偶矩的计算

2. 平面力偶系的平衡

当合力偶矩等于零时，力偶系中各力偶对物体的转动效应相互抵消，物体处于平衡状态。所以，平面力偶系的平衡方程为

$$\sum_{i=1}^{n} m_i = 0 \qquad (2\text{-}9)$$

平面力偶系平衡的必要且充分条件是：力偶系中各力偶矩的代数和为零。

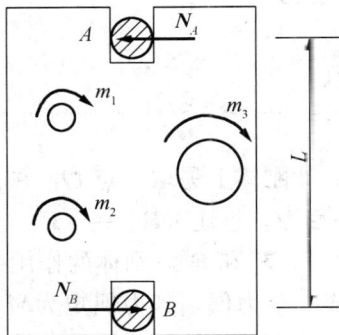

图 2-27   工件钻孔示意图

【例 2-11】   如图 2-27，多轴钻床在水平放置的工件上钻孔时，每个钻头对工件施加一压力和一力偶。已知三个力偶的力偶矩分别为 $m_1 = m_2 = 9.8\text{N} \cdot \text{m}$，$m_3 = 19.6\text{N} \cdot \text{m}$，固定螺栓 A 和 B 之间的距离 $L = 0.2\text{m}$，求两个螺栓所受的水平力。

解   选工件为研究对象。工件在水平面内受三个力偶和两个螺栓的水平反力的作用而平衡。因为力偶只能与力偶平衡，故两个螺栓的水平反力 N_A 和 N_B 必然组成一反力偶 $m(N_A, N_B)$，设两力的方向如图 2-27 所示。

由 $\sum_{i=1}^{n} m_B = 0$，有

$$N_A L - m_1 - m_2 - m_3 = 0$$

从而可解得

$$N_A = \frac{m_1 + m_2 + m_3}{L} = \frac{9.8 + 9.8 + 19.6}{0.2} = 196\text{N}$$

所得 N_A 和 N_B 为正值，说明实际指向与假设相同。

2.4 平面一般力系的平衡

平面一般力系是各力的作用线在同一平面内，即不完全相交，也不完全平行的力系。本节主要介绍力的平移定理和平面一般力系（包括平面平行力系）的平衡方程及其应用。

2.4.1 力的平移定理

想一想

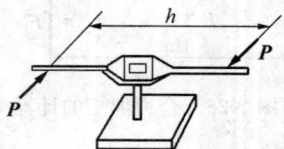

图 2-28 丝锥攻螺纹示意图

用丝锥攻螺纹，要求两手均匀用力，即一推一拉，尽可能保证丝锥铰手上只受力偶作用，如图 2-28 所示。如果不按要求，用一只手单边加力，虽然也能转动铰手，但却容易攻坏螺纹，甚至折断丝锥。为什么会这样呢？

图 2-29 所示物块，当推力 F 对物块质心 C 点施力时，如图 2-29（a）所示，物块沿力 F 的作用线移动；但当推力 F 对物块 A 点施力时，如图 2-29（b）所示，物块在推力 F 的作用下既移动又转动。为什么会这样呢？

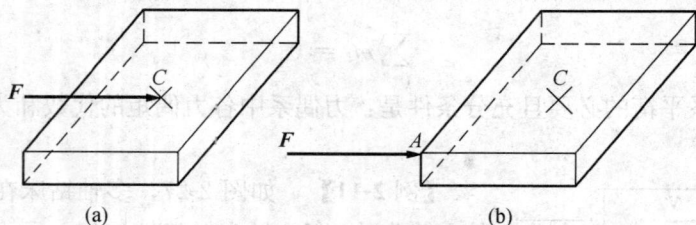

(a) (b)

图 2-29 力 F 作用下的物块示意图

设刚体的 A 点作用有一个力 F，如图 2-30（a）所示；此刚体上另取一点 O，并在 O 点加上一对等值、反向、作用线与力 F 平行的 F' 和 F'' 平衡力，且让 $|F| = |F'| = |F''|$，如图 2-30（b）所示。根据加减平衡力系公理知，F、F' 和 F'' 对刚体的作用效应与力 F 单独对刚体的作用效应相同。显然，F 和 F'' 组成一个力偶，其力偶矩为 $M = M(F, F'') = -Fd = M_O(F)$；进一步，$F$、$F'$ 和 F'' 这三力可转化为作用在 O 点的一个力和一个力偶，如图 2-30（c）所示。

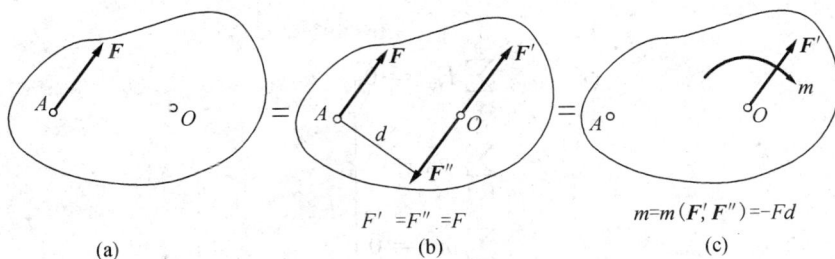

图 2-30　推证力的平移定理示意图

　　由此可得**力的平移定理**：作用在刚体的力 F，可以平行移动到同一刚体上的任一点 O，但必须同时附加一力偶，其力偶矩等于原力 F 对新作用点 O 的矩。

练一练

　　试用力的平移定理解释丝锥攻螺纹和力 F 推物块的现象。

2.4.2　平面一般力系的平衡方程

　　将图 2-31（a）所示的平面一般力系中的各力分别向作用面内 O 点平移，得到一个交于 O 点的汇交力系和力偶矩分别为 m_1，m_2，$\cdots$，m_n 的附加平面力偶系，如图 2-31（b）所示。

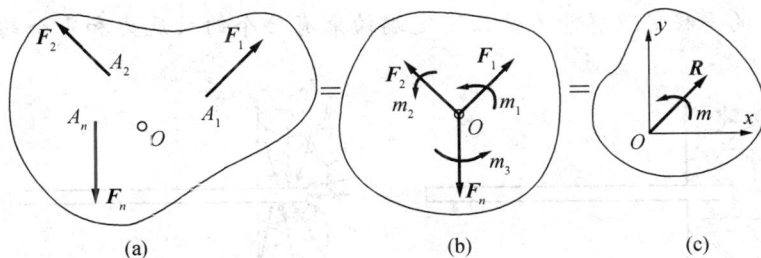

图 2-31　平面一般力系向一点简化示意图

　　显然，要交于 O 点的汇交力系平衡，就要让汇交力系的合力为零；要附加平面力偶系平衡，就要让力偶系的合力偶矩为零。由此得到平面一般力系的平衡方程为

$$\left.\begin{array}{l} \displaystyle\sum_{i=1}^{n} F_{ix} = O \\[2mm] \displaystyle\sum_{i=1}^{n} F_{iy} = O \\[2mm] \displaystyle\sum_{i=1}^{n} m_O = 0 \end{array}\right\} \tag{2-10}$$

平面一般力系的平衡方程除了式（2-11）所示的基本形式外，还有如下两种形式。

二矩式：

$$
\left.\begin{array}{l}
\sum\limits_{i=1}^{n} F_{ix} = 0 \\
\sum\limits_{i=1}^{n} m_A = 0 \\
\sum\limits_{i=1}^{n} m_B = 0
\end{array}\right\} \tag{2-11}
$$

式中，A、B 两点连线不能垂直于 x 轴。

三矩式：

$$
\left.\begin{array}{l}
\sum\limits_{i=1}^{n} m_A = 0 \\
\sum\limits_{i=1}^{n} m_B = 0 \\
\sum\limits_{i=1}^{n} m_C = 0
\end{array}\right\} \tag{2-12}
$$

式中，A、B、C 三点不能共线。

在应用式（2-11）和式（2-12）时必须满足其限制条件，否则式（2-11）和式（2-12）中的三个平衡方程将不都是独立的。利用平面一般力系的平衡方程，最多可求解三个未知量。

练一练

试用力的平移定理解释为什么固定端约束有 2 个约束反力和 1 个约束反力偶（图 2-32）。

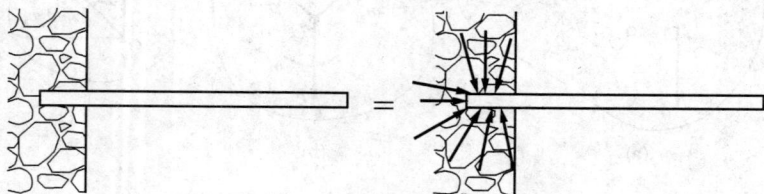

图 2-32　固定端约束示意图

想一想

为什么可以说平面汇交力系、平面平行力系已包括在平面一般力系中？

2.4.3　平面平行力系的平衡方程

平面平行力系是平面一般力系的一种特殊情况。

如图 2-33 所示，设物体受平面平行力系 F_1、F_2、$\cdots$、F_n 的作用。如选 x 轴与各力垂直，则不论力系是否平衡，每一个力在 x 轴上的投影恒等于零，即 $\sum F_{ix} \equiv 0$。于是，

平面平行力系有且只有两个独立的平衡方程，即

$$\left.\begin{array}{c} \sum\limits_{i=1}^{n} F_{iy} = 0 \\ \sum\limits_{i=1}^{n} m_O = 0 \end{array}\right\} \qquad (2\text{-}13)$$

平面平行力系的平衡方程也可写成二矩式的形式，即

$$\left.\begin{array}{c} \sum\limits_{i=1}^{n} m_A = 0 \\ \sum\limits_{i=1}^{n} m_B = 0 \end{array}\right\} \qquad (2\text{-}14)$$

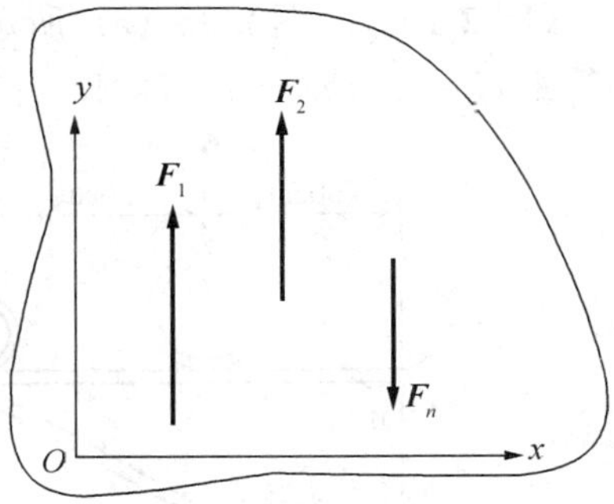

图 2-33　平面平行力系示意图

式中，A、B 两点的连线不能与力线平行。

利用平面平行力系的平衡方程，最多可求解两个未知量。

2.4.4　平行力系平衡方程的应用

【例 2-12】 　梁 AB 在 C 点受力 P 作用，如图 2-34（a）所示。已知 $P = 20\text{kN}$，梁重不计，试求支座 A、B 的反力。

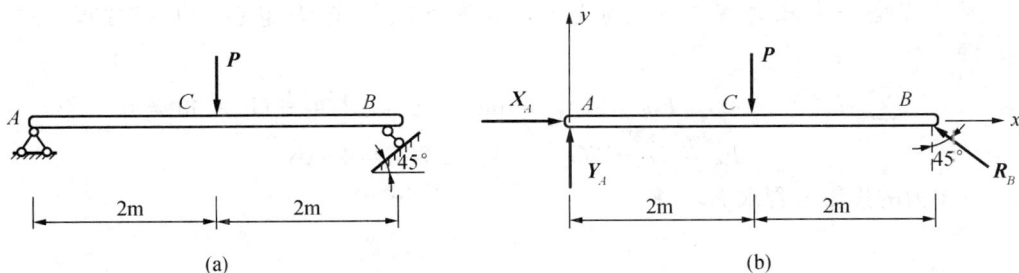

图 2-34　支座反力的计算示意图

解　1）以梁 AB 作为研究对象，画受力图。因 A 端为固定铰支座，B 端为可动铰支座，故其受力图如图 2-34（b）所示。

2）建立如图 2-34（b）所示的坐标轴，列平衡方程，求解梁 A、B 处的约束反力。因 B 点是两未知力 X_A、R_B 的交点，故先列以 B 点为矩心的力矩方程，求出 Y_A，即

$$\sum M_B(F) = 0, \quad -Y_A \times 4 + P \times 2 = 0, \quad Y_A = \frac{2P}{4} = 2 \times \frac{20}{4} = 10\text{kN}$$

求出 Y_A 后，所有未知力在 y 轴上的投影只有 R_B 一个，可通过 y 方向的投影方程求出未知力 R_B。

$$\sum F_y = 0, \quad Y_A + R_B \cos 45° - P = 0$$

$$R_B = (P - Y_A)/\cos 45° \approx (20 - 10)/0.707 \approx 14.14\text{kN}$$

再列 x 方向的投影方程，求出未知力 X_A。

$$\sum F_x = 0, \quad X_A - R_B \sin 45° = 0, \quad X_A = R_B \sin 45° \approx 14.14 \times 0.707 \approx 10\text{kN}$$

【例 2-13】 图 2-35（a）所示为一管道支架，其上搁有管道，设每一支架所承受的管重 $G_1=12\text{kN}$，$G_2=7\text{kN}$，且架重不计，求支座 A 和 C 处的约束反力。

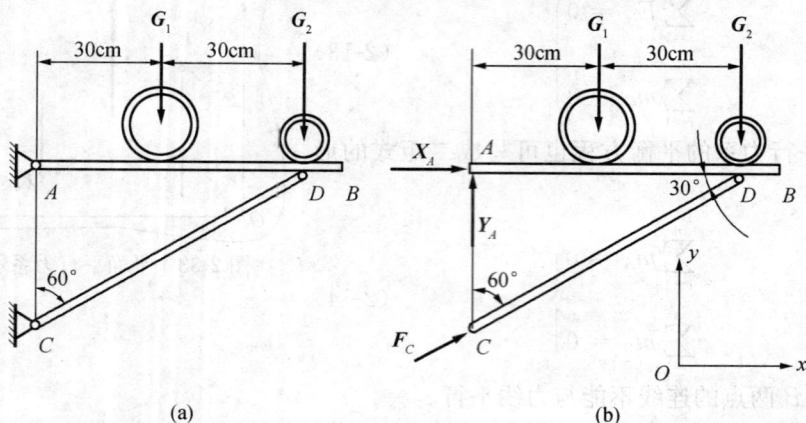

图 2-35 约束反力的计算示意图

解 1) 以支架连同管道一起作为研究对象，画受力图。因 A 端为铰支，CD 为二力杆件，其受力图如图 2-35（b）所示。

2) 建立如图 2-35（b）所示的坐标轴，列平衡方程，求解梁 A、C 处的约束反力。

因 A 点是两未知力 X_A、Y_A 的交点，故先列以 A 点为矩心的力矩方程，求出 F_C，即

$$\sum M_A(F)=0, \quad F_C\cos 30°\times 60\tan 30°-G_1\times 30-G_2\times 60=0$$

$$F_C=G_1+2G_2=12+2\times 7=26\text{kN}$$

再用力的投影方程求 X_A、Y_A。

$$\sum F_x=0, \quad X_A+F_C\cos 30°=0$$

$$X_A=-F_C\cos 30°\approx -26\times 0.866\approx -22.5\text{kN}$$

$$\sum F_y=0, \quad Y_A+F_C\sin 30°-G_1-G_2=0$$

$$Y_A=G_1+G_2-F_C\sin 30°=12+7-26\times 0.5=6\text{kN}$$

计算结果 X_A 为负值，说明 X_A 实际受力与图示方向相反。

讨论：本题中如果写出对 A、C 两点的力矩方程和对 y 轴的投影方程，也同样可以求解。

$$\sum M_A(F)=0, \quad F_C\sin 60°\times 60\tan 30°-G_1\times 30-G_2\times 60=0, \quad F_C=26\text{kN}$$

$$\sum M_C(F)=0, \quad -X_A\times 60\tan 30°-G_1\times 30-G_2\times 60=0, \quad X_A\approx -22.5\text{kN}$$

$$\sum F_y=0, \quad Y_A+F_C\sin 30°-G_1-G_2=0, \quad Y_A=6\text{kN}$$

如果写出对 A、B、C 三点的力矩方程，也可得到相同结果。

$$\sum M_A(F)=0, \quad F_C\sin 60°\times 60\tan 30°-G_1\times 30-G_2\times 60=0, \quad F_C=26\text{kN}$$

$$\sum M_C(F) = 0, \quad -X_A \times 60\tan 30° - G_1 \times 30 - G_2 \times 60 = 0, \quad X_A \approx -22.5\text{kN}$$

$$\sum M_B(F) = 0, \quad -Y_A \times 60 + G_1 \times 30 = 0, \quad Y_A = 6\text{kN}$$

练一练

试计算图 2-36 所示支架 A、C 两处的约束反力。

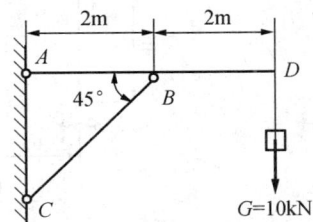

图 2-36　支架示意图

【例 2-14】　如图 2-37（a）所示，求支座 A 和 B 处的约束反力。

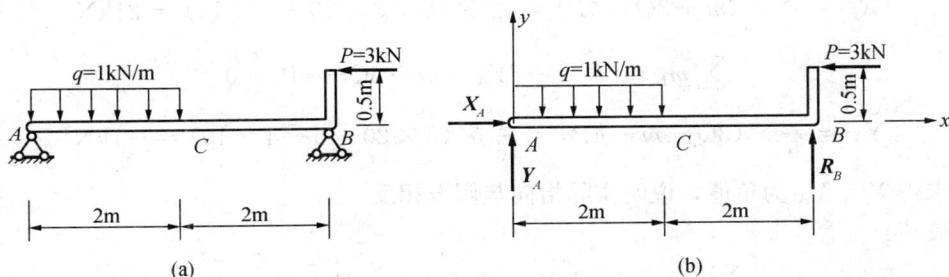

图 2-37　支座约束反力计算示意图

解　1）以梁 AB 作为研究对象，画受力图，因 A 端为固定铰支座，B 端为可动铰支座，其受力图如图 2-37（b）所示。

2）建立如图 2-37（b）所示的坐标轴，列平衡方程，求解梁 A、B 处的约束反力。先列 x 方向的投影方程，求出未知力 X_A。

$$\sum F_x = 0, \quad X_A - P = 0, \quad X_A = P = 3\text{kN}$$

再列以 A 点为矩心的力矩方程求出 R_B，即

$$\sum M_A(F) = 0, \quad -q \times 2 \times 1 + R_B \times 4 + P \times 0.5 = 0$$

$$R_B = (2q - 0.5P)/4 = (2 \times 1 - 0.5 \times 3)/4 = 0.125\text{kN}$$

最后利用 y 方向的投影方程可求出未知力 Y_A。

$$\sum F_y = 0, \quad Y_A + R_B - q \times 2 = 0, \quad Y_A = q \times 2 - R_B = 2 - 0.125 = 1.875\text{kN}$$

【例 2-15】　简支刚架如图 2-38（a）所示。已知 $P = 15\text{kN}$，$m = 6\text{kN} \cdot \text{m}$，$Q = 20\text{kN}$，求 A、B 处的支座反力。

解　取刚架整体为研究对象，受力分析如图 2-38（b）所示。

$$\sum F_x = 0, \quad X_A + P = 0, \quad X_A = -P = -15\text{kN}$$

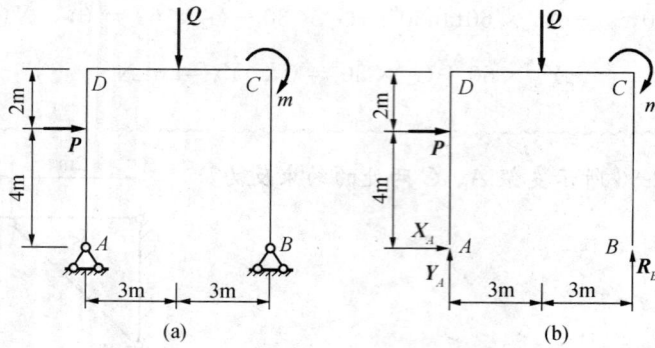

图 2-38 受力刚架示意图

$$\sum m_A = 0, \quad 6R_B - m - 3Q - 4P = 0$$

$$R_B = \frac{1}{6} \times (m + 3Q + 4P) = \frac{1}{6} \times (6 + 3 \times 20 + 4 \times 15) = 21\text{kN}$$

$$\sum m_B = 0, \quad -6Y_A - m + 3Q - 4P = 0$$

$$Y_A = \frac{1}{6} \times (3Q - m - 4P) = \frac{1}{6} \times (3 \times 20 - 6 - 4 \times 15) = -1\text{kN}$$

求得 X_A、Y_A 为负值，说明实际指向与假设相反。

校核：

$$\sum F_{iy} = Y_A + R_B - Q = -1 + 21 - 20 = 0$$

说明计算无误。

从以上各例可以看出，平面一般力系平衡问题的解题步骤如下：

1) 选取研究对象。根据已知量和待求量，选择适当的研究对象。

2) 画研究对象的受力图。在研究对象上画出它所受到的全部主动力和约束反力。

3) 列平衡方程，求解未知量。选取适当的平衡方程形式、投影轴和矩心。在实际工程中应用平衡方程进行分析问题时，应根据具体情况，恰当选取矩心和投影轴。

为使计算简单，投影轴的选取应尽可能与较多的未知力的作用线垂直或平行，矩心尽可能选在两个（或两个以上）未知力的交点上。同时，尽可能使一个平衡方程只包含一个未知量，避免求解联立方程。

练一练

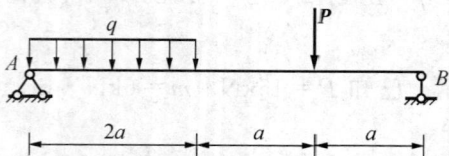

已知 $Q = qa$，试计算图 2-39 中梁 A、B 处的支座反力。

图 2-39 支座约束反力计算示意图

【实例 2-2】　**起重机的平衡。**

建筑工地使用的塔式起重机（图 2-40），首先考虑为使起重机在空载和满载时都不致倾倒，平衡配重需要多大。只要使系统的重心在支座之间，起重机就不会翻倒。其次，从机架到左轨、右轨的设计中，考虑的问题是在确定的起吊重量下保证足够的强度和刚度。

图 2-40　塔式起重机

【例 2-16】　图 2-41 所示塔式起重机，机身重 $G=220kN$，作用线通过塔架的中心。已知最大起吊重量 $P=50kN$，起重悬臂长 12m，轨道 AB 的间距为 4m，平衡重 Q 到机身中心线的距离为 6m，试求能保证起重机不会翻倒时平衡重 Q 的大小。

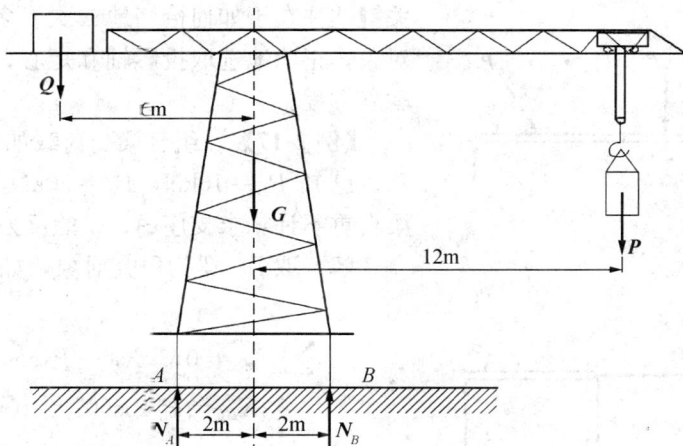

图 2-41　塔式起重机示意图

解　1）满载时（$P=50kN$），起重机平衡的临界情况（即将翻未翻时）表现为 $N_A=0$，这时由平行力系平衡方程求出的是平衡重的最小值 Q_{min}。

$$\sum M_B = 0, \quad G \times 2 + Q_{min}(6+2) - P(12-2) = 0$$

求得

$$Q_{min} = \frac{1}{8} \times (10P - 2G) = 7.5kN$$

2）空载时（$P=0kN$），起重机平衡的临界情况（即将翻未翻时）表现为 $N_B=0$，这时由平行力系平衡方程求出的是平衡重的最大值 Q_{max}。

$$\sum M_A = 0, \quad Q_{max}(6-2) - G \times 2 = 0$$

求得

$$Q_{max} = \frac{2G}{4} = 110kN$$

上面 Q_{min} 和 Q_{max} 是在满载和空载两种极限平衡状态下求得的，起重机实际工作时当然不允许处于这种危险状态，因此要保证起重机不会翻倒时平衡重的大小 Q 应在这两者之间，即

$$7.5kN < Q < 110kN$$

想一想

通过前面的学习，我们知道：平面一般力系有且只有 3 个独立的平衡方程，但图 2-42 （a）所示组合梁却有 4 个未知的支座反力，如图 2-42 （b）所示，即未知力数多于所能列的独立的平衡方程的数目。为什么会这样？该怎么办呢？

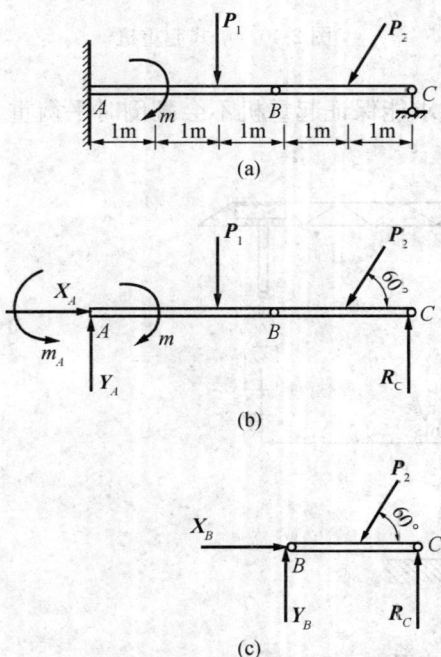

(a)

(b)

(c)

图 2-42 受力作用的组合梁示意图

在工程中，未知力数小于或等于所能列的独立的平衡方程的数目的平衡问题称静定问题，而未知力数大于所能列的独立的平衡方程的数目的平衡问题称超静定问题。求解这样的平衡问题，关键往往在于如何恰当地二次或多次地选取研究对象，正确地选取投影轴和矩心，有时还需求解联立方程。

【例 2-17】 组合梁受荷载如图 2-42 （a）所示。已知 $P_1 = 16kN$，$P_2 = 20kN$，$m = 8kN \cdot m$，梁自重不计，求支座 A、C 的反力。

解 取 BC 梁为研究对象，如图 2-42 （c）所示。

$$\sum F_{ix} = 0, \quad X_B - P_2\cos60° = 0$$

$$X_B = P_2\cos60° = 10kN$$

$$\sum m_B = 0, \quad 2R_C - P_2\sin60° \times 1 = 0$$

$$R_C = \frac{P_2}{2}\sin60° = 8.66kN$$

$$\sum m_C = 0, \quad -2Y_B + P_2\sin60° \times 1 = 0$$

$$Y_B = \frac{P_2}{2}\sin60° = 8.66kN$$

再取整个梁为研究对象，如图 2-42 （b）所示。

$$\sum m_A = 0,$$

$$5R_C - 4P_2\sin60° - 2P_1 - m + m_A = 0$$

$$m_A = 4P_2\sin60° + 2P_1 + m - 5R_C = 65.98kN \cdot m$$

$$\sum F_{iy} = 0, \quad Y_A + R_C - P_1 - P_2\sin60° = 0$$

$$Y_A = P_1 + P_2\sin60° - R_C = 24.66kN$$

想一想

如果取 AB 梁为研究对象求解，行不行呢？

校核：对整个梁，列出

$$\sum m_B = 0, \quad m_A - 3Y_A + P_1 \times 1 - P_2 \sin 60° \times 1 + 2R_C - m$$

$$= 65.98 - 3 \times 24.66 + 16 \times 1 - 20 \times 0.866 \times 1 + 2 \times 8.66 - 8 = 0$$

可见计算无误。

如何求出图 2-43 所示三铰刚架的支座反力？

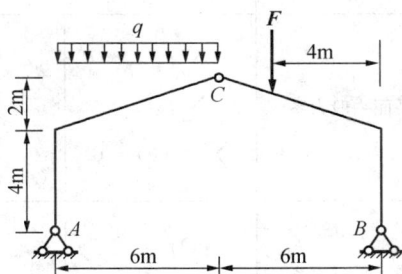

图 2-43　三铰刚架示意图

单元小结

本单元讨论了力在坐标轴上的投影、合力投影定理、力对点之矩、合力矩定理、力偶的合成与平衡、力的平移定理、平面汇交力系及平面一般力系（包括平面平行力系）的平衡方程及其应用。

1. 力在坐标轴上的投影

$$F_x = \pm F\cos\alpha, \quad F_y = \pm F\sin\alpha$$

2. 合力投影定理

平面汇交力系的合力在任一坐标轴上的投影，等于它的各分力在同一坐标轴上投影的代数和。

3. 力矩

$$M_O(\boldsymbol{F}) = \pm Fd$$

4. 合力矩定理

平面汇交力系的合力对其平面内任一点之矩，等于所有各分力对同一点之矩的代数和。

5. 力偶

等值、反向、作用线相互平行的一对力称为力偶。力偶既不能用一个力代替，也不能与一个力平衡，它只能与另一力偶平衡。

6. 力的平移定理

作用在刚体上的力 $\boldsymbol{F}$ 可以平行移动到同一刚体上的任一点 O，但必须同时附加一力偶，其力偶矩等于原力 $\boldsymbol{F}$ 对新作用点 O 的矩。

7. 平面力系的平衡方程

力系的名称	平衡方程的基本式	平衡方程的导出式	可求未知量的数目
平面汇交力系	$\sum F_x = 0$ $\sum F_y = 0$		2
平面力偶系	$\sum M = 0$		1
平面一般力系	$\sum F_x = 0$ $\sum F_y = 0$ $\sum M_O(F) = 0$	$\sum F_x = 0$ 或 $\sum M_A(F) = 0$ $\sum M_A(F) = 0$, $\sum M_B(F) = 0$ $\sum M_B(F) = 0$, $\sum M_C(F) = 0$ (A、B 连线不能垂直 x 轴)(A、B、C 不能共线)	3
平面平行力系	$\sum F_y = 0$ $\sum M_O(F) = 0$	$\sum M_A(F) = 0$ $\sum M_B(F) = 0$ (A、B 连线不能与力线平行)	2

自我检测

一、填空题

1. 力垂直于某轴，力在该轴上的投影为_____。

2. 如图 2-44 所示，已知 $F = 200\text{kN}$，则 F 在 x 轴与 y 轴上的投影为 $F_x = $_____，$F_y = $_____。

3. 平面汇交力系合成的结果是一个_____。

4. 平面汇交力系的平衡方程为：$\sum F_x = 0$，_____。

5. $\sum F_x = 0$ 表示力系中所有的力在_____轴上的投影的_____为零。

6. 平面汇交力系的平衡方程最多可求解_____个未知力。

7. 力使物体绕矩心逆时针转向时，力矩的符号为_____。

8. 如图 2-45 所示，$F = 2\text{kN}$，则 F 对 O 点之矩为_____ kN·m。

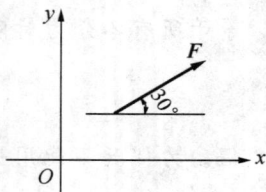

图 2-44　求 F 的投影　　　　图 2-45　求 F 对 O 点之矩

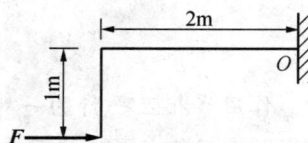

9. 力矩平衡方程 $\sum M_O(F) = 0$ 表示力系中所有的力对 O 点之矩的代数和

为_____。

10. 平面力偶系的平衡方程最多可求解_____个未知力。

11. 平面一般力系独立的平衡方程式有_____个；平面平行力系独立的平衡方程式有_____个。

二、计算题

1. 如图 2-46 所示，已知 $F_1=200N$，$F_2=150N$，$F_3=200N$，$F_4=250N$，试求图中每个力在 x、y 轴上的投影。

2. 计算图 2-47 中力 P 对 O 点的力矩。

3. 已知 $P=100kN$，求图 2-48 所示支架中 AB、BC 杆所受的力。

4. 铰接四连杆机构 $OABO_1$ 在图 2-49 所示位置平衡。已知：$OA=40cm$，$O_1B=60cm$，作用在 OA 上的力偶矩 $m_1=1N\cdot m$。试求力偶矩 m_2 的大小及 AB 杆所受的力 F_{AB}。各杆自重不计。

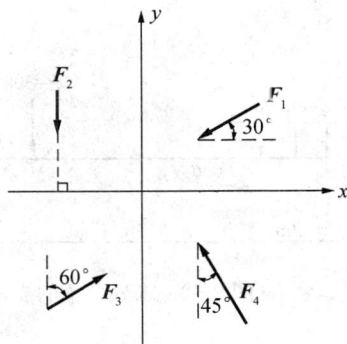

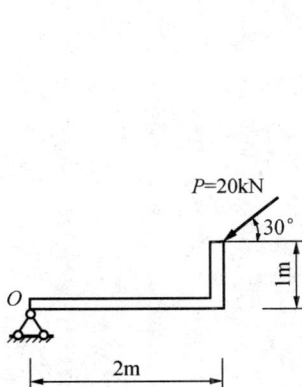

图 2-46 求各力的投影

图 2-47 求力对 O 点之矩   图 2-48 求杆受的力   图 2-49 求 m_2 及 F_{AB}

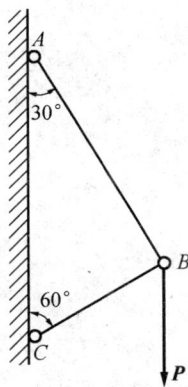

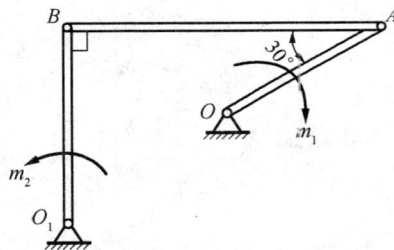

5. 不计自重，计算图 2-50 中刚架的支座反力。

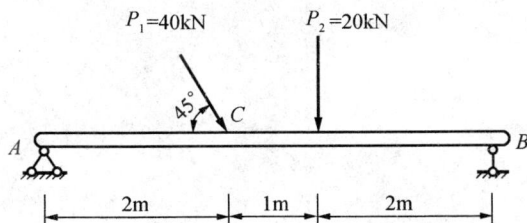

6. 求图 2-51 中梁 AB 中 A、B 处的支座反力。

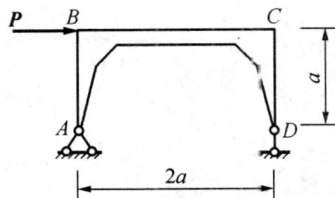

图 2-50 计算刚架的支座反力   图 2-51 求简支梁的支座反力

7. 求图 2-52 中外伸梁 B、D 处的支座反力。

8. 图 2-53 中多跨梁上起重机的起重量 $P=10kN$，起重机重 $G=50kN$，其重心位于铅垂线 EC 上，梁自重不计，试求 A、B、D 三处的支座反力。

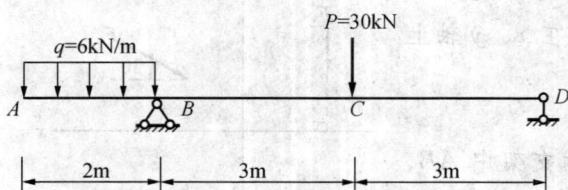

图 2-52 求外伸梁的支座反力

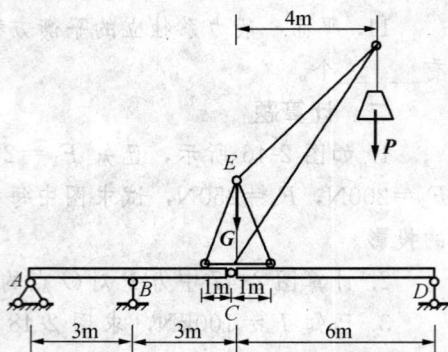

图 2-53 求多跨梁的支座反力

轴向拉压杆件的内力与承载能力分析

教学目标

1. 了解杆件的四种基本变形及组合变形的概念。
2. 掌握轴力计算方法并会画轴力图。
3. 掌握轴向拉、压杆的强度计算方法及横截面上的正应力计算方法。
4. 能灵活运用轴向拉、压杆的强度方程对工程中相关拉、压构件的承载能力进行定量或定性分析。
5. 了解拉（压）时的变形及虎克定理。

轴向拉、压杆件在工程中的应用非常广泛，例如起吊重物的钢索、桁架中的拉杆和压杆、悬索桥中的拉杆等。选择拉、压杆件的关键在于解决安全与经济的矛盾，力争在确保安全的前提下做到经济合理。而要保证结构、构件正常、安全、可靠地工作，需对其进行承载能力分析，以确保它们具有足够的强度、刚度和稳定性。

3.1 杆件的四种基本变形及组合变形

前面当我们着重对组成工程结构物的基本构件所受外力进行分析时，为了研究分析的方便，我们把构件看作为不变形的刚体，而实际上一般物体在外力的作用下，其几何形状和尺寸均要发生变化，甚至在外力增加到一定程度时，还会发生严重的变形及破坏，也即需要研究变形体。

3.1.1 变形固体及其基本假设

变形固体是指在外力作用下形状和尺寸都会发生改变的固体。

理想变形固体材料的基本假设有：

1）连续均匀性假设：假设组成变形固体的物质不留空隙地均匀地充满了固体的体积。

2）各向同性假设：假设变形固体在各个方向上的力学性能都是相同的。

3）小变形假设：假设变形固体在承受荷载作用时，其变形远小于构件尺寸。这样在计算某个量值而使用外形尺寸时，就可忽略变形量的影响，按构件的原始尺寸进行计算。

想一想

如图 3-1 所示的构件在外力作用下会发生怎样的变形？

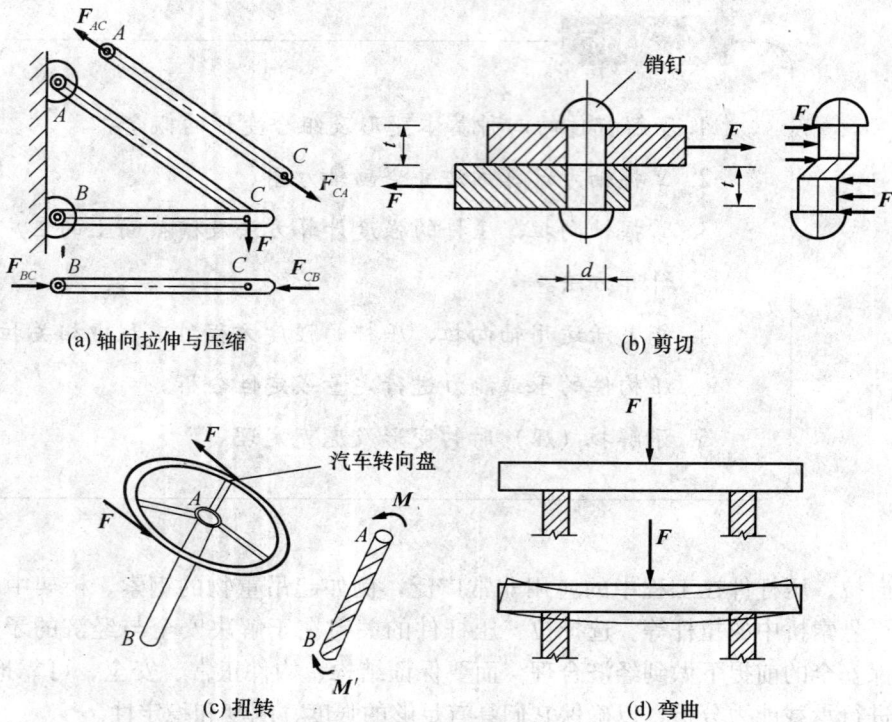

(a) 轴向拉伸与压缩

(b) 剪切

(c) 扭转

(d) 弯曲

图 3-1　发生基本变形的工程构件

3.1.2　杆件的四种基本变形和组合变形

1. 轴向拉伸或压缩［图 3-3（a）］

受力特征：受一对大小相等、方向相反的力作用；外力作用线通过截面形心并与轴线重合。

变形特征：沿轴线伸长或缩短。

练一练

试问：图 3-2 中构件的 1—2 直段是否单纯的轴向拉或压问题？

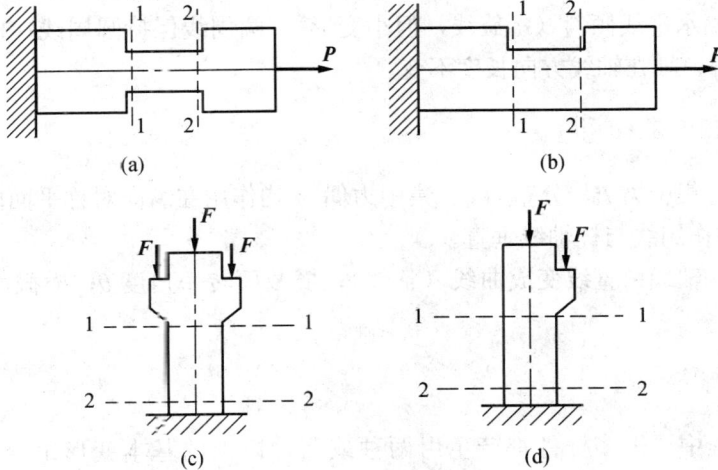

(a)　　　　　　　　　　(b)

(c)　　　　　　　　(d)

图 3-2　受力构件示意图

2. 剪切［图 3-3（b）］

连接件（螺栓、键、销钉、铆钉等）承受剪切的同时，在连接件和被连接件的接触面上承受挤压。

受力特征：受一对大小相等、方向相反、作用线相距很近的力作用（或受一对大小相等、转向相反、作用于不同物体上的力偶作用）。

变形特征：连接件沿某一面滑移为两部分（滑移面又称剪切面）。

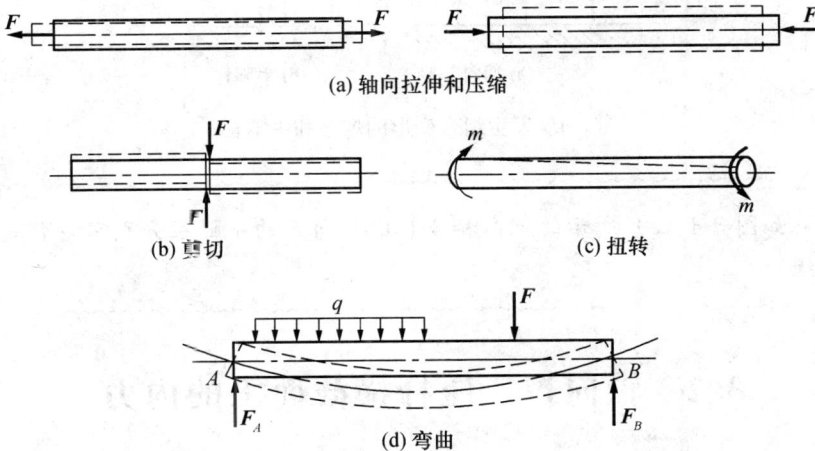

(a) 轴向拉伸和压缩

(b) 剪切　　　　　　　　(c) 扭转

(d) 弯曲

图 3-3　杆件的四种基本变形

3. 扭转〔图 3-3（c）〕

受力特征：垂直轴线平面受一对大小相等、转向相反的力偶作用。

变形特征：水平线倾斜（螺旋线，但小变形）；圆周线保持圆周线；横截面上半径保持直线，转 φ；轴在轴线方向长度不变。

4. 弯曲〔图 3-3（d）〕

受力特征：集中力 P、分布力 q、集中力偶 m 均作用在纵向对称平面内，且集中力 P、分布力 q 的作用线与杆轴线垂直。

变形特征：轴线由直线变成曲线（整体）；横截面转一角度 θ；横截面形心移动一距离 y。

5. 组合变形

在实际工程中，很多杆件都产生由两种或两种以上的基本变形组合而成的变形，我们将其称为组合变形，如图 3-4 所示。

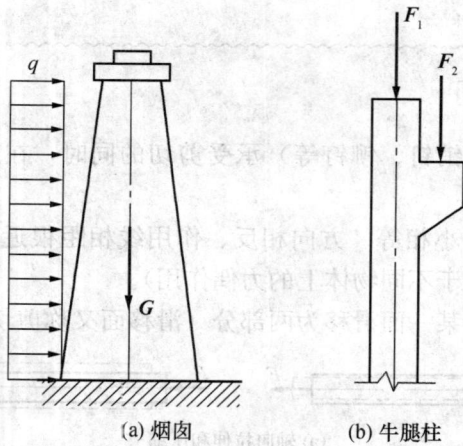

图 3-4　发生组合变形的烟囱和牛腿柱

练一练

试问：如图 3-4（a）所示的烟囱和 3-4（b）所示的牛腿柱分别可看作是哪些基本变形的组合？

3.2　轴向拉、压杆横截面上的内力

本节主要介绍用截面法求指定截面的轴力；绘制和识读直杆的轴力图。

3.2.1　内力及其计算方法

1. 内力的概念

想一想

　在生活中，当我们用手拉长一根橡皮条时，会感到橡皮条内有一种反抗拉长的力。

当外力使物体发生变形的同时，物体内部分子之间就伴随着产生一种为恢复原状的抵抗力，这种抵抗力就叫做内力。

2. 截面法

截面法是显示和确定内力的基本方法。计算内力的步骤可归纳为截取、代替、平衡。

截取：用一个假想的截面，将杆件沿需求内力的截面处截为两部分，取其中任一部分为研究对象。

代替：用内力来代替弃去部分对选取部分的作用。

平衡：用静力平衡条件，根据已知外力求出内力。

需要指出，截面上的内力是分布在整个截面上的，利用截面法求出的内力是这些分布内力的合力。

3.2.2　轴力和轴力图

1. 轴力（N）

拉、压杆横截面上的内力称轴力，其沿轴向作用。按平面截面假设，其在横截面上均布。通常规定：轴力使杆件受拉为正，受压为负。

采用截面法计算轴力的步骤：

第一步，截开。

第二步，列平衡方程。

【例 3-1】　一等直杆受力情况如图 3-5（a）所示，试求指定 1—1、2—2 和 3—3 截面上的内力。

解　采用截面法。

1）截开，如图 3-5（b~d）所示。

2）分别列平衡方程 $\sum F_{ix} = 0$，得

$$N_1 = 2P, \quad N_2 = 3P, \quad N_3 = P$$

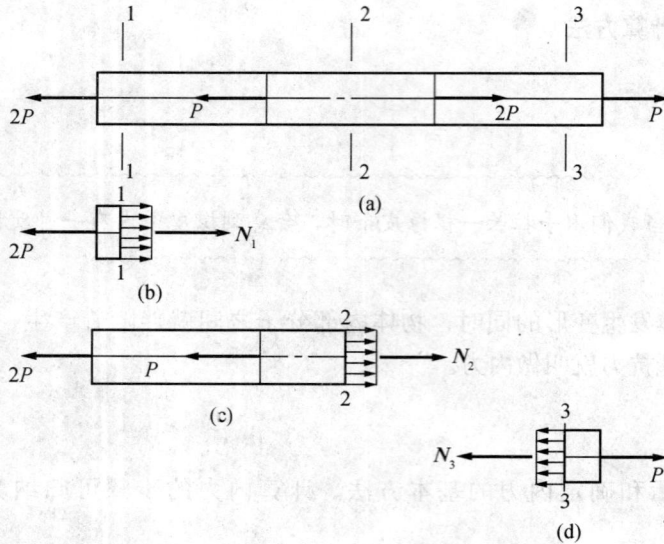

图 3-5 轴力 N_1、N_2 和 N_3 示意图

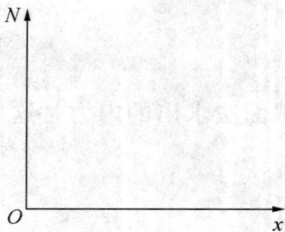

图 3-6 轴力图坐标选取

2. 轴力图

轴力图用图线形象、直观地表示出轴力沿杆轴变化的情况。一般以杆轴线为横坐标，表示横截面的位置，纵坐标表示横截面上轴力的数值（图 3-6）。轴力与杆横截面要一一对应。

【例 3-2】 杆件受力如图 3-7（a）所示。已知 $P_1 = 20\text{kN}$，$P_2 = 50\text{kN}$，$P_3 = 30\text{kN}$，试绘制杆的轴力图。

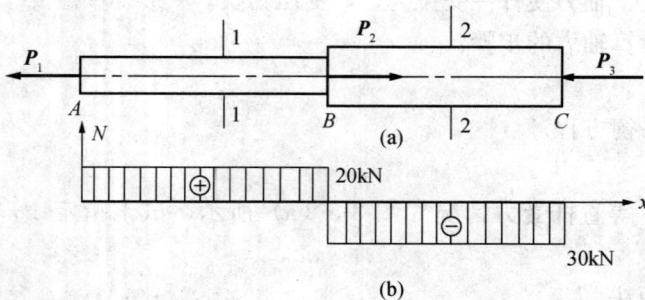

图 3-7 受力杆的轴力图

解 1）分段：段数＝外力数－1。

$$3 - 1 = 2 \text{ 段}$$

2）用截面法求各段轴力。

$$N_{AB} = P_1 = 20\text{kN}（拉力）$$
$$N_{BC} = -P_3 = -30\text{kN}（压力）$$

3）作轴力图。建立坐标系；取比例尺；连线，如图 3-7（b）所示。

【例 3-3】　杆件受力如图 3-8（a）所示，试绘制杆的轴力图并求出最大轴力。

解　1）分段：段数＝外力数－1。
$$4 - 1 = 3\ 段$$

2）用截面法求各段轴力。
$$N_1 = -2\text{kN},\quad N_2 = 0\text{kN},\quad N_3 = 4\text{kN}$$

3）作轴力图。建立坐标系；取比例尺；连线，如图 3-7（b）所示。
$$|N_{\max}| = 4\text{kN}$$

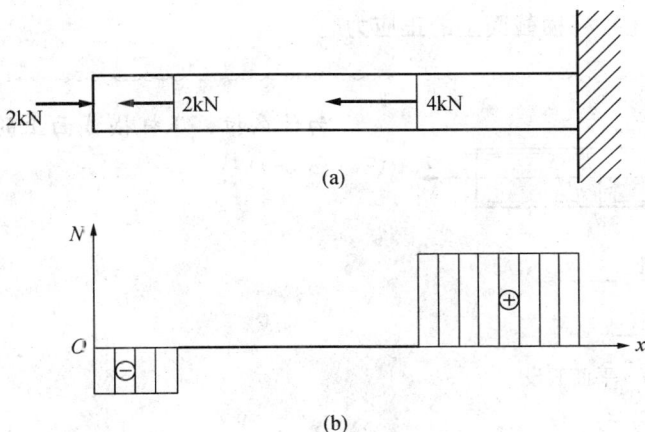

图 3-8　受力杆的轴力图

想一想

在求图 3-8（a）所示杆轴力图时，为了省去固定端的支座反力计算，应如何选取研究对象？

3.3　轴向拉、压杆横截面上的正应力

求出杆件轴力后，要解决强度问题还需要进一步研究杆件横截面上的应力。

3.3.1　应力的概念

想一想

两根材料相同而粗细不同的杆件承受着相同的轴向拉力，随着拉力的增加，哪根杆先被拉断？为什么？

两根材料相同而粗细不同的杆件承受着相同的轴向拉力，随着拉力的增加，细杆将首先被拉断，因为内力在小面积上分布的密集程度大。由此可见，判断杆件的承载能力还需要进一步研究内力在横截面上分布的密集程度。

单位面积上的内力称应力，或者说横截面上某点的内力集度称应力。

$$P = \lim_{\Delta A \to 0} \frac{\Delta P}{\Delta A}$$

正应力：垂直于截面的应力称正应力，$\sigma = \lim_{\Delta A \to 0} \frac{\Delta N}{\Delta A}$。

剪应力：平行于截面的应力称剪应力，$\tau = \lim_{\Delta A \to 0} \frac{\Delta T}{\Delta A}$。

应力的单位有：帕（Pa）、千帕（kPa）、兆帕（MPa）、吉帕（GPa）。
$1Pa = 1N/m^2$，$1kPa = 10^3 Pa$，$1MPa = 1N/mm^2 = 10^6 Pa$，$1GPa = 10^9 Pa$

3.3.2 轴向拉（压）杆横截面上的正应力

想一想

为什么拉、压杆横截面上的内力是均布的呢（图 3-9）？

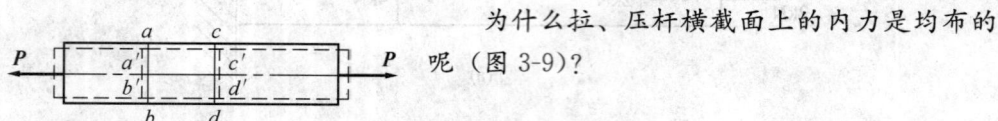

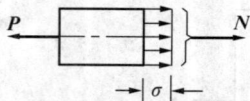

图 3-9 平面假设

显然，拉、压杆横截面上的内力符合平面截面假设，即变形前横截面为平面，变形后横截面保持为原平面，而且仍垂直于杆轴线。

由于拉、压杆横截面上的内力均布并垂直于杆轴线，应力也就均布并垂直于杆轴线，故轴向拉（压）杆横截面上的正应力计算公式为

$$\sigma = \frac{N}{A} \tag{3-1}$$

式中，N——横截面上的轴力；

A——横截面面积。

σ 的符号规定：正号表示拉应力；负号表示压应力。

应该指出，在外力作用点附近，应力分布较复杂，且非均匀分布，式（3-1）适用于离外力作用点稍远处横截面上的正应力计算。

练一练

试问：轴力和横截面面积相等，但截面形状和材料不同的两拉杆，它们的应力是否相等？

【例 3-4】　有一根钢丝绳，其截面积为 0.725cm^2，受到 3000N 的拉力，试求这根钢丝绳的应力。

解　因 $P=3000\text{N}$，$A=0.725\text{cm}^2=0.725\times10^{-4}\text{m}^2$，故

$$\sigma=\frac{N}{A}=\frac{3000}{0.725\times10^{-4}}=4.138\times10^7\text{Pa}\text{（拉应力）}$$

【例 3-5】　铰接支架如图 3-10（a）所示，AB 杆为 $d=16\text{mm}$ 的圆截面杆，BC 杆为 $a=100\text{mm}$ 的正方形截面杆，$P=15\text{kN}$，试计算各杆横截面上的应力。

解　1）计算各杆的轴力。取节点 B 为研究对象［图 3-10（b）］。设各杆的轴力为拉力，平衡条件为

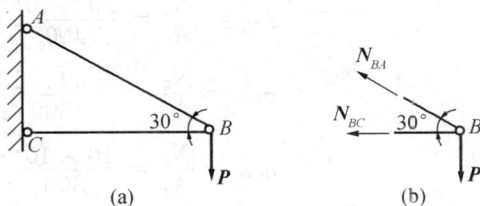

图 3-10　铰接支架示意图

$$\sum F_{iy}=0,\quad N_{BA}\sin30°-P=0$$

$$N_{BA}=\frac{P}{\sin30°}=\frac{15}{0.5}=30\text{kN}\quad\text{（拉力）}$$

$$\sum F_{ix}=0,\quad N_{BA}\cos30°+N_{BC}=0$$

$$N_{BC}=-N_{BA}\cos30°=-30\times0.866=-26\text{kN}\quad\text{（压力）}$$

2）计算各杆的应力。

$$\sigma_{AB}=\frac{N_{BA}}{A_{BA}}=\frac{4\times N_{BA}}{\pi d^2}=\frac{4\times30\times10^3}{3.14\times16^2}=149.3\text{MPa}\quad\text{（拉应力）}$$

$$\sigma_{BC}=\frac{N_{BC}}{A_{BC}}=-\frac{26\times10^3}{10^2\times10^2}=-2.6\text{MPa}\quad\text{（压应力）}$$

【例 3-6】　一阶梯形直杆受力如图 3-11（a）所示，已知横截面面积为 $A_1=400\text{mm}^2$，$A_2=300\text{mm}^2$，$A_3=200\text{mm}^2$，试求各横截面上的正应力。

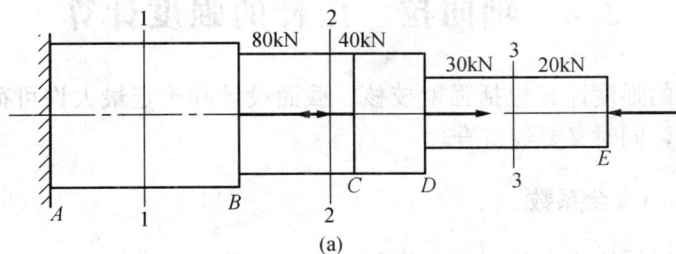

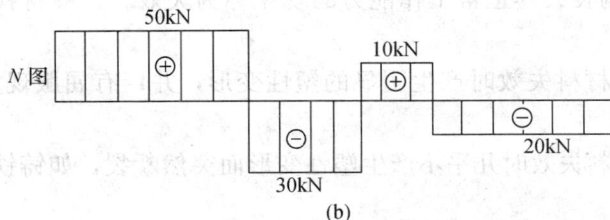

图 3-11　阶梯杆及其轴力图

解 1）计算轴力并画轴力图。利用截面法可求得阶梯杆各段的轴力分别为

$$N_1 = 50\text{kN} \quad （拉力）， \quad N_2 = -30\text{kN} \quad （压力）$$

$$N_3 = 10\text{kN} \quad （拉力）， \quad N_4 = -20\text{kN} \quad （压力）$$

画出轴力图，如图 3-11（b）所示。

2）计算各段的正应力。

$$\sigma_{AB} = \frac{N_1}{A_1} = \frac{50 \times 10^3}{400} = 125\text{MPa} \quad （拉应力）$$

$$\sigma_{BC} = \frac{N_2}{A_2} = \frac{-30 \times 10^3}{300} = -100\text{MPa} \quad （压应力）$$

$$\sigma_{CD} = \frac{N_3}{A_2} = \frac{10 \times 10^3}{300} = 33.3\text{MPa} \quad （拉应力）$$

$$\sigma_{DE} = \frac{N_4}{A_3} = \frac{-20 \times 10^3}{200} = -100\text{MPa} \quad （压应力）$$

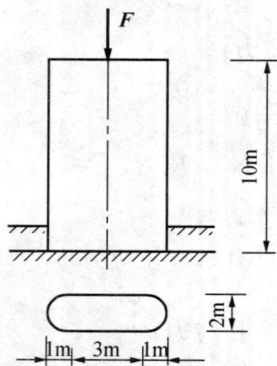

图 3-12 受 **F** 力作用的石砌桥墩

【实例 3-1】 桥墩底面应力计算。

石砌桥墩的墩身高 $h = 10\text{m}$，其横截面尺寸如图 3-12 所示。如果荷载 $F = 1000\text{kN}$，材料的密度 $\gamma = 23\text{kN/m}^3$，求墩身底部横截面上的压应力。

解 墩身横截面面积

$$A = 3 \times 2 + \frac{\pi \times 2^2}{4} = 9.14\text{m}^2$$

墩身底面上的压应力

$$\sigma = \frac{F}{A} + \frac{\gamma \cdot Ah}{A} = \frac{1000 \times 10^3}{9.14} + 10 \times 23 \times 10^3$$

$$= 34 \times 10^4 \text{Pa} = 0.34\text{MPa}$$

3.4　轴向拉、压杆的强度计算

轴向拉压杆的强度计算包括强度校核、截面设计和确定最大许可荷载，计算的目的是使构件安全，同时又要经济合理。

3.4.1　许用应力与安全系数

由于各种原因结构丧失其正常工作能力的现象称为失效。工程材料失效的两种形式为：

1）塑性屈服，指材料失效时产生明显的塑性变形，并伴有屈服现象，如低碳钢、铝合金等塑性材料。

2）脆性断裂，材料失效时几乎不产生塑性变形而突然断裂，如铸铁、混凝土等脆断材料。

对于塑性材料，进入塑性屈服时的应力取屈服极限 σ_s，对于某些无明显屈服平台

的合金材料取 $\sigma_{0.2}$，则危险应力 $\sigma^0 = \sigma_s$ 或 $\sigma_{0.2}$；对于脆性材料，断裂时的应力是强度极限 σ_b，则 $\sigma^0 = \sigma_b$。

为了保证构件安全、正常工作，仅把工作应力限制在极限应力以内是不够的。因实际构件的工作条件受许多外界因素及材料本身性质的影响，故必须把工作应力限制在更小的范围，以保证有必要的强度储备。

$$\sigma_{工作应力} < [\sigma] < \sigma^0$$

许用应力 $[\sigma]$：设计时的应力值。

$$[\sigma] = \frac{\sigma^0}{K} \tag{3-2}$$

式中，σ^0——材料的极限应力；

　　　K——安全系数，$K > 1$。

为保证构件的安全使用而设的安全系数的选取涉及许多方面的问题。目前，国内有关部门编制了一些规范和手册（如《公路桥涵设计规范》和《公路桥涵设计手册》），可供选取安全系数时参考。一般构件在常温、静载条件下：

塑性材料，$K_s = 1.5 \sim 2.5$；

脆性材料，$K_b = 2 \sim 3.5$。

3.4.2　拉压时的强度计算

为了保证构件安全可靠地工作，必须使构件的最大工作应力不超过材料的许用应力。拉（压）杆件的强度条件为

$$\sigma_{max} = \frac{N_{max}}{A} \leqslant [\sigma] \tag{3-3}$$

式中，σ_{max}——最大工作应力；

　　　N_{max}——构件横截面上的最大轴力；

　　　A——构件的横截面面积；

　　　$[\sigma]$——材料的许用应力。

拉（压）杆的强度条件可解决三类工程实际问题。

（1）强度校核

已知构件的材料、横截面尺寸和所受荷载，校核构件是否安全，即

$$\sigma_{max} = \frac{N_{max}}{A} \leqslant [\sigma]$$

（2）截面设计

已知构件承受的荷载及所用材料，确定构件横截面尺寸，即

$$A_{min} \geqslant \frac{N_{max}}{[\sigma]}$$

由上式可算出横截面面积，再根据截面形状确定其尺寸。

（3）确定最大许可荷载

已知构件的材料和尺寸，可按强度条件确定构件所能承受的最大许可荷载，即

$$N_{max} \leqslant A[\sigma]$$

由 N_{max}，再根据静力平衡条件确定构件所能承受的最大荷载。

3.4.3 应用

【例 3-7】 现准备用一根直径 20mm 的白棕绳，起吊 4000N 的重物，已知白棕绳许用应力 $[\sigma] = 10$MPa，则起吊是否安全？如果强度不够，试重新选择白棕绳的直径。

解 1）强度校核。白棕绳正应力

$$\sigma = \frac{N}{A} = \frac{4000}{\frac{\pi d^2}{4}} = \frac{4000}{314} = 12.7\text{MPa} > [\sigma]$$

不满足强度条件，不安全。

2）选择白棕绳的直径。根据强度条件得

$$A \geqslant \frac{N}{[\sigma]} = \frac{4000}{10} = 400\text{mm}^2$$

$$d \geqslant \sqrt{\frac{4A}{\pi}} = \sqrt{\frac{4 \times 400}{3.14}} = 22.57\text{mm}$$

具体选择时，应选直径大于 22.57mm 规格的白棕绳。

【例 3-8】 杆系结构如图 3-13（a）所示，已知杆 AB、AC 材料相同，$[\sigma] = 160$MPa，横截面积分别为 $A_1 = 706.9\text{mm}^2$，$A_2 = 314\text{mm}^2$，试确定此结构的许可载荷 $[P]$。

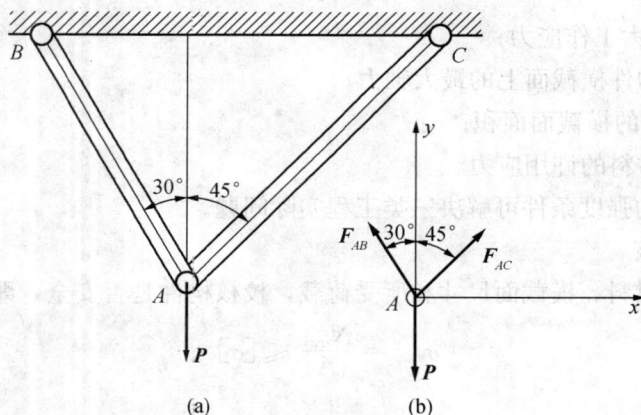

图 3-13 杆系结构受力示意图

解 1）由平衡条件计算实际轴力，设 AB 杆轴力为 $\boldsymbol{F}_{AB}$，AC 杆轴力为 $\boldsymbol{F}_{AC}$。
对于节点 A，其受力如图 3-13（b）所示。
由 $\sum F_{ix} = 0$ 得

$$F_{AC}\sin45° = F_{AB}\sin30° \qquad\qquad (a)$$

由 $\sum F_{iy} = 0$ 得

$$F_{AB}\cos30° + F_{AC}\cos45° = P \tag{b}$$

由强度条件计算各杆容许轴力。

$$F_{AB} \leqslant A_1[\sigma] = 706.9 \times 160 \times 10^6 \times 10^{-6} = 113.1\text{kN} \tag{c}$$

$$F_{AC} \leqslant A_2[\sigma] = 314 \times 160 \times 10^6 \times 10^{-6} = 50.3\text{kN} \tag{d}$$

由于 AB、AC 杆不能同时达到容许轴力，如果将 F_{AB}，F_{AC} 代入式（b），解得

$$[P] = 133.5\text{kN}$$

显然是错误的。

正确的解应由式（a）、式（b）解得，各杆轴力与结构载荷 P 应满足的关系为

$$F_{AB} = \frac{2P}{1+\sqrt{3}} = 0.732P \tag{e}$$

$$F_{AC} = \frac{\sqrt{2}P}{1+\sqrt{3}} = 0.518P \tag{f}$$

2）根据各杆各自的强度条件，即 $F_{AB} \leqslant [F_{AB}]$，$F_{AC} \leqslant [F_{AC}]$ 计算所对应的载荷 $[P]$，由式（c）、式（e）有

$$F_{AB} \leqslant [F_{AB}] = A_1[\sigma] = 113.1\text{kN}$$

$$0.732P \leqslant 113.1\text{kN}$$

$$[P_1] \leqslant 154.5\text{kN} \tag{g}$$

由式（d）、式（f）有

$$F_{AC} \leqslant [F_{AC}] = A_2[\sigma] = 50.3\text{kN}$$

$$0.518P \leqslant 50.3\text{kN}$$

$$[P_2] \leqslant 97.1\text{kN} \tag{h}$$

要保证 AB、AC 杆的强度，应取（g）、（h）二者中的小值，即 $[P_2]$，因而得

$$[P] = 97.1\text{kN}$$

上述分析表明，求解杆系结构的许可载荷时，要保证各杆受力既满足平衡条件又满足强度条件。

3.5 拉（压）时的变形、胡克定理

杆受轴向力作用时，沿杆轴方向会产生伸长（或缩短），称为纵向变形；同时，杆的横向尺寸将减小（或增大），称为横向变形。

3.5.1 绝对变形量、线应变和泊松比

如图 3-14 所示，设杆原长为 l，原横向尺寸分别为 b 和 c，受轴向拉力 P 作用后发生变形，变形后的尺寸分别为 l_1、b_1 和 c_1，则：

纵向绝对变形量为

$$\Delta l = l_1 - l \tag{3-4}$$

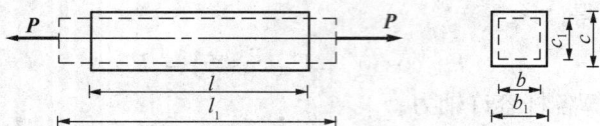

图 3-14　拉力 P 作用下杆的变形示意图

横向绝对变形量为

$$\Delta b = b_1 - b$$
$$\Delta c = c_1 - c$$

可以看出，杆件的 Δl 与杆件的原始长度 l 有关。为了消除杆件原长 l 的影响，更确切地反映材料的变形程度，将 Δl 除以杆件的原长 l，用单位长度的变形 ε 来表示，即

$$\varepsilon = \frac{\Delta l}{l} \tag{3-5}$$

ε 称为线应变或相对变形量，是一个无量纲的量。拉伸时 Δl 为正值，ε 也为正值；压缩时 Δl 为负值，ε 也为负值。

同理：

$$\varepsilon' = \frac{\Delta b}{b} \quad \text{或} \quad \varepsilon' = \frac{\Delta c}{c}$$

观察知，纵向伸长，横向就缩短；反之，纵向缩短，横向就伸长。拉伸时 ε 为正值，ε' 就为负值；压缩时，ε 为负值，ε' 就为正值。试验表明，杆的横向应变与纵向应变之间存在着一定的关系，在弹性范围内，横向应变 ε' 与纵向应变 ε 的比值的绝对值是一个常数，用 ν 表示，即

$$\nu = \left| \frac{\varepsilon'}{\varepsilon} \right| \tag{3-6}$$

ν 称为泊松比或横向变形系数，其值可通过试验确定。由于 ε 与 ε' 的符号恒为异号，故有

$$\varepsilon' = -\nu\varepsilon \tag{3-7}$$

泊松比反映材料的弹性性能。

> **想一想**
>
> 我们知道"力和变形成正比"，请问：绝对变形 Δl 除与力 P 成正比外，与杆长和杆的横截面积大小有关吗？

观察图 3-15 所示的试验。

如图 3-15（a），若 $A_1 = A_2 = A$，$L_1 = L_2$，$N_1 > N_2$，则 $\Delta L_1 > \Delta L_2$，即 $\Delta l \propto N$；

如图 3-15（b），若 $L_1 = L_2 = L$，$N_1 = N_2 = N$，$A_1 > A_2$，则 $\Delta L_1 < \Delta L_2$，即 $\Delta l \propto \frac{1}{A}$；

如图 3-15（c），若 $A_1 = A_2 = A$，$N_1 = N_2 = N$，$L_1 > L_2$，则 $\Delta L_1 > \Delta L_2$，即 $\Delta l \propto L$。

由此：$\Delta l \propto \frac{Nl}{A}$。

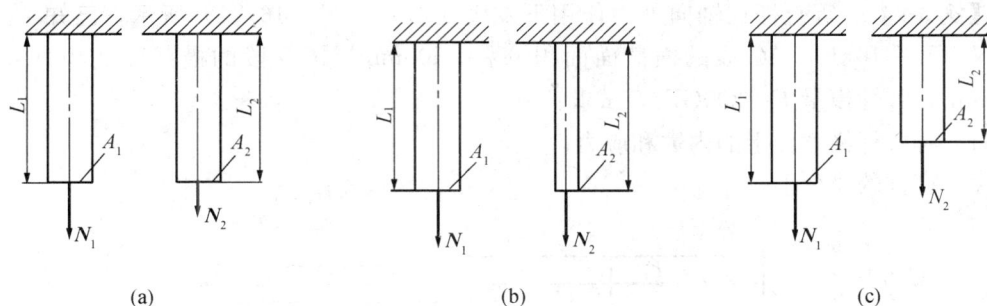

图 3-15 拉杆力与变形实验

3.5.2 胡克定理

试验表明，在材料的弹性范围内，Δl 与外力 P 和杆长 l 成正比，与横截面面积 A 成反比，即

$$\Delta l \propto \frac{Pl}{A}$$

引入比例系数 E，由于 $P=N$，上式可写为

$$\Delta l = \frac{Nl}{EA} \quad 或 \quad \Delta L_{总} = \sum_{i=1}^{n} \frac{N_i L_i}{E_i A_i} \tag{3-8}$$

式（3-8）为胡克定律的数学表达式。比例系数 E 称为材料的拉（压）弹性模量，它与材料的性质有关，是衡量材料抵抗变形能力的一个指标。各种材料的 E 值由试验测定，其单位与应力的单位相同。一些常用材料的 E 值列入表 3-1 中。EA 称为杆件的抗拉（压）刚度，它反映了杆件抵抗拉（压）变形的能力。对长度相同、受力相等的杆件，EA 越大，变形 Δl 就越小；反之，EA 越小，变形 Δl 就越大。

若将式（3-8）改写为

$$\frac{\Delta l}{l} = \frac{1}{E} \times \frac{N}{A}$$

并以 $\frac{\Delta l}{l} = \varepsilon$，$\frac{N}{A} = \sigma$ 这两个关系式代入上式，可得胡克定律的另一表达形式，即

$$\sigma = E\varepsilon \tag{3-9}$$

式（3-9）又可表述为：弹性范围内，应力与应变成正比。

表 3-1　常用材料的 E、ν 值

材料名称	弹性模量 E /GPa	泊松比 ν	材料名称	弹性模量 E /GPa	泊松比 ν
碳钢	200～220	0.25～0.33	16 锰钢	200～220	0.25～0.33
铸铁	115～160	0.23～0.27	铜及其合金	74～130	0.31～0.42
铝及硬铝合金	71	0.33	花岗石	49	
混凝土	14.6～36	0.16～0.18	木材（顺纹）	10～12	
橡胶	0.008	0.47			

【例 3-9】 等直杆在轴向外力作用下发生变形，如图 3-16（a）所示，已知 $F_1 =$ 30kN，$F_2 = 10$kN，AC 段的横截面面积 $A_{AC} = 500\text{mm}^2$，CD 段的横截面面积 $A_{CD} =$ 200mm²，弹性模量 $E = 200$GPa，试求：

1）各段杆横截面上的内力和应力；

2）杆件的总变形。

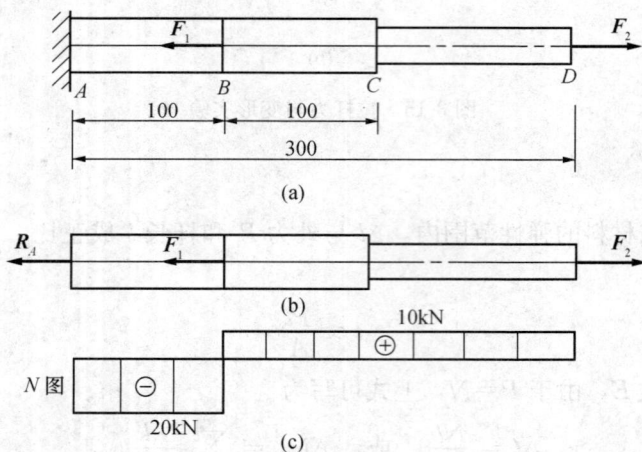

图 3-16 受力阶梯杆示意图

解 1）计算支反力。

$$\sum F_{ix} = 0, \quad F_2 - F_1 - R_A = 0, \quad R_A = F_2 - F_1 = 10 - 30 = -20\text{kN}$$

2）截面法计算各段杆件横截面上的轴力并作轴力图，如图 3-16（c）所示。

AB 段：

$$N_{AB} = R_A = -20\text{kN}$$

BD 段：

$$N_{BD} = F_2 = 10\text{kN}$$

3）计算各段应力。

AB 段：

$$\sigma_{AB} = \frac{N_{AB}}{A_{AC}} = \frac{-20 \times 10^3}{500} = -40\text{MPa}$$

BC 段：

$$\sigma_{BC} = \frac{N_{BD}}{A_{AC}} = \frac{10 \times 10^3}{500} = 20\text{MPa}$$

CD 段：

$$\sigma_{CD} = \frac{N_{BD}}{A_{CD}} = \frac{10 \times 10^3}{200} = 50\text{MPa}$$

4）计算杆件的总变形。

$$\Delta l = \Delta l_{AB} + \Delta l_{BC} + \Delta l_{CD} = \frac{N_{AB}l_{AB}}{EA_{AC}} + \frac{N_{BD}l_{BC}}{EA_{AC}} + \frac{N_{BD}l_{CD}}{EA_{AD}}$$

$$= \frac{1}{200 \times 10^3} \times \left(\frac{-20 \times 10^3 \times 100}{500} + \frac{10 \times 10^3 \times 100}{500} + \frac{10 \times 10^3 \times 100}{200} \right)$$

$$= 0.015 \text{mm}$$

【例 3-10】　图 3-17（a）所示杆系结构中 AB 杆为刚性杆，①、②杆刚度为 EA，外加载荷为 P，求①、②杆的轴力。

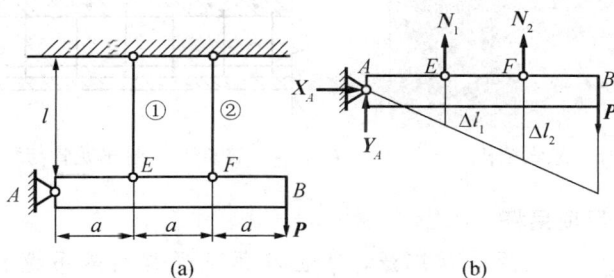

图 3-17　杆系结构示意图

解　1）静力平衡方程。如图 3-17（b）所示，N_1，N_2 为①，②杆的内力；X_A、Y_A 为 A 处的约束力，未知力个数为 4，静力平衡方程个数为 3（平面力系），故为一次超静定问题。

由 $\sum m_A = 0$ 得

$$N_1 a + 2a N_2 = 3Pa$$

即

$$N_1 + 2N_2 = 3P \tag{a}$$

2）变形协调方程。

$$\frac{\Delta l_1}{\Delta l_2} = \frac{1}{2} \quad \text{或} \quad \Delta l_2 = 2\Delta l_1 \tag{b}$$

3）物理方程。

$$\Delta l_1 = \frac{N_1 l}{EA}, \quad \Delta l_2 = \frac{N_2 l}{EA} \tag{c}$$

由式（c）、式（d）得补充方程为

$$N_2 = 2N_1 \tag{d}$$

4）由式（a）和式（d）得

$$N_1 = \frac{3}{5}P \quad \text{（拉力）}$$

$$N_2 = \frac{6}{5}P \quad \text{（拉力）}$$

【实例 3-2】 悬索结构。

悬索结构（图 3-18）将结构内力的拉压分开，分别由长于受拉的钢索及长于受压的钢筋混凝土或钢结构承受拉力和压力，发挥各自特长，而使其受力合理，耗材省，成为十分先进的结构形式。悬索结构多以曲面形式出现，建筑轮廓流畅，形态优美。如上海杨浦大桥是斜拉桥，江阴长江大桥是悬索桥，它们都属于悬索结构。

图 3-18 悬索结构

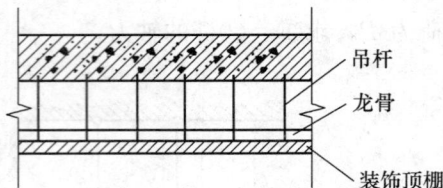

图 3-19 悬吊龙骨与装饰顶棚

【实例 3-3】 吊顶吊杆。

吊顶在装饰工程中应用非常广泛，大面积吊顶通常由悬吊龙骨和装饰顶棚组成（图 3-19）。在选择吊杆时，除考虑龙骨的刚度、稳定性外，应重点考虑吊杆需承受的轴向拉力，即吊顶系统的总荷载，既要根据强度条件及吊杆的材料选择吊杆的数量和吊杆的粗细，同时还应考虑吊杆在荷载作用下的变形，从而确保吊顶的安全和顶棚的平整度。

【实例 3-4】 拉杆在桥梁中的应用。

图 3-20、图 3-21 是利用吊杆、拉索承受桥梁荷载的典型实例。它们的共同特点是依靠拉杆承受桥板和桥板上的荷载，实现增大跨度、降低工程成本的目标。

图 3-20 拱桥中吊杆的应用

图 3-21 斜拉桥中吊杆的应用

练一练

1. 观察学校内的建筑，找一找有哪些结构利用了轴向拉压杆。

2. 到学校附近工地见习、参观，分析轴向拉压杆在施工机械和工程中的应用。

3. 观察学校周围有无利用拉杆承重的桥梁，利用课外时间进行参观，也可上网查找此类工程。

阅读材料

材料在轴向拉伸和压缩时的力学性能

分析构件的强度时，除了计算应力外，还需要了解材料的力学性能。材料的力学性能是指材料在外力作用下表现出的强度、变形等方面的各种特性，包括弹性模量 E、泊松比 ν 以及极限应力等，它们要由试验来测定。在室温下，以缓慢平稳的加载方式进行试验，称为常温静载试验，是测定材料力学性能的基本试验。

在材料的力学性能实验中，试验环境（如温度高低不同）和加载方式（如静加载、冲击载荷）都影响着材料的力学性能。低碳钢和铸铁是工程中广泛使用的金属材料，下面就以低碳钢和铸铁为主要代表，介绍它们在常温静载试验环境下材料拉伸和压缩时的力学性能。

一、低碳钢拉伸时的力学性质

为了便于比较不同材料的试验结果，在做拉伸试验时，首先要将金属材料安国家标准《金属拉伸试验方法》（GB228—1987）制成标准试件。一般金属材料采用圆形截面试件［图 3-22（a）］或矩形截面试件［图 3-22（b）］。试件中部一段为等截面，在该段中标出长度为 l_0 的一段，称为工作段（试验段），试验时即测量工作段的变形量。工作段长度称为标距 l_0。按规定，对圆形试件，标距 l_0 与横截面直径 d_0 的比例为

$$l_0 = 10d_0 \text{ 或 } l_0 = 5d_0$$

对于矩形截面试件，若截面面积为 A_0，则

$$l_0 = 11.3\sqrt{A_0} \text{ 或 } l_0 = 5.65\sqrt{A_0}$$

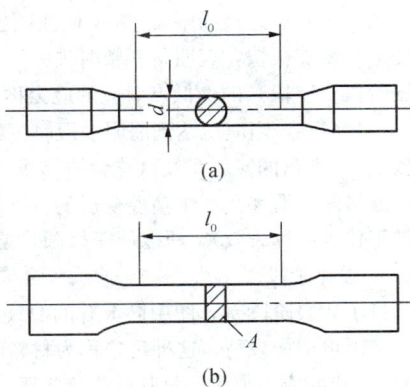

图 3-22　试件

低碳钢是指含碳量在 0.3% 以下的碳素钢。这类钢材在工程中使用较广，在拉伸试验中表现出的力学性能也最为典型。

将低碳钢制成的标准试件安装在试验机上，开动机器缓慢加载，直至试件拉断为止。试验机的自动绘图装置将试验过程中的载荷 P 和对应的伸长量 Δl 绘成 $P\text{-}\Delta l$ 曲线图，称为拉伸图或 $P\text{-}\Delta l$ 曲线，如图 3-23 所示。

试件的拉伸图与试件的原始几何尺寸有关，为了消除试件原始几何尺寸的影响，获得反映材料性能的曲线，常把拉力 P 除以试件横截面的原始面积 A，得到正应力 $\sigma = P/A$，作为纵坐标；把伸长量 Δl 除以标距的原始长度 l_0，得到应变 $\varepsilon = \Delta l / l_0$，作为横坐标。作图得到材料拉伸时的应力-应变曲线或称 $\sigma\text{-}\varepsilon$ 曲线，如图 3-24 所示。

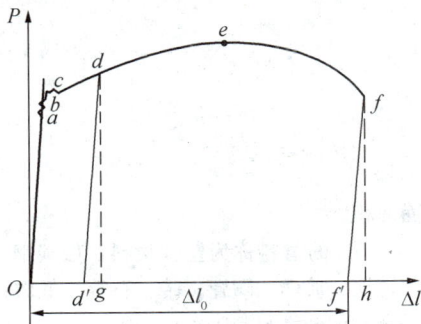

图 3-23　拉伸图

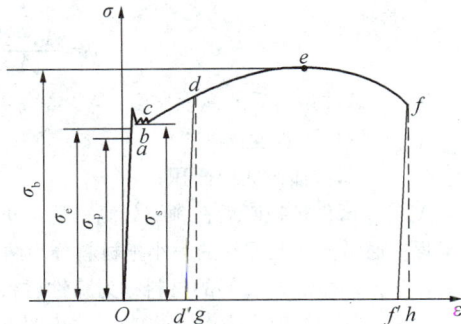

图 3-24　应力-应变曲线

　　根据试验结果，现将低碳钢的应力-应变曲线分成四个阶段讨论其力学性能。

　　1. 弹性阶段

　　弹性阶段由直线段 Oa 和微弯段 ab 组成。直线段 Oa 部分表示应力与应变成正比关系，故 Oa 段称为比例阶段或线弹性阶段，在此阶段内，材料服从胡克定律 $\sigma = E\varepsilon$，a 点所对应的应力值称为材料的**比例极限**，用 σ_p 表示，低碳钢的 $\sigma_p \approx 200\mathrm{MPa}$。

　　应力超过比例极限后，应力与应变不再成比例关系，曲线 ab 段称为非线性弹性阶段，只要应力不超过 b 点，材料的变形仍是弹性变形，在解除拉力后变形仍可完全消失，所以 b 点对应的应力称为弹性极限，以 σ_e 表示。由于大部分材料的 σ_p 和 σ_e 极为接近，工程上并不严格区分弹性极限和比例极限，常认为在弹性范围内，胡克定律成立。

　　2. 屈服阶段

　　当应力超过弹性极限后，$\sigma\text{-}\varepsilon$ 曲线图上的 bc 段将出现近似的水平段，这时应力几乎不增加，而变形却增加很快，表明材料暂时失去了抵抗变形的能力。这种现象称为**屈服现象**或**流动现象**。屈服阶段（bc 段）的最低点对应的应力称为屈服极限（或流动极限），以 σ_s 表示。低碳钢的 $\sigma_s \approx 220 \sim 240\mathrm{MPa}$，当应力达到屈服极限时，如试件表面经过抛光，就会在表面上出现一系列与轴线大致成 $45°$ 夹角的倾斜条纹（称为滑移线）。它是由于材料内部晶格间发生滑移所引起的。一般认为，晶格间的滑移是产生塑性变形的根本原因。工程中的大多数构件一旦出现塑性变形，将不能正常工作（或称失效）。所以屈服极限 σ_s 是衡量材料失效与否的强度指标。

　　3. 强化阶段

　　过了屈服阶段 bc，图中向上升的曲线 ce 说明材料恢复了抵抗变形的能力，要使试件继续变形，必须再增加载荷，这种现象称为材料的**强化**，故 $\sigma\text{-}\varepsilon$ 曲线图中的 ce 段称为**强化阶段**，最高点 e 点所对应的应力值称为材料的**强度极限**，以 σ_b 表示，它是材料所能承受的最大应力。低碳钢的 $\sigma_b \approx 370 \sim 460\mathrm{MPa}$。

　　4. 颈缩阶段

　　当载荷达到最高值后，可以看到在试件的某一局部的横截面迅速收缩变细，出现所谓的**颈缩现象**，如图 3-25 所示。$\sigma\text{-}\varepsilon$ 曲线图中的 ef 段称为颈缩阶段。由于颈缩部分的横截面迅速减小，试件继续伸长所需的拉力也相应减少。在 $\sigma\text{-}\varepsilon$ 图中，用横截面原始面积 A 算出的应力 $\sigma = P/A$ 随之下降，降到 f 点时试件被拉断。

图 3-25　颈缩现象

　　试件拉断后弹性变形消失，只剩下塑性变形。工程中常用**延伸率** δ 和**断面收缩率** ψ 作为材料的两个塑性指标。分别为

$$\delta = \frac{l_1 - l_0}{l} \times 100\% \tag{3-10}$$

$$\psi = \frac{A_0 - A_1}{A_0} \times 100\% \tag{3-11}$$

式中，l_1——试件拉断后的标距长度；

　　　l_0——原标距长度；

　　　A_0——试件横截面原面积；

　　　A_1——试件被拉断后在颈缩处测得的最小横截面面积。

　　工程中通常按照延伸率的大小把材料分为两大类：$\delta > 5\%$ 的材料称为**塑性材料**，如碳钢、黄铜、铝合金等；而把 $\delta < 5\%$ 的材料称为**脆性材料**，如灰铸铁、玻璃、陶瓷、砖、石等。低碳钢的延伸率很高，其平均值为 $20\% \sim 30\%$，这说明低碳钢是典型的塑性材料。

　　截面收缩率 ψ 也是衡量材料塑性的重要指标，低碳钢的截面收缩率 $\psi \approx 60\%$。需要注意的是，

　　材料的塑性和脆性会因制造工艺、变形速度、温度等条件而发生变化，例如某些脆性材料在高温下会呈现塑性，而某些塑性材料在低温下呈现脆性，又如在铸铁中加入球化剂可使其变为塑性较好的球墨铸铁。

　　实验表明，如果将试件拉伸到超过屈服点 σ_s 后的任一点，例如图 3-34 中的 d 点，然后缓慢地卸载。这时会发现，卸载过程中试件的应力与应变之间沿着直线 dd' 的关系变化，dd' 与直线 Oa 几乎平行。由此可见，在强化阶段中试件的应变包含弹性应变和塑性应变，卸载后弹性应变消失，只留下塑性应变，塑性应变又称**残余应变**。

　　如果将卸载后的试件在短期内再次加载，则应力和应变之间基本上仍沿着卸载时的同一直线关系，直到开始卸载时的 d 点为止，然后大体上沿着原来路径 def（图 3-24）。所以，当试件在强化阶段卸载，然后再加载时，其 $\sigma\text{-}\varepsilon$ 曲线图应是图 3-24 中的 $d'def$，图中直线 $d'd$ 的最高点 d 的应力值可以认为是材料在经过卸载而重新加载时的比例极限，显然它比原来的比例极限提高了，但拉断后的残余应变则比原来的 δ 小，这种现象称为**冷作硬化**。工程中经常利用冷作硬化来延长材料的弹性阶段，例如起重机的钢索和建筑用的钢筋，常采用冷拔工艺提高强度。

二、其他金属材料拉伸时的力学性质

　　其他金属材料的拉伸试验与低碳钢的拉伸试验方法相同，但材料所显示出的力学性能有很大差异。图 3-26 给出了锰钢、硬铝、退火球墨铸铁和 45 钢的应力-应变曲线，这些都是塑性材料，但前三种材料没有明显的屈服阶段。对于没有明显屈服点的塑性材料，工程上规定，取试件产生 0.2% 的塑性应变时，所对应的应力值作为材料的名义屈服极限，以 $\sigma_{0.2}$ 表示（图 3-27）。

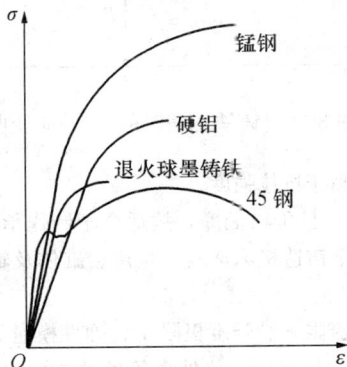

图 3-26　几种金属材料的应力-应变曲线　　图 3-27　名义屈服极限的取值

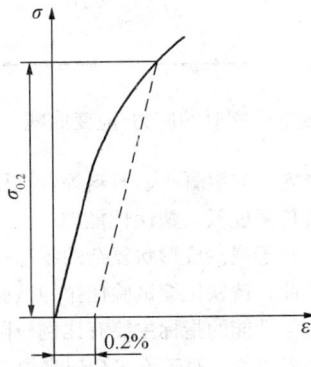

　　图 3-28 所示为铸铁拉伸时的应力-应变关系，由图可见，应力-应变之间无明显的直线部分，但应力较小时接近于直线，可近似认为服从胡克定律。工程上有时以曲线的某一割线（图 3-28 中的虚线）的斜率作为弹性模量。

　　铸铁的延伸率 δ 通常只有 $0.5\%\sim0.6\%$，是典型的脆性材料，其拉伸时无屈服现象和颈缩现象，断裂是突然发生的，断口垂直于试件轴线。强度指标 σ_b 是衡量铸铁强度的唯一指标。

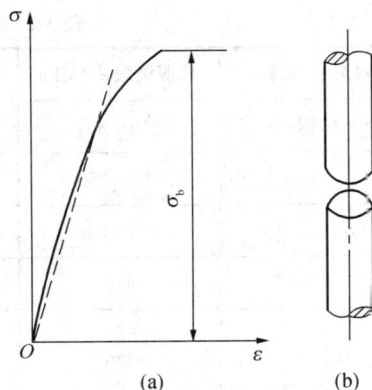

图 3-28　铸铁拉伸时的应力-应变关系

三、金属材料压缩时的力学性能

金属材料的压缩试件常做成圆柱体，其高度是直径的 1.5～3.0 倍，以避免试验时被压弯；非金属材料（如水泥、石料）的压缩试件常做成立方体。

低碳钢压缩时的应力-应变曲线如图 3-29 所示，图中虚线是为了便于比较而绘出的拉伸的 σ-ε 曲线。从图 3-29 中可以看出，低碳钢压缩时的弹性模量 E 和屈服极限 σ_s 都与拉伸时大致相同。屈服阶段以后，试件愈压愈扁，横截面面积不断增大，试件抗压能力也不断提高，因而得不到压缩时的强度极限。

铸铁压缩时的应力-应变曲线如图 3-30 所示，其线性阶段不明显，强度极限 σ_b 比拉伸时高 2～4 倍，试件在较小的变形下突然发生破坏，断口与轴线大致成 45°～55° 的倾角，表明试件沿斜面因相对错动而破坏。

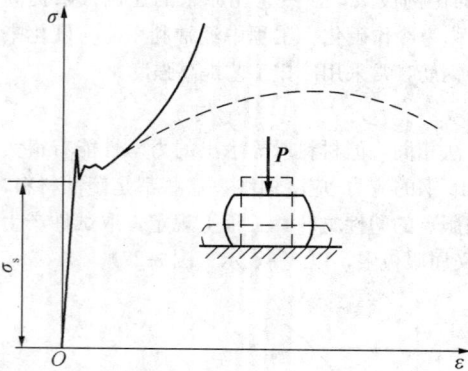

图 3-29 低碳钢压缩时的应力-应变曲线

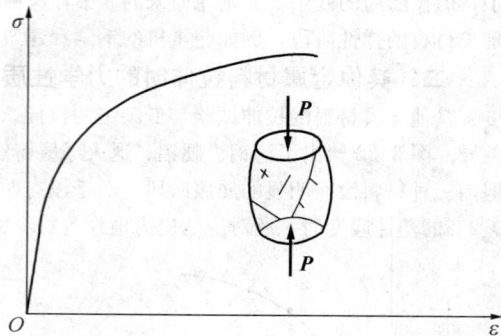

图 3-30 铸铁压缩时的应力-应变曲线

其他脆性材料，如混凝土、石料等，抗压强度也远高于抗拉强度。

脆性材料抗拉强度低，塑性能差，但抗压强度高，且价格低廉，故适合于制作承压构件。铸铁坚硬耐磨，易于浇注成形状复杂的零部件，广泛用于铸造机床床身、机座、缸体及轴承座等受压零部件。因此，铸铁压缩试验比拉伸试验更为重要。

衡量材料力学性能的指标主要有比例极限 σ_p、屈服极限 σ_s、强度极限 σ_b、弹性模量 E、延伸率 δ 和断面收缩率 ψ 等。对于许多金属来说，这些量往往受温度、热处理等条件的影响，表 3-2 列出了几种常用材料的力学性能。

表 3-2 几种常用材料的力学性能

材料名称或牌号	屈服极限 σ_s/MPa	抗拉强度 σ_b/MPa	延伸率 δ/%	断面收缩率 ψ/%
35 钢	216～314	432～530	15～20	28～45
45 钢	265～353	530～598	13～16	30～40
Q235A 钢	216～235	373～461	25～27	—
QT600—2	412	538	2	—
HT150	—	拉 98～275 压 637	—	—

单元小结

1. 知识小结

四种基本变形：轴向拉伸与压缩、剪切、扭转和弯曲变形。

组合变形是两种或两种以上基本变形的叠加。

内力计算的基本方法是截面法，轴力图能形象直观地表示出轴力沿杆轴的变化情况。

应力是横截面上某点的内力集度。拉、压杆在其横截面上只有正应力，没有剪应力。

拉压杆的强度计算包括强度校核、截面设计和确定许可荷载，计算的目的是使构件安全，同时又经济合理。

本单元的最终学习目的是对工程中的相关结构和构件的承载能力进行定量或定性的分析。

2. 主要公式

拉、压杆横截面上的正应力公式：$\sigma = \dfrac{N}{A}$。

拉、压胡克定律：$\Delta l = \dfrac{Nl}{EA}$ 或 $\sigma = E\varepsilon$。

拉、压杆的强度条件：$\sigma_{max} = \dfrac{N_{max}}{A} \leqslant [\sigma]$。

自我检测

一、填空题

1. 工程中常见的基本变形有 _____、_____、_____ 和 _____ 四种。

2. 作用于直杆上的外力 _____ 作用线与杆件的轴线 _____ 时，杆只产生沿轴线方向的 _____ 或 _____ 变形，这种变形形式称为轴向拉伸或压缩。

3. _____ 是内力计算的基本方法，计算步骤可归纳为 _____、_____ 和 _____。

4. 构件在外力作用下，单位面积上的 _____ 称为应力。正应力用符号 _____ 表示；拉压正应力的正负号规定与轴力的正负号规定 _____，拉应力为 _____，压应力为 _____。

5. 在国际单位制中，应力的单位是 Pa（帕），$1Pa =$ _____ N/m^2，$1MPa =$ _____ Pa，$1GPa =$ _____ Pa。

6. 确定许用应力时，对于脆性材料 _____ 为极限应力，而塑性材料以 _____ 为极限应力。

二、选择题

1. 阶梯杆 AC 如图 3-31 所示。设 N_{AB}、N_{BC} 分别表示 AB 段和 BC 段的轴力，σ_{AB} 和 σ_{BC} 分别表示 AB 段和 BC 段上的应力，则下列结论正确的是（　　）。

A. $N_{AB} = N_{BC}$，$\sigma_{AB} = \sigma_{BC}$ 　　 B. $N_{AB} \neq N_{BC}$，$\sigma_{AB} \neq \sigma_{BC}$

C. $N_{AB} = N_{BC}$，$\sigma_{AB} \neq \sigma_{BC}$ 　　 D. $N_{AB} \neq N_{BC}$，$\sigma_{AB} = \sigma_{BC}$

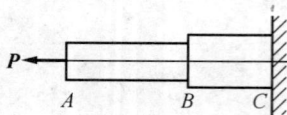

图 3-31   阶梯杆

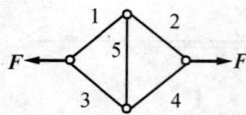

图 3-32   铰接正方形结构

2. 如图 3-32 所示铰接的正方形结构，由五根杆件组成，这五根杆件的情况是（   ）。

    A. 全部是拉杆   B. 5 是压杆，其余是拉杆

    C. 全部是压杆   D. 5 是拉杆，其余是压杆

3. 拉（压）杆应力公式 $\sigma = \dfrac{N}{A}$ 的应用条件是（   ）。

    A. 应力在比例极限内   B. 外力合力作用线必须沿着杆的轴线

    C. 应力在屈服极限内   D. 杆件必须为矩型截面杆

三、计算题

1. 求指定截面 1—1、2—2 上的轴力，并作图 3-33 中各杆的轴力图。

2. 如图 3-34 所示直杆，横截面 1—1、2—2、3—3 的面积分别为 $A_1 = 200\text{mm}^2$，$A_2 = 300\text{mm}^2$，$A_3 = 400\text{mm}^2$，求各横截面上的应力。

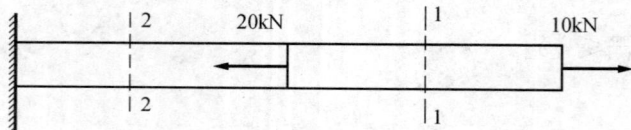

(a)

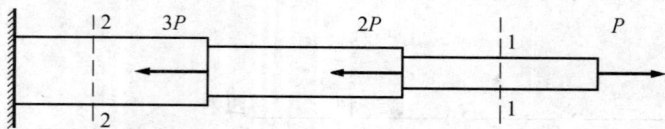

(b)

图 3-33   求轴力，作轴力图

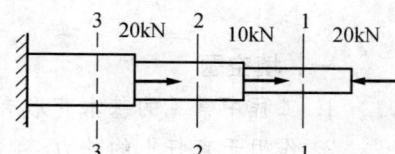

图 3-34   求杆的应力

3. 横截面面积为 10cm^2 的钢杆如图 3-35 所示。已知 $P = 20\text{kN}$，$Q = 20\text{kN}$，试作杆的轴力图，并求杆 A 截面上的正应力。

4. 简单桁架 BAC 的受力如图 3-36 所示。已知 $F = 18\text{kN}$，$\alpha = 30°$，$\beta = 45°$，AB 杆的横截面面积为 300mm，AC 杆的横截面面积为 350mm^2，试求各杆横截面上的应力。

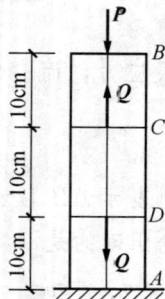

图 3-35   等截面钢杆的受力

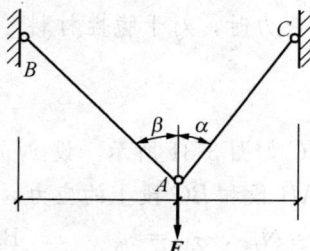

图 3-36   简单桁架示意图

5. 如图 3-37 所示为起吊钢管的情况。已知钢管的重量 $G=10\text{kN}$，绳索的直径 $d=40\text{mm}$，其许用应力 $[\sigma]=10\text{MPa}$，试校核绳索的强度。

6. 如图 3-38 所示为悬臂起重架，小车可在 AC 梁上移动，小车荷重 $P=15\text{kN}$，斜杆 AB 的截面为圆形，其许用应力 $[\sigma]=160\text{MPa}$，试设计 AB 杆的直径。

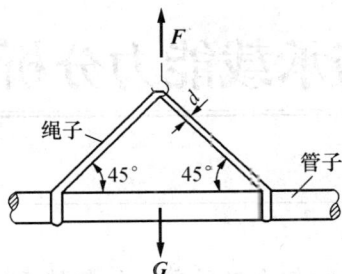

图 3-37　起吊钢管示意图

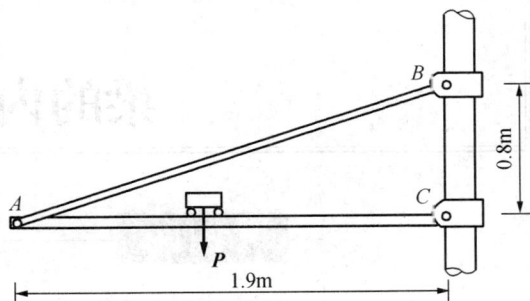

图 3-38　悬臂起重架示意图

7. 如图 3-39 所示结构中，杆①为钢杆，$A_1=1000\text{mm}^2$，$[\sigma]_1=120\text{MPa}$，杆②为木杆，$A_2=2000\text{mm}^2$，$[\sigma]_2=12\text{MPa}$，求结构的许可荷载 $[P]$。

8. 如图 3-40 所示，两根截面相同的钢杆上悬挂一根刚性的横梁 AB，今在刚性梁上加力 P，若要使 AB 梁保持水平，加力点位置应在何处（不考虑梁的自重）？

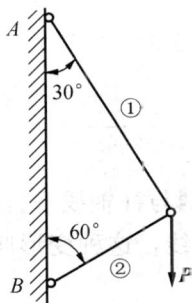

图 3-39　求结构的许可荷载

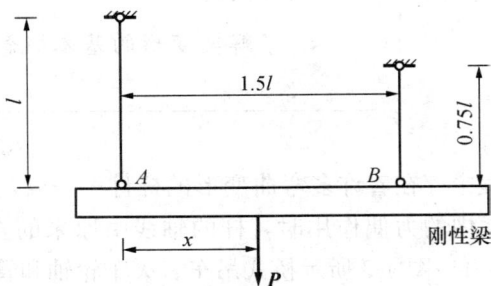

图 3-40　求刚性梁力的作用点

梁的内力与承载能力分析

1. 掌握平面弯曲梁剪力和弯矩的概念及计算，能熟练画出梁的剪力图与弯矩图。

2. 掌握梁弯曲时正应力的概念及计算，以及梁的正应力强度条件及其应用。

3. 能灵活运用所学的基本原理，研究直梁弯曲在工程中的应用问题。

4. 了解梁变形的基本概念。

　　工程中存在着许多弯曲变形的杆件——梁，当杆件受到与杆轴线垂直的外力或在轴线平面内的力偶作用时，杆的轴线由原来的直线变成曲线，这种变形叫弯曲变形，例如图 4-1～图 4-3 所示桥式吊车、火车轮轴和管道的托架。

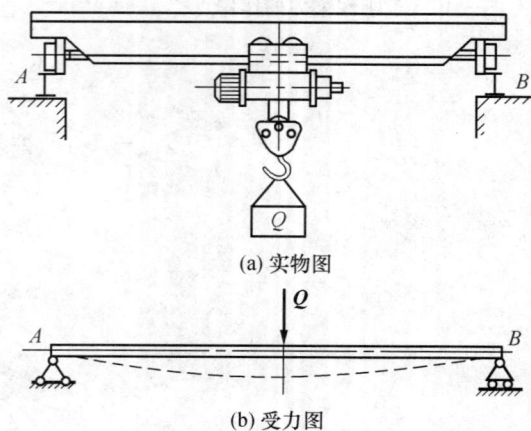

(a) 实物图

(b) 受力图

图 4-1　桥式吊车

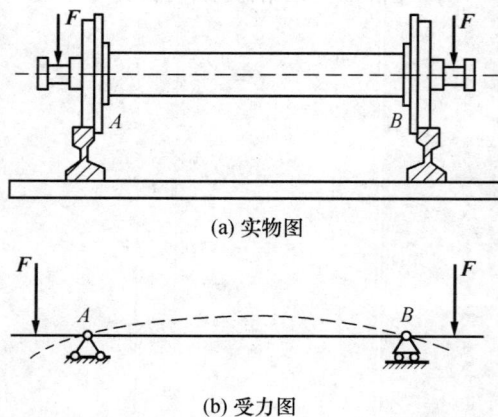

(a) 实物图

(b) 受力图

图 4-2　火车轮轴

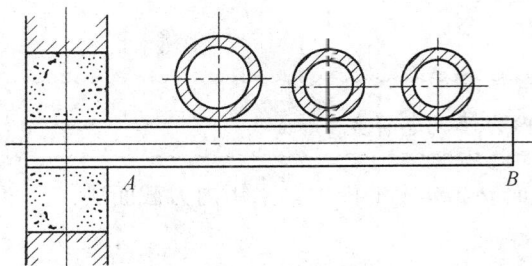

(a) 实物图

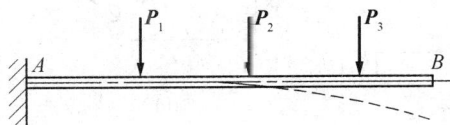

(b) 受力图

图 4-3   管道的托架

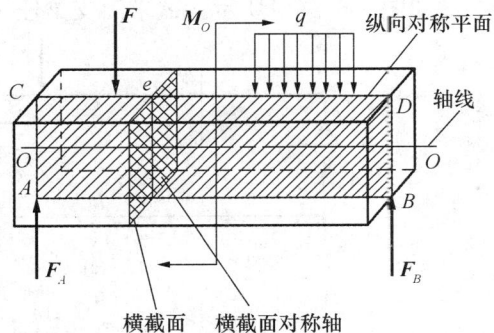

图 4-4   平面弯曲示意图

如果作用在梁上的外力（包括荷载和支座反力）和外力偶都位于纵向对称平面内，且外力垂直于梁的轴线，则梁变形时其轴线在此平面内弯曲成一条平面曲线，这种弯曲称为平面弯曲。

4.1   梁 的 内 力

想一想

结合上面的桥式吊车、火车轮轴、管道的托架，想一想，工程中梁的类型会有哪些？

工程中，对于单跨静定梁，按其支座情况可分为以下三种基本类型：

1）简支梁：一端为固定铰支座，另一端为可动铰支座的梁，如图 4-5（a）所示。

2）外伸梁：一端或两端伸出支座之外的简支梁，如图 4-5（b）所示。

3）悬臂梁：一端为固定端，另一端为自由端的梁，如图 4-5（c）所示。

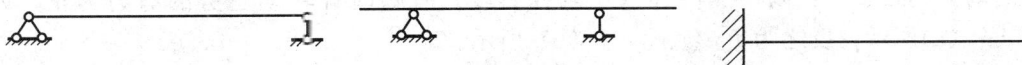

(a) 简支梁   (b) 外伸梁   (c) 悬臂梁

图 4-5   梁的类型

梁受到外力作用后，各个横截面上将产生内力。为了计算梁的强度和刚度，在确定梁上的外力并求得梁的支座反力之后，就必须计算其内力。

4.1.1 剪力和弯矩的概念

　　梁受到外力作用后，各个横截面上的内力情况怎样呢？

　　如图 4-6（a）所示，欲求简支梁任一截面 $m—m$ 上的内力，采用内力截面法：

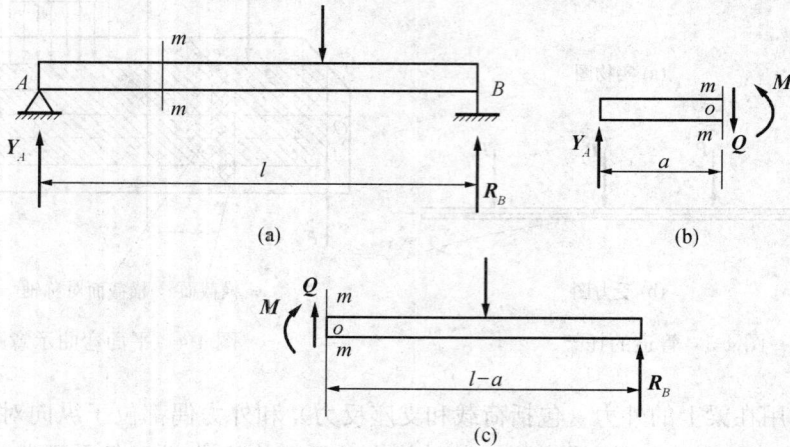

图 4-6　受力作用后的简支梁

　　假想将梁沿 $m—m$ 截面截开，现取左段为研究对象。由图 4-6（b）可见，因有支座反力 Y_A 作用，为使左段满足 $\sum F_Y = 0$，截面 $m—m$ 上必然有与 Y_A 等值、平行且反向的内力 Q 存在，它有使梁沿 $m—m$ 截面被剪断的趋势，故称这个内力 Q 为剪力。同时，因 Y_A 对截面 $m—m$ 的形心 O 点有一个力矩 $Y_A \cdot a$ 的作用，为满足 $\sum M_O = 0$，截面 $m—m$ 上也必然有一个与力矩 $Y_A \cdot a$ 大小相等且转向相反的内力偶矩 M 存在，这个内力偶矩 M 称为弯矩。由此可见，梁发生弯曲时，横截面上同时存在着两个内力，即剪力和弯矩。

　　剪力的常用单位为 N 或 kN，弯矩的常用单位为 N·m 或 kN·m。

4.1.2 剪力和弯矩的符号规定

　　剪力的正负号：以使隔离体（左段或右段）有顺时针转动趋势的剪力为正，如图 4-7（a）所示；反之为负，如图 4-7（b）所示。

　　弯矩的正负号：以使梁段产生下侧纤维受拉的弯矩为正，如图 4-8（a）所示；反之为负，如图 4-8（b）所示。

　　剪力和弯矩的正负号与静力平衡方程中关于力的投影和力矩的正负规定有何区别？

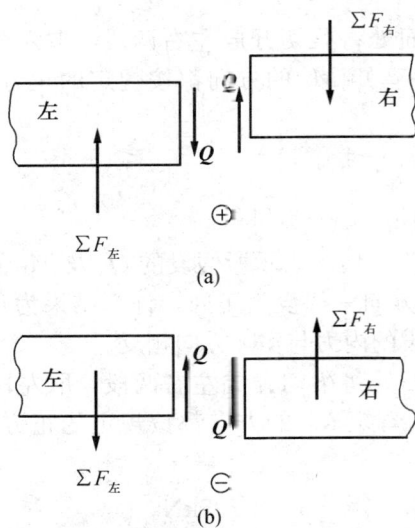

图 4-7　剪力的正负号规定

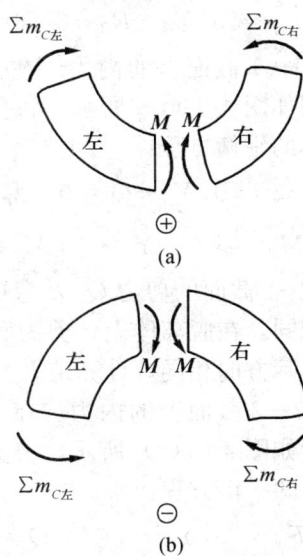

图 4-8　弯矩的正负号规定

4.1.3　计算指定截面上的剪力和弯矩

采用内力截面法。

【**例 4-1**】　如图 4-9（a）所示外伸梁，试计算 1—1、2—2 和 3—3 截面上的剪力和弯矩。

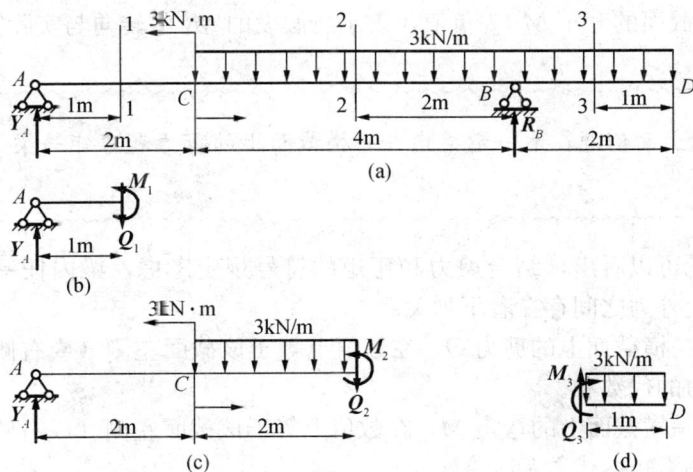

图 4-9　外伸梁受力示意图

解　1）求支座反力 Y_A 和 R_B，根据梁的整体平衡方程：

由 $\sum M_A = 0$，$R_B \times 6 - 3 \times 6 \times 5 + 3 = 0$，得 $R_B = 14.5\text{kN}$。

由 $\sum F_{iy}=0$，$Y_A+R_B-3\times6=0$，得 $Y_A=3.5$kN。

2）求1—1截面上的内力。在1—1截面处将梁切开成左右两段，取左段为脱离体，受力图如图4-9（b）所示，将剪力 Q_1、弯矩 M_1 的方向都按规定的正方向标出。根据脱离体的平衡方程：

由 $\sum F_{iy}=0$，$Y_A-Q_1=0$，得 $Q_1=Y_A=3.5$kN。

由 $\sum M_{Q_1}=0$，$-Y_A\times1+M_1=0$，得 $M_1=Y_A=3.5$kN。

求得1—1截面的剪力 Q_1 及弯矩 M_1 均为正值，表示所假设的 Q_1 及 M_1 的方向与实际方向相同，在脱离体上，剪力和弯矩的方向一律设为正向，计算结果为正则假设的内力与实际方向相同，计算结果为负则假设的内力与实际方向相反。

3）求2—2截面上的内力。在2—2截面处将梁切开成左右两段，取左段为脱离体，受力图如图4-9（c）所示，将剪力 Q_2、弯矩 M_2 的方向都按规定的正方向标出。根据脱离体的平衡方程：

由 $\sum F_{iy}=0$，$Y_A-3\times2-Q_2=0$，得 $Q_2=Y_A-6=-2.5$kN。

由 $\sum M_{Q_2}=0$，$-Y_A\times4+3+3\times2\times1+M_2=0$，得 $M_2=Y_A\times4-3-3\times2\times1=15$kN。

求得2—2截面的剪力 Q_2 为负值，表示所假设 Q_2 的方向与实际方向相反。

4）求3—3截面上的内力。在3—3截面处将梁切开成左右两段，如果取左段为脱离体进行计算，则作用在左段上的载荷较多，计算要麻烦一些。为方便起见，通常取受力较简单的右段进行计算，受力图如图4-9（d）所示，将剪力 Q_3、弯矩 M_3 的方向都按规定假设成正方向，根据脱离体的平衡方程：

由 $\sum F_{iy}=0$，$Q_3-3\times1=0$，得 $Q_3=3$kN。

由 $\sum M_{Q_3}=0$，$-M_3-3\times1\times1/2=0$，得 $M_3=-3/2=-1.5$kN·m。

求得3—3截面的弯矩 M_3 为负值，表示所假设的 M_3 的转向与实际方向相反。

想一想

认真分析上面例题，看一看梁内任一横截面上的剪力和弯矩与梁上外力之间存在着什么关系。

由上面例题可以看出，结合剪力和弯矩的符号规定考虑，梁内任一横截面上的剪力和弯矩与梁上外力之间存在着下列关系：

1）梁内任一横截面上的剪力 Q，在数值上等于该截面左侧（或右侧）梁上所有与截面平行的外力的代数和。

2）梁内任一横截面上的弯矩 M，在数值上等于该截面左侧（或右侧）梁上所有外力对该截面形心力矩的代数和。

4.2 梁的剪力图与弯矩图

要使梁能正常、安全、可靠地工作，需对其进行承载能力分析，以确保其具有足够的强度、刚度和稳定性，除了要计算指定截面的剪力和弯矩外，还必须了解剪力和弯矩沿梁轴线的变化规律，从而找到梁内剪力和弯矩的最大值以及它们所在的截面位置。

4.2.1　剪力图与弯矩图

用图线形象、直观地表示出剪力或弯矩沿梁变化的情况。一般以梁轴线为横坐标，表示横截面的位置，纵坐标表示横截面上剪力或弯矩的数值（图 4-10）。剪力或弯矩与梁横截面要一一对应。

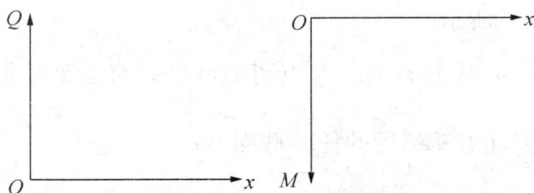

图 4-10　剪力图与弯矩图的坐标选取

4.2.2　剪力图与弯矩图的画法

1. 通过列剪力方程和弯矩方程作剪力图和弯矩图

梁内各截面上的剪力和弯矩一般随截面的位置而变化。若横截面的位置用沿梁轴线的坐标 x 来表示，则各横截面上的剪力和弯矩则可以表示为坐标 x 的函数，即 $Q=Q(x)$，$M=M(x)$ 这两个函数式表示梁内剪力和弯矩沿梁轴线的变化规律，分别称为剪力方程和弯矩方程。

作图步骤：

第一步，求支座反力。

第二步，列剪力方程、弯矩方程：①分段，两控制面间算一段，控制面为支座的支点面，集中力和集中力偶的作用面，分布力的起点和终点面；②任取 x 截面，将剪力 Q 和弯矩 M 表示为 x 的函数，求出 $Q(x)$，$M(x)$。

第三步：描点作图。

【例 4-2】　简支梁受集中力 F 作用，如图 4-11（a）所示，试画出梁的剪力图和弯矩图。

解　1）求支座反力。由梁的整体平衡条件得

$$\sum M_B = 0,\ Y_A = \frac{Fb}{l}\quad (\uparrow)$$

$$\sum M_A = 0,\ R_B = \frac{Fa}{l}\quad (\uparrow)$$

2）列剪力方程和弯矩方程。

AC 段：在距 A 端为 x_1 的任意截面处将梁假想地截开，并考虑左段梁平衡，列出剪力方程和弯矩方程为

$$Q(x_1) = Y_A = \frac{Fb}{l}\quad (0 < x_1 < a)\tag{4-1}$$

$$M(x_1) = Y_A x_1 = \frac{Fb}{l}x_1\quad (0 \leqslant x_1 \leqslant a)\tag{4-2}$$

CB 段：在距 A 端为 x_2 的任意截面处将梁假想地截开，并考虑左段的平衡，列出剪力方程和弯矩方程为

$$Q(x_2) = Y_A - F = \frac{Fb}{l} - F = -\frac{Fa}{l}\quad (a < x_2 < l)\tag{4-3}$$

$$M(x_2) = Y_A x_2 - F(x_2 - a) = \frac{Fa}{l}(l - x_2) \quad (a \leqslant x_2 \leqslant l) \qquad (4\text{-}4)$$

3）描点作图。根据剪力方程和弯矩方程，画出剪力图和弯矩图，如图 4-11（b，c）所示。

从剪力图和弯矩图中可见，简支梁受集中荷载作用，当 $a > b$ 时，$|Q_{max}| = \dfrac{Fa}{l}$，发生在 BC 段的任一截面上；$|M_{max}| = \dfrac{Fab}{l}$，发生在集中力作用处的截面上。若集中力作用在梁的跨中，则最大弯矩发生在梁的跨中截面上，其值为 $|M_{max}| = \dfrac{Fl}{4}$。

规律一：无荷载作用梁段，剪力图为水平线，弯矩图为斜直线。

规律二：集中力作用截面，剪力图发生突变，其突变绝对值等于该集中力的大小；弯矩图出现拐点。

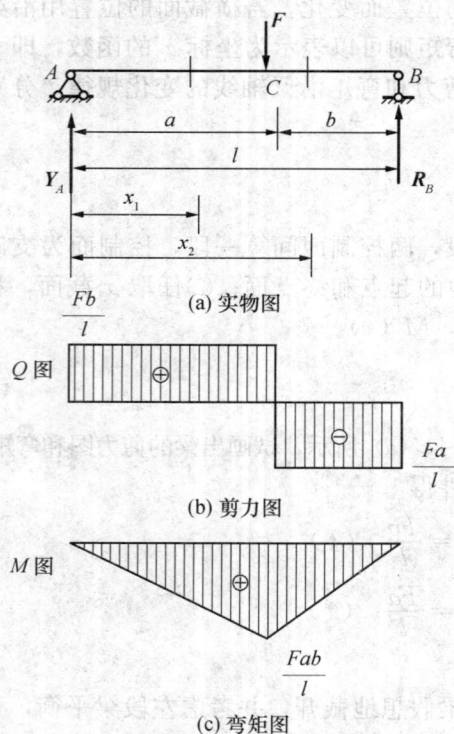

(a) 实物图

(b) 剪力图

(c) 弯矩图

图 4-11　受集中作用简支梁的
剪力图和弯矩图

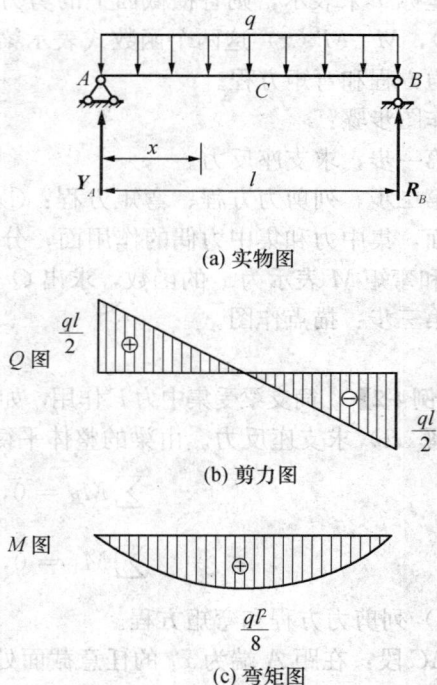

(a) 实物图

(b) 剪力图

(c) 弯矩图

图 4-12　受均布荷载作用简支梁
的剪力图和弯矩图

【例 4-3】　简支梁受均布荷载作用，如图 4-12（a）所示，试画出梁的剪力图和弯矩图。

解　1）求支座反力。由对称关系，可得

$$Y_A = R_B = \frac{ql}{2}$$

2）列剪力方程和弯矩方程。取距 A 点为 x 处的任一截面，将梁假想截开，考虑左段平衡，可得

$$Q(x) = Y_A - qx = \frac{ql}{2} - qx \quad (0 < x < l) \tag{4-5}$$

$$M(x) = Y_A x - \frac{q}{2}x^2$$

$$= \frac{ql}{2}x - \frac{q}{2}x^2 \quad (0 \leqslant x \leqslant l) \tag{4-6}$$

3）描点作图。根据剪力方程和弯矩方程，画出剪力图和弯矩图，如图 4-12（b，c）所示。

从剪力图和弯矩图中可知，受均布荷载作用的简支梁，其剪力图为斜直线，弯矩图为二次抛物线；最大剪力发生在两端支座处，绝对值 $|Q_{max}| = \dfrac{ql}{2}$，而最大弯矩发生在剪力为零的跨中截面上，其绝对值 $|M_{max}| = \dfrac{ql^2}{8}$。

规律三：均布荷载作用的梁段，剪力图为斜直线，弯矩图为二次抛物线，抛物线的凸方向与均布荷载指向一致。

规律四：均布荷载作用的梁段，剪力图出现驻点面，弯矩图出现极值面。

规律五：梁铰支端、自由端截面，集中力或分布力作用，弯矩为零；梁固定端截面，集中力或分布力作用，剪力不为零，弯矩也不为零。

【例 4-4】　如图 4-13（a）所示，简支梁受集中力偶作用，试画出梁的剪力图和弯矩图。

解　1）求支座反力。由整梁平衡得

$$\sum M_B = 0, \quad R_A = \frac{m}{l} \quad (\uparrow)$$

$$\sum M_A = 0, \quad R_B = -\frac{m}{l} \quad (\downarrow)$$

2）列剪力方程和弯矩方程。

AC 段：在距 A 端为 x_1 的截面处假想用 1—1 截面将梁截开，考虑左段梁平衡，列出剪力方程和弯矩方程为

$$Q(x_1) = R_A = \frac{m}{l} \quad (0 < x_1 < a) \tag{4-7}$$

$$M(x_1) = R_A x_1 = \frac{m}{l}x_1 \quad (0 \leqslant x_1 \leqslant a) \tag{4-8}$$

CB 段：在 A 端为 x_2 的截面处假想用 2—2 截面将梁截开，考虑左段梁平衡，列出剪力方程和弯矩方程为

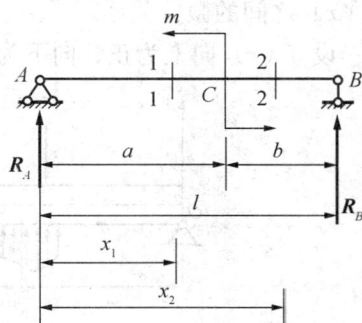

(a) 实物图

(b) 剪力图

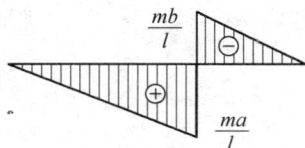

(c) 弯矩图

图 4-13　受集中力偶作用简支梁的剪力图和弯矩图

剪力方程和弯矩方程为

$$Q(x_2) = R_A = \frac{m}{l} \quad (a \leqslant x_2 < l) \tag{4-9}$$

$$M(x_2) = R_A x_2 - m$$

$$= -\frac{m}{l}(l - x_2) \quad (a < x_2 \leqslant l) \tag{4-10}$$

3）描点作图。根据剪力方程和弯矩方程，画出剪力图，如图 4-13（b）所示。

AC 段：当 $x_1 = 0$ 时，$M_A = 0$；当 $x_1 = a$ 时，$M_{C左} = \frac{ma}{l}$。

CB 段：当 $x_2 = a$ 时，$M_{2右} = -\frac{mb}{l}$；当 $x_2 = l$ 时，$M_B = 0$。

画出弯矩图，如图 4-13（c）所示。

由内力图可见，简支梁只受一个力偶作用时，剪力图为一条平行线；而弯矩图是两段平行的斜直线，在集中力偶处，左右截面上的弯矩发生了突变。

规律六：集中力偶作用面，剪力图不变，弯矩图突变，其突变值等于该集中力偶的大小。

想一想

观察分析前面例题，看荷载集度 q、剪力 Q 和弯矩 M 之间有何关系。

梁上所受荷载如图 4-14（a）所示，试分析荷载集度 $q(x)$、剪力 $Q(x)$ 和弯矩 $M(x)$ 之间的微分关系。

设 $q(x)$ 向上为正、向下为负。

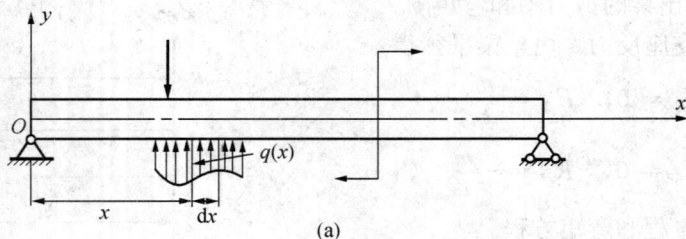

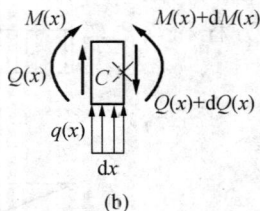

(a)

(b)

图 4-14　梁及微元荷载分析

对微元列平衡方程，如图 4-14（b）所示，有

$$\sum F_{iy} = 0, \quad Q(x) + q(x)dx - Q(x) - dQ(x) = 0$$

$$\frac{\mathrm{d}Q(x)}{\mathrm{d}x} = q(x) \tag{4-11}$$

$$\sum M_C(F_i) = 0, \quad Q(x)\mathrm{d}x + M(x) + q(x)\mathrm{d}x\frac{\mathrm{d}x}{2} - M(x) - \mathrm{d}M(x) = 0$$

$$\frac{\mathrm{d}M(x)}{\mathrm{d}x} = Q(x) \tag{4-12}$$

迅速准确地画出梁的剪力图和弯矩图是学好路桥应用力学的重要环节。前面归纳的规律都可以通过截面内力与荷载的微分关系在理论上加以证明。

阅读材料

各种荷载作用下 Q、M 图的基本规律

（1）梁上某段无分布载荷作用，即 $q(x) = 0$。

$Q(x)$ ＝常数且为正值时，M 图为一条下斜直线；

$Q(x)$ ＝常数且为负值时，M 图为一条上斜直线；

$Q(x)$ ＝常数且为零时，M 图为一条水平直线。

（2）梁上某段有均布载荷，即 $q(x) = C$（常量）。

若 $\frac{\mathrm{d}^2 M(x)}{\mathrm{d}x^2} = q(x) > 0$，则 M 图为向上凸的抛物线；若 $q(x) < 0$，则 M 图为向下凸的抛物线。

（3）在 $Q = 0$ 的截面上（Q 图与 x 轴的交点），弯矩有极值（M 图的抛物线达到顶点）。

（4）在集中力作用处，剪力图发生突变，突变值等于该集中力的大小。若从左向右作图，则向下的集中力将引起剪力图向下突变，反之则向上突变。弯矩图由于切线斜率突变而发生转折（出现尖角）。

（5）在集中力偶作用处，剪力图无变化，弯矩图发生突变，突变值等于该集中力偶矩的大小。

以上归纳总结的 5 条内力图规律中，前两条反映了一段梁上内力图的形状，后三条反映了梁上某些特殊截面的内力变化规律。梁的荷载、剪力图、弯矩图之间的相互关系列于表 4-1 中，以便掌握、记忆和应用。

表 4-1　梁的荷载、剪力图、弯矩图相互间的关系

梁上外力情况	剪 力 图	弯 矩 图
无分布荷载 （$q=0$）	$\frac{\mathrm{d}Q}{\mathrm{d}x}=0$，剪力图平行于 x 轴 $Q=0$ $Q>0$	$\frac{\mathrm{d}M}{\mathrm{d}x}=M=0$　$M<0$　$M=0$　$M>0$ $\frac{\mathrm{d}M}{\mathrm{d}x}=Q>0$　下斜直线

续表

梁上外力情况	剪 力 图	弯 矩 图
无分布荷载 （q=0）	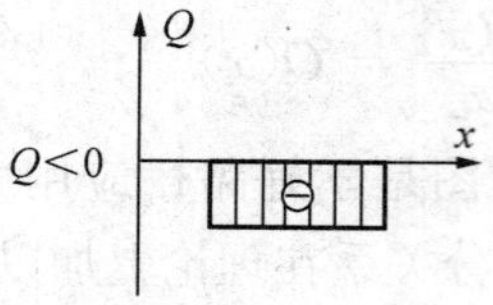 $Q<0$，Q，x，$\bigcirc$	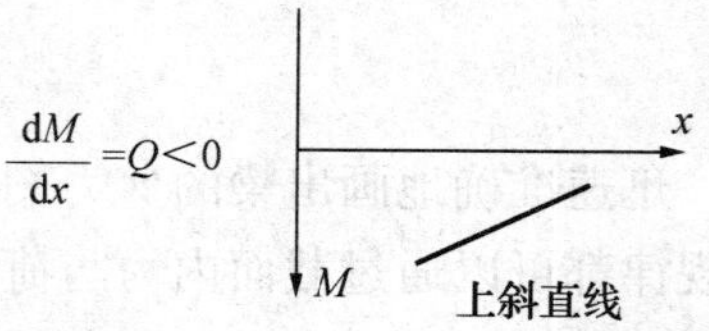 $\dfrac{dM}{dx}=Q<0$，M，x，上斜直线
均布荷载向上作用 $q>0$ 	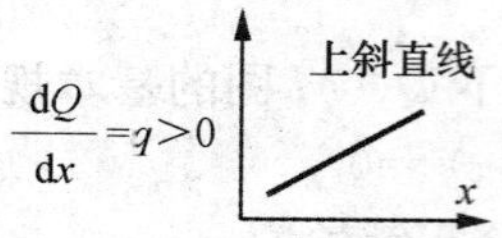 $\dfrac{dQ}{dx}=q>0$，上斜直线，x	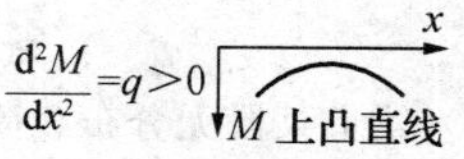 $\dfrac{d^2M}{dx^2}=q>0$，M 上凸直线，x
均布荷载向下作用 $q<0$	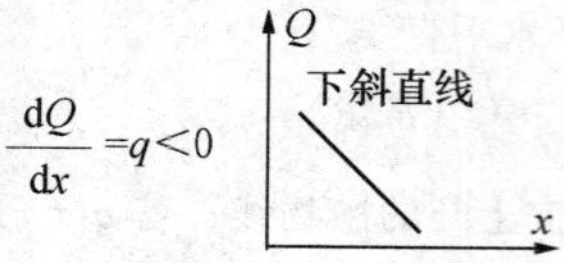 $\dfrac{dQ}{dx}=q<0$，Q，下斜直线，x	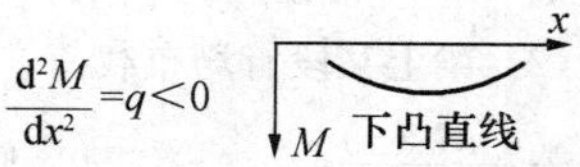 $\dfrac{d^2M}{dx^2}=q<0$，M 下凸直线，x
集中力作用 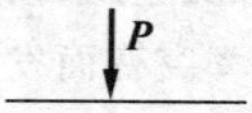 P	在集中力作用截面突变 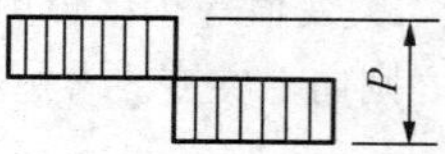	在集中力作用截面出现尖角 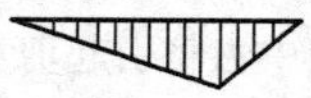
集中力偶作用 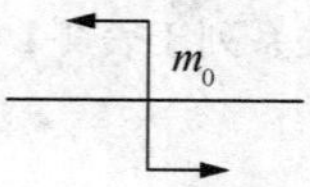 m_0	无影响 无影响	在集中力偶作用截面突变 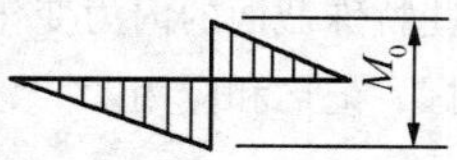
	$Q=0$ 截面	有极值

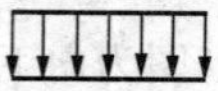

【例 4-5】 试画出图 4-15（a）所示外伸梁的剪力图与弯矩图。

解 第一步：求支座反力。根据梁的整体平衡方程：

由 $\sum M_A=0$，$R_B\times6-3\times6\times5+3=0$，得 $R_B=14.5\text{kN}$。

由 $\sum F_{iy}=0$，$Y_A+R_B-3\times6=0$，得 $Y_A=3.5\text{kN}$。

第二步：列剪力方程、弯矩方程。段数=外力数－1（注：从分布荷载的起始面到终点面算一段），分 3 段。

对①段，如图 4-15（b）所示：

$$Q_1(x)=Y_A=3.5\text{kN} \quad (0<x<2\text{m}) \tag{4-13}$$

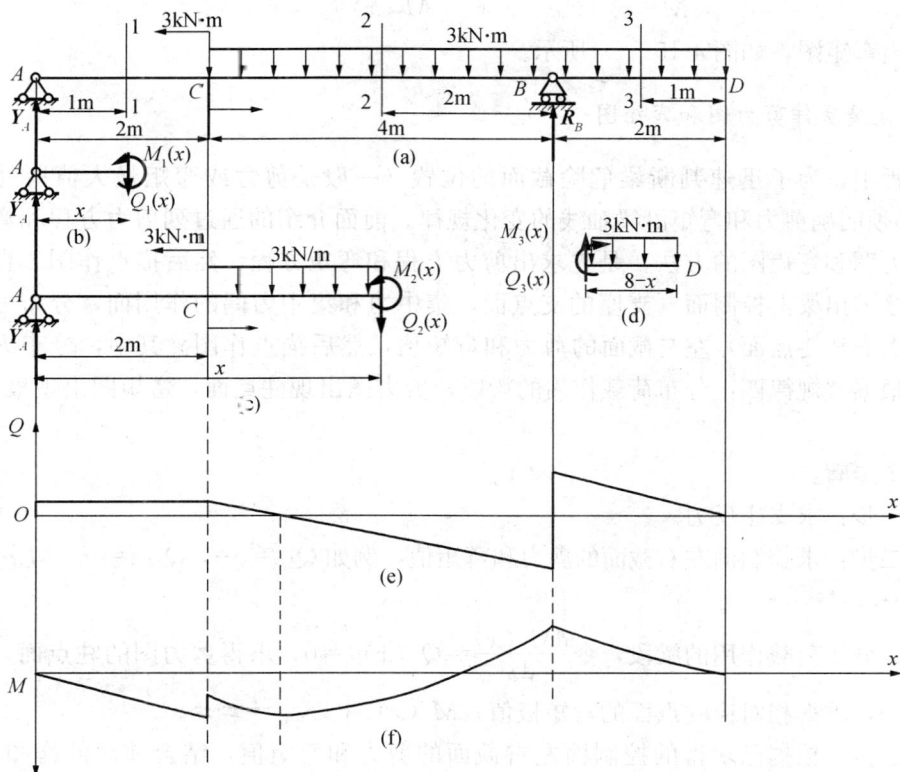

图 4-15   外伸梁的剪力图与弯矩图

$$M_1(x) = Y_A \cdot x = 3.5x \quad (0 \leqslant x \leqslant 2\text{m}) \tag{4-14}$$

对②段，如图 4-15（c）所示：

$$Q_2(x) = Y_A - 3 \cdot (x-2) = 3.5 - 3(x-2) \quad (2\text{m} < x < 6\text{m}) \tag{4-15}$$

$$M_2(x) = Y_A \cdot x - 3 - 3 \cdot (x-2) \cdot (x-2)/2$$

$$= 3.5x - 3 - 3(x-2)^2/2 \quad (2\text{m} \leqslant x \leqslant 6\text{m}) \tag{4-16}$$

对③段，如图 4-15（d）所示：

$$Q_3(x) = 3 \cdot (8-x) \quad (6\text{m} < x < 8\text{m}) \tag{4-17}$$

$$M_3(x) = -3 \cdot (8-x) \cdot (8-x)/2$$

$$= -3(8-x)^2/2 \quad (6\text{m} \leqslant x \leqslant 8\text{m}) \tag{4-18}$$

第三步：描点作图。

$$Q_1(x)\mid_{x=0} = Q_1(x)\mid_{x=2} = 3.5$$

$$Q_2(x)\mid_{x=2} = 3.5, \quad Q_2(x)\mid_{x=3.17} = 0, \quad Q_2(x)\mid_{x=6} = -8.5$$

$$Q_3(x)\mid_{x=6} = 6, \quad Q_3(x)\mid_{x=8} = 0$$

作出剪力图，如图 4-15（e）所示。

$$M_1(x)\mid_{x=0} = 0, \quad M_1(x)\mid_{x=2} = 7$$

$$M_2(x)\mid_{x=2} = 4, \quad M_2(x)\mid_{x=3.17} = 6.04, \quad M_2(x)\mid_{x=6} = -6$$

$$M_3(x)\mid_{x=6}=-6, \quad M_3(x)\mid_{x=8}=0$$

作出弯矩图，如图 4-15（f）所示。

2. 直接法作剪力图和弯矩图

工程中，为了迅速判断梁危险截面的位置（一般是剪力或弯矩最大值所处的位置），必须明确剪力和弯矩沿梁轴线的变化规律。前面介绍的通过列剪力方程和弯矩方程作剪力图和弯矩图的方法，是先求出剪力方程和弯矩方程，然后描点作图。直接法则是直接求出梁上控制面（支座的支点面，集中力和集中力偶的作用面，分布力的起点、驻点面和终点面）左右截面的剪力和弯矩值，然后描点作图。其中，分布力的驻点面是根据"规律四：分布荷载作用的梁段，剪力图出现驻点面，弯矩图出现极值面"而得。

作图步骤：

第一步：求支座反力。

第二步：求控制面左右截面的剪力和弯矩值，例如 $Q_{A左}=\cdots$，$Q_{A右}=\cdots$，$M_{A左}=\cdots$，$M_{A右}=\cdots$。

针对分布荷载作用的梁段，令 $\dfrac{\mathrm{d}M(x)}{\mathrm{d}x}=Q(x)=0$，求得剪力图的驻点面，代入弯矩方程，求得相对应驻点面的弯矩极值，$M(x)\mid_{x=\#\#}=\#\#$。

第三步：根据已求得的控制面左右截面的剪力和弯矩值，结合前面的作图规律，描点作图。

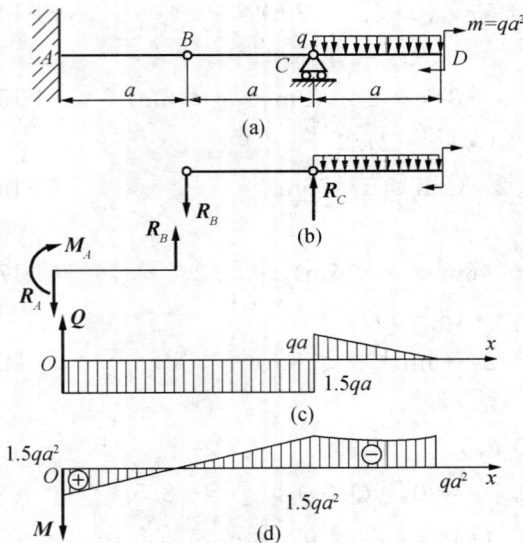

图 4-16 多跨静定梁的剪力图和弯矩图

【例 4-6】 用直接法作出图 4-16（a）所示多跨静定梁的剪力图和弯矩图。

解 第一步：求支座反力。

对 BCD：

$$\sum M_B=0, \quad R_C=\frac{5}{2}qa$$

$$\sum M_C=0, \quad R_B=\frac{3}{2}qa$$

对 AB：

$$\sum F_{iy}=0, \quad R_A=R_B=\frac{3}{2}qa$$

$$\sum M_B=0, \quad M_A=R_A\cdot a=\frac{3}{2}qa^2$$

第二步：求控制面左右截面的剪力和弯矩值。

$$Q_{A左} = 0, \quad Q_{A右} = -\frac{3}{2}qa$$

$$Q_{B左} = Q_{B右} = -\frac{3}{2}qa$$

$$Q_{C左} = -\frac{3}{2}qa, \quad Q_{C右} = qa$$

$$Q_D = 0$$

$$M_{A左} = 0, \quad M_{A右} = \frac{3}{2}qa^2$$

$$M_{B左} = M_{B右} = 0$$

$$M_{C左} = M_{C右} = -\frac{3}{2}qa^2$$

$$M_{D左} = -qa^2, \quad M_{D右} = 0$$

对均布荷载作用段 CL 段，任意截取 x 段，
如图 4-17 所示，其弯矩方程为

$$M(x) = -\frac{qx^2}{2} - qa^2 \quad (0 \leq x \leq a)$$

令 $\dfrac{\mathrm{d}M(x)}{\mathrm{d}x} = Q(x) = -\dfrac{q}{2} \times 2x = 0$，得 $x = 0$，

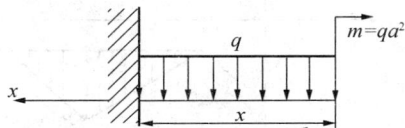

图 4-17　截取任意 x 段示意图

剪力为零处弯矩取极值，$M(x)\big|_{x=0} = -qa^2$。

显然，中间铰对梁的剪力图无影响，而弯矩图在该点处为零。

3. 叠加法作弯矩图

（1）叠加原理

由于在小变形条件下梁的内力、支座反力、应力和变形等参数均与荷载成线性关系，每一荷载单独作用时引起的某一参数不受其他荷载的影响，所以**梁在 n 个荷载共同作用时所引起的某一参数（内力、支座反力、应力和变形等），等于梁在各个荷载单独作用时所引起同一参数的代数和**，这种关系称为叠加原理。

（2）叠加法作弯矩图

根据叠加原理来绘制梁的内力图的方法称为叠加法。一般来说，在常见荷载下梁的剪力图较为简单，不需要叠加，而较多使用叠加原理作弯矩图。叠加法是绘制承受复杂多荷载梁的弯矩图的行之有效的方法之一。

作图步骤：

第一步：分解，将承受多荷载的梁分解成在各个荷载单独作用下的几个小梁。

第二步：查表，分别作出每一个荷载单独作用下的弯矩图，可查表 4-2。

第三步：叠加，叠加多荷载共同作用下的弯矩图，即同一截面上相应的纵坐标代数相加。

表 4-2　单跨梁在简单荷载作用下的弯矩图

荷载			
弯矩图	Pl	$\dfrac{ql^2}{2}$	M_0
荷载			
弯矩图	$\dfrac{Pab}{l}$	$\dfrac{ql^2}{8}$	$\dfrac{b}{l}M_0$ $\dfrac{a}{l}M_0$
荷载			
弯矩图	Pa	$\dfrac{1}{2}qa^2$	M_0

【例 4-7】　简支梁受荷载作用，如图 4-18 所示，试用叠加法作出弯矩图。

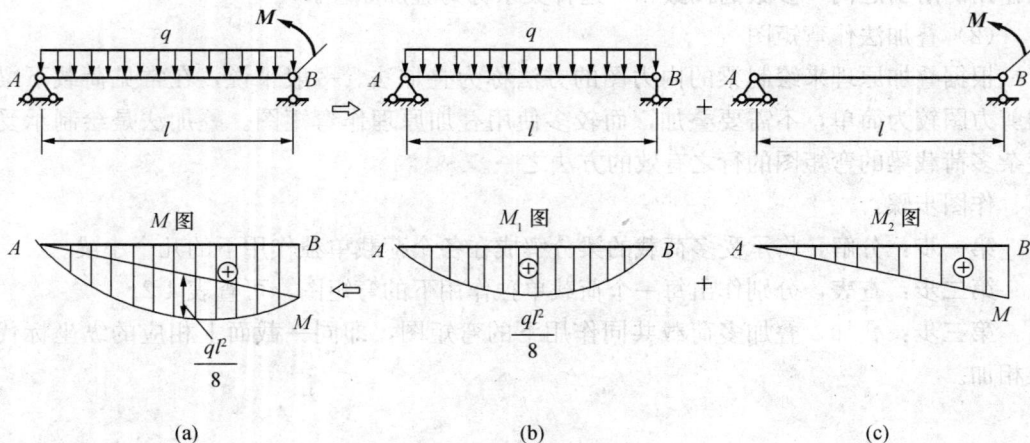

图 4-18　叠加法作弯矩图

解　第一步，将多荷载梁分解成梁在荷载 q 和 M 单独作用下的两个小梁。

第二步，分别作出 q 和 M 单独作用下的弯矩图，如图 4-18（b，c）所示。

第三步，叠加多荷载共同作用下的弯矩图，即同一截面上相应的纵坐标代数相加。叠加时先画出 M_2 图（一般先画直线图形），如图 4-18（a）所示，再以 AM 为基线画 M_1 图，并注上控制截面的弯矩值。

【例 4-8】　用区段叠加法作出图 4-19（a）所示单臂外伸梁的弯矩图。

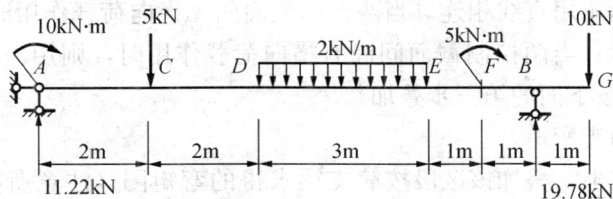

(a) 计算简图

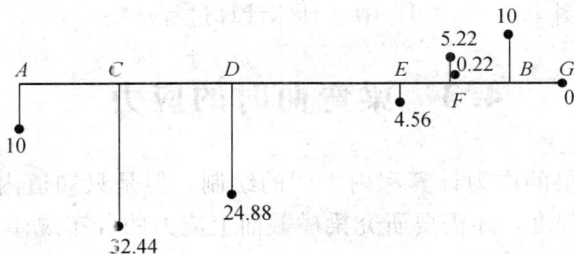

(b) 求控制弯矩

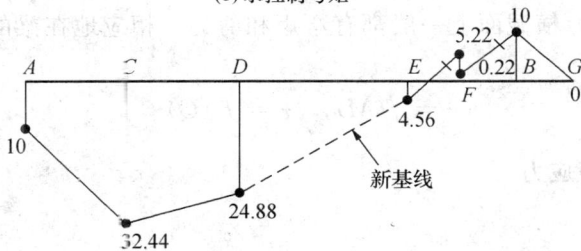

(c) 引直线相连

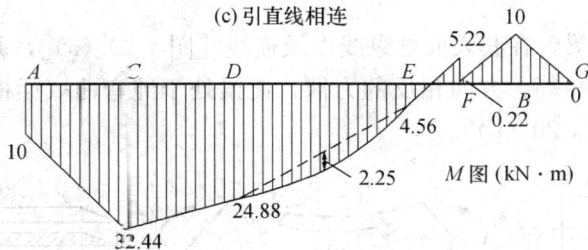

(d) 叠简支弯矩

图 4-19　区段叠加法作弯矩图

在小变形情况下，依据力的独立性原理，复杂荷载引起的弯矩图，可分区段用单一荷载引起的弯矩图叠加的方法，即区段叠加法进行绘制。

解 第一步：求控制弯矩。

首先，求杆端弯矩，常可直接判断：梁铰支端、自由端截面，集中力或分布力作用，弯矩为零。集中力偶作用面，弯矩图发生突变，突变值等于该集中力偶矩的大小数值。

其次，用截面法求外力不连续点处（如集中力和集中力偶的作用面，分布力的起点和终点面）左右截面的弯矩值。

第二步：引直线相连。

将相邻两控制弯矩用直线相连（当两控制截面间无横向荷载作用时，用实线连接，即为该区段弯矩图形；当两控制截面间尚有横向荷载作用时，则用虚线连接，作为新的"基线"，然后再按下面的第三步叠加）。

第三步：叠加简支弯矩。

在新的"基线"上，叠加该区段按简支梁求得的弯矩图（注意所叠加的两竖标均应垂直于原杆轴）。

其计算步骤示于图 4-19（b，d）中（具体计算过程从略）。

4.3 梁弯曲时的应力

前面已经讨论了梁的内力计算和内力图的绘制。但是只知道内力的大小还不够，为了使梁具有足够的强度，还需要研究梁横截面上应力的分布规律、应力计算公式和强度条件，进而进行强度计算。

梁在荷载作用下，横截面上一般都有弯矩和剪力，相应地在梁的横截面上也就有正应力和剪应力。

$$\sigma = f(M), \quad \tau = f'(Q)$$

4.3.1 梁弯曲时的正应力

1. 试验观察

取一根矩形截面梁，在其表面画纵线以及横线 ［图 4-20（a）］，并在梁两端纵向对称面内施加一对大小相等、方向相反的力偶，使梁处于纯弯曲（梁横截面上只有弯矩而无剪力）状态 ［图 4-20（b）］。

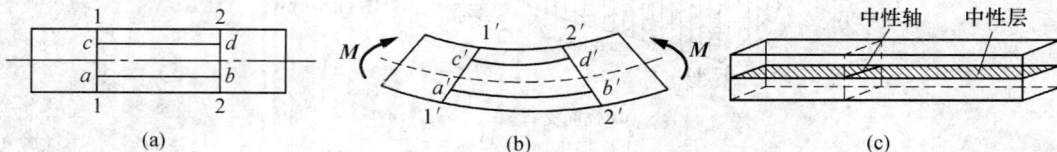

图 4-20 矩形截面梁的纯弯曲

从试验中可观察到：

1）梁表面的横线仍为直线，只是横线相对旋转了一个角度，仍与纵线垂直，如图 4-20（b）所示。

2）各纵线变为曲线，而且靠近梁顶面的纵线缩短，靠近梁底面的纵线伸长，如图 4-20（b）所示。

2. 假设与推理

根据上述观察现象可以假设及推理：

1）平面假设：梁变形后，横截面仍保持平面，且仍垂直于纵线。

2）单向受力假设：如果设想梁由无数根纵向纤维组成，则梁变形后各纤维只受拉伸或压缩作用，不存在相互挤压。

由以上假设可知，由于梁变形后的横截面仍与纵向线垂直，剪应变为零。梁的一侧伸长、一侧缩短，其间必存在一长度不变的过渡层，称为中性层［图 4-20（c）］。中性层与横截面的交线称为中性轴，中性轴必通过截面的形心。横截面上各点线应变的大小与该点到中性轴的距离 y 成正比。由虎克定律可知：横截面上各点的正应力大小与该点到中性轴的距离 y 成正比，即沿截面高度呈线性分布，中性层上各点的正应力为零，在距中性轴等距离的各点处正应力相同（图 4-21）。横截面上的弯矩 M 是由各点的应力合成的结果。

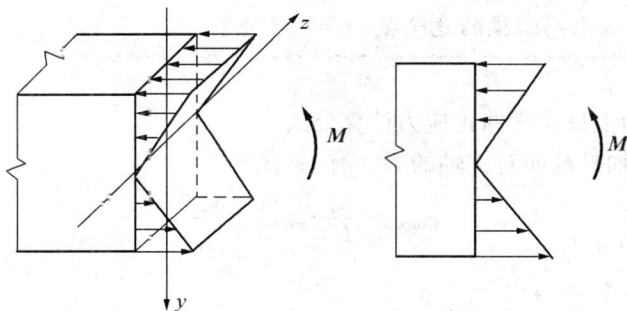

图 4-21　矩形梁纯弯曲时横截面上正应力的分布

3. 纯弯曲梁横截面上正应力的计算公式

（1）梁上任意截面上任一点的弯曲正应力计算公式为

$$\sigma = \frac{My}{I_z} \tag{4-19}$$

式中，σ——任意截面上任意点的弯曲正应力；

$\quad\quad M$——任意截面上的弯矩；

$\quad\quad y$——正应力作用点到中性轴的距离；

$\quad\quad I_z$——截面对中性轴的轴惯矩。

应该指出的是，以上结论虽然是在矩形截面梁纯弯曲情况下建立的，但将纯弯曲正应力计算公式应用于剪切弯曲（梁横截面上既有弯矩又有剪力）的正应力计算，仍然保证有足够的精确度。一般来说，弯曲正应力是破坏梁的主要因素。

【例 4-9】 图 4-22 所示悬臂梁，自由端承受集中荷载 F 作用，已知 $h=18\text{cm}$，$b=12\text{cm}$，$y=6\text{cm}$，$a=2\text{m}$，$F=1.5\text{kN}$，计算 A 截面上 K 点的弯曲正应力。

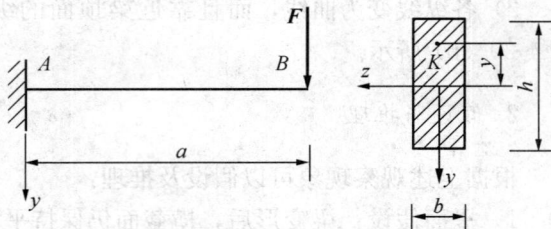

图 4-22 受集中力 **F** 作用的悬臂梁

解 1）计算截面 A 上的弯矩。

$$M_A = -Fa = -1.5 \times 2 = -3\text{kN} \cdot \text{m}$$

2）计算截面对中性轴 z 轴的轴惯矩。

$$I_z = \frac{bh^3}{12} = \frac{120 \times 180^3}{12}$$
$$= 5.832 \times 10^7 \text{mm}^4$$

3）计算截面 A 上 K 点的弯曲正应力。

$$\sigma_K = \frac{M_A}{I_z} y = \frac{3 \times 10^6}{5.832 \times 10^7} \times 60 = 3.09\text{MPa}$$

A 截面上的弯矩为负，K 点在中性轴的上边，所以为拉应力。

> **想一想**
>
> 我们依据什么来判断梁的危险截面和危险点？

（2）任意截面上最大弯曲正应力计算公式

1）对于中性轴是截面对称轴的梁，有

$$\sigma_{\max} = \frac{M}{I_z} y_{\max} = \frac{M}{\dfrac{I_z}{y_{\max}}}$$

令 $W_z = \dfrac{I_z}{y_{\max}}$，称为抗弯截面模量，则

$$\sigma_{\max} = \frac{M}{W_z} \tag{4-20}$$

2）对于中性轴不是截面对称轴的梁，分别将 y_1、y_2 代入公式 $\sigma = \dfrac{My}{I_z}$，计算得最大拉应力和最大压应力为

$$\sigma_{\max}^+ = \frac{M}{I_z} y_1 \tag{4-21}$$

$$\sigma_{\max}^- = \frac{M}{I_z} y_2 \tag{4-22}$$

（3）整根梁的最大弯曲正应力计算公式

1）对于中性轴是截面对称轴的梁，有

$$\sigma_{\max} = \frac{M_{\max}}{W_z} \tag{4-23}$$

2）对于中性轴不是截面对称轴的梁，分别将 y_1、y_2 代入公式 $\sigma = \dfrac{My}{I_z}$，计算得最大拉应力和最大压应力为

$$\sigma_{\max}^{+} = \frac{M_{\max}}{I_z} y_1 \tag{4-24}$$

$$\sigma_{\max}^{-} = \frac{M_{\max}}{I_z} y_2 \tag{4-25}$$

4.3.2　工程构件典型截面的几何性质计算

在研究杆件的应力、失效等问题时，都要涉及与杆件截面形状和尺寸相关的几何量，例如形心、轴惯矩等。研究这些几何性质时，完全不考虑研究对象的物理和力学因素，而作为纯几何问题加以处理。

1. 形心坐标

（1）重心

把物体看成是由许多质点组成，则物体的重力就是分布在这些质点上的一个平行力系（图 4-23）。此平行力系的合力就是物体的重力，物体重力的作用点就是重心。根据合力矩定理，有如下重心坐标公式，即

$$\left. \begin{array}{l} x_C = \dfrac{\sum G_i x_i}{\sum G_i} \\[3mm] y_C = \dfrac{\sum G_i y_i}{\sum G_i} \\[3mm] z_C = \dfrac{\sum G_i z_i}{\sum G_i} \end{array} \right\} \tag{4-26a}$$

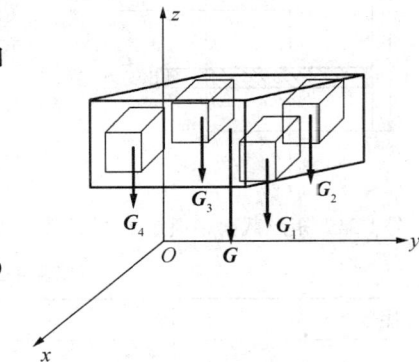

图 4-23　合力矩定理推导重心坐标公式

（2）体心

对均质物体，若密度 γ 为常数，Δv_i 为体元，则 $G_i = \gamma \Delta v_i$，$G = \sum G_i = \gamma \sum \Delta v_i$，代入有重心坐标公式（4-26a），有

$$\left. \begin{array}{l} x_C = \dfrac{\sum V_i x_i}{\sum V_i} \\[3mm] y_C = \dfrac{\sum V_i y_i}{\sum V_i} \\[3mm] z_C = \dfrac{\sum V_i z_i}{\sum V_i} \end{array} \right\} \tag{4-26b}$$

（3）形心（又称面积中心）

若物体的厚度 t 是均匀的，且厚度比长度和宽度小得多，又若 ΔA_i 为体元，则 $G = \sum G_i = \gamma t \sum \Delta A_i$，代入体心坐标公式（4-26b），有

$$\left.\begin{array}{l} x_C = \dfrac{\sum A_i x_i}{\sum A_i} \\[4mm] y_C = \dfrac{\sum A_i y_i}{\sum A_i} \end{array}\right\} \tag{4-27}$$

2. 轴惯矩

（1）定义式

$$I_z = \int_A y^2 \, dA \tag{4-28}$$

I_z 反映了截面的几何性质，其是仅与截面形状、尺寸有关的几何量，其值恒为正值，量纲是［长度］^{4}。

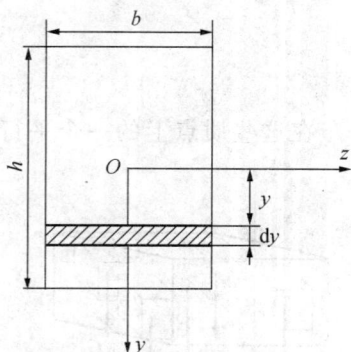

【例 4-10】 试用定义式计算图 4-24 所示矩形截面的轴惯矩 I_z。

解 $I_z = \int_A y^2 \, dA = \int_{-\frac{h}{2}}^{\frac{h}{2}} y^2 b \, dy = \left. \dfrac{by^3}{3} \right|_{-\frac{h}{2}}^{\frac{h}{2}} = \dfrac{bh^3}{12}$

（2）常用截面的轴惯矩

见表 4-3。

图 4-24 矩形截面轴惯矩 I_z 的计算

表 4-3 常用平面图形的几何性质

序号	图 形	面 积	轴惯矩	抗弯截面模量
1		$A = bh$	$I_{z_C} = \dfrac{bh^3}{12}$ $I_{y_C} = \dfrac{hb^3}{12}$	$W = \dfrac{bh^2}{6}$ $W = \dfrac{hb^2}{6}$
2		$A = \dfrac{\pi D^2}{4}$	$I_{z_C} = I_{y_C} = \dfrac{\pi D^4}{64}$	$W_{z_C} = W_{y_C} = \dfrac{\pi D^3}{32}$

序号	图　形	面　积	轴惯矩	抗弯截面模量
3		$A = \dfrac{\pi(D^2 - d^2)}{4}$	$I_{z_C} = I_{y_C} = \dfrac{\pi(D^4 - d^4)}{64}$	$W_{z_C} = W_{y_C} = \dfrac{\pi(D^4 - d^4)}{32D}$

（3）截面为型钢时

其轴惯矩可查型钢表。

（4）组合截面时

其轴惯矩接合平行移轴公式，即

$$I_z = I_{z_C} + a^2 A \tag{4-29}$$

【例 4-11】　计算图示 T 形截面的形心和过它的形心 z 轴的轴惯矩 I_z。

解　选参考坐标系 $Oz'y$，如图 4-25 所示。

1）T 形截面形心的计算。

$$
\begin{aligned}
y_C &= \frac{\sum A_i y_i}{\sum A_i} = \frac{A_1 y_{C1} + A_2 y_{C2}}{A} \\
&= \frac{1000 \times 10^2 \times 850 + 1600 \times 10^2 \times 400}{2600 \times 10^2} \\
&= 573\text{mm}
\end{aligned}
$$

$$z_C = 0$$

2）T 形截面轴惯矩 I_z 的计算。

图 4-25　T 形截面的形心和轴惯矩 I_z 的计算

$$I_{z1} = \frac{1}{12} \times 1000 \times 100^3 + 1000 \times 100 \times 277^2 = 7.75 \times 10^9 \text{mm}^4$$

$$I_{z2} = \frac{1}{12} \times 200 \times 800^3 + 800 \times 200 \times 173^2 = 13.32 \times 10^9 \text{mm}^4$$

$$I_z = I_{z1} + I_{z2} = 21.1 \times 10^9 \text{mm}^4$$

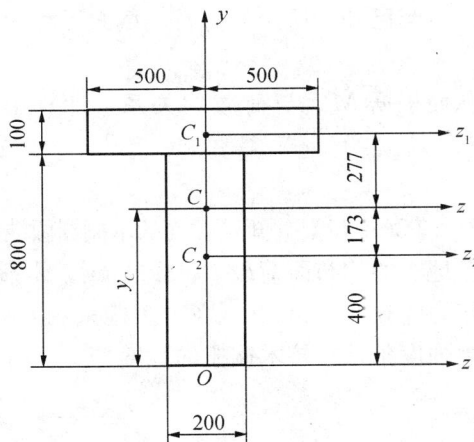

4.3.3　梁的正应力强度条件及其应用

为了保证梁能安全地工作，应使梁横截面上的最大正应力 $\sigma_{\max}$ 不超过材料的容许应力 $[\sigma]$，称为梁的正应力强度条件，即

$$\sigma_{\max} = \frac{M_{\max}}{W_z} \leqslant [\sigma] \tag{4-30}$$

式中，$[\sigma]$ 为材料的容许应力。

应用强度条件式（4-30）可解决三类问题。

（1）校核强度

已知截面形状及尺寸、梁所用的材料以及梁上荷载时，可校核梁是否满足强度要求，即

$$\sigma_{max} = \frac{M_{max}}{W_z} \leqslant [\sigma]$$

也即判定该强度条件不等式是否成立。

（2）截面设计

当已知梁所用材料及梁上荷载时，计算出所需的抗弯截面模量 W_z，即

$$W_z \geqslant \frac{M_{max}}{[\sigma]}$$

从而根据所选的截面形状，再由 W_z 确定截面的几何尺寸，即已知 M_{max} 和 $[\sigma]$，求 W_z。

（3）确定最大许可荷载

当已知梁所用的材料、截面形状和尺寸时，计算出梁所能承受的最大弯矩，即

$$M_{max} \leqslant W_z [\sigma]$$

从而根据 M_{max} 与荷载的关系，计算出梁所能承受的最大荷载，即已知 W_z 和 $[\sigma]$，求 M_{max}。

【例 4-12】 矩形截面的木搁栅两端搁在墙上，承受由地板传来的荷载 [图 4-26（a）]。若地板的均布面荷载 $p = 3kN/m^2$，木搁栅的间距 $a = 1.2m$，跨度 $l = 5m$，木材的许用应力 $[\sigma] = 12MPa$，当木搁栅采用 $b = 140mm$、$h = 210mm$ 的矩形截面时，试按正应力强度条件校核木搁栅的强度。

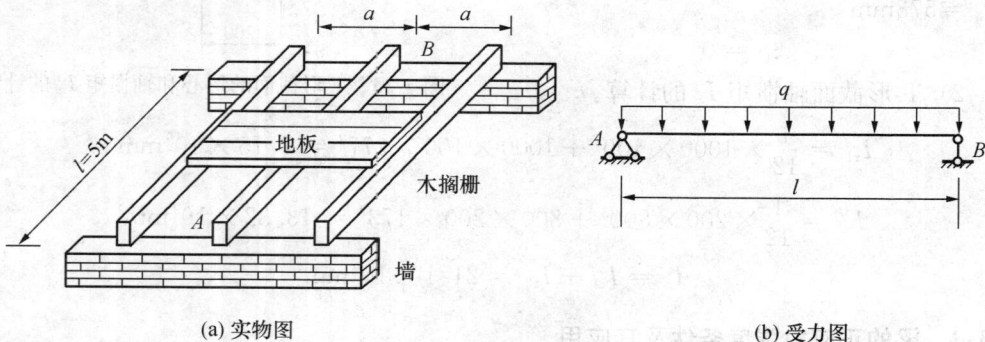

(a) 实物图　　　　　　　　　　　　(b) 受力图

图 4-26　校核木搁栅的强度

解　木搁栅支承在墙上，可简化为简支梁计算 [图 4-26（b）]。每根木搁栅的受荷宽度 $a = 1.2m$，所以其承受的均布线荷载为

$$q = pa = 3 \times 1.2 = 3.6\text{kN/m}$$

发生在跨中截面的最大弯矩为

$$M_{max} = \frac{ql^2}{8} = 11.25\text{kN} \cdot \text{m}$$

木搁栅的截面尺寸为 $b=140\text{mm}$、$h=210\text{mm}$ 时，抗弯截面模量为

$$W_z = \frac{bh^2}{6} = 1.029 \times 10^6 \text{mm}^3$$

$$\sigma_{max} = \frac{M}{W_z} = \frac{11.25 \times 10^6}{1.029 \times 10^6} = 11.58\text{MPa} \leqslant [\sigma] = 12\text{MPa}$$

故木搁栅的强度符合要求。

【例 4-13】 如图 4-27 （a）所示外伸梁，选用№28a 槽钢，$[\sigma] = 170\text{MPa}$，试校核强度。

解 1）求支反力。根据梁的整体平衡方程，求得

$$Y_A = 6.75\text{kN}, \quad R_C = 20.25\text{kN}$$

2）作剪力图、弯矩图并求最大弯矩。如图 4-27 （b)所示。由于该题只给出了梁的许用正应力 $[\sigma]$，只需对其进行弯曲强度条件的计算即可，因此也可以不作剪力图，而直接作出弯矩图。由图 4-27 （c）可得最大弯矩为

$$|M|_{max} = 6.75\text{kN} \cdot \text{m}$$

3）弯曲正应力强度条件的应用。查附录 2 的型钢表，可得№28a 槽钢的抗弯截面模量 $W_z = 35.7\text{cm}^3$，将其代入 $\sigma_{max} = \dfrac{M_{max}}{W_z}$，计算最大弯曲正应力。

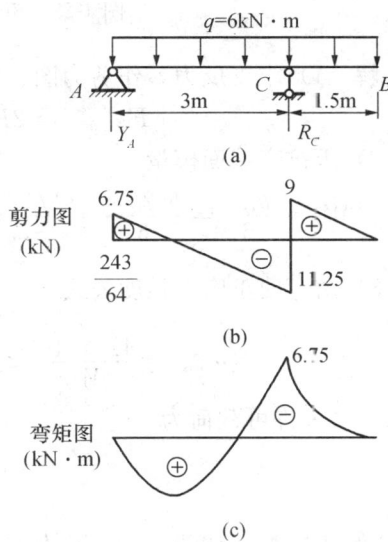

图 4-27 外伸梁的强度校核

$$\sigma_{max} = \frac{M_{max}}{W_z} = \frac{6.75 \times 10^3}{35.7 \times 10^{-6}}\text{Pa}$$

$$= 189.1 \times 10^6 \text{Pa} = 189.1\text{MPa} > [\sigma]$$

由此可见，梁内最大弯曲正应力 $\sigma_{max} = 189.1\text{MPa}$ 超过许用应力 $[\sigma] = 170\text{MPa}$，因此重新选择№28b 槽钢，此时 $W_z = 37.9\text{cm}^3$。

$$\sigma_{max} = \frac{M_{max}}{W_z} = \frac{6.75 \times 10^3}{37.9 \times 10^{-6}}\text{Pa}$$

$$= 178.1 \times 10^6 \text{Pa} = 178.1\text{MPa} > [\sigma]$$

重新选择№28c 槽钢。此时 $W_z = 40.3\text{cm}^3$。

$$\sigma_{max} = \frac{M_{max}}{W_z} = \frac{6.75 \times 10^3}{40.3 \times 10^{-6}}\text{Pa} = 167.5 \times 10^6 \text{Pa} = 167.5\text{MPa} < [\sigma]$$

所以，选择№28a 槽钢强度不够，要选择№28c 槽钢才能满足强度要求。

【例 4-14】 如图 4-28（a）所示外伸梁，$h=2b=20$cm，$[\sigma]=160$MPa，求许可荷载 $[P]$。

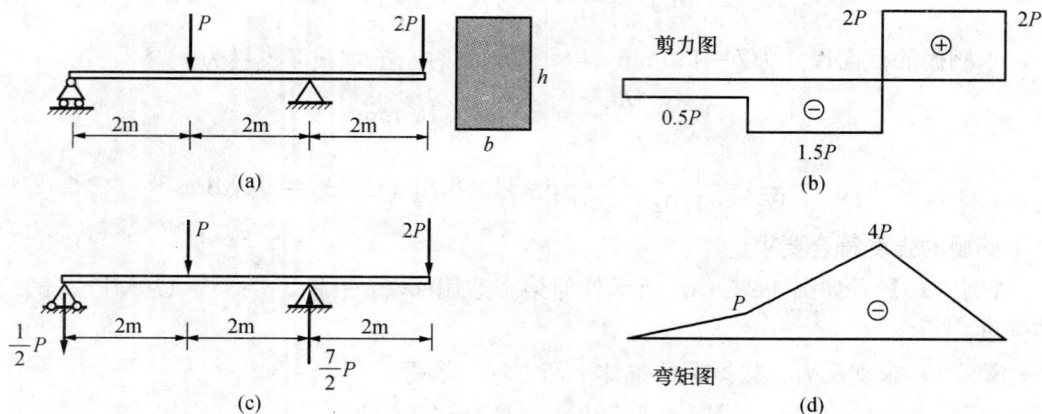

图 4-28 矩形截面外伸梁的许可荷载计算

解 1）求支反力，作剪力图、弯矩图，得

$$|F_S|_{max}=2P\text{kN},\qquad |M|_{max}=4P\text{kN}\cdot\text{m}$$

2）求抗弯截面模量。

$$W_z=\frac{bh^2}{6}=\frac{b(2b)^2}{6}=\frac{2b^3}{3}=\frac{2(10\times10)^3}{3}=\frac{2\times10^6}{3}\text{mm}^3=\frac{2\times10^{-3}}{3}\text{m}^3$$

3）由弯曲正应力强度公式 $\sigma_{max}=\dfrac{|M|_{max}}{W_z}\leqslant[\sigma]$ 得

$$\sigma_{max}=\frac{4P\times10^3}{W_z}\leqslant160\times10^6,\quad P\leqslant\frac{80}{3}=26.7\text{kN}$$

所以，最大许可载荷为

$$[P]\leqslant26.67\text{kN}$$

【例 4-15】 如图 4-29 所示外伸梁，由热轧普通工字钢做成，已知 $[\sigma]=170$MPa，试选择工字钢的型号。

解 1）求支反力。

$$Y_A=30\text{kN},\qquad R_D=20\text{kN}$$

2）作 F_S、M 图。

$$M_{max}=60\text{kN}\cdot\text{m},\qquad F_{S max}=30\text{kN}$$

3）由弯曲正应力强度公式 $\sigma_{max}=\dfrac{|M|_{max}}{W_z}\leqslant[\sigma]$，得

$$W_z\geqslant\frac{|M|_{max}}{[\sigma]}=\frac{60\times10^3}{170\times10^6}=\frac{3}{8500}\text{m}^3=\frac{6000}{17}\text{cm}^3\approx352.9\text{cm}^3$$

查附录 2 的型钢表，可得 №25a 工字钢的抗弯截面模量 $W_z=401.883\text{cm}^3>352.9\text{cm}^3$，因此选择№25a 工字钢可以满足其强度要求。

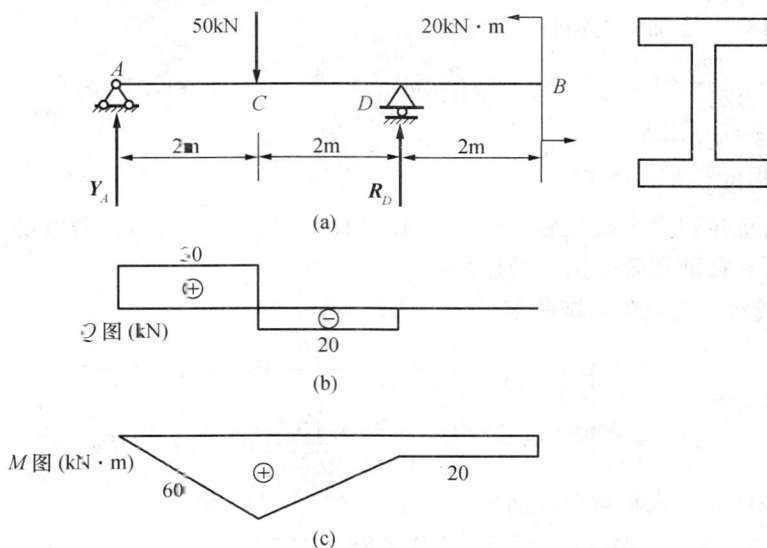

图 4-29　工字形截面外伸梁的弯曲正应力

读者可以进一步计算，当考虑工字钢的自重时，№25a 工字钢是否还满足强度要求呢？

铸铁等脆性材料的容许拉应力 $[\sigma^+]$ 和容许压应力 $[\sigma^-]$ 不同，为了充分利用材料，工程上常把梁的横截面做成与中性轴不对称的形状，如图 4-30 所示的 T 形截面，此时应分别对拉应力和压应力进行强度计算，即

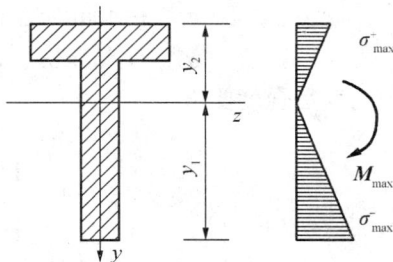

$$\left.\begin{aligned}\sigma^+_{max} &= \frac{M_{max} y_2}{I_z} \leqslant [\sigma^+] \\[2mm] \sigma^-_{max} &= \frac{M_{max} y_1}{I_z} \leqslant [\sigma^-]\end{aligned}\right\}$$

图 4-30　T 形截面梁的弯曲正应力分布

【例 4-16】　T 形截面外伸梁，所受荷载及截面尺寸如图 4-31 所示，已知 $[\sigma^+] = 30\mathrm{MPa}$，$[\sigma^-] = 160\mathrm{MPa}$，试校核梁的强度。

解　1）求支座反力，作弯矩图。
$$Y_A = 2.5\mathrm{kN}, \quad R_B = 10.5\mathrm{kN}$$

由 M 图可知最大负弯矩在 B 截面上，最大正弯矩在 C 截面上，其值分别为
$$M_B = -4\mathrm{kN \cdot m}, \quad M_C = 2.5\mathrm{kN \cdot m}$$

2）计算 T 形截面的几何性质。T 形截面形心的位置为
$$y_1 = \frac{\sum A_i y_i}{\sum A_i} = \frac{20 \times 80 \times 130 + 20 \times 120 \times 60}{20 \times 80 + 20 \times 120} = 88\mathrm{mm}$$

$$y_2 = 140 - 88 = 52\text{mm}$$

T 形截面对中性轴 z 的惯性矩为

$$I_z = \frac{20 \times 120^3}{12} + 20 \times 120 \times (y_1 - 60)^2 + \frac{80 \times 20^3}{12} + 80 \times 20 \times (y_2 - 10)^2$$

$$\approx 764 \times 10^4 \text{mm}^4$$

3）校核强度。

因为梁的抗拉强度与抗压强度不同，截面对中性轴又不对称，所以最大正弯矩和最大负弯矩所在截面都要分别进行校核。

校核 B 截面（最大负弯矩截面）：

$$\sigma_{\max}^{B+} = \frac{M_B y_2}{I_z} = \frac{4 \times 10^3 \times 52 \times 10^{-3}}{764 \times 10^4 \times 10^{-12}}\text{Pa} = 27.2\text{MPa}$$

$$\sigma_{\max}^{B-} = \frac{M_B y_1}{I_z} = \frac{4 \times 10^3 \times 88 \times 10^{-3}}{764 \times 10^4 \times 10^{-12}}\text{Pa} = 46.1\text{MPa}$$

校核 C 截面（最大正弯矩截面）：

$$\sigma_{\max}^{C+} = \frac{M_C y_1}{I_z} = \frac{2.5 \times 10^3 \times 88 \times 10^{-3}}{764 \times 10^4 \times 10^{-12}}\text{Pa} = 28.8\text{MPa}$$

$$\sigma_{\max}^{C-} = \frac{M_C y_2}{I_z} = \frac{2.5 \times 10^3 \times 52 \times 10^{-3}}{764 \times 10^4 \times 10^{-12}}\text{Pa} = 17.0\text{MPa}$$

所以整个梁上的最大拉应力、最大压应力分别为

$$\sigma_{\max}^{+} = \max(\sigma_{\max}^{C+}, \sigma_{\max}^{B+}) = 28.8\text{MPa} < [\sigma^+] = 30\text{MPa}$$

$$\sigma_{\max}^{-} = \max(\sigma_{\max}^{C-}, \sigma_{\max}^{B-}) = 46.1\text{MPa} < [\sigma^-] = 160\text{MPa}$$

因此满足强度要求。

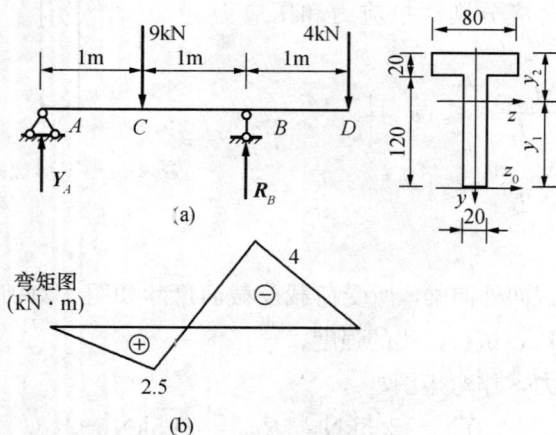

图 4-31　T 形截面梁的强度校核

4.4　梁变形的基本概念

在工程实际中，许多承受弯曲的构件，除了要有足够的强度外，还应使其变形量

不超过正常工作所许可的数值，以保证有足够的刚度。例如，楼面梁变形过大，会使下面的抹灰层开裂或脱落；化工厂的管道，弯曲变形如果超过容许数值，就会造成物料的淤积，影响输送；较长的回转滚筒，弯曲变形过大，就会引起脆性衬里材料的开裂；车床的主轴若变形过大，不仅会引起轴颈与轴承的严重磨损，还会严重地影响加工精度。因此，对梁的变形必须加以控制。

基本概念如图 4-32 所示。

挠曲线：变形后的梁轴。

挠度：梁轴线上任一点（横截面形心）在垂直于轴线方向的线位移称为该点的挠度，通常用 y 表示，并以向下为正。挠度的单位与长度单位一致，用米（m）或毫米（mm）表示。

转角：梁的任一横截面在梁变形后绕中性轴转动的角度称为该截面的转角，用 θ 表示，并以顺时针转动为正。转角的单位一般用弧度（rad）。

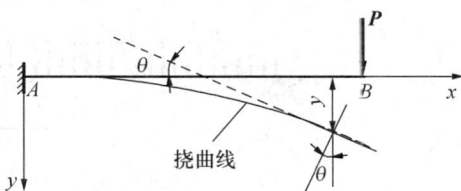

图 4-32　梁的挠曲线、挠度和转角

4.5　直梁弯曲在工程中的应用问题

在实际工程中，受弯构件是最常用的一种构件，其中梁以弯曲变形为主，而梁根据约束情况、跨数、材料等特性分为多种。在实际中，应把力学知识与工程实际情况相结合，从而较好地解决实际问题。

4.5.1　提高工程构件梁承载能力的途径和方法

提高梁的抗弯强度，就是在材料消耗最低的前提下，提高梁的承载能力，解决安全和经济这一对矛盾，使设计满足既安全又经济的要求。

一般情况下，梁的设计是以正应力强度条件为依据。由等直梁的正应力强度条件 $\sigma_{max} = \dfrac{M}{W_z} \leqslant [\sigma]$ 可以看出，梁横截面上最大正应力与最大弯矩成正比，与抗弯截面系数成反比。因此，提高梁的弯曲强度主要从降低最大弯矩值和增大抗弯截面系数这两方面进行。

1. 降低最大弯矩 M_{max}

最大弯矩 M_{max} 不仅与支承及荷载的大小有关，而且与荷载作用的方式有关。荷载的大小由工作需要而定，在使用要求允许的情况下，合理安排梁的受力情况，能降低最大弯矩值。

（1）合理布置梁的支座

以简支梁受均布荷载作用为例［图 4-33（a）］，跨中最大弯矩 $M_{max} = \dfrac{ql^2}{8}$，若将两端的支座各向中间移动 $0.2l$ ［图 4-33 （b）］，最大弯矩将减小为 $M_{max}=\dfrac{ql^2}{40}$，仅为前者的 $\dfrac{1}{5}$。因此，在同样的荷载作用下，梁的截面可减小，从而大大节省材料，并减轻梁的自重。

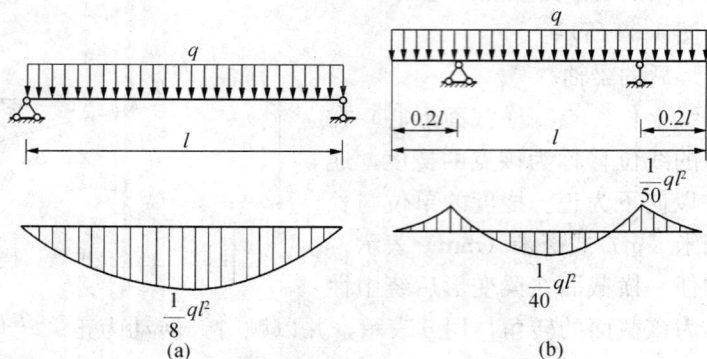

图 4-33 合理布置梁的支座

（2）改善荷载的布置情况

若结构上允许把集中荷载分散布置，可以降低梁的最大弯矩值。例如，简支梁在跨中受一集中力 **P** 作用 ［图 4-34 （a）］，其 $M_{max}=\dfrac{Pl}{4}$。若在 AB 梁上安置一根短梁 CD ［图 4-34 （b）］，其最大弯矩将减小为 $M_{max}=\dfrac{ql^2}{8}$，仅为前者的 1/2。又如，将集中力 **P** 分散为均布荷载 $q=\dfrac{P}{l}$ ［图 4-34 （c）］，其最大弯矩将减小为 $M_{max}=\dfrac{ql^2}{8}=\dfrac{Pl}{8}$，只有原来的 1/2。

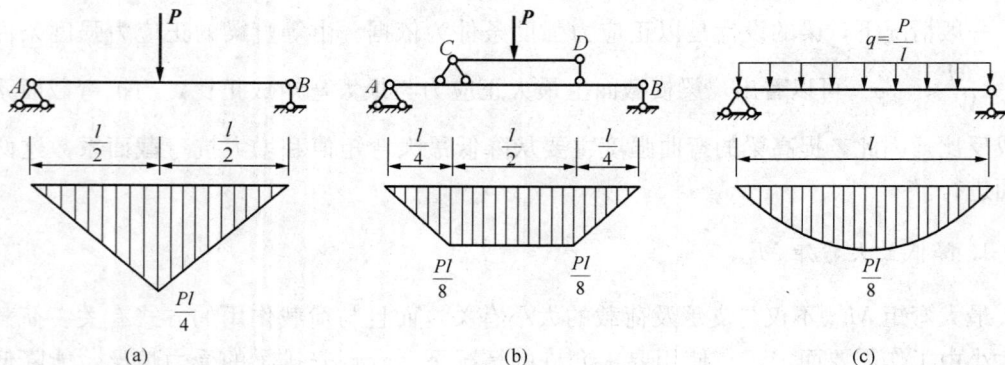

图 4-34 改善荷载的布置情况

（3）适当增加梁的支座

由于梁的最大弯矩与梁的跨度有关，增加支座可以减小梁的跨度，从而降低最大弯矩值。例如，在均布荷载作用下的简支梁，在梁中间增加一个支座（图 4-35），则

$M_{max} = \dfrac{ql^2}{32}$，仅为原最大弯矩$\left(\dfrac{ql^2}{8}\right)$的 1/4。

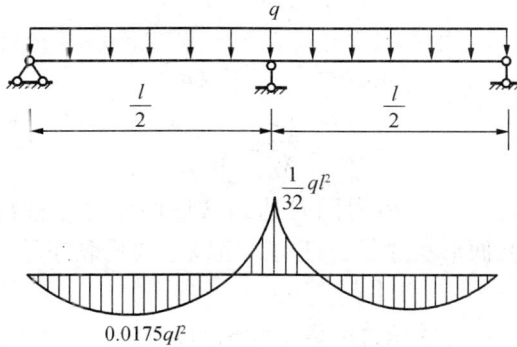

图 4-35　适当增加梁的支座

4.5.2　工程构件截面形状对承载能力的影响分析

1. 选择抗弯截面系数 W_z 与截面面积 A 比值高的截面

梁所能承受的弯矩与抗弯截面系数 W_z 成正比，W_z 不仅与截面的尺寸有关，还与截面的形状有关。梁的横截面面积越大，W_z 也越大，但消耗的材料也越多。所以，梁的合理截面应该是用最小的面积得到最大的抗弯截面系数。若用 W_z/A 来衡量截面的经济程度，则该比值越大，截面就越经济合理。表 4-4 列出了几种常用截面形状的比值。由表可见，圆形截面的比值最小，矩形截面次之，工字钢及槽钢较好。

表 4-4　几种常用截面$\dfrac{W_z}{A}$的取值

截面形状				$d=0.8D$		
W_z/A	$0.167h$	$0.125d$	$0.205D$	$(0.27\sim0.31)\,h$	$(0.27\sim0.31)\,h$

截面形状的合理性可以用正应力分布情况来说明。弯曲正应力沿截面高度呈线性规律分布，在中性轴附近正应力很小，这部分材料没有得到充分的利用。因此，应把中性轴附近的材料尽量减少，而将大部分材料布置到距中性轴较远的位置。所以，在工程上常采用工字形、圆环形、箱形等截面形式。建筑中常见的空心板也是根据这个原理制作的。

2. 根据材料的特性选择截面

正应力强度条件为

$$\sigma_{lmax} = \frac{M_{max}}{W_1} \leqslant [\sigma_l]$$

$$\sigma_{ymax} = \frac{M_{max}}{W_y} \leqslant [\sigma_y]$$

可知，当截面的最大拉应力与压应力同时达到其许用值时，材料才能得到充分利用，故同时满足以上两式的截面形状才是合理的。由以上两式取等号，相比得

$$[\sigma_l]/[\sigma_y] = y_1/y_2 \tag{4-31}$$

式中，y_1、y_2——截面受拉与受压边缘离中性轴的距离。

对于抗拉和抗压强度相等的塑性材料，由于 $[\sigma_l] = [\sigma_y]$，则要求 $y_1 = y_2$，故应采用对称于中性轴的截面，如矩形、圆形、工字形等截面。

对于抗拉和抗压强度不相等的脆性材料，由于 $[\sigma_l] \neq [\sigma_y]$，则要求 $y_1 \neq y_2$，故应采用不对称于中性轴的截面，如 T 形、槽形等截面。还应注意，脆性材料的 $[\sigma_y]$ 往往比 $[\sigma_l]$ 大得多，因此受压边缘离中性轴的距离 y_2 应较大。

4.5.3 采用变截面梁

等截面梁的截面尺寸是由最大弯矩 M_{max} 确定的，其他截面由于弯矩小，最大应力都未达到许用应力值，材料未得到充分利用。为了充分发挥材料的潜力，在弯矩较大处采用较大截面，而在弯矩较小处采用较小截面。这种横截面沿梁轴线变化的梁称为变截面梁。若变截面梁各横截面上的最大正应力都恰好等于材料的许用应力，称为等强度梁。

$$W_z(x) = \frac{M_z(x)}{[\sigma]}$$

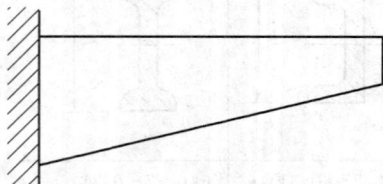

图 4-36 变截面梁

从强度观点看，等强度梁是最理想的，但因截面变化，这种梁的施工较困难。因此，在工程上常采用形状简单的变截面梁来代替理论上的等强度梁。例如，在房屋建筑中的阳台及雨篷挑梁，如图 4-36 所示，梁的截面高度是变化的，自由端较小，固定端较大。

【实例 4-1】 木搁栅截面形状及尺寸的选择。

某居民自建住房，底层为住房，二层为阁楼，使用在砖墙上搁置的木搁栅来承受由阁楼地板传来的荷载（图 4-37）。若阁楼地板的均布面荷载 $p=4kN/m^2$，木搁栅的间距 $a=1.2m$，跨度 $l=5m$，木材的许用应力 $[\sigma]=12MPa$，现有面积相近的方形（横放及竖放）和圆形木搁栅尺寸如图 4-37 和图 4-38 所示，应该选择哪种方案来做木搁栅比较安全？

解 木搁栅支承在墙上，可简化为简支梁计算 [图 4-37 （b）]。每根木搁栅的受荷

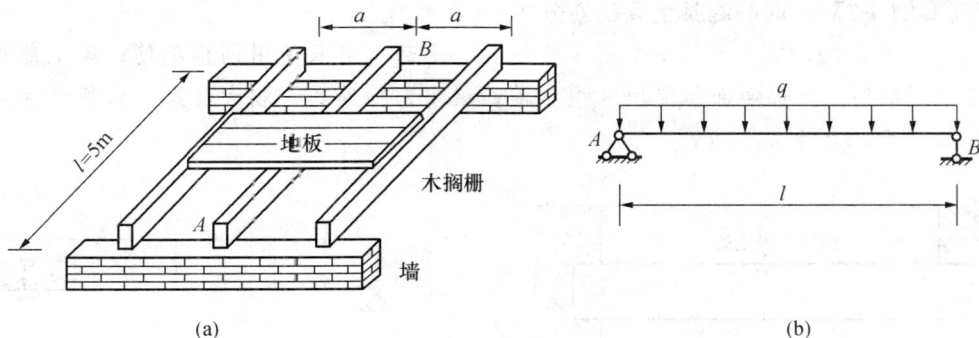

图 4-37 木搁栅及其受力简图

宽度 $a=1.2$m，所以其承受的均布线荷载为 $q=pa=4\times1.2=$ 4.8kN/m，发生在跨中截面的最大弯矩为

$$M_{max}=\frac{ql^2}{8}=15\text{kN}\cdot\text{m}$$

图 4-38 方形木搁栅

方案一：当选择矩形木搁栅（图 4-38）截面尺寸为 $b=$ 150mm、$h=300$mm（竖放木枋）时，截面面积 $A=$ 45 000mm²，抗弯截面系数 $W_z=\frac{bh^2}{6}=2.25\times10^6$mm³，截面最大应力

$$\sigma_{max}=\frac{M_{max}}{W_z}=\frac{15\times10^6}{2.25\times10^6}\approx6.67\text{MPa}<[\sigma]=12\text{MPa}$$

方案二：当选择木搁栅（图 4-38）截面尺寸为 $b=300$mm、$h=150$mm（横放木枋）时，截面面积 $A=45$ 000mm²，抗弯截面系数 $W_z=\frac{bh^2}{6}=1.125\times10^6$mm³，截面最大应力

$$\sigma_{max}=\frac{M_{max}}{W_z}=\frac{15\times10^6}{1.125\times10^6}\approx13.33\text{MPa}>[\sigma]=12\text{MPa}$$

所以木搁栅强度不够。

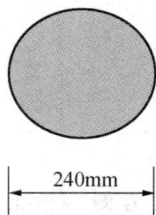

图 4-39 圆形木搁栅

方案三：当选择圆形木搁栅（图 4-39）截面尺寸为 $D=$ 240mm 时，截面面积 $A=45$ 216mm²，抗弯截面系数 $W_z=\frac{\pi D^3}{32}\approx$ 1.36×10^6mm³，截面最大应力

$$\sigma_{max}=\frac{M_{max}}{W_z}=\frac{15\times10^6}{1.36\times10^6}\approx11.03\text{MPa}<[\sigma]=12\text{MPa}$$

所以应选择图 4-38 所示的矩形截面木梁，且应该竖放使用，才最安全。

很显然，在三种选择方案中，使用木梁截面积相近（所使用的木料多少相近），但采用方案二最合理。由此可见，想要提高梁承受荷载的能力，主要在于提高梁截面的抗弯截面系数 W_z，而 W_z 不仅与截面的尺寸有关，还与截面的形状有关。

【实例 4-2】 钢筋混凝土梁配筋分析。

观察图 4-40，梁下部跨中使用 4 根钢筋，下部端部只使用两根钢筋；梁上部跨中使用两根钢筋，上部端部却使用 4 根钢筋；梁中部箍筋间距较大，梁端部箍筋间距较小。想一想，为什么？

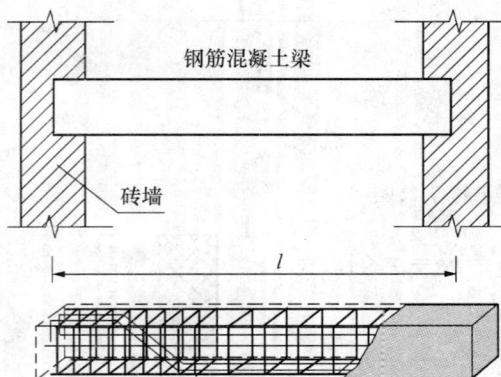

图 4-40 钢筋混凝土梁

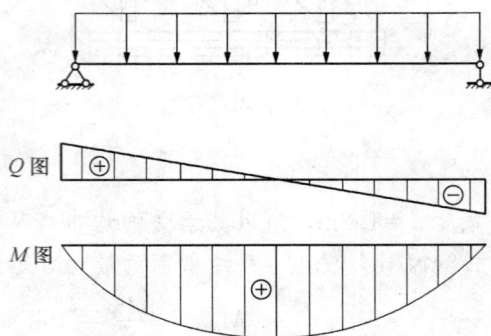

图 4-41 钢筋混凝土梁的弯矩图和剪力图

解 如图 4-41 所示，观察梁的弯矩图和剪力图可知，梁的跨中弯矩较大，在跨中截面下边缘产生最大拉应力，因此需在该处配置较多的钢筋用来抵抗拉应力。梁端部弯矩减小，相应的拉应力减小，则可以减少钢筋用量。梁上边缘跨中主要是弯矩产生的压应力，由混凝土承担，所以只需配置起骨架作用的架立钢筋。根据梁的剪力分布图，梁两端靠近支座的剪力大，跨中剪力小，梁内箍筋主要用来抵抗剪力，因此箍筋中部间距大，梁端部间距小。

单元小结

平面弯曲是杆的基本变形形式之一。对受弯构件进行内力分析和作内力图尤其重要，应熟练掌握。

1. 用简易法计算梁平面弯曲时的内力（剪力 Q 和弯矩 M）

$$Q = \sum F_{左} \quad 或 \quad Q = \sum F_{右}$$

$$M = \sum M_{C左} \quad 或 \quad M = \sum M_{C右}$$

（1）梁内任一横截面上的剪力 Q，在数值上等于该截面左侧（或右侧）梁上所有与截面平行的外力的代数和。

（2）梁内任一横截面上的弯矩 M，在数值上等于该截面左侧（或右侧）梁上所有外力对该截面形心力矩的代数和。

对剪力 Q：规定使隔离体（左段或右段）有顺时针转动趋势的为正，反之为负；

对弯矩 M：使梁段产生下侧纤维受拉的弯矩为正，反之为负。

2. 作剪力图和弯矩图

(1) 通过列剪力方程和弯矩方程作剪力图和弯矩图。

作图步骤：

第一步：求支座反力。

第二步：列剪力方程。

弯矩方程：①分段，段数＝外力数－1；

②任取 x 截面，将剪力 Q 和弯矩 M 表示为 x 的函数，求出 $Q(x)$，$M(x)$。

第三步：描点作图。

(2) 直接法作剪力图和弯矩图

作图步骤：

第一步：求支座反力。

第二步：求控制面左右截面的剪力和弯矩值，例如 $Q_{A左}=\cdots$，$Q_{A右}=\cdots$；$M_{A左}=\cdots$，$M_{A右}=\cdots$。

针对分布荷载作用的梁段，令 $\dfrac{\mathrm{d}M(x)}{\mathrm{d}x}=Q(x)=0$，求得剪力图的驻点面，代入弯矩方程，求得相对应驻点面的弯矩极值，$M(x)\mid_{x=\#\#}=\#\#$。

第三步：将已求得的控制面左右截面的剪力和弯矩值结合前面的作图规律，描点作图。

(3) 叠加法作弯矩图。

作图步骤：

第一步：分解，将承受多荷载的梁分解成梁在各个荷载单独作用下的几个小梁。

第二步：查表，分别作出每一个荷载单独作用下的弯矩图，可查表4-2。

第三步：叠加，叠加多荷载共同作用下的弯矩图，即同一截面上相应的纵坐标代数相加。

3. 梁上任意截面上任一点的弯曲正应力计算公式

$$\sigma=\frac{My}{I_z}$$

4. 正应力强度条件及其应用

梁的正应力强度条件为

$$\sigma_{\max}=\frac{M_{\max}}{W_z}\leqslant[\sigma]$$

应用强度条件可解决三类问题：

(1) 校核强度。已知截面形状及尺寸、梁所用的材料以及梁上载荷时，可校核梁是否满足强度要求，即

$$\sigma_{\max}=\frac{M_{\max}}{W_z}\leqslant[\sigma]$$

也即判定该强度条件不等式是否成立。

(2) 截面设计。当已知梁所用材料及梁上荷载时，计算出所需的抗弯截面模量

W_z，即

$$W_z \geqslant \frac{M_{\max}}{[\sigma]}$$

从而根据所选的截面形状，再由 W_z 确定截面的几何尺寸，即已知 $M_{\max}$、$[\sigma]$，求 W_z。

（3）确定最大许可荷载。当已知梁所用的材料、截面形状和尺寸时，计算出梁所能承受的最大弯矩，即

$$M_{\max} \leqslant W_z[\sigma]$$

从而根据 $M_{\max}$ 与荷载的关系计算出梁所能承受的最大荷载，即已知 W_z、$[\sigma]$，求 $M_{\max}$。

∾⁓ 自我检测 ⁓∾

一、选择题

1. 梁上有集中力偶作用的截面上（　　）。

    A. 剪力图突变　　　　B. 剪力为零　　　　C. 弯矩图突变　　　　D. 弯矩为零

2. 在集中力作用的截面处，它的内力图为（　　）。

    A. Q 图有突变，M 图光滑连续　　　　B. Q 图有突变，M 图有转折

    C. M 图有突变，Q 图光滑连续　　　　D. M 图有突变，Q 图有转折

3. 梁在某一段内作用有向下的分布力时，则在该段内 M 图是一条（　　）。

    A. 上凸曲线　　　　　　　　　　B. 下凸曲线

    C. 带有拐点的曲线　　　　　　　D. 斜直线

4. 如图 4-38 所示，悬臂梁上作用集中力 F 和集中力偶 m，若将 m 在梁上移动时，将（　　）。

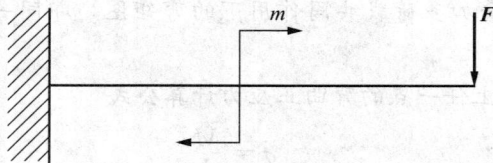

图 4-42　悬臂梁受力示意图

    A. 对剪力图大小、形状均无影响

    B. 对弯曲图形状无影响，对大小有影响

    C. 对剪力图、弯矩图的形状及大小均有影响

    D. 对剪力图、弯矩图的形状及大小均无影响

5. 一圆截面简支梁，在 $L=3$m 的梁上作用了均布荷载 $q=8$kN/m，圆截面的直径 $d=10$cm，此梁的最大弯矩及最大正应力为（　　）。

    A. $M_{\max}=9$kN·m，$\sigma_{\max}=45.8$MPa　　　　B. $M_{\max}=4.5$kN·m，$\sigma_{\max}=45.8$MPa

    C. $M_{\max}=9$kN·m，$\sigma_{\max}=91.67$MPa　　　D. $M_{\max}=18$kN·m，$\sigma_{\max}=183.3$MPa

6. 梁拟用图 4-43 所示两种方式搁置，则两种情况下的最大应力之比 $\dfrac{\sigma_{maxa}}{\sigma_{maxb}}$ 为（　　）。

A. 1/4　　　　　B. 1/16　　　　　C. 1/64　　　　　D. 16

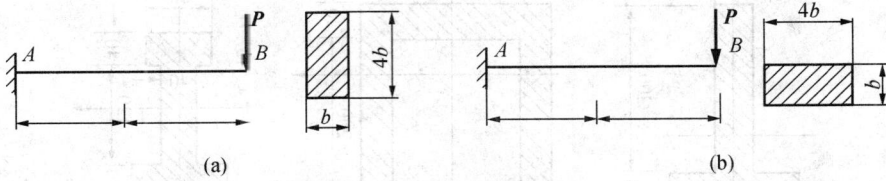

图 4-43　梁的搁置方式

7. 对于相同横截面积，同一梁采用截面（　　），其强度最高。

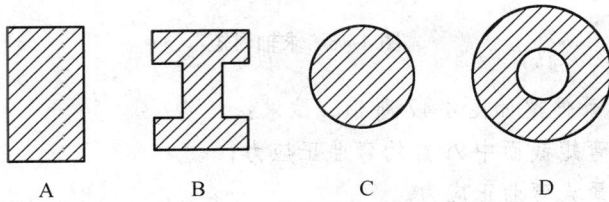

A　　　　　B　　　　　C　　　　　D

二、计算题

1. 求下列各梁指定截面上的剪力 Q 和弯矩 M（图 4-44）。

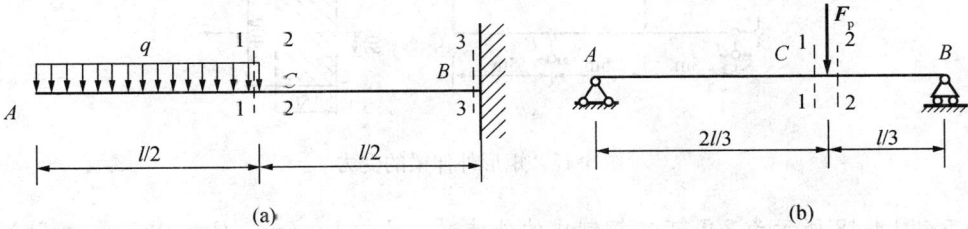

图 4-44　求指定截面的剪力和弯矩

2. 试作出下列各梁的剪力图和弯矩图（图 4-45）。

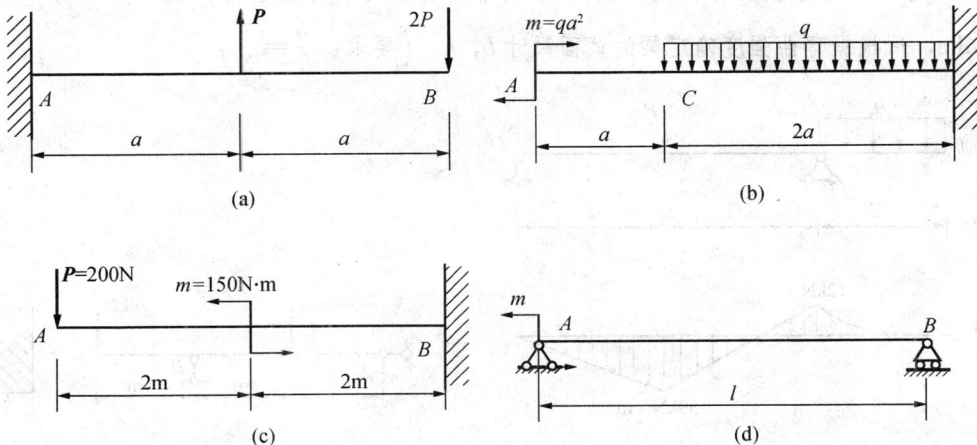

图 4-45　作剪力图和弯矩图

3. 试求如图 4-46 所示平面图形对其形心轴的轴惯矩。

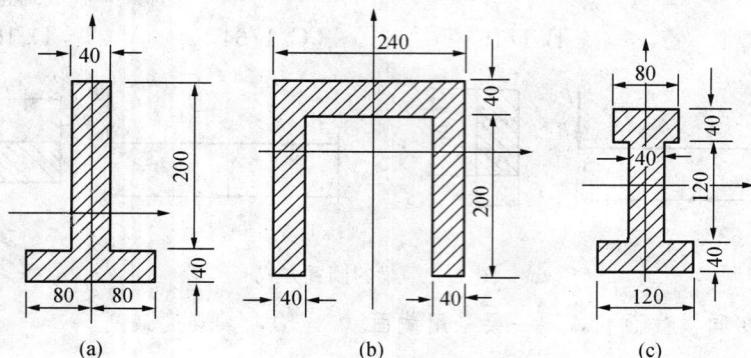

图 4-46　求轴惯矩

4. 已知：矩形外伸梁如图 4-47 所示。试求：

（1）梁的最大弯矩截面中 A 点的弯曲正应力；

（2）该截面的最大弯曲正应力。

（注：横截面尺寸单位为 mm。）

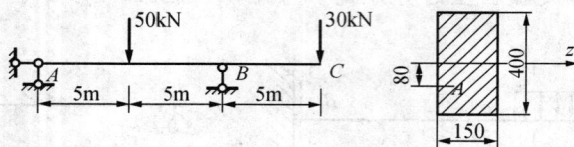

图 4-47　矩形外伸梁的受力

5. 图 4-48 所示为 20b 工字钢制成的外伸梁，已知 $L=6\mathrm{m}$，$P=30\mathrm{kN}$，$q=6\mathrm{kN/m}$，$[\sigma]=160\mathrm{MPa}$，梁的弯矩图如图 4-48 所示，试校核梁的强度。（提示：20b 工字钢，$I_z=2500\mathrm{cm^4}$，$W_z=250\mathrm{cm^3}$。）

6. 已知：矩形截面外伸梁如图 4-49 所示，材料的容许拉应力、压应力均为 $[\sigma]=50\mathrm{MPa}$，试根据弯曲强度确定梁的截面尺寸 b，h。$\left(\text{要求：}\dfrac{b}{h}=\dfrac{1}{3}\right)$

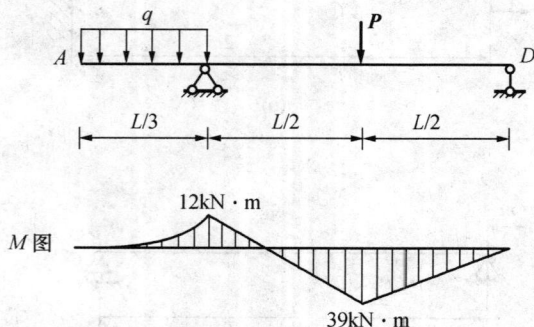

图 4-48　工字钢外伸梁的强度校核

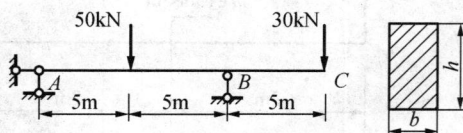

图 4-49　确定梁的截面尺寸

7. 图 4-50 所示结构，AB 梁与 CD 梁用的材料相同，二梁的高度与宽度分别为 h，b 和 h_1，已知 $L=3.6$m，$a=1.3$m，$h=150$mm，$h_1=100$mm，$b=100$mm，$[\sigma]=10$MPa，试求结构的许可荷载 $[P]$。

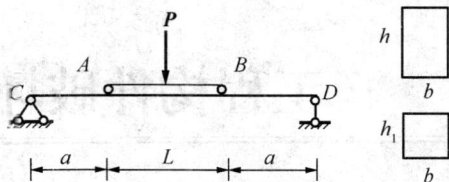

图 4-50 求结构的许可荷载

工程构件破坏成因分析

1. 了解平面应力状态分析的基本概念。
2. 了解用图解法（应力圆）分析任意斜截面上的应力的方法。
3. 掌握用图解法（应力圆）确定主应力的方法。
4. 了解三向应力圆的概念和莫尔强度理论。
5. 掌握常用的四大强度理论。

5.1 平面应力状态的应力分析——主应力与最大剪应力

想一想

如图 5-1 所示为低碳钢和铸铁试件受扭时的变形特征，想一想，为什么受同样的外载作用，两者断口形状却完全不同？低碳钢拉伸时试件表面为什么会出现与轴线成 $45°$ 角的滑移线？

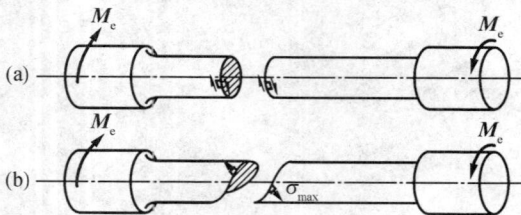

图 5-1 低碳钢和铸铁的扭转变形特征

5.1.1 描述一点应力状态的基本方法

为了描述一点的应力状态，总是围绕所考察的点截取一个三对面相互垂直的微小六面体，该六面体三个方向上的尺寸均为无穷小，称为**单元体**。假设该单元体的每个面上的应力都是均匀分布，且相互平行的截面上应力相等。当受力物体处于平衡状态时，从物体中截取的单元体也是平衡的，截取单元体的任何一个方向也必然是平衡的。所以，当单元体三对面上的应力已知时，就可以应用截面法假想地将单元体从任意方向面截开，考虑截开后任意一部分的平衡，利用平衡条件求得任意方位面上的应力。受力构件内一点处不同方位截面上应力的集合称为**一点处的应力状态**，研究通过一点的不同方位截面上的应力变化情况就是**点的应力状态分析**。

由于构件的受力不同，应力状态多种多样，只受一个方向正应力作用的应力状态称为**单向应力状态**，只受剪应力作用的应力状态称为**纯剪应力状态**，所有应力作用线都处于同一平面内的应力状态称为**平面应力状态**。单向应力状态与纯剪应力状态都是平面应力状态的特例，本书主要讨论平面应力状态与空间应力状态的某些特例。

5.1.2　符号规定

平面应力状态的普遍形式如图 5-2（a）所示，由于前后两平面上没有应力，可将该单元体用平面图形来表示［图 5-2（b）］。设两对平面的正应力和剪应力分别为 σ_x，τ_{xy} 和 σ_y，τ_{yx}，其中正应力的下标表示所在平面的外法线方向，剪应力的两个下标中第一个表示所在平面的外法线方向，第二个表示剪应力作用方向所在的坐标轴。已知 σ_x，τ_{xy} 和 σ_y，τ_{yx} 的单元体称为**原始单元体**。在平面应力状态下，任意方向面（法线为 x'）的位置是由它的法线 x' 与水平轴 x 正向的夹角 α 定义。

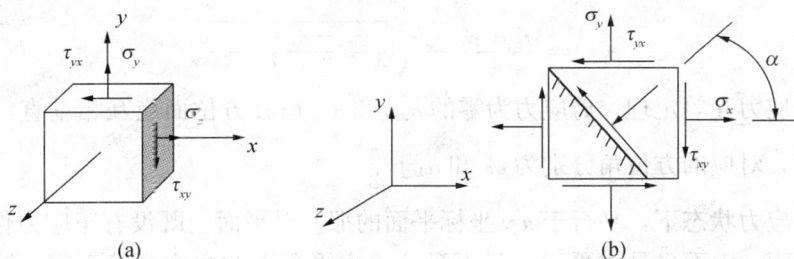

图 5-2　空间单元体及指定斜面受力分析

为求该单元体任一斜截面上的应力，用截面法将单元体从该斜面方向处截为两部分，取左下方部分为研究对象，进行力系平衡分析。正应力、剪应力和斜截面的方位角的正负号规定如下：

α 角：从 x 正方向逆时针转至 x' 正方向者为正，反之为负。

正应力：拉为正，压为负。

剪应力：使所取单元体产生顺时针方向转动趋势者为正，反之为负。

图 5-2（b）所示的 α 角及正应力 σ_x，σ_y 和剪应力 τ_{xy} 均为正，τ_{yx} 为负。

5.1.3　平面应力状态中任意斜截面上正应力与剪应力的解析式

利用斜截面的力平衡方程可以得到转角为 α 的任意斜截面上相互垂直的法线和切

线方向的正应力和切应力分别为

$$\sigma_a = \frac{\sigma_x - \sigma_y}{2} + \frac{\sigma_x - \sigma_y}{2}\cos2\alpha - \tau_{xy}\sin2\alpha \tag{5-1}$$

$$\tau_a = \frac{\sigma_x - \sigma_y}{2}\sin2\alpha + \tau_{xy}\cos2\alpha \tag{5-2}$$

5.1.4 主平面、主应力与主方向

过 A 点取一个单元体，如果单元体的某个面上只有正应力，而无剪应力，则此平面称为**主平面**。主平面上的正应力称为**主应力**，主应力所在的方位为**主方向**。

令式（5-2）中的 $\tau_a = 0$，得到主平面方向角 α_{01} 的表达式为

$$\tan2\alpha_{01} = -\frac{2\tau_{xy}}{\sigma_x - \sigma_y} \tag{5-3}$$

若令 $\left.\dfrac{\mathrm{d}\sigma_a}{\mathrm{d}\alpha}\right|_{\alpha=\alpha_0} = -(\sigma_x - \sigma_y)\sin2\alpha_0 - 2\tau_{xy}\cos2\alpha_0 = 0$，得到

$$\tan2\alpha_0 = -\frac{2\tau_{xy}}{\sigma_x - \sigma_y} \tag{a}$$

式（a）与式（5-3）具有完全一致的形式。这表明，主应力同时又是极值应力，是所有垂直于 xy 坐标平面的方向面上正应力的极大值或极小值。将式（5-3）代入方程（5-1），得到

$$\sigma_{\max} = \frac{\sigma_x + \sigma_y}{2} + \sqrt{\left(\frac{\sigma_x - \sigma_y}{2}\right)^2 + \tau_{xy}^2} \tag{5-4}$$

$$\sigma_{\min} = \frac{\sigma_x + \sigma_y}{2} - \sqrt{\left(\frac{\sigma_x - \sigma_y}{2}\right)^2 + \tau_{xy}^2} \tag{5-5}$$

根据剪应力互等定理，剪应力为零的 $\sigma_{\max}$ 和 $\sigma_{\min}$ 所在方位面应互相垂直，$\sigma_{\max}$ 和 $\sigma_{\min}$ 也互相垂直，对应的方位角分别为 α_0 和 $\alpha_0 + \dfrac{\pi}{2}$。

在平面应力状态下，平行于 xy 坐标平面的那一对平面上既没有正应力作用，也没有剪应力作用，因而也是主平面，只不过这一主平面上的主应力等于零，该主应力与 $\sigma_{\max}$，$\sigma_{\min}$ 一起按照由大到小的顺序排列分别为 σ_1，σ_2 和 σ_3，即为 $\sigma_1 \geqslant \sigma_2 \geqslant \sigma_3$。根据这三个主应力的大小和方向，就可以确定材料何时发生失效或破坏，并确定失效或破坏的形式。

5.1.5 面内最大剪应力

与正应力类似，不同方向面上的剪应力也是各不相同的，因而剪应力也存在极值。为求此极值，将式（5-2）对 α 求一阶导数，并令其等于零，得到

$$\left.\frac{\mathrm{d}\tau_a}{\mathrm{d}\alpha}\right|_{\alpha=\alpha_1} = (\sigma_x - \sigma_y)\cos2\alpha_1 - 2\tau_{xy}\sin2\alpha_1 = 0 \tag{5-6}$$

因此，得到 τ_{xy} 取极值的特征角为

$$\tan2\alpha_1 = -\frac{\sigma_x - \sigma_y}{2\tau_{xy}} \tag{5-7}$$

最大和最小剪应力分别为

$$\tau_{\max} = \sqrt{\left(\frac{\sigma_x - \sigma_y}{2}\right)^2 + \tau_{xy}^2} \qquad (5\text{-}8)$$

$$\tau_{\min} = -\sqrt{\left(\frac{\sigma_x - \sigma_y}{2}\right)^2 + \tau_{xy}^2} \qquad (5\text{-}9)$$

上述剪应力极值仅对垂直于 xy 坐标平面的一组方向面而言，因而称之为这一组方向面内的最大和最小剪应力，简称为**面内最大剪应力与面内最小剪应力**，二者不一定是过一点的所有方向面中剪应力的最大值和最小值。

【例 5-1】　T 形截面铸铁梁受力如图 5-3（a）所示，已知 $P = 3.6\text{kN}$，$I_z = 7.63 \times 10^{-6}\text{m}^4$，试绘出危险截面上翼缘和腹板交界的点 a 的原始单元体，并求单元体上的应力。（C 为截面形心）

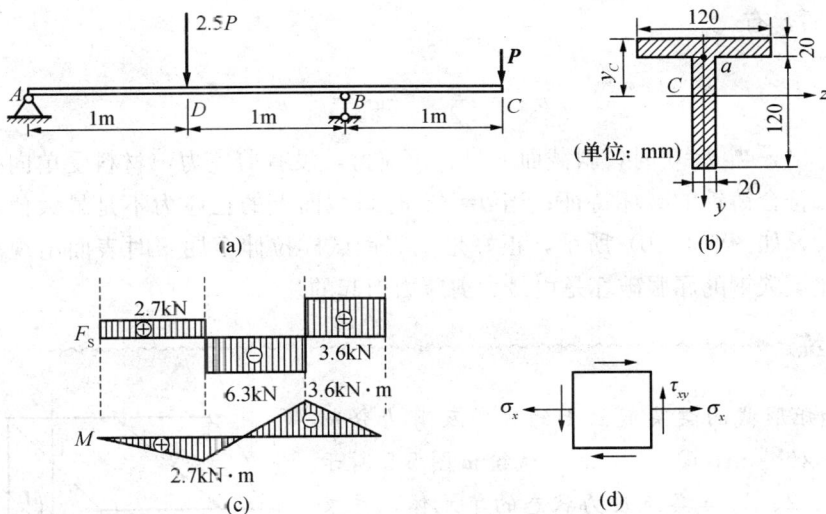

图 5-3　T 形截面铸铁梁受力图

解　先画出梁的剪力图和弯矩图，判断梁的危险截面。

$$F_A = 2.7\text{kN}, \quad F_B = 9.9\text{kN}$$

$$F_{S\max} = 6.3\text{kN}, \quad M_{\max} = 3.6\text{kN} \cdot \text{m}$$

危险截面为 B 截面左侧。

$$S_z^* = 120 \times 20 \times 42 \times 10^{-9}\text{m}^2 = 6.72 \times 10^{-5}\text{m}^2$$

a 点的正应力和剪应力分别为

$$\sigma_x = \frac{M_{\max} y_a}{I_z} = \frac{3.6 \times 32}{7.63 \times 10^{-6}} = 15.10\text{MPa}$$

$$\tau_{xy} = \frac{F_S S_z^*}{b I_z} = \frac{-6.3 \times 6.72 \times 10^{-2}}{20 \times 7.63 \times 10^{-9}} = -2.7\text{MPa}$$

单元体如图 5-3（d）所示。

【例 5-2】 试根据点的应力状态特点分析低碳钢与铸铁拉伸时的破坏特征。

解 杆件承受轴向拉伸外载时，其上任意一点都是单向应力状态，如图 5-4（a）

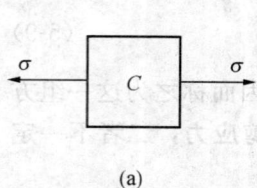

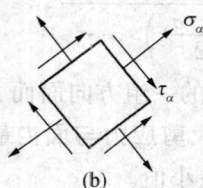

所示。单元体上的应力为 $\sigma_x = \sigma$，$\sigma_y = 0$，$\tau_{xy} = 0$，代入方程（5-1）和方程（5-2），得到

$$\sigma_\alpha = \frac{\sigma_x}{2} + \frac{\sigma_x}{2}\cos 2\alpha$$

图 5-4 单向应力状态及低碳钢滑移线方位

$$\tau_\alpha = \frac{\sigma_x}{2}\sin 2\alpha$$

$\alpha = 0$ 时，有

$$\sigma_{0°} = \sigma, \quad \tau_{0°} = 0$$

$\alpha = \dfrac{\pi}{4}$ 时，有

$$\sigma_{45°} = \frac{\sigma}{2}, \quad \tau_{45°} = \frac{\sigma}{2}$$

不难看出，当 $\theta = 0°$ 时，斜截面上只有正应力，没有剪应力，材料受单向拉伸作用产生破坏，符合铸铁的破坏特征；当 $\theta = 45°$ 时斜截面上的正应力不是最大值，而剪应力达到最大，如图 5-4（b）所示，正好是低碳钢试样拉伸至屈服时表面出现滑移线的方向，因此低碳钢的屈服破坏是由最大剪应力引起的。

练一练

已知矩形截面梁某截面上的弯矩及剪力分别为 $M = 10\text{kN} \cdot \text{m}$，$Q = 120\text{kN}$，试绘出图 5-5 所示截面上 1、2、3、4 各点应力状态的单元体，并求其主应力。

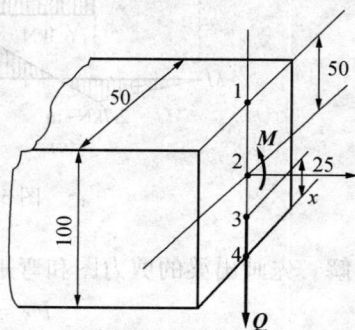

图 5-5 截面单元体

5.1.6 平面应力状态中任意斜截面的正应力与剪应力——图解（莫尔圆）法

借助应力圆确定一点应力状态的几何方法称为图解法，是 1882 年德国工程师莫尔（O. Mohr）对 1866 年德国库尔曼（K. Culman）提出的应力圆作进一步研究得到的方法，故又称为莫尔圆法。图解法简明直观，只要用作图工具就能测出满足工程设计要求的数据。

1. 应力圆方程

将式（5-1）、式（5-2）改写为

$$\sigma_\alpha - \frac{\sigma_x+\sigma_y}{2} = \frac{\sigma_x-\sigma_y}{2}\cos2\alpha - \tau_{xy}\sin2\alpha \left.\right\} \quad\quad\quad (a)$$

$$\tau_\alpha = \frac{\sigma_x-\sigma_y}{2}\sin2\alpha + \tau_{xy}\cos2\alpha$$

消去式中的参数 α，得到一个圆方程，即

$$\left(\sigma_\alpha - \frac{\sigma_x+\sigma_y}{2}\right)^2 + \tau_\alpha^2 = \left(\sqrt{\left(\frac{\sigma_x-\sigma_y}{2}\right)^2+\tau_{xy}}\right)^2 \quad\quad (b)$$

根据方程(b)，若已知 σ_x、σ_y、τ_{xy}，建立以 σ_α 为横坐标、τ_α 为纵坐标轴的坐标系，可以画出一个圆心为 $\left(\frac{\sigma_x+\sigma_y}{2},0\right)$、半径为 $\sqrt{\left(\frac{\sigma_x-\sigma_y}{2}\right)^2+\tau_{xy}^2}$ 的圆。圆周上一点的坐标就代表单元体一个斜截面上的应力。因此，这个圆称为**应力圆**或**莫尔圆**。

2. 应力圆的画法

已知 σ_x、σ_y 及 τ_{xy} [图 5-6（a）]，作相应应力圆时，先在 σ-τ 坐标系中，按选定的比例尺，以 (σ_x,τ_{xy})、$(\sigma_y,-\tau_{xy})$ 为坐标确定 x（对应 x 面）、y（对应 y 面）两点，然后直线连接 x、y 两点，交 σ 轴于 C 点，以 C 点为圆心、以 $\overline{Cx}$ 或 $\overline{Cy}$ 为半径画圆，此圆就是应力圆，如图 5-6（b）所示。从图中不难看出，应力圆的圆心及半径与式（b）完全相同。

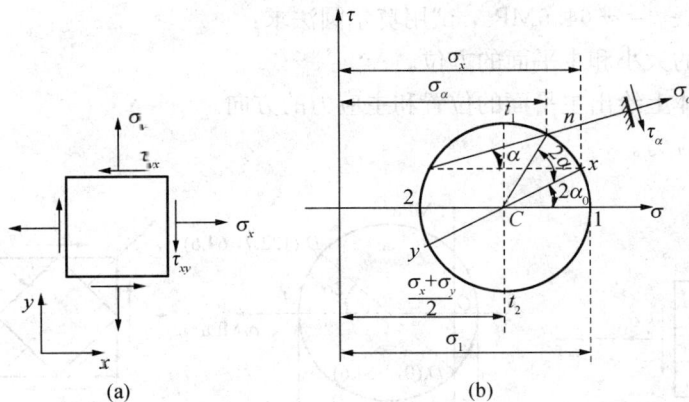

图 5-6 平面单元体及应力圆

3. 典型对应关系

应力圆上的点与平面应力状态任意斜截面上的应力有如下对应关系。
（1）点面对应
应力圆上某一点的坐标对应单元体某一斜面上的正应力和切应力值。如图 5-6（b）

上的 n 点的坐标即为斜截面 α 面的正应力和切应力。

（2）转向对应

应力圆半径旋转时，半径端点的坐标随之改变，对应地，斜截面外法线亦沿相同方向旋转，才能保证某一方向面上的应力与应力圆上半径端点的坐标相对应。

（3）二倍角对应

应力圆上半径转过的角度等于斜截面外法线旋转角度的两倍。因为，在单元体中，外法线与 x 轴间夹角相差 $180°$ 的两个面是同一截面，而应力圆中圆心角相差 $360°$ 时才能为同一点。

4. 应力圆的应用

（1）确定任意斜截面上应力的大小和方向

如图 5-6（b）所示，从与 x 面对应的 x 点开始沿应力圆圆周逆时针向转 2α 圆心角至 n 点，这时 n 点的坐标即为外法线与 x 轴成 α 角的斜截面上的应力 σ_α 及 τ_α。

（2）确定主应力的大小和方位

应力圆与 σ 轴的交点 1 及 2 点，其纵坐标（即切应力）为零，因此对应的正应力便是平面应力状态的两个正应力极值。在图 5-6（b）中，因 $\sigma_{max} > \sigma_{min} > 0$，所以用单元体主应力 σ_1、σ_2 表示，这时的 σ_3 应为零。

由图 5-6（b）不难看出，应力圆上的 t_1、t_2 两点，与切应力极值面（θ_0 面和 $\theta_0 + \pi/2$ 面）上的应力对应，且正应力极值面与切应力极值面互成 $\theta 45°$ 的夹角。

【例 5-3】 已知单元体应力状态如图 5-7（a）所示，其中 $\sigma_x = 122.7\text{MPa}$，$\sigma_y = 0$，$\tau_{xy} = 64.6\text{MPa}$，$\tau_{yx} = -64.6\text{MPa}$，试用莫尔圆法求：

1）主应力的大小和主平面的方位。

2）在单元体上绘出主平面的位置和主应力的方向。

3）最大切应力。

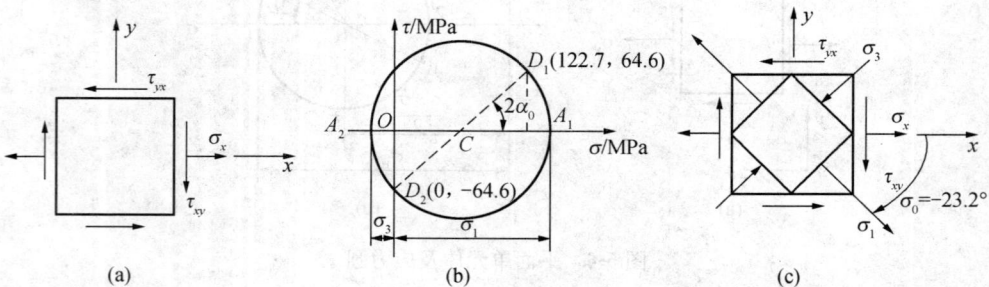

图 5-7 单元体应力状态及主应力方位

解 1）取 σ-τ 坐标系，选定比例尺，作 D_1（122.7，64.6），D_2（0，-64.6）两点，连 $D_1 D_2$，交 σ 轴于 C，以点 C 为圆心，以 CD_1 为半径作应力圆，如图 5-7（b）所示。由应力圆得 $\sigma_1 = 150\text{MPa}$，$\sigma_2 = 0$，$\sigma_3 = -27\text{MPa}$。

2）主平面的位置和主应力的方向如图 5-7（c）所示，其中 $\alpha_0 = -23.2°$。

3）$\tau_{max} = 88.5MPa$。

练一练

已知应力状态如图 5-8 所示，图中应力单位皆为 MPa，试用解析法及图解法求：

（1）主应力大小，主平面位置；

（2）在单元体上绘出主平面位置及主应力方向；

（3）剪应力极值。

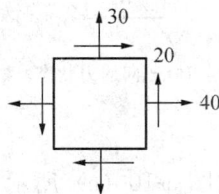

图 5-8   单元应力状态

5.2   三向应力状态的最大应力

想一想

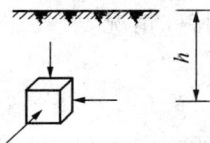

在地层的一定深度处的单元体如图 5-9 所示，其应力状态有什么特征？

图 5-9   地层一定深度处某点应力状态

1. 应力状态分类

组成工程结构物的构件都是三维体，能按材料力学方法进行受力分析的，只是一般三维构件的特殊情况，但仍属三维问题，在建立强度条件时，必须按三维考虑才符合实际。因此，在研究了三向应力状态的一种特殊情况——平面应力状态后，还应将它们返回到三向应力状态作进一步分析。

可以证明，一点处必定存在这样一个单元体，其三个相互垂直的面均为主平面。三个主应力中有一个不为零，称为**单向应力状态**。三个主应力中有两个不为零，称为**二向应力状态**。三个主应力都不为零，称为**三向应力状态**。

2. 三向应力圆

将图 5-10（a）所示三个已知主应力的主单体分解为三种平面应力状态，分析平行于三个主应力的三组特殊方向面上的应力。

在平行于主应力 σ_3 的方向面上，可视为只有 σ_1 和 σ_2 作用的平面应力状态，如图 5-10（b）所示，斜截面上对应的应力对应于由主应力 σ_1 和 σ_2 所画的应力圆圆周上各点的坐标。同理，在平行于主应力 σ_1 的方向面上，可视为只有 σ_2 和 σ_3 作用的平面应力状态；在平行于主应力 σ_2 的方向面上，可视为只有 σ_1 和 σ_3 作用的平面应力状态，并

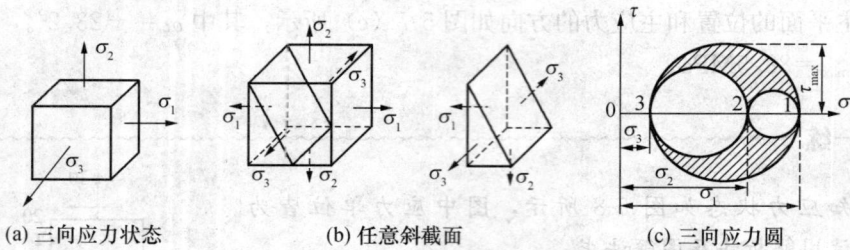

(a) 三向应力状态   (b) 任意斜截面   (c) 三向应力圆

图 5-10　三向应力状态

可绘出图 5-10（c）所示三个应力圆，称为**三向应力状态应力圆，主单元体中任意斜截面上的正应力及切应力，位于以这三个应力圆为界的阴影区内。**

由三向应力圆可以看出，在三向应力状态下，代数值最大和最小的正应力为

$$\sigma_{\max} = \sigma_1, \quad \sigma_{\min} = \sigma_3 \tag{5-10}$$

而最大切应力为

$$\tau_{\max} = \frac{\sigma_1 - \sigma_3}{2} \tag{5-11}$$

式（5-10）和式（5-11）也适用于三向应力状态的两种特殊情况——二向应力状态及单向应力状态。

【例 5-4】　利用三向应力圆求图 5-11（a）所示单元体的主应力和最大剪应力，单位为 MPa。

解　1）由单元体图知：y、z 面为主面，$\sigma'_1 = 50$。

2）在图示坐标系中画出 D_1（30，−40），D_2（0，40）两点，连接 $D_1 D_2$，与水平坐标轴的交点为圆心，画第一个应力圆；以该应力圆和水平坐标轴的最大交点和点（50，0）的连线为圆心，连线的一半为半径画第二个应力圆；以第一个应力圆和水平坐标轴的最小交点和点（50，0）的连线为圆心，连线的一半为半径画第三个应力圆。

3）量出三个应力圆与水平坐标轴的三个交点，依次排序为 σ_1、σ_2、σ_3，$\sigma_1 = 58$、$\sigma_2 = 50$、$\sigma_3 = -27$。

4）最大应力圆的最大 y 坐标为最大剪应力，$\tau_{\max} = 42.5\text{MPa}$。

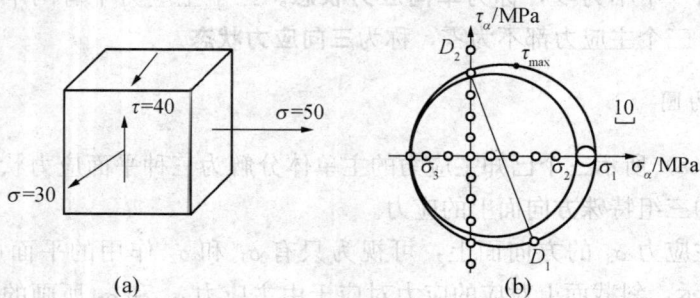

(a)   (b)

图 5-11　三向应力状态单元体及三向应力圆

5.3　强度理论的概念

想一想

例 5-1 中的 a 点既有三应力又有剪应力，用什么方法可以检验该点是否满足强度要求？

在既有正应力又有切应力的复杂应力状态下，可以用 5.1 节的方法求出三个主应力。当一点的 3 个主应力 σ_1、σ_2、σ_3 可能都不为零时，就会出现不同的主应力组合。此时采用单向应力状态的简单方法来建立强度条件非常困难，不同的材料、不同的应力组合都需要重新做试验。

人们经过长期的生产实践和科学研究，总结空间复杂应力状态下材料破坏的规律，提出了各种不同的假说：认为材料之所以按某种形式破坏，是由某一特定因素（应力、应变、形状改变比能）引起的；对于同一种材料，无论处于何种应力状态，当导致它们破坏的这一共同因素达到某一极限时，材料就会发生破坏。这样的一些假说称为**强度理论**。

常用的强度理论有以下几种。

由于材料存在着脆性断裂和塑性屈服两种破坏形式，因而强度理论也分为两类：一类是解释材料脆性断裂破坏的强度理论，其中有最大拉应力理论和最大伸长线应变理论；另一类是解释材料塑性屈服破坏的强度理论，其中有最大切应力理论和形状改变比能理论。

1. 第一强度理论——最大拉应力理论

该理论认为材料断裂的主要因素是该点的最大主拉应力，即在复杂应力状态下，只要材料内一点的**最大主拉应力** σ_1（$\sigma_1 > 0$）达到单向拉伸断裂时横截面上的极限应力 σ_u，材料就发生断裂破坏。

强度条件为

$$\sigma_1 \leqslant [\sigma] \quad (\sigma_1 > 0) \tag{5-12}$$

式中，$[\sigma]$——单向拉伸时材料的许用应力，$[\sigma] = \sigma_b / n_s$，其中 n_s 为安全系数。

试验表明，该理论主要适用于脆性材料（例如铸铁、玻璃、石膏等）在二向或三向受拉。对于存在有压应力的脆性材料，只要最大压应力值不超过最大拉应力值，也是正确的。

2. 第二强度理论——最大伸长线应变理论

该理论认为材料断裂的主要因素是该点的最大伸长线应变，即在复杂应力状态下，只要材料内一点的**最大拉应变** ε_1 达到了单向拉伸断裂时最大伸长应变的极限值 ε_u 时，材料就发生断裂破坏。

强度条件为

$$\sigma_1 - \nu(\sigma_2 + \sigma_3) \leqslant [\sigma] \tag{5-13}$$

此理论考虑了三个主应力的影响，形式上比第一强度理论完善，但用于工程上时其可靠性很差，现在很少采用。

3. 第三强度理论——最大切应力理论

该理论认为材料屈服的主要因素是最大切应力。在复杂应力状态下，只要材料内一点处的**最大切应力** τ_{max} 达到单向拉伸屈服时切应力的屈服极限 τ_s，材料就在该处发生塑性屈服。

强度条件为

$$\sigma_1 - \sigma_3 \leqslant [\sigma] \tag{5-14}$$

该理论对于单向拉伸和单向压缩的抗力大体相当的材料（如低碳钢）是适合的。

4. 第四强度理论——最大形状改变比能理论

该理论认为材料屈服的主要因素是该点的形状改变比能。在复杂应力状态下，材料内一点的**形状改变比能** υ_d 达到材料单向拉伸屈服时形状改变比能的极限值 υ_u，材料就会发生塑性屈服。

强度条件为

$$\sqrt{\frac{1}{2}\big[(\sigma_1 - \sigma_2)^2 + (\sigma_2 - \sigma_3)^2 + (\sigma_3 - \sigma_1)^2\big]} \leqslant [\sigma] \tag{5-15}$$

该理论既突出了最大主剪应力对塑性屈服的作用，又适当考虑了其他两个主剪应力的影响。试验表明，对于塑性材料，此理论比第三强度理论更符合试验结果。由于机械、动力行业遇到的载荷往往较不稳定，因而较多地采用偏于安全的第三强度理论；土建行业的载荷往往较为稳定，因而较多地采用第四强度理论。

综合以上四个强度理论的强度条件，可以把它们写成如下的统一形式，即

$$\sigma_r \leqslant [\sigma]$$

其中 σ_r 称为相当应力。四个强度理论的相当应力分别为

$$\sigma_{r1} \leqslant \sigma_1$$

$$\sigma_{r2} = \sigma_1 - \nu(\sigma_2 + \sigma_3)$$

$$\sigma_{r3} = \sigma_1 - \sigma_3$$

$$\sigma_{r4} = \sqrt{\frac{1}{2}\big[(\sigma_1 - \sigma_2)^2 + (\sigma_2 - \sigma_3)^2 + (\sigma_3 - \sigma_1)^2\big]}$$

对于梁：

$$\sigma_{r3} = \sqrt{\sigma^2 + 4\tau^2} \tag{5-16}$$

$$\sigma_{r4} = \sqrt{\sigma^2 + 3\tau^2} \tag{5-17}$$

注意：

1）对以上四个强度理论的应用，一般地，脆性材料如铸铁、混凝土等用第一和第二强度理论；对塑性材料，如低碳钢用第三和第四强度理论。

2）脆性材料或塑性材料，在三向拉应力状态下，应该用第一强度理论；在三向压

应力状态下，应该用第三强度理论或第四强度理论。

3）第三强度理论概念直观，计算简捷，计算结果偏于保守；第四强度理论着眼于形状改变比能，但其本质仍然是一种切应力理论。

4）在不同情况下，如何选用强度理论，不单纯是个力学问题，而与有关工程技术部门长期积累的经验及根据这些经验制订的一整套计算方法和许用应力值 $[\sigma]$ 有关。

5. 莫尔强度理论

该理论认为，材料发生屈服或剪切破坏，不仅与该截面上的切应力有关，而且还与该截面上的正应力有关。只有当材料的某一截面上的切应力与正应力达到最不利组合时，才会发生屈服或剪断。

莫尔理论认为材料是否破坏取决于三向应力圆中的最大应力圆。

在工程应用中，分别作拉伸和压缩极限状态的应力圆，这两个应力圆的直径分别等于脆性材料在拉伸和压缩时的强度极限 σ_b^+ 和 σ_b^-。这两个圆的公切线 MN 即是该材料的包络线，如图 5-12 所示。若一点的 3 个主应力 σ_1、σ_2、σ_3 已知，以 σ_1 和 σ_3 作出的应力圆与包络线相切，则此点就会发生破坏。由此可导出莫尔强度理论的强度条件为

$$\sigma_1 - \frac{[\sigma]^+}{[\sigma]^-}\sigma_3 \leqslant [\sigma]^+ \tag{5-18}$$

图 5-12　莫尔应力圆

式中，$[\sigma]^+$ 和 $[\sigma]^-$ 是脆性材料的许用拉应力和许用压应力。

对 $[\sigma]^+ = [\sigma]^-$ 的材料，莫尔强度条件化为

$$\sigma_1 - \sigma_3 \leqslant [\sigma] \tag{5-19}$$

此即为最大切应力理论的强度条件。可见，莫尔强度理论是最大切应力理论的发展，它把材料在单向拉伸和单向压缩时强度不等的因素都考虑进去了。

莫尔强度理论的使用范围：

1）适用于从拉伸型到压缩型应力状态的广阔范围，可以描述从脆性断裂向塑性屈服失效形式过渡（或反之）的多种失效形态，例如"脆性材料"在压缩型或压应力占优的混合型应力状态下呈剪切破坏的失效形式。

2）特别适用于抗拉与抗压强度不等的材料。

3）在新材料（如新型复合材料）不断涌现的今天，莫尔理论从宏观角度归纳大量失效数据与资料的唯象处理方法仍具有广阔应用前景。

【例 5-5】　例 5-1 所示 a 点的单元体如图 5-13 所示，试计算该点第三和第四强度理论的相当应力。

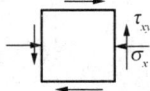

图 5-13　单元应力状态

解　从例 5-1 求得

$$\sigma_x = 15.1\text{MPa}, \quad \tau_{xy} = -2.7\text{MPa}$$

分别代入公式（5-16）和公式（5-17），得到

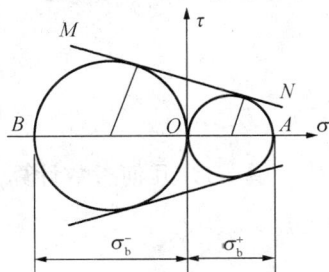

$$\sigma_{r3} = \sqrt{\sigma_x^2 + 4\tau_{xy}^2} = 16.04\text{MPa}$$

$$\sigma_{r4} = \sqrt{\sigma_x^2 + 3\tau_{xy}^2} = 15.81\text{MPa}$$

由例 5-5 可知，第三强度理论计算得到的相当应力大于第四强度理论的结果，因而更偏于保守。

【例 5-6】 如图 5-14（a）所示工字形截面简支梁，已知 $[\sigma] = 180\text{MPa}$，$[\tau] = 100\text{MPa}$，试全面校核梁的强度。

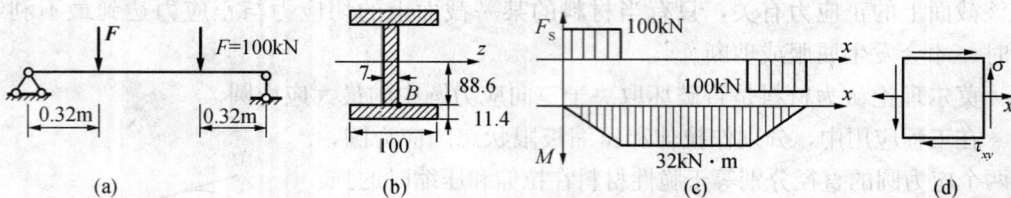

图 5-14　工字形截面简支梁的强度校核

解 1）几何参数计算。

$$I_z = 2370 \times 10^4 \text{mm}^4$$

$$W_z = 237 \times 10^3 \text{mm}^3$$

$$I_z / S_{z\,max}^* = 17.2\text{cm}$$

2）最大正应力校核（上、下边缘处）。

$$\sigma_{max} = \frac{M_{max}}{W_z} = \frac{32 \times 10^3}{237 \times 10^{-6}} = 135\text{MPa} \leqslant [\sigma]$$

3）最大切应力校核（中性层轴）。

$$\tau_{max} = \frac{F_{Smax} S_{zmax}^*}{I_z b} = \frac{100 \times 10^3}{17.2 \times 10 \times 7} = 83.1\text{MPa} \leqslant [\tau]$$

4）主应力校核（K 截面翼缘和腹板交界处 B 点）。

$$\sigma_x = \frac{My}{I_z} = \frac{32 \times 10^6 \times 88.6}{2370 \times 10^4} = 119.5\text{MPa}$$

$$\tau = \frac{F_{Smax} S_z^*}{I_z b} = \frac{-100 \times 10^3 \times 107.5 \times 10^3}{2370 \times 10^4 \times 7} = -64.8\text{MPa}$$

$$S_z^* = 100 \times 11.4 \times \left(88.6 + \frac{11.4}{2}\right) = 107.5 \times 10^3 \text{mm}^3$$

$$\sigma_x = 119.5\text{MPa}, \quad \tau_{xy} = -64.8\text{MPa}$$

$$\sigma_{r3} = \sqrt{\sigma_x^2 + 4\tau_{xy}^2} = \sqrt{119.5^2 + 4 \times (-64.8)^2}$$

$$= 176.3\text{MPa} < [\sigma]$$

$$\sigma_{r4} = \sqrt{\sigma_x^2 + 3\tau_{xy}^2} = \sqrt{119.5^2 + 3 \times 64.8^2}$$

$$= 163.8\text{MPa} < [\sigma]$$

结论：满足强度要求。

练一练

如图 5-15 所示 T 字形截面铸铁，已知抗拉许用应力 $[\sigma]_t=30\text{MPa}$，抗压许用应力 $[\sigma]_c=160\text{MPa}$，截面的形心惯性矩 $I_z=763\times10^{-8}\text{m}^4$，形心 $y_1=52\text{mm}$，试用莫尔理论校核此梁的强度。

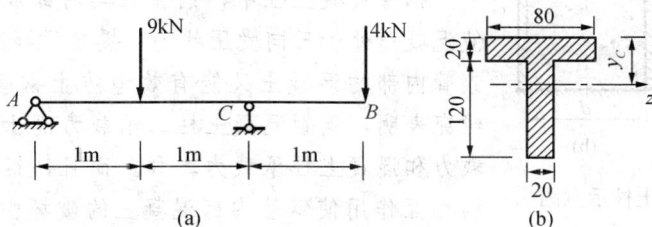

(a)   (b)

图 5-15 T 形截面铸铁梁的强度校核

想一想

试画出图 5-16 所示受压混凝土方墩（柱）内指定点的应力状态。

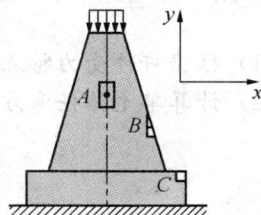

图 5-16 混凝土墩

【实例 5-1】 桥墩受力状态分析。

如图 5-17（a）所示某桥墩顶部受到两边桥梁传来的铅直力 F_1，F_2，水平力 F_3，桥墩重量为 P，风力的合力 F，各力作用线位置如图所示，分析该桥墩是否安全。

该桥墩由于自重作用轴向受压，偏心力 F_1 和 F_2 使梁产生偏心受压，水平力 F_3 和风力 F 使梁产生弯曲变形，桥墩的根部 O 处为危险截面，危险点的应力状态如图 5-17（b，c）所示，求出单元体的主应力 σ_1，σ_2 和 σ_3，选择合适的强度理论即可判断桥墩是否安全。

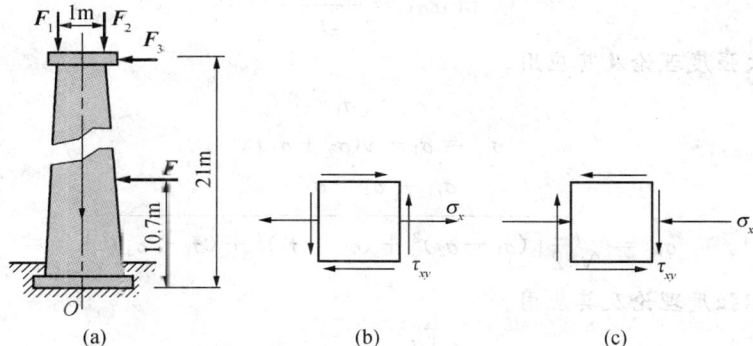

(a)   (b)   (c)

图 5-17 桥墩受力分析

【实例 5-2】 钢管混凝土与普通混凝土柱的承载能力分析。

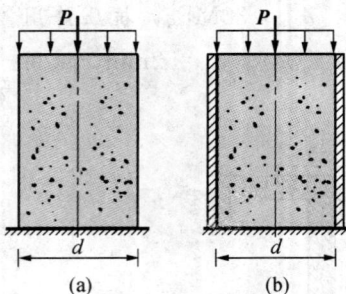

图 5-18 混凝土柱示意图

图 5-18（a）所示为混凝土圆柱，图 5-18（b）为套有钢管的同样的混凝土柱（壁间无间隙），在承受同样的均匀压力后哪个强度大？为什么？

钢管混凝土柱中，钢管对其内部混凝土的约束作用使混凝土处于三向受压状态，提高了混凝土的抗压强度；钢管内部的混凝土又能有效地防止钢管发生局部屈曲。研究表明，钢管混凝土柱的承载力高于相应的钢管柱承载力和混凝土柱承载力之和。而且，钢管和混凝土之间的相互作用使钢管内部混凝土的破坏由脆性破坏转变为塑性破坏，构件的延性性能明显改善，耗能能力大大提高。因此，与普通混凝土柱相比，钢管混凝土柱不仅强度大，而且还具有优越的抗震性能。

单元小结

（1）根据杆件受力特点画单元体图。

（2）计算单元体任意方位的正应力和剪应力（图解法）。

$$\sigma_\alpha = \frac{\sigma_x + \sigma_y}{2} + \frac{\sigma_x - \sigma_y}{2}\cos2\alpha - \tau_{xy}\sin2\alpha$$

$$\tau_\alpha = \frac{\sigma_x - \sigma_y}{2}\sin2\alpha + \tau_{xy}\cos2\alpha$$

（3）计算单元体主应力——最大和最小正应力。

$$\begin{matrix}\sigma_{max} \\ \sigma_{min}\end{matrix} = \frac{\sigma_x + \sigma_y}{2} \pm \sqrt{\left(\frac{\sigma_x - \sigma_y}{2}\right)^2 + \tau_{xy}^2}$$

$$\tan2\alpha_0 = -\frac{2\tau_{xy}}{\sigma_x - \sigma_y}$$

（4）计算单元体最大剪应力。

$$\begin{matrix}\tau_{max} \\ \tau'_{min}\end{matrix} = \pm\sqrt{\left(\frac{\sigma_x - \sigma_y}{2}\right)^2 + \tau_{xy}^2} = \pm\tau$$

$$\tan2\alpha_1 = \frac{\sigma_x - \sigma_y}{2\tau_{xy}}$$

（5）四大强度理论及其应用。

$$\sigma_{r1} = \sigma_1$$
$$\sigma_{r2} = \sigma_1 - \nu(\sigma_2 + \sigma_3)$$
$$\sigma_{r3} = \sigma_1 - \sigma_3$$
$$\sigma_{r4} = \sqrt{\frac{1}{2}\left[(\sigma_1 - \sigma_2)^2 + (\sigma_2 - \sigma_3)^2 + (\sigma_1 - \sigma_3)^2\right]}$$

（6）莫尔强度理论及其应用。

$$\sigma_1 - \frac{[\sigma]^+}{[\sigma]}\sigma_3 \leqslant [\sigma]^+$$

自我检测

一、填空题

1. 受力构件内一点处不同方位截面上应力的集合称为_____；一点处切应力等于零的截面称为_____；主平面上的正应力为_____。

2. 平面应力圆的圆心为_____，半径为_____；空间应力状态下材料破坏规律的假设称为_____。

二、选择题

1. 平面应力状态如图 5-19 所示，设 $\alpha=45°$，沿该方向的正应力 σ_α 和切应力 τ_α 为（E、ν 分别表示材料的弹性模量和泊松比）（　　）。

A. $\sigma_\alpha=\dfrac{\sigma}{2}+\tau$，$\tau_\alpha=\dfrac{\sigma}{2}+\tau$

B. $\sigma_\alpha=\dfrac{\sigma}{2}-\tau$，$\tau_\alpha=\dfrac{\sigma}{2}-\tau$

C. $\sigma_\alpha=\dfrac{\sigma}{2}+\tau$，$\tau_\alpha=\tau$

D. $\sigma_\alpha=\dfrac{\sigma}{2}-\tau$，$\tau_\alpha=\dfrac{\sigma}{2}$

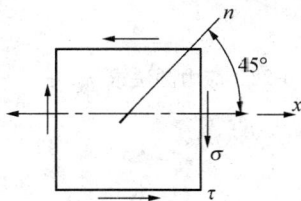

图 5-19　平面应力状态

2. 图 5-20 所示应力状态，用第四强度理论校核时，其相当应力为（　　）。

图 5-20　求相当应力

A. $\sigma_{r4}=\tau^{1/2}$　　　　B. $\sigma_{r4}=\tau$　　　　C. $\sigma_{r4}=3^{1/2}\tau$　　　　D. $\sigma_{r4}=2\tau$

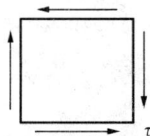

三、计算题

1. 试用单元体表示图 5-21 所示构件中 A、B 点的应力状态，并求出单元体上的应力数值。

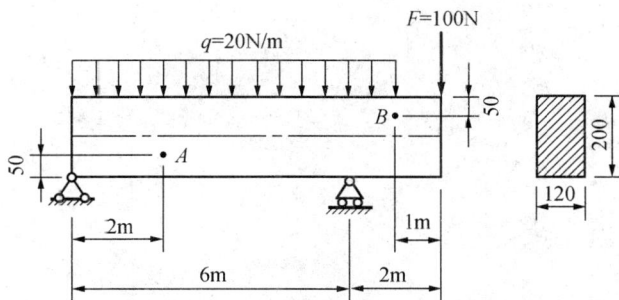

图 5-21　求单元体的应力

2. 图 5-22 所示单元体，已知 $\sigma_y=-50\text{MPa}$，$\tau_{yx}=-10\text{MPa}$，用应力圆法求 σ_α 和 τ_α。

3. 某点的应力状态如图 5-23 所示，图中单位为 MPa，试画出三向应力圆，并求相

当应力 σ_{r3}。

4. 设有单元体如图 5-24 所示，已知材料的许用拉应力为 $\sigma_t = 60\text{MPa}$，许用压应力为 $\sigma_c = 180\text{MPa}$，试按莫尔强度理论作强度校核。

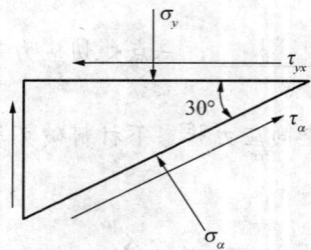

图 5-22　应力圆法求 σ_α、τ_α　　　　图 5-23　求相当应力 σ_{r3}　　　图 5-24　单元体强度校核

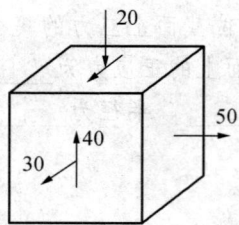

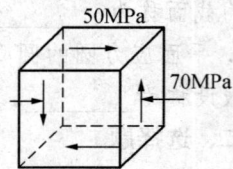

单元 *6*

工程构件在多种变形同时发生下的承载能力分析

教学目标

1. 了解多种变形同时发生时工程构件的变形分析方法。

2. 了解斜弯曲的基本概念和分析方法。

3. 掌握拉（压）弯组合变形及偏心拉（压）问题的应力计算。

4. 了解截面核心的概念。

6.1　基 本 概 念

实际工程中，许多杆件往往同时存在着几种基本变形，它们对应的应力或变形属同一量级，在杆件设计计算时均需要同时考虑。本章将讨论此种由两种或两种以上基本变形组合的情况，统称为**组合变形**。

图 6-2 中，图（a）所示烟囱，自重引起轴向压缩变形，风荷载引起弯曲变形；图（b）所示传动轴发生弯曲与扭转组合变形；图(c)所示牛腿柱受偏心力作用，产生轴

想一想

图 6-1 所示横截面为正方形的短柱承受载荷 **F** 作用，若在短柱中间开一切槽，使其最小横截面面积为原面积的一半，试问：开一切槽后，柱内最大压应力有什么变化？

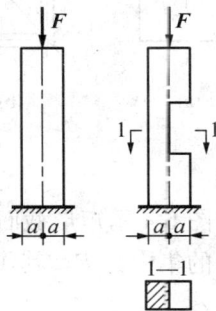

图 6-1　轴向受压与偏心受压

向压缩和弯曲组合变形。

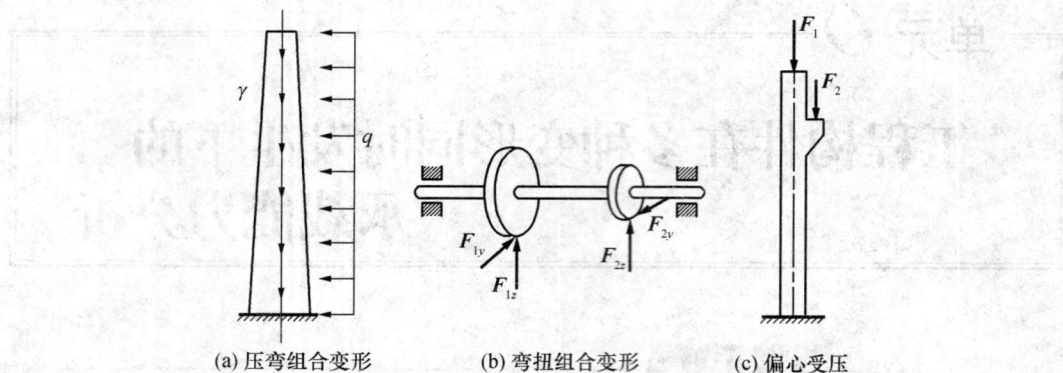

(a) 压弯组合变形　　　(b) 弯扭组合变形　　　(c) 偏心受压

图 6-2　常见的组合变形

对于组合变形下的构件，首先，按静力等效原理，将荷载进行简化、分解，使每一种（组）荷载产生一种基本变形；其次，分别计算各基本变形的解（内力、应力、变形）；最后，利用叠加原理综合考虑各基本变形，确定危险截面和危险点的应力状态，选择合适的强度理论进行强度计算。

6.2　斜　弯　曲

斜弯曲：横向力通过梁横截面的弯曲中心，不与形心主惯性轴重合或平行，而是斜交，梁的挠曲线不再与荷载纵平面重合或平行。

例如，图 6-3 中给出了几种常见截面，其中图（b~d，f）是斜弯曲，图（a）是平面弯曲，图（e）是斜弯曲与扭转的组合变形。

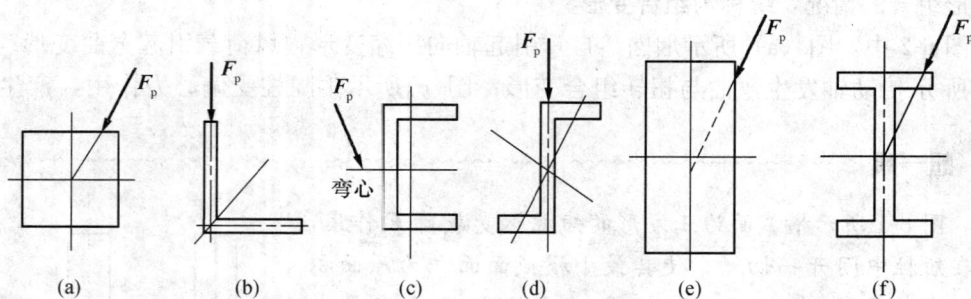

图 6-3　平面弯曲与斜弯曲实例

以图 6-4 示矩形截面悬臂梁为例来说明斜弯曲的应力计算。设自由端作用一个垂直于轴线的集中力 F，其作用线通过截面形心（也是弯曲中心），并与形心主惯性轴 y 轴夹角为 φ。

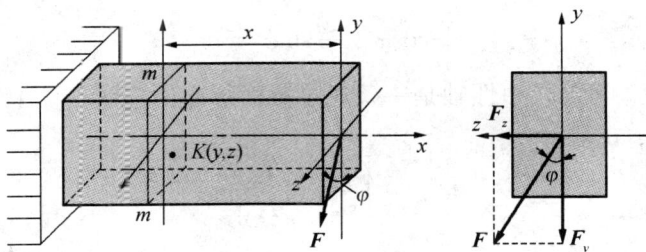

图 6-4　矩形截面悬臂梁斜弯曲示意图

6.2.1　内力计算

首先将外力分解为沿截面形心主轴的两个分力，即

$$F_y = F \cdot \cos\varphi, \quad F_z = F \cdot \sin\varphi \tag{a}$$

其中，F_y 使梁在 xy 平面内发生平面弯曲，中性轴为 z 轴，内力弯矩用 M_z 表示；F_z 使梁在 xz 平面内发生平面弯曲，中性轴为 y 轴，内力弯矩用 M_y 表示。在应力计算时，因为梁的强度主要由正应力控制，所以通常只考虑弯矩引起的正应力，而不计切应力。

任意一横截面 m—m 上的内力为

$$M_z = F_y \cdot (l-x) = F(l-x)\cos\varphi = M\cos\varphi \tag{b}$$

$$M_y = F_z \cdot (l-x) = F(l-x)\sin\varphi = M\sin\varphi \tag{c}$$

式中，$M=F(l-x)$，是横截面上的总弯矩。

$$M = \sqrt{M_z^2 + M_y^2} \tag{d}$$

6.2.2　应力分析

横截面 m—m 上第三象限内任一点 $K(y,z)$ 处对应于 M_z、M_y 引起的正应力分别为

$$\sigma' = -\frac{M_z}{I_z}y = -\frac{M\cos\varphi}{I_z}y \tag{e}$$

$$\sigma'' = -\frac{M_y}{I_y}z = -\frac{M\sin\varphi}{I_y}z \tag{f}$$

式中，I_y、I_z——横截面对 y、z 轴的惯性矩。

因为 σ' 和 σ'' 都垂直于横截面，所以 K 点的正应力为

$$\sigma = \sigma' + \sigma'' = -M\left(\frac{y\cos\varphi}{I_z} + \frac{z\sin\varphi}{I_y}\right) \tag{6-1}$$

注意：求横截面上任一点的正应力时，只需将此点的坐标（含符号）代入上式即可。

6.2.3　中性轴的确定

设中性轴上各点的坐标为 (y_0, z_0)，因为中性轴上各点的正应力等于零，于是有

$$\sigma = -M\left(\frac{y_0}{I_z}\cos\varphi + \frac{z_0}{I_y}\sin\varphi\right) = 0$$

即

$$\frac{y_0}{I_z}\cos\varphi + \frac{z_0}{I_y}\sin\varphi = 0 \tag{6-2}$$

此即为中性轴方程。可见，中性轴是一条通过截面形心的直线。设中性轴与 z 轴夹角为 α，如图 6-5 所示，则

$$\tan\alpha = \left|\frac{y_0}{z_0}\right| = \frac{I_z}{I_y}\tan\varphi$$

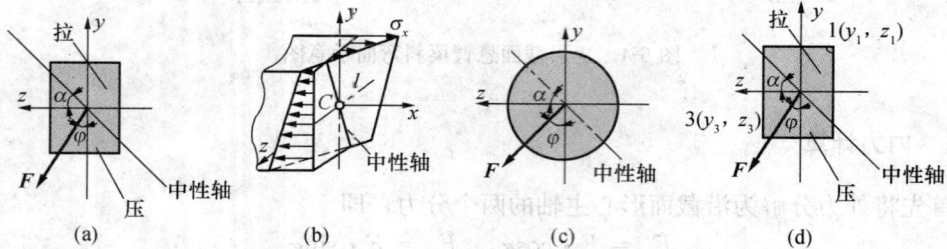

图 6-5　斜弯曲截面中性轴

上式表明：

1）中性轴的位置只与 φ 和截面的形状、大小有关，而与外力的大小无关。

2）一般情况下，$I_y \neq I_z$，则 $\alpha \neq \varphi$，即中性轴不与外力作用平面垂直。

3）对于圆形、正方形和正多边形，通过形心的轴都是形心主轴，$I_y = I_z$，则 $\alpha = \varphi$，此时梁不会发生斜弯曲。

6.2.4　强度计算

危险点发生在弯矩最大截面上距中性轴最远的地方，如图 6-5（d）所示，最大拉应力发生在 1 点，最大压应力发生在 3 点，因为此两点处于单向拉伸或单向压缩应力状态，其强度条件为

$$\sigma_{max} = \frac{M_{zmax}}{W_z} + \frac{M_{ymax}}{W_y} \leqslant [\sigma] \tag{6-3}$$

6.3　拉伸（压缩）与弯曲

拉弯、压弯组合变形是工程中经常遇到的情况，图 6-2（a，b）所示都是压弯组合变形的实际例子，现以图 6-6（a）所示矩形截面杆为例分析拉弯组合变形的强度计算。

力 F_{D1} 作用在纵向对称性平面 xy 内，引起杆件发生平面弯曲变形，中性轴是 z 轴；F_{D2} 引起杆件发生轴向拉伸变形。

内力：$F_N = F_{D2} = $ 常数；$M_z = -F_{D1}(l-x)$，$M_{zmax} = M_z^A = F_{D1}l$。所以，此杆的危险截面为固定端截面。

应力：轴向拉伸正应力为 $\sigma' = \dfrac{F_N}{A} = \dfrac{F_{D2}}{A}$，横截面上均匀分布。

弯曲正应力为 $\sigma'' = \dfrac{M_z}{I_z}y = -\dfrac{F_{D2}(l-x)}{I_z}y$，横截面上呈线性分布。

(a)

$$\frac{F_{D2}}{A} < \frac{F_{D1}}{W_z} \qquad \frac{F_{D2}}{A} > \frac{F_{D1}}{W_z}$$

或

(b)

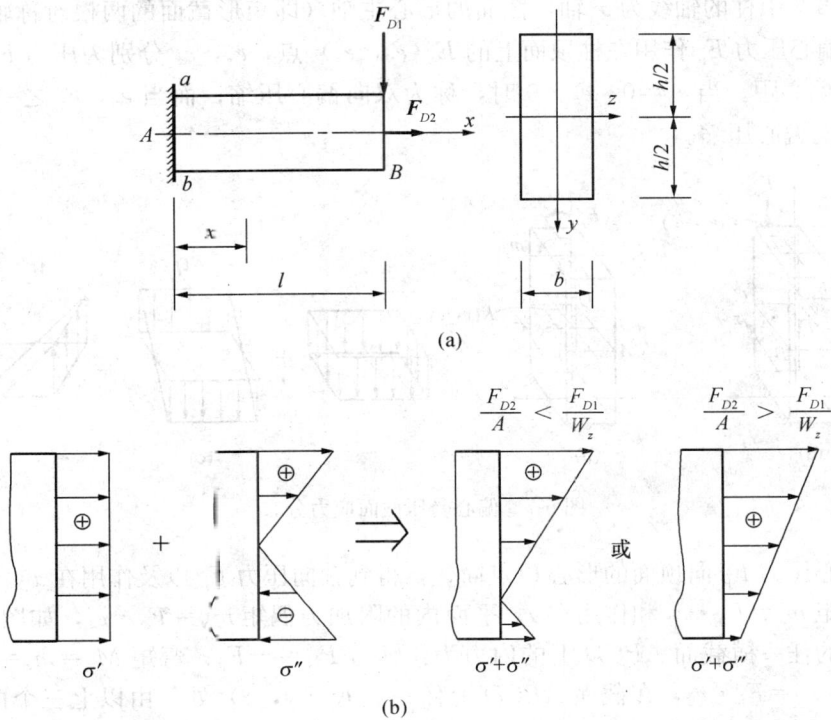

图 6-6 组合变形情况横截面应力分布

二者叠加可得任一横截面上任一点的正应力为

$$\sigma = \sigma' + \sigma'' = \frac{F_{D2}}{A} - \frac{F_{D1}(l-x)}{I_z}y \tag{6-4}$$

所以，杆件的最大、最小正应力发生在固定端截面（危险截面）的上、下边缘 a、b 处，其值为

$$\sigma_{\max} = \frac{F_{D2}}{A} + \frac{F_{D1}l}{W_z} \qquad (>0,\text{为拉应力}) \tag{a}$$

$$\sigma_{\min} = \frac{F_{D2}}{A} - \frac{F_{D1}l}{W_z} \qquad (\text{可能为拉应力，也可能为压应力}) \tag{b}$$

所以固定端截面上的正应力分布如图 6-6（b）所示。因为危险点处于单向应力状态，故其强度条件为

$$\sigma_{\max} \leqslant [\sigma] \tag{6-5}$$

6.4 偏心拉伸（压缩）与截面核心

当外力作用线与杆的轴线平行，但不重合时，杆件的变形称为**偏心拉压**。它是拉伸（压缩）弯曲组合变形中的一种。现在以矩形截面柱为例，讨论偏心拉压时的强度计算。

取图 6-7 中柱的轴线为 x 轴，截面的形心主轴（即矩形截面的两根对称轴）为 y，z 轴。设偏心压力 F_p 作用在柱顶面上的 E（e_y，e_z）点，e_y，e_z 分别为压力 F_p 至 z 轴和 y 轴的偏心距。当 $e_y \neq 0$，$e_z \neq 0$ 时，称为双向偏心压缩；而当 e_y，e_z 之一为零时，则称为单向偏心压缩。

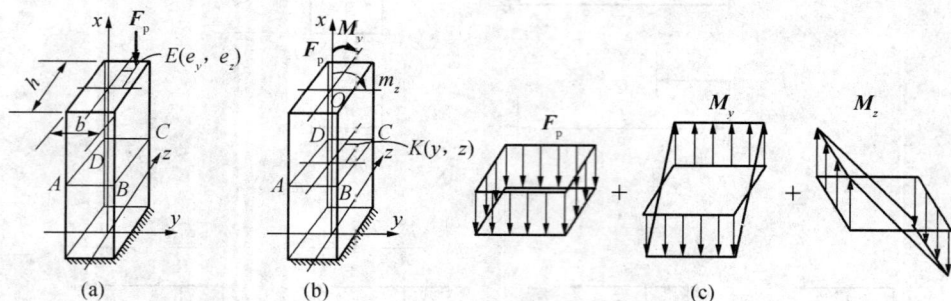

图 6-7　偏心受压截面应力分布

将偏心压力 F_p 向顶面的形心 O 点简化，得到轴向压力 F_p 以及作用在 xy 平面内的附加力偶矩 $m_z = F_p \cdot e_y$ 和作用在 xz 平面内的附加力偶矩 $m_y = F_p \cdot e_z$，如图 6-7（b）所示。柱的任一横截面 $ABCD$ 上的内力为：轴力 $F_N = -F_p$；弯矩 $M_z = m_z = F_p \cdot e_y$；弯矩 $M_y = m_y = F_p \cdot e_z$，在截面 $ABCD$ 上任一点 K（y，z）处，由以上三个内力产生的正应力（均为压应力）分别为

$$\sigma_{F_N} = \frac{F_N}{A} = -\frac{F_p}{A}, \quad \sigma_{M_z} = -\frac{M_z y}{I_z}, \quad \sigma_{M_y} = -\frac{M_y z}{I_y} \tag{a}$$

K 点的总应力用叠加法（代数和）求得，为

$$\sigma_K = \sigma_{F_N} + \sigma_{M_z} + \sigma_{M_y}$$

即

$$\sigma_K = -\frac{F_p}{A} - \frac{M_z y}{I_z} - \frac{M_y z}{I_y} \tag{6-6}$$

或

$$\sigma_K = -\frac{F_p}{A} - \frac{F_p \cdot e_y \cdot y}{I_z} - \frac{F_p \cdot e_z \cdot z}{I_y}$$

$$\sigma_K = -\frac{F_p}{A}\left(1 + \frac{e_y}{i_z^2} \cdot y + \frac{e_z}{i_y^2} \cdot z\right) \tag{6-7}$$

其中，惯性半径 $i_z = \sqrt{\dfrac{I_z}{A}}$，$i_y = \sqrt{\dfrac{I_y}{A}}$。在计算时，式中的弯矩取绝对值代入。当偏心压力 F_p 通过截面的某一形心主轴 y 或 z 轴时，e_z 或 e_y 为零，此时即为单向偏心压缩。

从图 6-7（b）可以看出，任一横截面（如截面 $ABCD$）上的角点 A 和 C 即为危险点，A 和 C 点的正应力分别是截面上的最大拉应力 σ_{tmax} 和最大压应力 σ_{cmax}。将 A 和 C 点的坐标代入式（6-6），得

$$\frac{\sigma_{tmax}}{\sigma_{cmax}} = -\frac{F_p}{A} \pm \frac{M_z \cdot y_{max}}{I_z} \pm \frac{M_y \cdot z_{max}}{I_y} = -\frac{F_p}{A} \pm \frac{M_z}{W_z} \pm \frac{M_y}{W_y} \tag{6-8}$$

因危险点 A，C 均处于单向应力状态，故强度条件为

$$\left.\begin{array}{l} \sigma_{tmax} \leqslant [\sigma]^+ \\[2mm] \sigma_{cmax} \leqslant [\sigma]^- \end{array}\right\} \tag{a}$$

当杆的横截面没有凸角时，危险点的位置就不易直接观察确定。这时，首先需要确定中性轴的位置。可令 $\sigma = 0$，由式（6-7）可得中性轴方程，即

$$1 + \frac{e_y}{i_z^2} \cdot y_0 + \frac{e_z}{i_y^2} \cdot z_0 = 0 \tag{6-9}$$

式中的（y_0，z_0）为中性轴上任意点的坐标。由上式可见，偏心拉压时，横截面上中性轴为一条不通过截面形心的直线。设 α_z 和 α_y 分别为中性轴在坐标轴上的截距，则由式（6-9）得

$$\alpha_z = -\frac{i_y^2}{e_z}, \quad \alpha_y = -\frac{i_z^2}{e_y} \tag{6-10}$$

上式表明，α_y 与 e_y，α_z 与 e_z 总是符号相反，所以中性轴 n—n 与外力作用点 E 的投影点分别位于截面形心的相对两边。在周边上作平行中性轴的切线，切点 A_1 和 A_2 是截面上距中性轴最远的两点，故为危险点 ［图 6-8（b）］。对于有凸角的对称截面，角点 A 和 C 就是危险点，如图 6-8（a）中的角点 A 和 C。将 A 和 C 的坐标代入式（6-8），即可求得横截面上数值最大的拉、压应力。

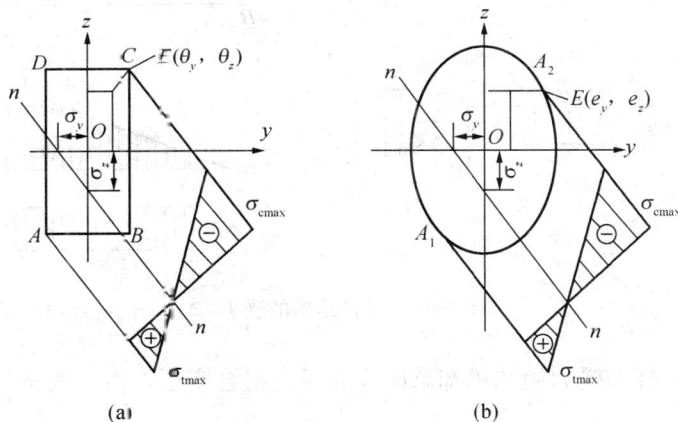

图 6-8　偏心受压截面中性轴

从图 6-8 中的正应力分布图可见，一般情况下中性轴将截面分成拉伸和压缩两个区域。工程上常用的砖石、混凝土、铸铁等脆性材料的抗压性能好而抗拉能力差，对于这些材料制成的偏心受压杆，应避免截面上出现拉应力。为此，要对偏心距（即偏心力作用点到截面形心的距离）的大小加以限制。从式（6-9）可知，中性轴在坐标轴上的截距与外力作用点坐标值成反比，因此外力作用点离形心越近，中性轴离形心就越远。当偏心外力作用在截面形心周围一个小区域内，而对应的中性轴与截面周边相切或位于截面之外时，整个横截面上就只有压应力而无拉应力。这个围绕截面形心的特

定小区域称为**截面核心**。由截面核心的定义可知，截面核心的确定方法是：以截面周边上若干点的切线作为中性轴，算出其在坐标轴上的截距，然后利用式（6-9）求出各中性轴所对应的外力作用点的坐标，顺序连接所求得的各外力作用点，于是得到一条围绕截面形心的封闭曲线，它所包围的区域就是截面核心。图 6-9 中的阴影区域为矩形的截面核心，图 6-10 中的阴影区域为圆形的截面核心。

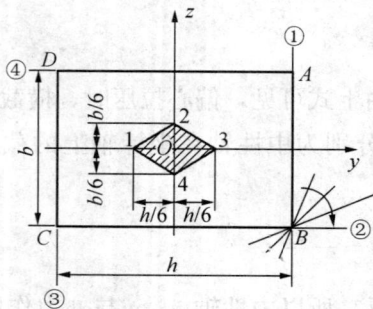

图 6-9　矩形截面截面核心　　　　图 6-10　圆截面截面核心

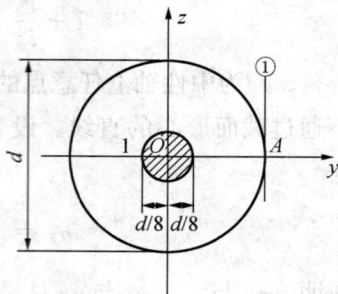

【例 6-1】　如图 6-11 所示结构由 No.16 工字钢 AC 和拉杆 BD 组成。若 $P=$ 10kN，求 AC 梁中的最大拉应力和最大压应力。

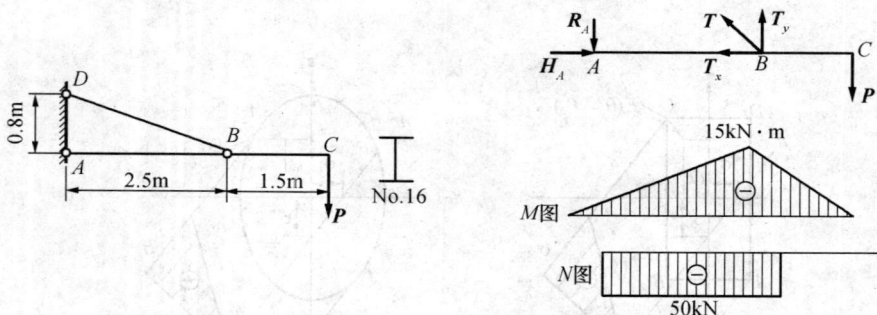

图 6-11　梁杆结构的受力

解　根据 AB 杆的受力简图可知 AB 段为压弯组合变形，由平衡条件得

$$T_y = \frac{8}{5}P = 16\text{kN}, \quad T_x = 5P = 50\text{kN}, \quad R_A = 6\text{kN}$$

$$\sigma_{lmax} = \frac{M_{max}}{W} = \frac{15 \times 10^3}{141 \times 10^{-6}} = 106.38\text{MPa}$$

$$\sigma_{ymax} = -\left| \frac{N}{A} + \frac{M_{max}}{W} \right| = -\left| \frac{50 \times 10^3}{26.1 \times 10^{-4}} + \frac{15 \times 10^3}{141 \times 10^{-6}} \right|$$

$$= -(19.157 + 106.38) = -125.537\text{MPa}$$

【例 6-2】　图 6-12（a）所示为用 No25b 工字钢制成的简支梁，钢的许用正应力 [σ]＝160MPa，许用切应力 [τ]＝100MPa，试对该梁作全面的强度校核。

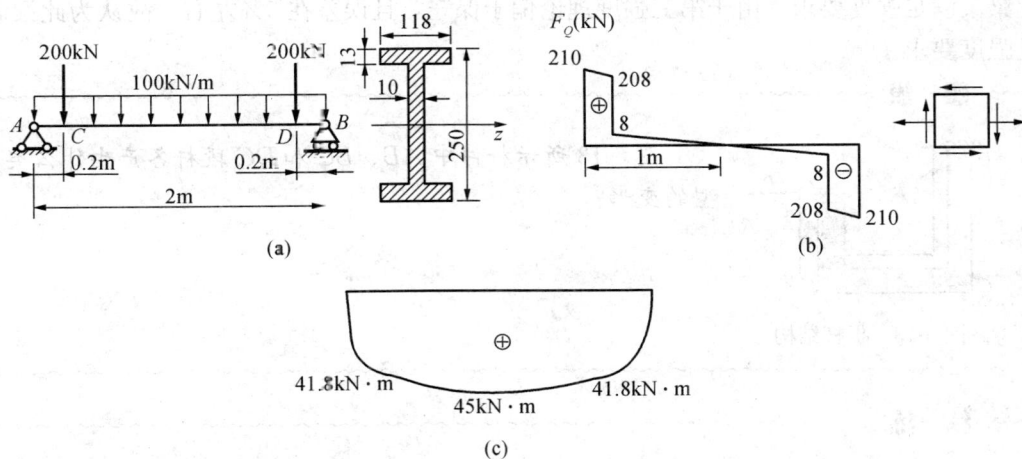

图 6-12　工字钢梁的强度校核

解　1）作内力图，确定危险截面。

$$M_{max} = M_E = 45kN \cdot m$$

$$|F_Q|_{max} = F_{QA} = |F_{QB}| = 210kN$$

2）正应力强度校核。

$$\sigma_{max} = \frac{M_{max}}{W_z} = \frac{45 \times 10^3}{423 \times 10^{-6}} Pa = 106.4MPa < [\sigma]$$

3）切应力强度校核。

$$\tau_{max} = \frac{F_{Qmax}}{\frac{bI_z}{S^*_{zmax}}} = \frac{210 \times 10^3}{10 \times 10^{-3} \times 21.3 \times 10^{-2}} Pa = 98.6MPa < [\tau]$$

4）主应力强度校核。在 C（D）截面的翼缘与腹板交界处靠腹板一侧处各点的正应力和剪应力均较大，应对该点进行主应力强度校核，其应力状态如图 6-12（b）所示。

$$F_{QC} = 208kN, \quad M_C = 41.8kN \cdot m$$

$$\tau = \frac{F_{QC}S^*_z}{bI_z} = \frac{208 \times 10^3 \times \left[118 \times 13 \times \left(\frac{250}{2} - \frac{13}{2}\right) \times 10^{-9}\right]}{10 \times 10^{-3} \times 5280 \times 10^{-8}} Pa = 71.6MPa$$

$$\sigma = \frac{M_C y}{I_z} = \frac{41.8 \times 10^3 \times \left(\frac{250}{2} - 13\right) \times 10^{-3}}{5280 \times 10^{-8}} Pa = 88.7MPa$$

按第三强度理论，有

$$\sigma_{r3} = \sqrt{\sigma^2 + 4\tau^2} = 168.4MPa > [\sigma] , 且 \frac{168.4 - 160}{160} \times 100\% = 5.25\% > 5\%$$

梁不满足强度条件。而按第四强度理论，有

$$\sigma_{r4} = \sqrt{\sigma^2 + 3\tau^2} = 152.5MPa < [\sigma]$$

此梁又满足强度要求。由于第三强度理论偏于保守，且误差在 5% 左右，故认为此梁满足强度要求。

想一想

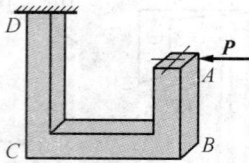

图 6-13 所示杆件中 AB、BC 和 DC 段杆各产生什么类型的变形？

图 6-13　折杆结构

练一练

如图 6-14 所示，板的一侧出现一个半径为 1cm 的凹痕，已知板宽为 8cm，板厚为 1cm，受载荷 $P=80$kN 的轴向拉力，材料的许用应力为 $[\sigma]=140$MPa，试校核此板的强度。

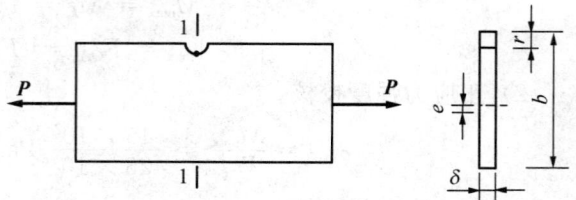

图 6-14　带凹痕的矩形截面杆

【实例 6-1】　盾构法施工的桥墩。

广州地铁二号线客村—鹭江站区间是盾构法施工的区间（图 6-15）。客村—鹭江站区间隧道穿越客村立交桥时，共有 11 个桥墩的人工挖孔桩在水平方向和垂直方向离隧道距离较近。

图 6-15　盾构法施工区间的桥墩

当隧道穿过桩侧面，由于管片与岩土体在长度 1.5m 处有 15cm 的间隙，在隧道的一侧作用于桩的土压力接近零，而桩的另一侧土压力仍然存在，因而有压力差，要计算宽度 1.5m 两截面处土的摩擦力能否平衡土压力。若不平衡，桩将产生弯曲，成为**压弯构件** [图 6-16（a）]。这种情况会使桥桩产生附加弯矩，并造成桥桩轴力增加，引起墩身倾斜，图 6-16（b）中表示了桩侧面土压力的大小。

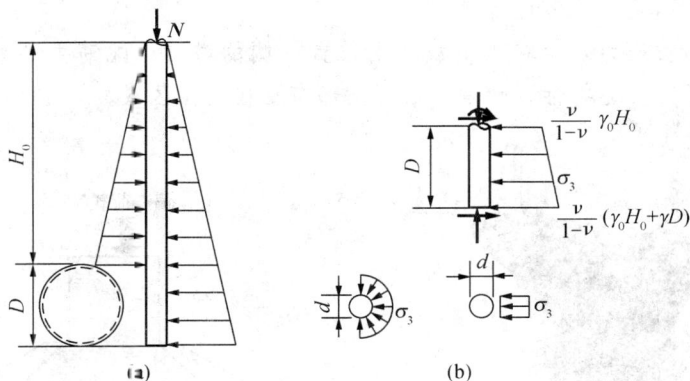

图 6-16　受盾构法影响的人工挖孔桩受力分析

【实例 6-2】　桩排式地下连续墙。

广州新白云机场轻轨 A3 工程项目桩排式地下连续墙在施工过程中发生了断裂事故的工况。基坑内钢筋混凝土框架支撑体系与连续墙共同组成了一个空间结构体系，二者共同承受土体的约束和荷载作用。由于本工程地下连续墙冠梁以上部分土方为放坡开挖，其边坡部分属自由面，因而可以将冠梁上部的所有土压力和地面所受荷载进行叠加，并简化为在冠梁同一水平面上的均布荷载 $q_合$，如图 6-17 所示。随着基坑的开挖和支撑的安装，连续墙发生变形，土压力通常在主动土压力和被动土压力之间变化。本工程中，由于支撑中均未加预应力，连续墙的位移向坑内发生，土压力一般在主动土压力和被动土压力之间变化。由于准

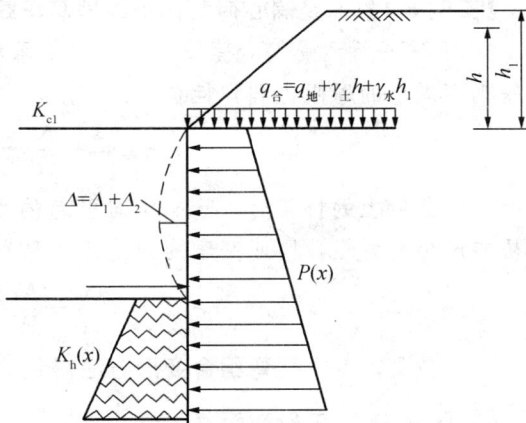

图 6-17　桩排式地下连续墙结构

确计算土压力的精度非常困难，本力学模型忽略了连续墙与土体之间的摩擦，按朗肯主动土压力理论计算连续墙背侧的土压力（图 6-17）。基坑支护中的多支撑板桩墙大部分是用这种方法处理的。

【实例 6-3】　"宝瓶"式桥墩。

随着社会经济的不断发展，桥梁结构形式日新月异，桥梁细部结构的创新已经成为新时代桥梁工程师探讨的问题。桥梁结构形式变化后，其受力特性也随之发生较大变化。"宝瓶"式桥墩在桥梁建设中已得到广泛应用，但在使用过程中出现了不少问题，受偏载作用导致墩身开裂便是其中之一。

图 6-18 所示桥墩受偏载作用时，外力简化为轴心受压和弯曲，最大主压应力发生在桥墩根部，剪应力越靠近悬臂的根部下缘越密集，有明显的应力集中，可以通过加

宽桥墩底部的横向尺寸减缓应力集中。

最大的弯曲拉应力发生在大偏载作用位置一侧的墩顶，配筋主要承受拉力、剪力和弯矩，呈现深梁受力特性，受弯钢筋可全部布置在受拉区域。

图 6-18 "宝瓶"式桥墩

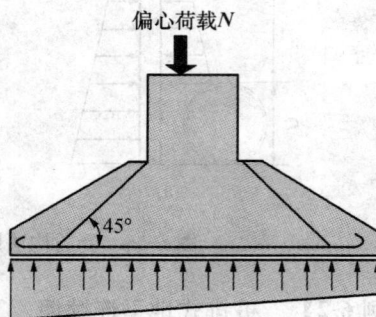

图 6-19 受偏心荷载作用的地基承载力计算

【实例 6-4】 受偏心荷载作用的地基承载力计算。

如图 6-19 所示受偏心荷载作用的地基承载力计算，在实践中常采用简化方法。不计基础四周土的摩阻力和弹性抗力的作用，利用偏心受压公式得到

$$\sigma_{\substack{\max \\ \min}} = -\frac{N}{A} \pm \frac{M}{W} \leqslant [\sigma] \tag{6-11}$$

考虑曲线上的桥梁时，除顺桥向引起的力矩外，还有离心力（横桥向水平力）在横桥向产生的力矩，因此基底的强度条件变为

$$\sigma_{\substack{\max \\ \min}} = -\frac{N}{A} \pm \frac{M_x}{W_x} \pm \frac{M_y}{W_y} \leqslant [\sigma] \tag{6-12}$$

显而易见，是用**压弯组合变形方法**得到的。

【实例 6-5】 T 形截面薄腹梁。

某锻工车间跨度 10m，屋盖梁采用双坡 T 形截面薄腹梁，其形状、尺寸与配筋如图 6-20 所示，梁内无弯起钢筋，混凝土设计强度 C18。在检查时发现梁支座附近有斜裂缝出现，并不断增加和扩大。

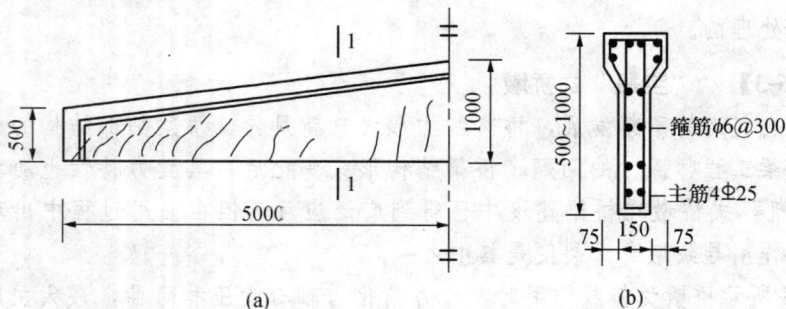

(a)

(b)

箍筋 φ6@300

主筋 4Φ25

图 6-20 T 形截面薄腹梁强度分析

事故原因：原设计无弯起钢筋，箍筋断面及数量均不足，实测混凝土强度未达到设计要求。

处理方法：由于薄腹梁的承载能力不足，必须加固，加固方案为在原有的薄腹梁上加钢筋混凝土，增设箍筋来承担斜截面上的强度，并配置纵向构造钢筋。

【实例6-6】　窗间墙。

某四层内框结构，外墙一层窗上设有挑出80cm的现浇钢筋混凝土遮阳板（图6-21）。该工程在浇筑遮阳板的过程中突然发生局部外墙倒塌事故，遮阳板及全部一层窗间墙倒向室外，倒塌线基本上沿脚手眼发生，倒塌后的吊架斜杆大部分发生严重的压曲变形。

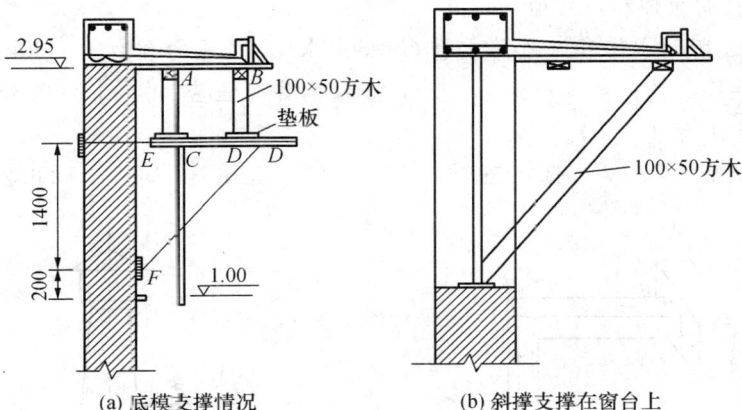

图6-21　窗间墙的支撑

通过对窗间墙施工中的受力分析和承载能力的验算得知，造成倒塌事故的直接原因是新砌好的窗间墙承受不了施工过程中由吊架传来的倾覆力矩。

单元小结

$$组合变形\begin{cases} 斜弯曲： \sigma_{max}=\dfrac{M_{y,max}}{W_y}+\dfrac{M_{z,max}}{W_z}\leqslant[\sigma] \\[2ex] 拉（压）弯组合： \begin{matrix}\sigma_{max}\\\sigma_{min}\end{matrix}=\left|\pm\dfrac{F_{N,max}}{A}\pm\dfrac{\sqrt{M_{z,max}^2+M_{y,max}^2}}{W}\right|\leqslant\begin{matrix}[\sigma_l]\\[\sigma_y]\end{matrix} \\[2ex] 偏心拉压截面中性轴： 1+\dfrac{y_p y_0}{i_z^2}+\dfrac{z_p z_0}{i_y^2}=0 \end{cases}$$

自我检测

一、填空题

1. 等直杆受横向力和轴向压力共同作用时，杆将发生_____组合变形；挠曲线与弯矩不在同一平面的弯曲称为_____；混凝土构件只受压应力作用时，偏心压力所作用的区域称为_____。

2. 利用＿＿＿＿＿＿原理可以对线弹性范围、发生小变形情况下的组合变形进行强度分析；由低碳钢制成的工字形截面杆件产生弯曲变形时，翼缘与腹板的交界点可以用＿＿＿＿＿＿或＿＿＿＿＿＿建立强度条件。

二、选择题

1. 图 6-22 所示刚架 cd 段的变形为（　　）。

    A. 轴向拉伸、斜弯曲和扭转

    B. 轴向拉伸、平面弯曲和扭转

    C. 轴向拉伸和平面弯曲

    D. 轴向拉伸和斜弯曲

2. 图 6-23 所示水塔和基础总重量 $G=6000kN$，风压的合力 $P=60kN$，作用于离地面高度 $H=15m$ 处，基础埋深 $h=3m$，土壤的许可压应力 $[\sigma]=0.3MPa$，则圆形基础所需直径 d 为（　　）。

    A. 65m   B. 0.5m   C. 3.12m   D. 6.24m

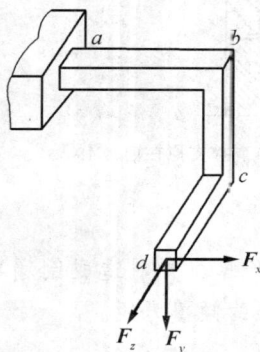

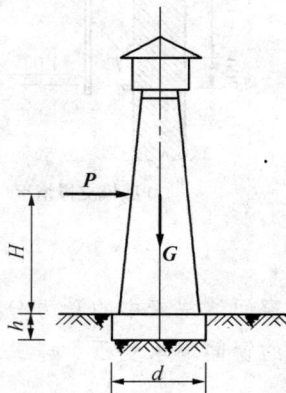

图 6-22　刚架　　　　　　　　　　图 6-23　水塔的受力

3. 在偏心拉伸（压缩）的情况下，受力杆件中各点应力状态为（　　）。

    A. 单向应力状态   B. 二向应力状态

    C. 单向或二向应力状态   D. 单向应力状态或零应力状态

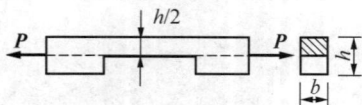

图 6-24　短柱的受力

4. 图 6-24 所示横截面为正方形的短柱承受载荷 **P** 作用，若在短柱中间开一深度为 $h/2$ 的缺口，则开口处的最大应力增大的倍数为（　　）。

    A. 2 倍   B. 4 倍

    C. 8 倍   D. 16 倍

三、计算题

1. 炮筒横截面如图 6-25 所示，在危险点处，$\sigma_t=550MPa$，$\sigma_y=-350MPa$，第三个主应力垂直于图面，是拉应力，且其大小为 420MPa，试按第三和第四强度理论计算其相当应力。

2. 矩形截面杆件受力如图 6-26 所示，若已知材料的许用应力 $[\sigma]=160\text{MPa}$，求杆件的许用载荷 $[P]$。

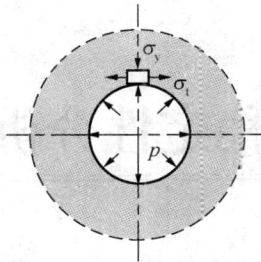

图 6-25　炮筒的应力计算

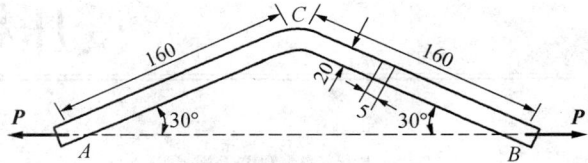

图 6-26　求杆件的许可荷载

3. 图 6-27 所示一矩形截面杆，用应变片测得杆件上、下表面的轴向应变分别为 $\varepsilon_a=1\times10^{-3}$，$\varepsilon_b=0.4\times10^{-3}$，材料的弹性模量 $E=210\text{GPa}$，试绘制横截面的正应力分布图，并求拉力 P 及其偏心距 e 的数值。

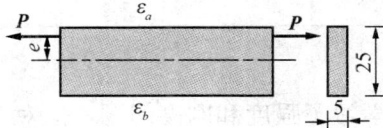

图 6-27　矩形截面杆的受力

受压构件稳定性分析

1. 能够认识受压构件（压杆）稳定的重要性。
2. 掌握压杆失稳的有关概念和理论。
3. 掌握受压构件的稳定性分析和计算。

在前面的单元里，已经学习了强度和刚度问题，但对于受压构件来说，仅满足其强度和刚度是不够的，还必须考虑它的稳定性问题，也就是说要对受压构件进行稳定性分析。

7.1　压杆失稳成因分析

从实践中发现问题、分析问题，才能更好地解决问题。

想一想

　　下面我们提供几个有关稳定性的实例，请读者总结一下，这些事故的成因在哪。在一百多年前（1907 年 8 月），美国圣劳伦斯河上的魁比克大钢桥（Quebec Bridge），因其桁架中的一根受压弦杆突然失稳弯曲，引起大桥的坍塌，19 000t 钢材和 86 名建桥工人落入水中，只有 11 人生还（图 7-1）。

　　1995 年 6 月 29 日下午 6 时，韩国首尔瑞草区突然一阵震天动地的轰鸣声，名闻遐迩的三丰百货大楼在瞬间倒塌了，当时正是

图 7-1　坍塌的魁比克大钢桥

营业时间，楼内有 1000 多名顾客，刹那间被埋入瓦石之下，死亡 502 人，伤 937 人。三丰百货大楼建于 1989 年，地下 4 层，地上 5 层。楼上第 1 层至第 4 层为百货

营业大厅，第 5 层为餐厅。地下一层也是营业厅。地下 2 层至地下 4 层为停车场。这个停车场是 1994 年 10 月扩建的，由于盲目扩建、加层，大楼四五层立柱不堪重负而产生失稳破坏，使六楼倒塌（图 7-2）。

2009 年 6 月 30 日，杭州市临安某大酒店脚手架因载荷超重而产生失稳坍塌，造成 2 死 5 伤的事故（图 7-3）。

图 7-2　倒塌的三丰百货大楼

图 7-3　坍塌的脚手架

2009 年 7 月 12 日，印度首都新德里的一座在建地铁高架桥突然发生坍塌事故，导致 5 名工人遇难以及 15 人受伤。德里地铁公司（DMRC）发言人称，一根支撑桥墩突然倒塌造成事故发生，"我们正在对事故进行调查，高架桥的桥墩设计可能存在问题。"事故原因没有最后确定，但桥墩是受压构件，招致失稳破坏的压力比发生强度不足破坏的压力要小得多，因此桥墩失稳破坏的可能性较大（图 7-4）。

2010 年 1 月 12 日，安徽芜湖市华强文化科技产业园配送中心工地在混凝土浇筑过程中发生脚手架倒塌事故，造成 8 人死亡（图 7-5）。

图 7-4　坍塌的地铁高架桥

图 7-5　倒塌的脚手架

从上面众多的实例中可以看到，这些事故的原因就在于受压构件的失稳破坏，而怎样防止受压构件的失稳就是本单元要讨论的问题。

7.2　压杆稳定的条件分析

只有掌握了压杆稳定的条件，才能让压杆稳定地工作。下面开始来探讨一下压杆稳定的条件。

想一想

如图 7-6 所示，一钢丝（长 30cm，直径约 2mm）的一端插入了一块木板，当作用在顶端的荷载 **P** 逐渐增大时，想一想，钢丝发生了什么改变？

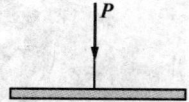

图 7-6　受压的钢丝

7.2.1　受压构件平衡状态的三种情况

我们可以看到，当压力 P 小于某一值（设为 P_{cr}）时，如图 7-7 所示，压杆（钢丝）的直线状态是一直不变的，虽然在侧向施加一干扰力后，压杆（钢丝）会变弯，但干扰力消失后，压杆（钢丝）会恢复原有的直线状态，我们把这种直线平衡状态称为**稳定的平衡状态**，比如图 7-8（a）中的圆球。

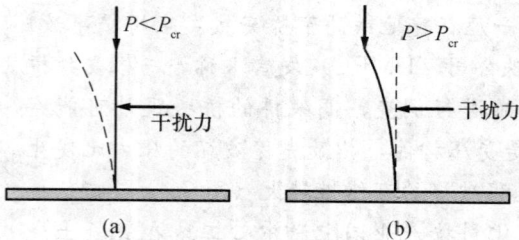

当 P 逐渐增大，并大于某一值 P_{cr} 时，压杆（钢丝）便出现偏离原有的直线位置而弯曲的形态，如图 7-7（b）所示，即使撤销干扰力，也不能恢复原来的直线状态，说明刚才那种状态是不稳定的，我们把该种状态称为**不稳定的平衡状态**，比如图 7-8（c）中的圆球。

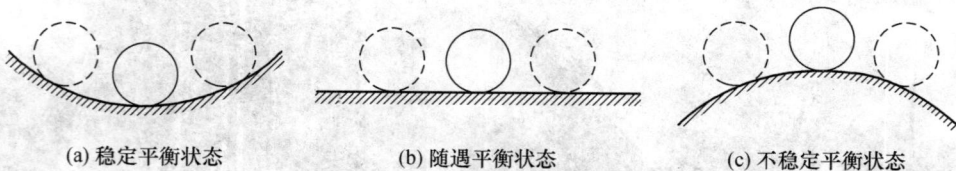

图 7-7　受压构件的平衡

（a）稳定平衡状态　　（b）随遇平衡状态　　（c）不稳定平衡状态

图 7-8　圆球的平衡状态

其界限值 P_{cr} 就称为**临界压力**或**临界力**。当 $P=P_{cr}$ 时，压杆就处于一种临界的平衡状态（或随遇平衡状态），比如图 7-8（b）中的圆球。

上面的现象说明，当压力 P 逐渐增大的过程中，压杆（钢丝）由稳定的平衡状态转变为不稳定的平衡状态，这和现象就称为**丧失稳定**，或简称**失稳**。

显然，压杆绝对不允许失稳。

【实例 7-1】　脚手架。

图 7-9（a）就是土木工程中常用的门式脚手架，单层脚手架如图 7-9（b）所示，四根粗的圆柱就是受压的杆件。为了防止失稳，实例中采取了一些措施（加斜向杆等），从而提高了它的稳定性。

虽然如此，当承受的荷载达到或超过某一值（就是临界力）时，这些圆柱仍会发生失稳，而**临界力**就是使压杆失稳的最小荷载。

(a) 双层脚手架　　　　(b) 单层脚手架

图 7-9　脚手架

很明显，压杆失稳的原因就在于其承受的压力超过了其临界力。

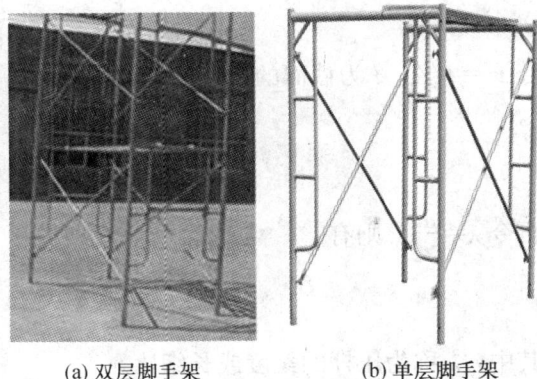

7.2.2　临界力的计算

由于杆端的支承对压杆的变形起约束作用，且不同的支承形式对杆件变形的约束作用也不同，因此同一受压杆当两端的支承情况不同时，其所能受到的临界力值也必然不同。根据杆件两端的支承条件，用长度系数 μ（表 7-1）来反映压杆支承的影响。通常我们将长度系数 μ 与杆长 l 的乘积 μl 称为计算长度（或有效长度）。

欧拉公式：临界力的大小可由下式算出（推导从略），即

$$P_{\mathrm{cr}} = \frac{\pi^2 EI}{(\mu l)^2} \tag{7-1}$$

表 7-1　长度系数

支承情况	两端铰支	一端固定，一端铰支	两端固定	一端固定，一端自由
μ 值	1.0	0.7	0.5	2
挠曲线形状				

7.2.3　临界应力

临界应力用 σ_{cr} 表示，即

$$\sigma_{cr} = \frac{P_{cr}}{A} = \frac{\pi^2 EI}{A(\mu l)^2} = \frac{\pi^2 EI/A}{(\mu l)^2}$$

令 $i^2 = I/A$，i 为截面的惯性半径，则有

$$\sigma_{cr} = \frac{\pi^2 Ei^2}{(\mu l)^2} = \frac{\pi^2 E}{\left(\dfrac{\mu l}{i}\right)^2}$$

再令 $\lambda = \dfrac{\mu l}{i}$，则有

$$\sigma_{cr} = \frac{\pi^2 E}{\lambda^2} \tag{7-2}$$

其中，λ 称为压杆的**柔度**或**长细比**。

7.2.4 欧拉公式的适用范围

由于欧拉公式是在材料的弹性范围内推导出来的，即

$$\sigma_{cr} = \frac{\pi^2 E}{\lambda^2} \leqslant \sigma_p$$

$$\lambda \geqslant \pi \sqrt{\frac{E}{\sigma_p}} = \lambda_p \tag{7-3}$$

我们把满足上式的压杆称为**大柔度杆**或细长杆。而把不符合上式的压杆称为中、小柔度杆。只有大柔度杆（或细长杆）才能使用欧拉公式计算临界力或临界应力。

我们来看看 Q235 钢的 λ_p 值，其弹性模量 $E = 206\text{GPa}$，$\sigma_p = 200\text{MPa}$，则有

$$\lambda_p = \pi \sqrt{\frac{E}{\sigma_p}} = \pi \sqrt{\frac{206 \times 10^3}{200}} = 100$$

即对于 Q235 钢制成的压杆，只有当 $\lambda \geqslant 100$ 时才能使用欧拉公式计算临界力或临界应力。

7.2.5 中、小柔度杆的临界应力

对于这类压杆，只能采用经验公式计算其临界应力。经验公式是在实践与试验的基础上经过分析、归纳而得到的。主要有直线公式和抛物线公式，本书只介绍前者，其表达式为

$$\sigma = a - b\lambda \tag{7-4}$$

式中，a 和 b 为与材料有关的常数，见表 7-2。

表 7-2 常用材料的 a、b 值

材料	a/MPa	b/MPa	λ_p	λ_s
Q235 钢	304	1.12	100	62
硅钢	577	3.74	100	60
铸铁	332	1.45	70	—
松木	28.7	0.19	80	—

经验公式（7-4）也有适用范围，这主要是考虑到压杆的临界应力不能超过其受压的极限应力，而对于塑性材料来说就是临界应力不能超过材料的屈服应力，即

$$\sigma = a - b\lambda < \sigma_s$$

或

$$\lambda > (a - \sigma_s)/b = \lambda_s$$

其中，λ_s 为临界应力等于屈服点应力时的柔度，与 λ_p 一样，它也是一个与材料有关的常数。所以，经验公式的运用范围为

$$\lambda_s < \lambda < \lambda_p \tag{7-5}$$

与大柔度杆定义相对应，我们把满足上式的压杆称为**中柔度杆**（或中长杆），而把柔度小于或等于 λ_s 的压杆称为**小柔度杆**（或短粗杆）。对于后者，就不用考虑其稳定问题。

7.2.6 临界应力总图

综上所述，我们可以清楚地看到，临界应力的计算要根据柔度的大小来决定使用哪一个公式，即当 $\lambda \geqslant \lambda_p$ 时，临界应力用欧拉公式计算；当 $\lambda_s < \lambda < \lambda_p$ 时，用经验公式计算；当 $\lambda \leqslant \lambda_s$ 时，不用考虑其稳定问题，而按强度问题处理（或者说其临界应力等于杆件的极限应力）。这样，我们将上述三种情况用一个图来表示（图 7-10），该图就称为临界应力总图。

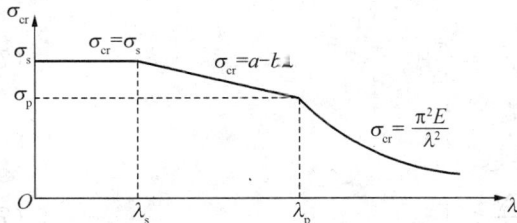

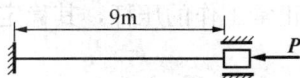

图 7-10 临界应力总图   图 7-11 压杆（一）

【例 7-1】 如图 7-11 所示压杆，截面形状为圆形。直径 $d = 160\text{mm}$，材料为 Q235 钢，弹性模量 $E = 206\text{GPa}$，试计算其临界力和临界应力。

解 先计算压杆的柔度，确定能否使用欧拉公式计算。

压杆为两端固定，其长度系数为 0.5，且 $i = d/4 = 40\text{mm}$，则

$$\lambda = \frac{\mu l}{i} = \frac{0.5 \times 9000}{40} = 112.5 > 100$$

故可由欧拉公式得临界应力为

$$\sigma_{cr} = \frac{\pi^2 E}{\lambda^2} = \frac{206 \times 10^3}{112.5^2}\pi^2 = 160.6\text{MPa}$$

临界力

$$P_{cr} = A\sigma_{cr} = \pi r^2 \sigma_{cr} = \pi \times 80^2 \times 160.6 = 3229\text{N}$$

练一练

图 7-12 所示压杆，长为 200mm，截面形状为圆形，直径 $d=2$mm，材料为 Q235 钢，弹性模量 $E=200$GPa，试计算其临界应力。

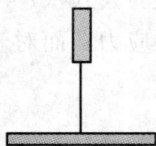

图 7-12　压杆（二）

7.3　压杆稳定计算

只从压杆的临界力和临界应力去判断其稳定与否是不够的，还必须让它具有一定的稳定储备（不妨称之为稳定冗余）。

想一想

怎样才能让压杆具有一定的稳定储备（稳定冗余）呢？请读者想一想。

7.3.1　稳定安全系数法

为了让压杆具有一定的稳定储备（稳定冗余），这里为压杆设定了一个临界应力的许用值 $[\sigma_{cr}]$，其大小为

$$[\sigma_{cr}] = \frac{\sigma_{cr}}{n_{st}} \tag{7-6}$$

式中，n_{st}——稳定安全系数。

这样正常工作的压杆，其稳定的条件是

$$\sigma = \frac{N}{A} \leqslant [\sigma_{cr}] \tag{7-7}$$

稳定安全系数一般都大于强度计算时的安全系数，而且 λ 越大，n_{st} 也越大。具体取值可查有关设计手册。

7.3.2　折减系数法

为方便起见，令

$$\varphi = \frac{[\sigma_{cr}]}{[\sigma]} = \frac{\sigma_{cr}}{n_{st}[\sigma]} \tag{7-8}$$

式中，$[\sigma]$——强度计算时的许用应力；

φ——折减系数，其值小于 1。

由式（7-8）可知，当许用应力 $[\sigma]$ 一定时，φ 与 σ_{cr} 成正比，而 σ_{cr} 与柔度 λ 有关，并且 n_{st} 也与柔度 λ 有关，因此可以说 φ 是柔度 λ 的函数。φ 的具体取值见表 7-3。

结合式（7-7）、式（7-8），可得压杆的稳定条件为

$$\sigma = \frac{N}{A} \leqslant \varphi[\sigma] \tag{7-9}$$

也可写成

$$\sigma = \frac{N}{\varphi A} \leqslant [\sigma] \qquad (7\text{-}10)$$

表 7-3　折减系数

λ	φ			
	Q235 钢	16 锰钢	铸铁	木材
0	1.000	1.000	1.00	1.000
10	0.995	0.993	0.97	0.971
20	0.981	0.973	0.91	0.932
30	0.953	0.940	0.81	0.883
40	0.927	0.895	0.69	0.822
50	0.888	0.840	0.57	0.767
60	0.842	0.776	0.44	0.668
70	0.789	0.705	0.34	0.575
80	0.731	0.627	0.26	0.470
90	0.669	0.546	0.20	0.37
100	0.604	0.462	0.16	0.30
110	0.536	0.382		0.248
120	0.466	0.325		0.208
130	0.401	0.401		0.178
140	0.349	0.349		0.153
150	0.306	0.306		0.133
160	0.272	0.188		0.117
170	0.243	0.168		0.104
180	0.218	0.151		0.093
190	0.197	0.136		0.083
200	0.18	0.124		0.075

7.3.3　压杆的稳定计算

应用压杆的稳定条件式（7-7）、式（7-9）或式（7-10），就可进行压杆的稳定计算，包括下面三个类型：

1）稳定校核：通过已知的条件来验算压杆的稳定条件是否成立。

2）稳定许可荷载：由稳定条件可以导出

$$[N] = A\varphi[\sigma] \quad \text{或} \quad [N] = A[\sigma_{cr}]$$

3）截面设计：这类问题比上面两个类型复杂。通常采用"试算法"。这是因为截面尺寸未知时无法查表得知折减系数 φ。因此，要先假设一折减系数值（0～1 之间，

一般取 $\varphi_0 = 0.5$），然后由稳定条件求出截面面积 A 以及柔度 λ，再查表得到折减系数 φ_1。若 $\varphi_1 \neq \varphi_0$，则再设 $\varphi_2 = (\varphi_0 + \varphi_1)/2$，直到 $\varphi_{2n+1} \approx \varphi_{2n}$（$n$ 为自然数），或者说 φ_{2n+1} 与 φ_{2n} 相差不大，此时的截面尺寸即为所求。

图 7-13 压杆（三）

【例 7-2】 图 7-13 所示长为 4m 的工字钢压杆，材料为 Q235 钢，型号为 20a，$F = 200\text{kN}$，许用应力 $[\sigma] = 160\text{MPa}$，试校核其稳定性。

解 由压杆两端的支承情况可知 $\mu = 0.7$。查型钢表可得：20a 工字钢的几何参数为：$A = 35.5\text{cm}^2$，$I_x = 2370\text{cm}^4$，$I_y = 158\text{cm}^4$，$i_x = 8.15\text{cm}$，$i_y = 2.12\text{cm}$。

1）柔度计算。两个 i 值中要取小的进行计算（压杆的失稳总是在最弱的方向发生）。

$$\lambda = \frac{\mu l}{i} = \frac{0.7 \times 4}{2.12 \times 10^{-2}} = 132.1$$

2）查表求 ϕ。

$$\varphi_{130} = 0.401, \varphi_{140} = 0.349$$

则

$$\Delta\varphi = \varphi_{130} - \varphi_{140} = 0.052$$

运用插值法得

$$\varphi = \varphi_{140} + \frac{140 - 132.1}{140 - 130}\Delta\varphi = 0.39008$$

3）稳定校核。

$$\sigma = \frac{F}{A} = \frac{200 \times 10^3}{35.5 \times 10^2} = 56.3\text{MPa} < \varphi[\sigma] = 62.4\text{MPa}$$

因此该杆满足稳定条件。

【例 7-3】 图 7-13 所示压杆，若 $F = 280\text{kN}$，许用应力 $[\sigma] = 160\text{MPa}$。试选择工字钢的型号。

解 由压杆两端的支承情况可知 $\mu = 0.7$。

1）设 $\varphi_0 = 0.5$ 进行试算。由稳定条件求出截面面积为

$$A \geqslant \frac{F}{\varphi_0[\sigma]} = \frac{280 \times 10^3}{0.5 \times 160} = 35\text{cm}^2$$

查型钢表可知 20a 工字钢（数据上例已有）较为符合，因此其柔度为

$$\lambda = \frac{\mu l}{i} = \frac{0.7 \times 4}{2.12 \times 10^{-2}} = 132.1$$

查折减系数表可知 $\varphi_1 = 0.3901 \neq \varphi_0$。

2）设 $\varphi_2 = (\varphi_0 + \varphi_1)/2 = 0.445$，由稳定条件求出截面面积为

$$A \geqslant \frac{F}{\varphi_2[\sigma]} = \frac{280 \times 10^3}{0.445 \times 160} = 39.3\text{cm}^2$$

查型钢表可知 22a 工字钢（$i_y=2.31\text{cm}$）较为符合，因此其柔度为

$$\lambda = \frac{\mu l}{i} = \frac{0.7 \times 4}{2.31 \times 10^{-2}} = 121.2$$

查折减系数表可知，$\varphi_3=0.452$，与 φ_2 相差不大，故 22a 工字钢即为所求。

3）校核（22a 工字钢的 $A=42\text{cm}^2$）。

$$\sigma = \frac{F}{\varphi_3 A} = \frac{280 \times 10^3}{0.452 \times 42 \times 10^2} = 147.5\text{MPa} < [\sigma] = 160\text{MPa}$$

该选择满足稳定条件。

【例 7-4】　一根两端铰支的圆截面的压杆，材料为 Q235 钢，杆长 $l=2.2\text{m}$，直径 $d=80\text{mm}$。已知工作压力 $F=500\text{kN}$，稳定安全系数 $n_{st}=1.6$，$E=200\text{GPa}$，试校核压杆的稳定性。

解　从压杆两端的支承情况可知 $\mu=1$。

1）柔度计算。

$$i = d/4 = 20\text{mm}, \lambda = \mu l/i = 1 \times 2200/20 = 110$$

2）临界应力的许用值。由于 $\lambda=110>100$，压杆是大柔度杆，可用欧拉公式计算临界应力，即

$$\sigma_{cr} = \frac{\pi^2 E}{\lambda^2} = \frac{200 \times 10^3 \pi^2}{110^2} = 163\text{MPa}$$

$$[\sigma_{cr}] = \frac{\sigma_{cr}}{n_{st}} = \frac{163}{1.6} = 101.9\text{MPa}$$

3）稳定校核。

$$\sigma = \frac{N}{A} = \frac{500 \times 10^3}{40^2 \pi} \approx 100 < [\sigma_{cr}]$$

故满足稳定条件。

〜 **练一练** 〜

如图 7-14 所示，压杆为矩形截面（120mm×150mm）的木杆，$L=4.2\text{m}$，$P=30\text{kN}$，$F=200\text{kN}$，许用应力 $[\sigma]=10\text{MPa}$，试校核其稳定性。

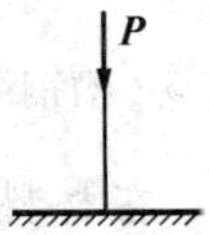

图 7-14　压杆（四）

═══════ **单元小结** ═══════

本单元讨论了压杆失稳的有关概念和理论，主要有下面几点。

1. 压杆的柔度或长细比

$$\lambda = \frac{\mu l}{i}$$

2. 临界应力的计算

（1）欧拉公式（适用于大柔度杆）。

$$P_{cr} = \frac{\pi^2 EI}{(\mu l)^2} \quad 或 \quad \sigma_{cr} = \frac{\pi^2 E}{\lambda^2}$$

（2）经验公式（适用于中柔度杆）。

$$\sigma = a - b\lambda$$

3. 稳定计算

稳定的条件是

$$\sigma = \frac{N}{A} \leqslant [\sigma_{cr}] = \varphi[\sigma]$$

可计算三个类型的稳定问题。其中

$$[\sigma_{cr}] = \frac{\sigma_{cr}}{n_{st}}$$

自我检测

一、选择题

1. 材料和柔度均相同的两根压杆（　　）。

    A. 临界力一定相等，临界应力不一定相等

    B. 临界力不一定相等，临界应力一定相等

    C. 临界力和临界应力都一定相等

    D. 临界力和临界应力都不一定相等

2. 由两根槽钢组成的压杆，截面形状如图 7-15（a,b）所示，则在这两种情况下正确的是（　　）。

    A. 稳定性相同，强度不同

    B. 稳定性不同，强度相同

    C. 稳定性、强度都不同

    D. 稳定性、强度都相同

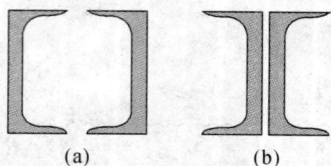

图 7-15　槽钢组成的压杆截面

3. 在材料相同的条件下，随着柔度的增大（　　）。

    A. 细长杆的临界应力是减小的，中长杆不是

    B. 中长杆的临界应力是减小的，细长杆不是

    C. 细长杆相中长杆的临界应力均是减小的

    D. 细长杆和中长杆的临界应力均不是减小的

二、填空题

1. 欧拉公式的适用范围是＿＿＿＿＿＿。

2. 失稳是指＿＿＿＿＿＿＿＿＿＿＿＿＿。

三、计算题

1. 试计算图 7-16 所示压杆的临界力和临界应力。截面形状为圆形，材料为 Q235

钢，直径 $d=40\text{mm}$，弹性模量 $E=200\text{GPa}$。

2. 用 Q235 钢制成的圆截面压杆，试问：杆长是直径的多少倍时，才能使用欧拉公式计算其临界应力？

3. 一压杆的型号为 25a 工字钢，两端固定，长 5m，材料为 Q235 钢，许用应力 $[\sigma]=160\text{MPa}$。试问：其稳定的许可荷载是多少？

4. 图 7-17 所示支架，斜杆 BC 为圆截面杆，直径 $d=40\text{mm}$，长度 $l=1.2\text{m}$，材料为 Q235 钢，许用应力 $[\sigma]=160\text{MPa}$。当 $P=20\text{kN}$ 时，试校核 BC 杆的稳定性。

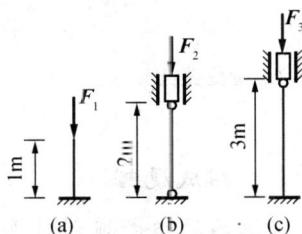

图 7-16 压杆的计算

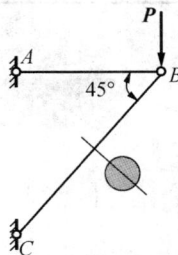

图 7-17 支架

工程结构几何组成分析

1. 掌握几何不变体系的基本组成规则。
2. 能够灵活运用几何不变体系的组成规则对平面体系进行几何组成分析。
3. 掌握超静定结构超静定次数的确定方法。

8.1 平面体系的分类和几何组成分析的目的

工程结构必须是几何不变体系。在对结构进行分析计算时,首先必须分析判别它是不是几何不变体系,这种分析判断的过程称为工程结构几何组成分析。本节主要介绍几何不变体系和几何可变体系的基本概念,以及平面体系几何组成分析的目的。

8.1.1 几何不变体系和几何可变体系

想一想

生活中常有"铁三角"之说,这是什么意思呢?答案很简单,就是彼此间关系很稳定,这是因为现实生活中三角形△是最稳定的。

结构是由构件相互连接而组成的体系,其主要作用是承受并传递荷载,但并不是无论怎样的连接都能作为工程结构使用。例如图 8-1 (a~c) 所示的体系,在受到任意荷载作用时,若不考虑材料的应变,该体系的几何形状和位置均保持不变,可作为工程结构使用。但如果从图 8-1 (a) 的体系中去掉其中的一根斜杆,形成如图 8-1 (d) 所示的体系,则在很小的荷载作用下,它也不能保持原有的几何形状和位置。显然,图 8-1 (d) 所示的体系不能作为工程结构使用。

由图 8-1 可以看出,体系可以分为两类。

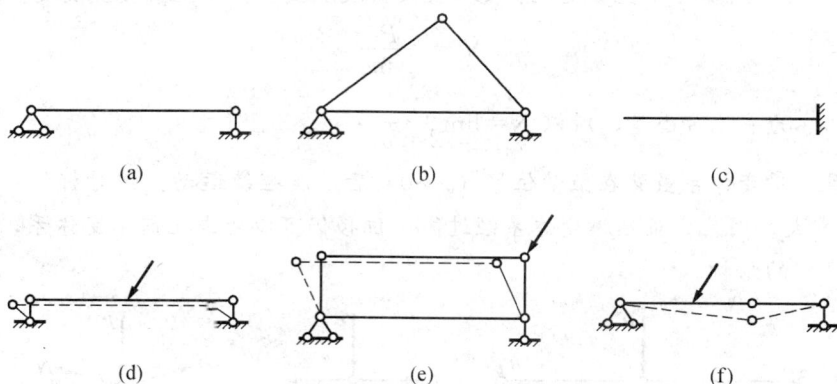

图 8-1　几何体系的分类

1. 几何不变体系

体系受到任意荷载作用后，在不考虑材料应变的条件下，几何形状和位置保持不变的体系称为几何不变体系，如图 8-1（a～c）所示。

2. 几何可变体系

体系受到任意荷载作用后，在不考虑材料应变的条件下，几何形状和位置可以改变的体系称为几何可变体系，如图 8-1（d～f）所示。一般来说，几何可变体系又分几何常变体系和几何瞬变体系两种形式。

（1）几何常变体系

属于几何可变体系中的一种形式，指的是在原来位置可以运动，但发生微量位移后不能继续运动的体系，称为几何常变体系，如图 8-1（d，e）所示。

（2）几何瞬变体系

属于几何可变体系中的一种形式，指的是在原来位置可以运动，但发生微量位移后不能继续运动的体系，称为几何瞬变体系，如图 8-1（f）所示。

8.1.2　平面体系几何组成分析的目的

想一想

几何瞬变体系在发生微量位移后就不能继续运动，那么这种结构是否可以作为工程结构使用？

图 8-2（a）所示体系中，A、B、C 三铰共线。若该体系有一个集中荷载 P 作用在 C 点，则体系在竖直方向上不能满足力的平衡条件，如图 8-2（b）所示。因此，体系在 C 点必然发生沿竖直方向的运动。微小运动之后（$\alpha \to 0$），A、B、C 三铰不再共线，体系变成几何不变体系，因此属于几何瞬变体系。通过变形后的受力分析，很容易得到杆件 AC 和 CB 的轴力 N，如图 8-2（c）所示。

$$N = \frac{P}{2\sin\alpha}$$

因为 α 为一无穷小量，所以 $N = \lim\limits_{\alpha \to 0} \dfrac{P}{2\sin\alpha} \to \infty$。

可见，瞬变体系虽然在微量位移（$\alpha \to 0$）后不能继续运动，但对杆件产生的内力 N 非常大。因此，虽然瞬变体系经过微小位移仍可以变成几何不变体系，但仍不能作为真实的结构。

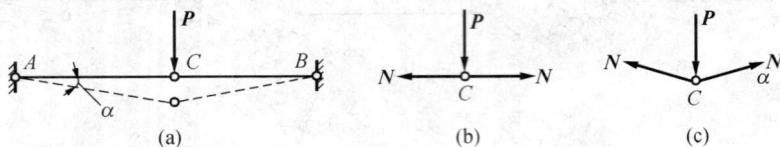

图 3-2　几何瞬变体系受力分析

1. 工程结构几何组成分析的概念

工程结构必须是几何不变体系。在对结构进行分析计算时，首先必须分析判别它是不是几何不变体系，这种分析判别的过程称为工程结构几何组成分析。

2. 工程结构几何组成分析的前提

在对体系进行几何组成分析时，前提是所有杆件均不考虑材料的应变，因此体系中的某一杆件或已知是几何不变的部分均可视为刚体。

3. 工程结构几何组成分析的目的

工程结构几何组成分析的目的主要在于以下三个方面：
1）判别给定体系是否是几何不变体系，从而决定它能否作为结构使用。
2）研究几何不变体系的组成规则，以保证设计出合理的结构。
3）正确区分静定结构和超静定结构，为结构的内力计算打下必要的基础。

图 8.3（a）所示即为几何不变体系的一个例子，而如图 8.3（b）所示的例子是另一类体系，在受到很小的荷载 F 作用时将引起几何形状的改变。显然，工程结构只能是几何不变体系，而不能采用几何可变体系。

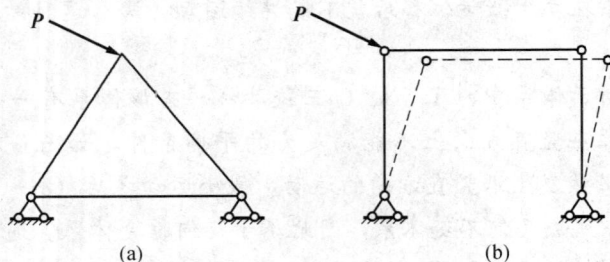

图 8-3　结构几何组成分析的目的

8.2　工程结构几何组成分析的几个重要概念

本节主要介绍了工程结构几何组成分析的几个重要概念，如刚片、自由度、约束（如链杆、单铰、复铰和虚铰）等。

8.2.1　刚片

在对体系进行几何组成分析时，前提是所有杆件均不考虑材料的应变，因此体系中的某一杆件或已知是几何不变的部分均可视为刚体。在平面体系中又将刚体称为刚片。因此，在分析中，可以把一根梁、柱、基础和地基等所有几何不变的部分都看作一个刚片。如图8-4所示，地基、三角形和杆件分别被视为刚片Ⅰ、刚片Ⅱ和刚片Ⅲ。

8.2.2　自由度

确定体系位置所需的独立坐标数称为自由度。在平面直角坐标系中，一个点有2个自由度，如图8.5（a）所示；一根杆件有3个自由度，如图8.5（b）所示。

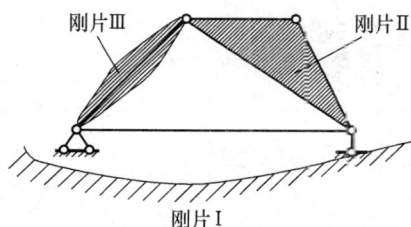

图8-4　刚片

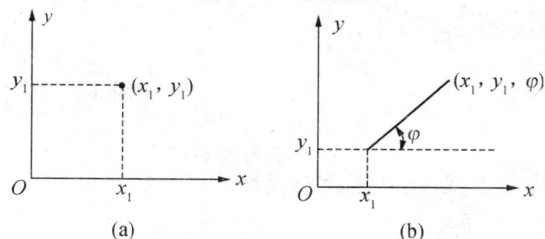

图8-5　自由度

8.2.3　约束

在刚片之间加入某些连接装置，可以减少它们的自由度。能使体系减少自由度的装置称为约束（或称联系）。减少一个自由度的装置称为一个约束，减少 n 个自由度的装置称为 n 个约束。分析图8-6中三种连接装置的约束作用，可知图8-6（a~c）的自由度分别为2、1、0。

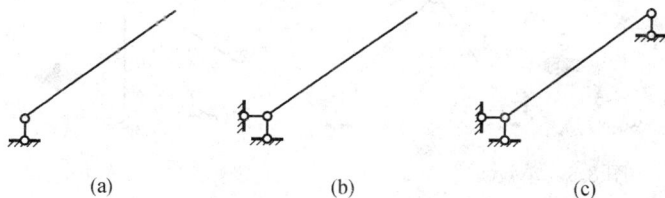

图8-6　约束与自由度

1. 链杆

一根两端铰接于两个刚片的杆件称为链杆，它可以是直杆、曲杆或折杆。一根链杆相当于一个约束。对刚片加入约束装置，它的自由度将会减少。凡能减少一个自由度的装置称为一个联系。例如，用一根链杆将刚片与基础相连，如图8-7（a）所示，则刚片将不能沿链杆方向移动，因而减少了一个自由度，此时刚片 A 的自由度为2；如果在刚片与基础之间再加一根链杆，如图8-7（b）所示，则刚片又减少了一个自由度，它就只能绕 A 点作转动而丧失了自由移动的可能，即减少了两个自由度，此时刚片 A 的自由度为1；如果在刚片与基础之间再加一根链杆，如图8-7（c）所示，则刚片又减少了一个自由度，此时刚片 A 的自由度为0。

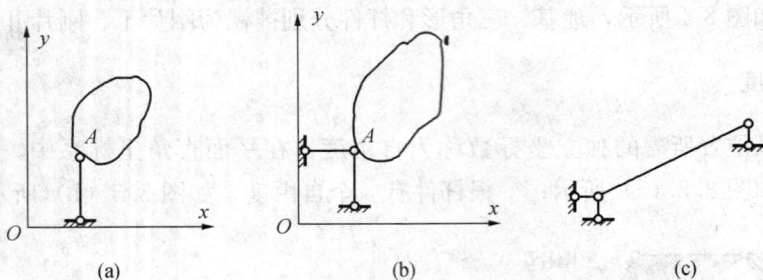

图 8-7　链杆与自由度

2. 单铰、复铰和虚铰

（1）单铰

连接两个刚片的铰称为单铰，其作用相当于两个约束，或相当于两根链杆作用。图8-8表示刚片Ⅰ和Ⅱ用一个铰 A 连接，如图所示，增加一个单铰，体系的自由度数由2减少到0。

（2）复铰

连接两个以上刚片的单铰称为复铰，连接 n 个刚片的复铰相当于（$n-1$）个单铰。图8-9中三个刚片用复铰 B 相连后，体系原来为5个自由度，由于增加一个复铰 B（相当于增加2个单铰，减少4个自由度），整个体系自由度减少为1。

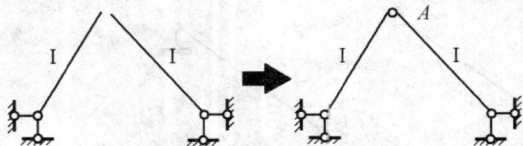

图 8-8　单铰

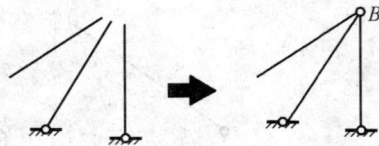

图 8-9　复铰

（3）虚铰

这种铰与一般的铰不同，铰的位置是在两链杆轴线（延长线）的交点上，故称为虚铰。一般来说，连接两刚片的两链杆相当于一个虚铰。

如图 8-10（a）所示，若刚片 I 和 II 用两根不平行的链杆 ab 和 cd 连接。为了分析两刚片间的相对运动情况，设刚片 I 固定不动，刚片 II 将可绕 ab 与 cd 两杆的交点 O 而转动；反之，若设刚片 II 固定不动，则刚片 I 也将绕 O 点而转动。我们称 O 点为刚片 I 和 II 的相对转动的瞬心。上述情况等效于在 O 点用圆柱铰把刚片 I 和 II 相联结。这个铰的位置是在两链杆轴线的交点上，但随着两刚片的相对转动，其位置将会改变。因此，这种铰与一般的铰不同，在这个交点 O 处并没有真正的铰，把它称为虚铰。同理，图 8-10（b）中两链杆的延长线的交点 O（1，2）也为虚铰。

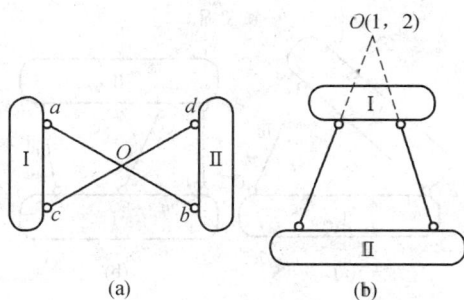

图 8-10　虚铰

> **想一想**
> 当联结两个刚片的两根链杆平行时，则其虚铰位置在哪里？

8.3　几何不变体系的基本组成规则

主节主要介绍了几何不变体系几个基本组成规则及其应用，如两刚片规则、三刚片规则、二元体规则的基本内部及其应用。

为了判别体系是否几何不变，下面介绍其充分条件，即几何不变体系的基本组成规则。

1. 两刚片规则

两刚片规则：两刚片用不完全交于一点也不全平行的三根链杆相联结，则组成一个无多余联系的几何不变体系。

一般来说，连接两刚片的两链杆相当于一个虚铰，因此两刚片规则又可表述为：两刚片用一个铰和一根不通过该铰的链杆相联结，则组成一个无多余联系的几何不变体系。

将图 8-11 中的链杆 I 和链杆 II 都看作是刚片，则该体系由铰 B 和链杆 AC 连接，根据两刚片规则，组成几何不变体系；将图 8-11（b）中连接两刚片的链杆 a、b 用虚铰 B 代替，即刚片 I、II 用虚铰 B、链杆 AC，组成几何不变体系。

2. 三刚片规则

三刚片规则：三个刚片用不在同一直线上的三个铰两两相联，则所组成的体系是没有多余约束的几何不变体系，如图 8-12 所示。

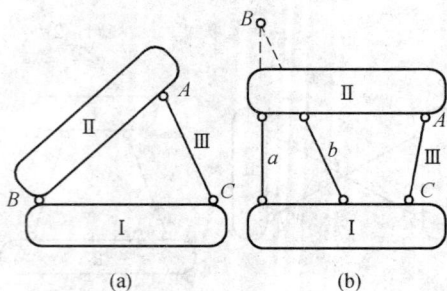

图 8-11　两刚片规则　　　　　　　　　　图 8-12　三刚片规则

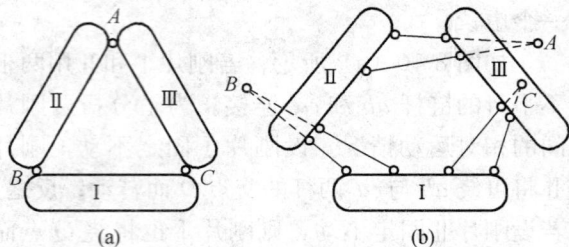

练一练

如果两个刚片用三根延长线交于一点的支链杆相连（简称三杆延长线交于一点），如图 8-13 所示，请分析该体系的几何组成。

提示：在图 8-13（a）中，三根支链杆的延长线交于一点。分析图 8-13（c）可知，若该体系有一个图示集中荷载 P 作用，则刚片 I 对 O 点的力矩不能满足平衡条件，刚片 I 必然发生绕 O 点的运动，如图 8-13（d）所示。因此，微小转动之后，体系变为图 8-13（b）所示，三根链杆不再相交于同一点，由三刚片规则可知，体系此时变成几何不变体系。因此，该体系为几何瞬变体系，同样不能作为工作结构使用。

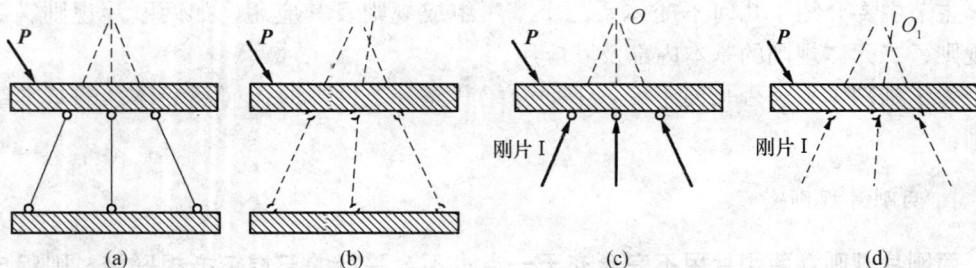

图 8-13　几何体系的几何组成

想一想

如果两个刚片用三根平行的链杆连接，则该体系的几何组成情况如何呢？

提示：分三链杆等长和不全等长两种情况进行分析。

---

3. 二元体规则

图 8-14（a）所示为一个三角形铰接体系，假如链杆 I 固定不动，那么通过前面的讲解，我们已知它是一个几何不变体系。

将图 8-14（a）中的链杆 I 看作一个刚片，成为图 8-14（b）所示的体系，从而得出：

二元体规则：一个点与一个刚片用两根不共线的链杆相连，则组成无多余约束的几何不变体系。

由两根不共线的链杆（或相当于链杆）连接一个结点的构造，称为二元体，如图 8-14（b）中的 B-A-C。

推论：在一个平面杆件体系上增加或减少若干个二元体，都不会改变原体系的几何组成性质。

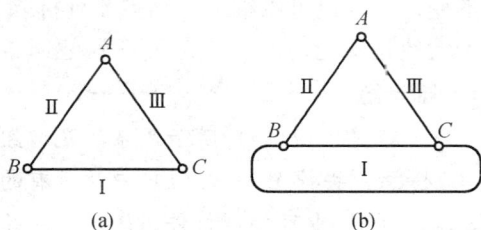

图 8-14　二元体规则

练一练

试分析图 8-15 所示桁架的几何组成。

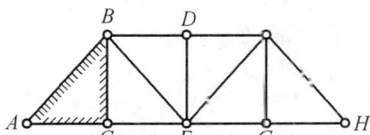

图 8-15　桁架的几何组成分析

提示： 就是在铰接三角形 ABC 的基础上，依次增加二元体 C-E-B、E-D-B、D-F-E、E-G-F、F-D-G 而形成的一个无多余约束的几何不变体系。同样，我们也可以对该桁架从 H 点起依次拆除上述二元体而最后得到铰接三角形 ABC。

8.4　平面体系几何组成分析示例

本节主要介绍了平面体系几何组成分析的一般步骤，并用几何不变体系的组成规则进行了大量的实例分析。

8.4.1　平面体系几何组成分析的一般步骤

几何不变体系的组成规则是进行几何组成分析的依据。对体系灵活使用这些规则，就可以判定体系是否是几何不变体系及有无多余约束等。分析步骤如下：

第一步，选择刚片。在体系中任一杆件或某个几何不变的部分（例如基础、铰接三角形）都可选作刚片。在选择刚片时，要考虑哪些是联结这些刚片的约束。

第二步，先从能直接观察的几何不变的部分开始，应用组成规则，逐步扩大几何不变部分，直至整体。

第三步，对于复杂体系，可以采用以下方法简化体系。

1）当体系上有二元体时，应去掉二元体，使体系简化，以便应用规则进行分析。但需注意，每次只能去掉体系外围的二元体（符合二元体的定义），而不能从中间任意抽取。

如图 8-16 中，结点 1 处有一个二元体，拆除后，结点 2 处暴露出二元体，再拆除后，又可在结点 3 处拆除二元体，剩下为三角形 A34，它是几何不变的，故原体系为几

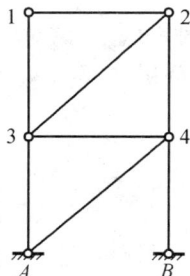

图 8-16　拆除二元体简化体系

何不变体系。也可以继续在结点 4 处拆除二元体，剩下的只是大地了，这说明原体系相对于大地是不能动的，即为几何不变。

练一练

分析图 8-17（a）所示体系的几何组成。

提示：去掉图 8-17（a）中的所有的二元体，得到图 8-17（b）所示的结构。从图 8-17（b）中可知，杆件 AB 是多余约束；杆件 CD 有 1 个转动的自由度，少了一个必要约束。因此，整个体系仍为几何可变体系。

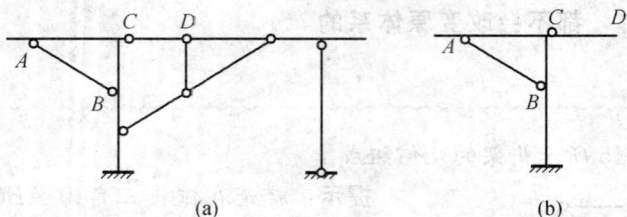

图 8-17　体系的几何组成分析

2）如果体系只用三根不全交于一点也不全平行的支座链杆与基础相连，则可以拆除支座链杆与基础。如图 8-18 所示，拆除图 8-18（a）中的支座链杆与基础后，得图 8-18（b），两图的几何组成性质相同。

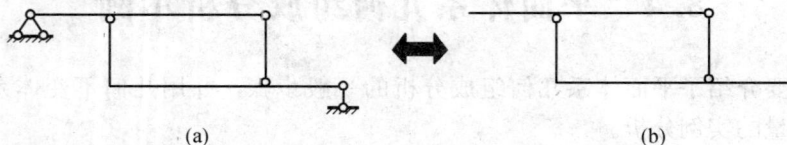

图 8-18　拆除支座链杆与基础

3）利用约束的等效替换。如只有两个铰与其他部分相连的刚片可用直链杆代替，同时，联结两个刚片的两根链杆也可用其交点处的虚铰代替。如图 8-19 中，AB 和 E 处的链杆可用虚铰 C 代替。

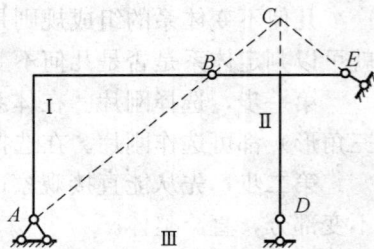

图 8-19　约束的等效替换

8.4.2　平面体系几何组成分析举例

【例 8-1】　试对图 8-20 所示铰接链杆体系进行几何组成分析。

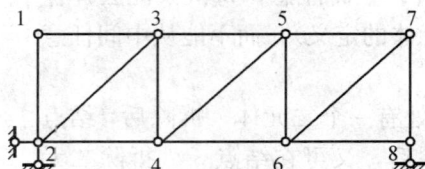

图 8-20　铰接链杆体系的几何组成分析

解   在此体系中，首先拆除图 8-20 中的支座链杆与基础，只分析基础以上部分，其几何组成性质与原体系相同。然后，根据二元体法则，对基础以上部分，从左边开始，依次减少二元体 2-1-3、3-2-4、4-3-5、5-4-6、6-5-7、8-6-7，最后只剩下杆件 78。可见，此体系为几何不变体系，且无多余联系。

【例 8-2】   分析图 8-21（a）所示体系的几何组成。

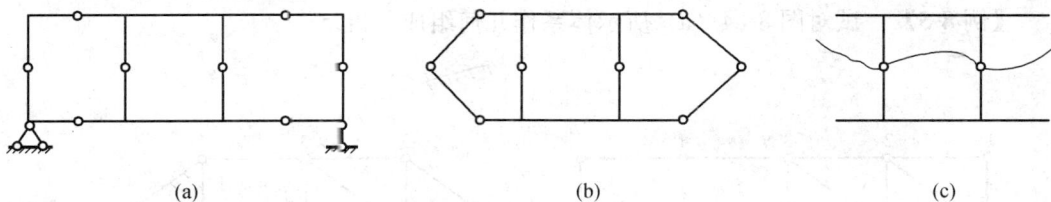

图 8-21   体系的几何组成分析（一）

解   在此体系中，首先乔除图 8-21（a）中的支座链杆与基础，可以只分析上部结构，仍符合几何不变体系的组成规律，其几何组成性质与原体系相同。上部结构的分析结论就是整个体系的分析结论。

图 8-21（a）中左、右两边的折杆只用两个铰与其他物体相连，可以将折杆看成是连接两个铰的直杆。因此，图 8-21（b）可以代替图 8-21（a）的上部结构。

依次去掉左、右 2 个二元体，得图 8-21（c）。从图 8-21（c）可知，剩余部分为两个刚片用两个铰连接，根据两刚片规则可知，该体系为几何不变体系，且有一个多余约束，故整体体系也为几何不变体系，且有一个多余约束。

【例 8-3】   分析图 8-22（a）所示体系的几何组成。

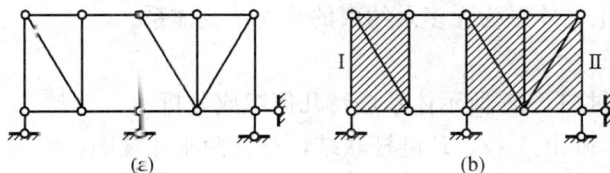

图 8-22   体系的几何组成分析（二）

解   将上部结构中有铰接的三角形看成刚片Ⅰ和大刚片Ⅱ，如图 8-22（b）所示。刚片Ⅱ与基础用三根既不相互平行又不相交于一点的支链杆相连，根据两刚片规则可知，它们组成一个更大的刚片，该大刚片与刚片Ⅰ刚好也是通过三根既不相互平行又不相交于一点的支链杆相连。因此，整个体系为几何不变体系，且没有多余约束。

【例 8-4】   分析图 8-23（a）所示体系的几何组成。

解   在此体系中，首先拆除图 8-23（a）中的支座链杆与基础，可以只分析上部结构，仍符合几何不变体系的组成规律，其几何组成性质与原体系相同。上部结构的分析结论就是整个体系的分析结论。

将两个铰接三角形看成刚片Ⅰ和刚片Ⅱ，则刚片Ⅰ和刚片Ⅱ由三根既不相互平行又不相交于一点的直链杆连接，根据两刚片规则，则此体系为几何不变体系，且没有多余约束。

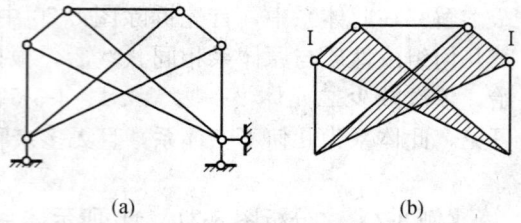

(a)   (b)

图 8-23　体系的几何组成分析（三）

【例 8-5】　试对图 8-24（a）所示体系作几何组成分析。

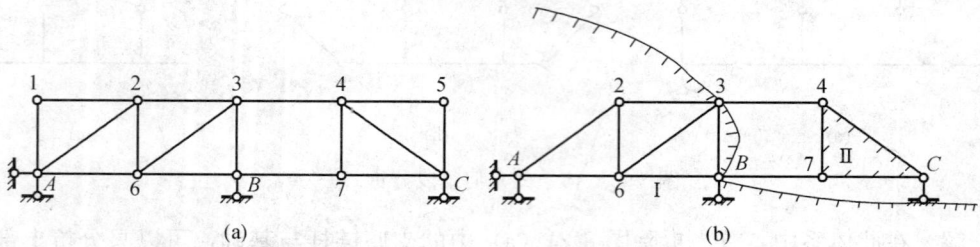

(a)   (b)

图 8-24　体系的几何组成分析（四）

解　在图 8-24（a）中，拆除二元体 A-1-2 和 C-5-4，得图 8-24（b），其几何组成与原体系相同。下面分析图 8-24（b）的几何组成性质。

在图 8-24（b）中，其上部体系与基础之间共由四个支座链杆联系的情况下，必须将大地视作一个刚片，参与分析。在图 12-24（b）中，先将 A23B6 视作一刚片，它与大地之间通过 A 处的两链杆和 B 处的一根链杆（既不平行又不交于一点的三根链杆）相连接，由两刚片规则可知，A23B6 可与大地合成一个大刚片Ⅰ；同时，再将三角形 C47 视作刚片Ⅱ，则刚片Ⅰ与刚片Ⅱ通过三根链杆 34、B7 与 C 相连接，符合两刚片组成规则的要求，故上述体系为无多余约束的几何不变体系。

【例 8-6】　试对图 8-25 所示体系进行几何组成分析。

解　AB 杆与基础由 A 铰、B 链杆联结，符合两刚片规则，组成几何不变部分，视为刚片Ⅰ，在刚片Ⅰ上增加二元体 1-C-2、3-D-4，几何组成性质不变，仍为几何不变体系。可见，链杆 5 是多余约束。因此，整个体系是几何不变的，但有一个多余约束。

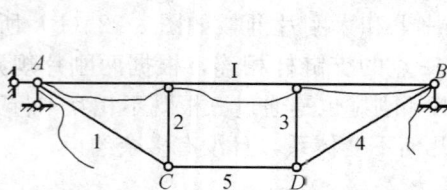

图 8-25　体系的几何组成分析（五）

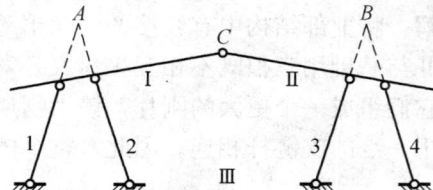

图 8-26　体系的几何组成分析（六）

【例 8-7】　试对图 8-26 体系进行几何组成分析。

解　如图 8-26 所示，由铰 C 连接的两链杆分别视为刚片Ⅰ与刚片Ⅱ，地基视为刚片Ⅲ。刚片Ⅰ与基础Ⅲ之间由链杆 1、2 连接，相当于一个虚铰 A 连接。刚片Ⅱ与刚片Ⅲ之间由链杆 3、4 连接，相当于一个虚铰 B 连接。刚片Ⅰ和刚片Ⅱ由 C 铰相连，由于 A、B、C 三点不在同一直线上，据三刚片规则，体系是几何不变的，且没有多余约束。

想一想

图 8-26 中，如果三个铰 A、B、C 在同一直线上，则其几何组成性质如何？

【例 8-8】　对图 8-27 所示体系作几何组成分析。

解　分别将图 8-27 中的 AC、BD、基础视为刚片Ⅰ、Ⅱ、Ⅲ，刚片Ⅰ和Ⅲ以铰 A 相连，刚片Ⅱ和Ⅲ以铰 B 相连，刚片Ⅰ和刚片Ⅱ用 CD、EF 两链杆相连，相当于一个虚铰 O 连接。则连接三刚片的三个铰（A、B、O）不在一直线上，符合三刚片规则，故体系为几何不变体系，且无多余约束。

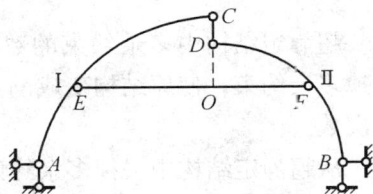

图 8-27　体系的几何组成分析（七）

8.5　静定结构与超静定结构

结构可分为静定和超静定结构，静定结构的几何特征是几何不变且无多余约束，超静定结构的几何特征是几何不变且有多余约束。学习本节，要求掌握超静定结构静定次数的确定方法。

8.5.1　静定结构与超静定结构的概念

想一想

试问在图 8-28 中，图（a）和图（b）在几何组成上有什么区别？

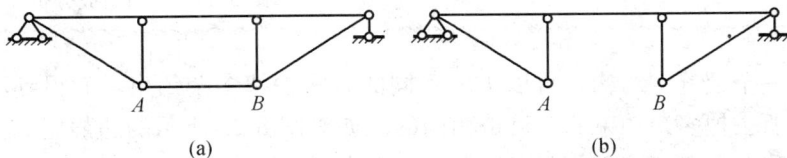

图 8-28　体系的几何组成分析（八）

结构可分为静定结构和超静定结构。如果结构的全部反力和内力都可由平衡条件确定，这种结构称为静定结构；而只有平衡条件不能确定全部反力和内力的结构，称为超静定结构。

如图 8-29（b）所示的梁有三个反力，这三个反力可由平面力系的三个平衡方程确定，并进一步由隔离体的平衡条件确定其任意截面的内力，因而此梁是静定结构。图 8-29（a）所示的梁有五个反力，而独立的平衡方程仍只有三个，显然只由这三个方程不能将五个反力全部确定，所以此梁是超静定结构。

(a)

(b)

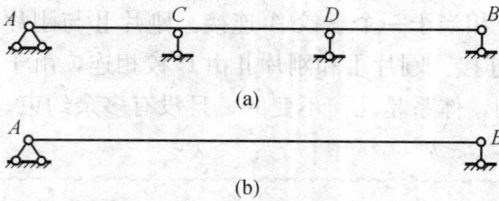

图 8-29　静定结构和超静定结构

从几何组成上分析，图 8-29（b）所示的梁是无多余约束的几何不变体系，图 8-29（a）所示的梁是有多余约束的几何不变体系。因此，静定结构的几何特征是几何不变且无多余约束，超静定结构的几何特征是几何不变且有多余约束。

8.5.2　超静定结构超静定次数的确定方法

超静定结构中多余约束的数目称为超静定次数。确定超静定次数的方法一般是：去掉多余约束，使原结构变成静定结构，所去掉的多余约束的数目即为原结构的超静定次数。

从超静定结构中去掉多余约束的方式通常有以下几种：

1）去掉一根支座链杆或切断一根链杆，相当于去掉一个约束。

2）去掉一个铰支座或拆开连接两刚片的单铰，相当于去掉两个约束。

3）将固定端支座改成铰支座或将刚性连接改成单铰连接，相当于去掉一个约束。

4）去掉一个固定端支座或切开刚性连接，相当于去掉 3 个约束。

利用上述方法，按所去掉多余约束的数目即为确定超静定结构的超静定次数。一个超静定结构，如果去掉了 n 个多约束才可变为静定结构，则这个超静定结构称为 n 次超静定结构。由此可见，图 8-28（a）所示的结构是 1 次超静定结构、图 8-29（a）所示的结构是 2 次超静定结构。

想一想

在作几何组成分析的时候，能否将图 8-30 所示结构中的铰 A 处的两根链杆去掉？

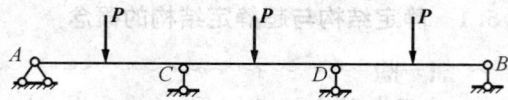

图 8-30　几何组成分析

对于同一个超静定结构，可以采取不同的方式去掉多余约束，而得到不同的静定结构，但是所去掉多余约束的数目是相同的。如对图 8-29 所示的超静定结构，可以去掉铰 C、D 和 B 处的任意两根链杆，得静定结构。显然，利用上述三种方式得到了三种不同的静定结构，但它们都是去掉了三个竖直方向的多余约束。

在去掉超静定结构的多余约束时应特别注意：去掉多余约束后的结构必须是几何不变体系，即为了保证结构的几何不变性，结构中某些约束是绝对不能去掉的。如图 8-30 中，支座 A 处的水平链杆就不能作为多余约束去掉，否则将得到一几何可变体系。

8.5.3　多余约束的存在对超静定结构的影响

多余约束的存在对超静定结构的影响主要表现在以下几个方面：

1）由于多余约束的存在，超静定结构具有较强的防护能力。

2）由于多余约束的存在，超静定结构具有较高的刚度和稳定性。

3) 在局部荷载作用下，超静定结构的内力影响范围一般比静定结构影响范围大，其内力的峰值比静定结构小。

单元小结

体系可以分为几何可变体系、几何瞬变体系和几何不变体系。只有几何不变体系才可以作为结构使用，几何可变体系和几何瞬变体系不能用作结构。

工程结构几何组成分析的几个重要概念：刚片；自由度；链杆；单铰、复铰和虚铰。

几何不变体系组成规则有三个：两刚片法则、三刚片规则和二元体法则。满足这三条规则的体系是几何不变体系。

静定结构是无多余联系的几何不变体。

超静定结构是有多余联系的几何不变体。

自我检测

一、选择题

1. 三刚片组成几何不变体系的规则是（　　）。

  A. 三链杆相联，不平行也不相交于一点

  B. 三铰两两相联，三铰不在一直线上

  C. 三铰三链杆相联，杆不通过铰

  D. 一铰一链杆相联，杆不过铰

2. 在无多余约束的几何不变体系上增加二元体后构成（　　）。

  A. 可变体系   B. 瞬变体系

  C. 无多余约束的几何不变体系   D. 有多余约束的几何不变体系

3. 瞬变体系在一般荷载作用下（　　）。

  A. 产生很小的内力   B. 不产生内力

  C. 产生很大的内力   D. 不存在静力解答

4. 已知某体系的计算自由度 $W=-3$，则体系的（　　）。

  A. 自由度为 3   B. 自由度等于 0

  C. 多余约束数等于 3   D. 多余约束数大于等于 3

5. 不能作为建筑结构使刊的是（　　）。

  A. 无多余约束的几何不变体系   B. 有多余约束的几何不变体系

  C. 几何不变体系   D. 几何可变体系

二、几何组成分析

试对图 8-31 所示各体系作几何组成分析。如果是具有多余联系的几何不变体系，则须指出其多余联系的数目。

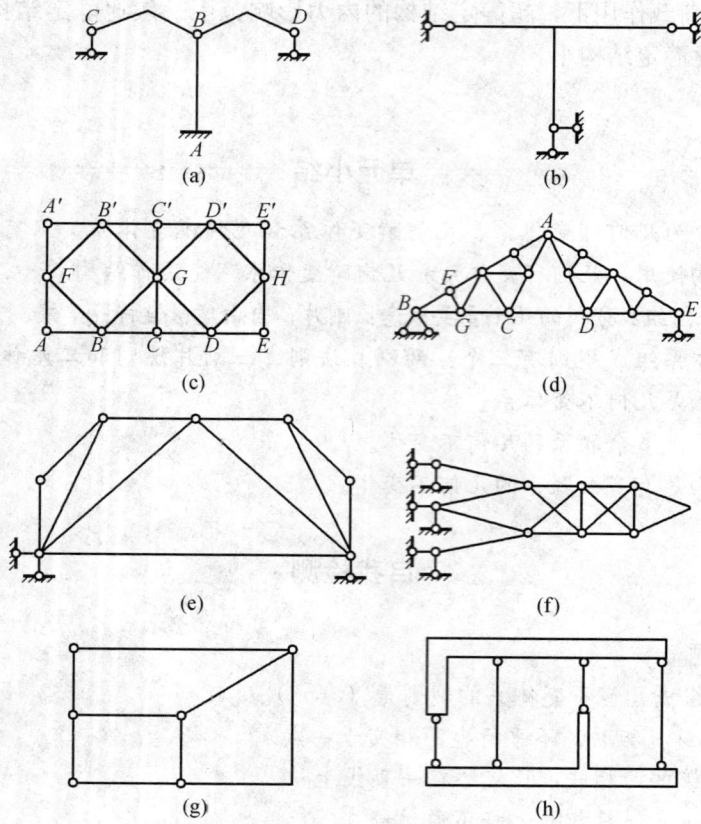

图 8-31　几何组成分析

三、确定超静定次数

确定图 8-32 所示各结构的超静定次数。

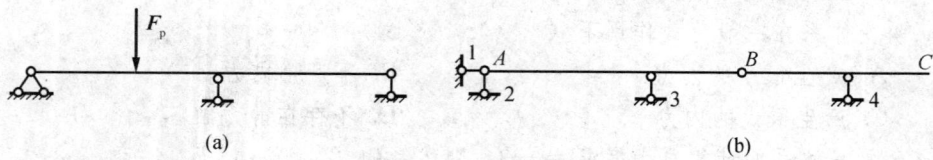

图 8-32　确定超静定次数

工程静定平面杆系结构内力分析

教学目标

1. 掌握多跨静定梁、斜梁的内力计算及内力图的绘制。

2. 掌握静定平面刚架的内力计算和及内力图的绘制。

3. 理解静定平面桁架、三铰拱及组合结构的内力计算。

　　静定平面杆系结构是由若干杆件联结而成的几何不变体系。按照受力特性分类，静定平面杆系结构一般可分为多跨静定梁、静定平面刚架、静定平面桁架、三铰拱、组合结构等。本单元主要介绍静定平面杆系结构的组成、分类及受力特点。

9.1　多跨静定梁和斜梁

想一想

　　如图 9-1 所示为正在施工中的桥梁。工程中经常把单跨梁连接起来形成多跨梁，以跨越更大的障碍，请读者想一想，多跨梁应如何连接？如何计算多跨桥梁的内力？

图 9-1　施工中的桥梁

9.1.1　多跨静定梁的特点

　　多跨静定梁是指若干根梁用铰链相连，并用支座与基础连接而成的静定结构。在实际的路桥工程中，多跨静定梁可以用来连接和跨越几个相邻的跨度，达到更大的跨越。图 9-1（a）所示为一公路桥梁中常用的多跨静定梁结构形式；图 9-2（a）所示为房屋建筑结构中的木檩条，也是多跨静定梁结构形式。

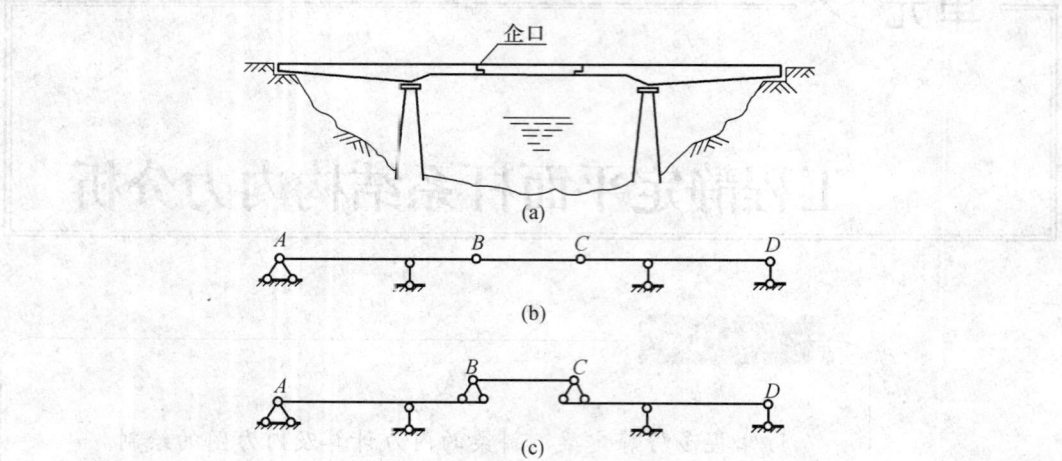

(a)

(b)

(c)

图 9-2　公路桥梁示意及结构计算简图

多跨静定梁的中间连接，在钢筋混凝土结构中多采用装配式结构，其主要连接形式常采用企口结合[图9-2(a)]；在木结构中常采用搭接连接[图9-3(a)]。由于中间连接不能阻止梁与梁之间相对的转动，按约束的性质可简化为铰链。图9-2(b)、图9-3(b)分别为原结构的计算简图。

9.1.2　多跨静定梁的组成性质

从几何组成分析可知，图 9-2（b）中梁 AB 直接由不同时平行也不同时交于一点的三根支座链杆与基础相连，是几何不变体系，称为基本部分。梁 AB 是基本部分，不依赖于梁 BC 和梁 CD，可以独立承受荷载。梁 CD 由杆 BC 和两根支座链杆与基础相连，是几何不变体系，也是基本部分，能独立承受竖向荷载作用。短梁 BC 依靠基本部分的支承才能保持其几何不变性，故称为附属部分。

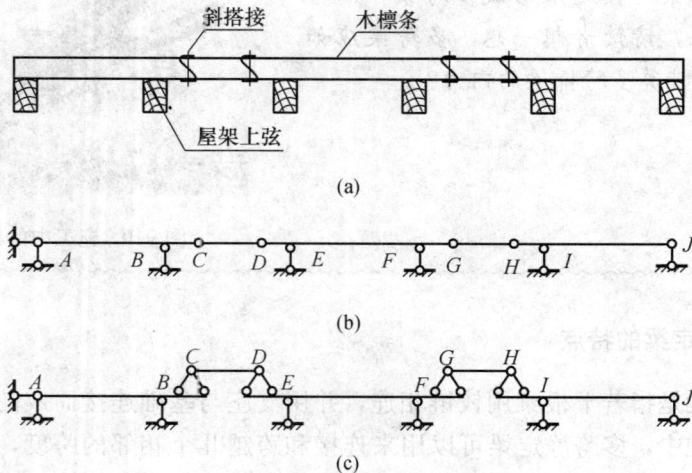

(a)

(b)

(c)

图 9-3　木檩条及其分析

图 9-3（b）中，梁 ABC、梁 $DEGF$ 和梁 HIJ 均为基本部分，梁 CD 和梁 GH 为附属部分。

为了更清楚地表示各部分之间的支承关系，把基本部分画在下层，将附属部分画在上层，中间的连接部分则由与原结构等效的链杆代替，一个铰链相当于两根相交的链杆。我们称这种图为多跨静定梁的关系图或层叠图，如图 9-2（c）和图 9-3（c）所示。

图 9-4（a）中，梁 ABC 是由不同时平行也不同交于一点的三根支座链杆与基础相连，是几何不变体系，梁 CDE、梁 EFG 和梁 GH 是叠加在梁 ABC 和基础上的二元体。梁 GH 的几何不变性依赖于梁 EFG；梁 EFG 的几何不变性依赖于梁 CDE；梁 CDE 的几何不变性依赖于梁 ABC。因此，梁 ABC 是基本部分，梁 CDE、梁 EFG 和梁 GH 分别是依赖于左边部分的附属部分。画出层叠图，如图 9-4（b）所示。

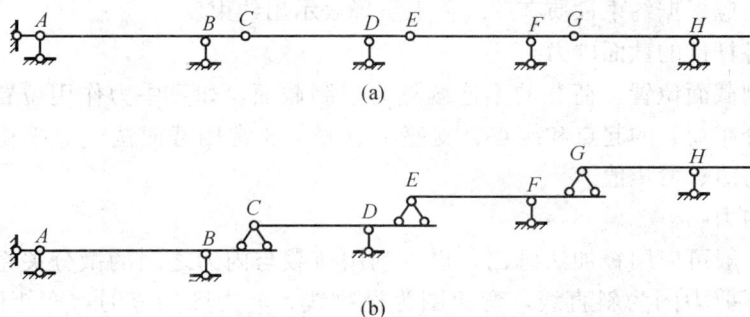

(a)

(b)

图 9-4 多跨静定梁及其层叠图

从受力分析来看，当荷载作用于基本部分时，只有该基本部分受力，而与其相连的附属部分不受力。当荷载作用于附属部分时，则不仅该附属部分受力，且将通过铰链把力传递给其依赖的基本部分。因此，计算多跨静定梁时，必须先计算附属部分，再计算基本部分，即按照与其几何组成相反的顺序进行计算。在图 9-2（b）中应先计算附属部分，即短梁 BC，后计算基本部分，即梁 AB 和梁 CD。在图 9-3（b）中应先计算附属部分，即梁 CD 和梁 GH，后计算基本部分，即梁 ABC、梁 $DEGF$ 和梁 HIJ。

练一练
在图 9-4 中，请分析结构的计算顺序。

9.1.3 多跨静定梁的内力分析

1. 多跨静定梁的计算特点

多跨静定梁是由直杆组成的结构，因此它的计算基础是单跨静定梁的内力分析。把多跨静定梁拆成若干根单跨静定梁，分别计算各单跨梁的杆端内力后绘制出内力图，将各单跨梁内力图拼合在一起，即可得到多跨静定梁的内力图。

由多跨静定梁层次图可知，作用于基本部分上的荷载并不影响附属部分，而作用于附属部分上的荷载会以支座反力的形式影响基本部分。因此，在多跨静定梁的内力计算时，应先计算高层次的附属部分，后计算低层次的附属部分，然后将附属部分的支座反力反向作用于基本部分，计算其内力，最后将各单跨梁的内力图联成一体，即为多跨静定梁的内力图。

2. 多跨静定梁计算的基本步骤

（1）画出多跨梁的层叠图

分析组成多跨梁的基本部分和附属部分，弄清楚各部分的特点，确定结构的计算顺序。单跨静定梁包括简支梁、悬臂梁和外伸梁。

（2）求支座反力和联结处的约束反力

多跨静定梁不同类型的组成单元，其约束反力的计算特点也不相同。求连接处的约束反力时，应根据约束性质在脱离体上正确表示出约束反力。

（3）求各杆件的截面内力

确定控制截面位置。荷载的不连续点为控制截面，如集中力作用位置、集中力偶作用位置、分布荷载的起点和终点、支座结点等。通常用截面法建立平衡方程，求控制截面的剪力值、弯矩值。

（4）画内力图

内力图一般可应用叠加法画出，也可利用荷载与内力之间的微分关系画出，如均布荷载梁段，剪力图为斜直线，弯矩图为抛物线；剪力图为零时，弯矩图为水平线；剪力图为水平线时，弯矩图为斜直线。

绘制剪力图时，须注明正、负号；绘制弯矩图可以不标注明正、负号，只将弯矩图画在梁纵向纤维受拉的一侧。

3. 内力图的校核

选择任一未使用过的脱离体，建立平衡方程，进行验算。

【例 9-1】 计算如图 9-5（a）所示的多跨静定梁，绘制内力图。

解 1）作层叠图。如图 9-5（b）所示，AB 梁为基本部分，BCD 梁为附属部分。

2）计算支座反力。从层叠图看出，应先从附属部分 BCD 开始取脱离体，如图 9-5（c）所示。

$$\sum M_B = 0, \quad -20 + Y_D \times 4 = 0, \quad Y_D = 5\text{kN} \quad (\uparrow)$$

$$\sum Y = 0, \quad -12 + Y_B + Y_D = 0, \quad V_C = 7\text{kN} \quad (\uparrow)$$

$$\sum X = 0, \quad X_B = 0$$

将 Y_B 反向作用于梁 AB 上，计算基本部分。

$$\sum X = 0, \quad X_A = 0$$

$$\sum M_A = 0, \quad -7 \times 4 + M_A = 0, \quad M_A = 28\text{kN} \cdot \text{m}$$

$$\sum Y = 0, \quad Y_A - 7 = 0, Y_A = 7\text{kN} \quad (\uparrow)$$

校核：由整体平衡条件得

$$\sum M_A = 28 - 12 \times 4 - 20 + 5 \times 8 = 0$$

计算正确。

3）作内力图，如图 9-5（d，e）所示。

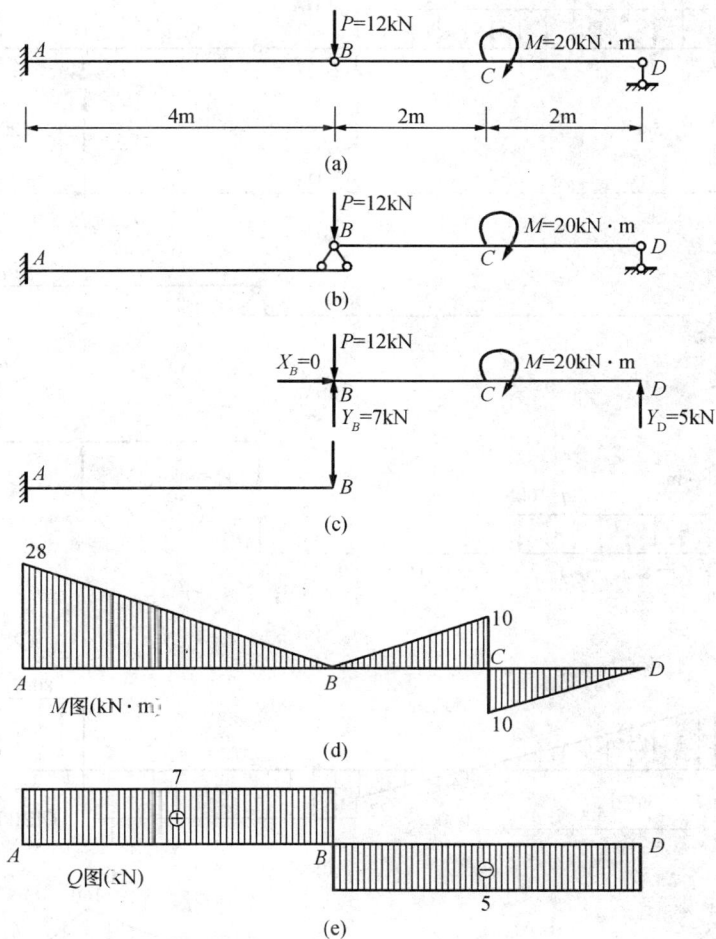

图 9-5　多跨静定梁内力分析（一）

> **练一练**
>
> 在例 9-1 中，请分析若 $M=0$ 或 $P=0$ 时上述内力图的变化。

【例 9-2】 试作图 9-6（a）所示多跨静定梁的内力图。

解 1）作层叠图。如图 9-6（b）所示，AC 梁为基本部分，CE 梁是通过铰 C 和 D 支座链杆连接在 AC 梁和基础上，要依靠 AC 梁才能保证其几何不变性，所以 CE 梁为附属部分。

2）计算支座反力。

$$\sum M_C = 0, \quad -80 \times 6 + V_D \times 4 = 0, \quad V_D = 120 \text{kN} \quad (\uparrow)$$

$$\sum M_D = 0, \quad -80 \times 2 + V_C \times 4 = 0, \quad V_C = 40 \text{kN} \quad (\uparrow)$$

从层叠图看出，应先从附属部分 CE 开始，取隔离体，如图 9-6（c）所示。

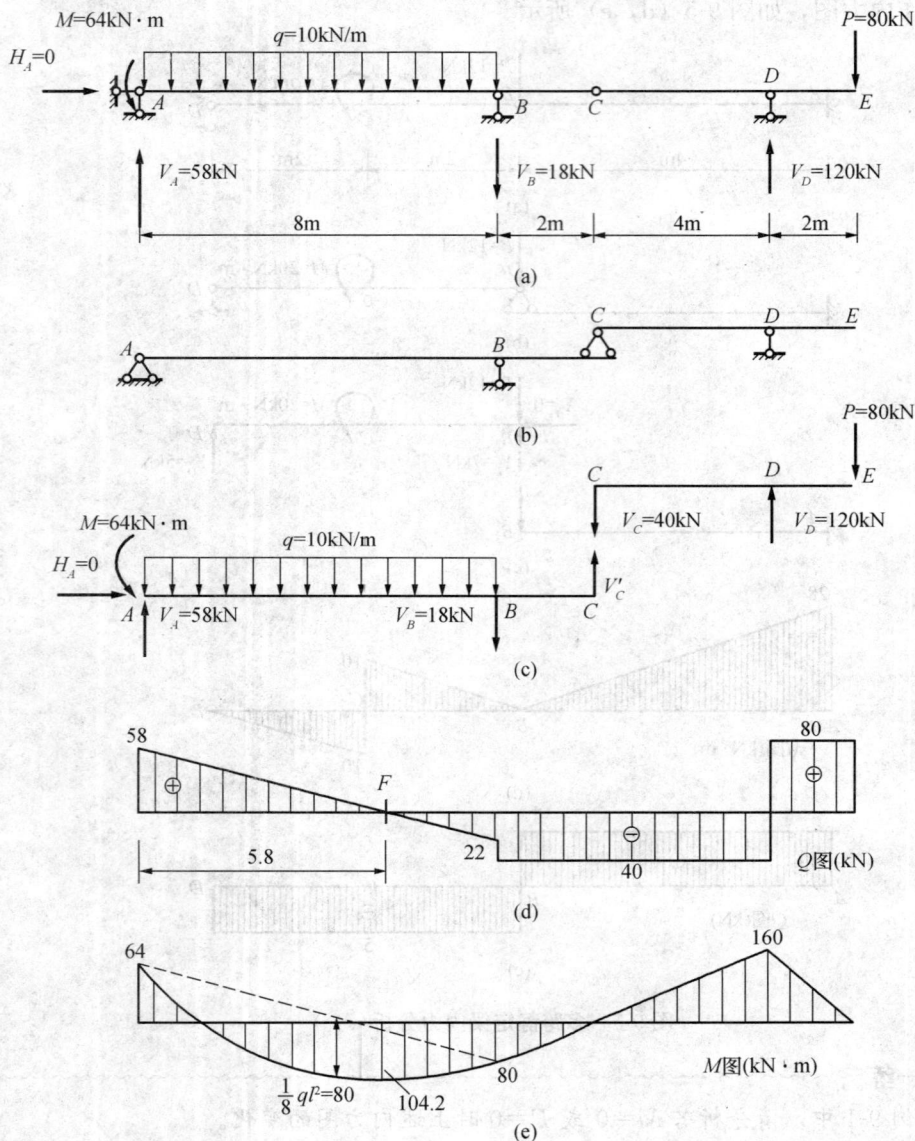

图 9-6 多跨静定梁内力分析（二）

将 R_C 反作用于梁 AC 上，计算基本部分的支座反力。

$$\sum X = 0, \quad H_A = 0$$

$$\sum M_A = 0, \quad 40 \times 10 - V_B \times 8 - 10 \times 8 \times 4 + 64 = 0, \quad V_B = 18\text{kN} \quad (\downarrow)$$

$$\sum M_B = 0, \quad 40 \times 2 + 10 \times 8 \times 4 - V_B \times 8 = 0, \quad V_A = 58\text{kN} \quad (\uparrow)$$

校核：由整体平衡条件得

$$\sum Y = -80 + 120 - 18 + 58 - 10 \times 8 = 0$$

计算正确。

3）作内力图。分别作出单跨梁的内力图，然后联合在同一图中，如图 9-6（d，e）所示。

多跨静定梁除用基本方法外，其内力图也可根据其整体受力直接绘出。求解时，按照与其几何组成相反的顺序，由截面法求得各控制截面内力值，利用内力图的规律作出内力图。特别是利用铰结点的性质，可以更加快速和准确地画出内力图。多跨静定梁铰结点的性质：铰结点上无外荷载作用时，铰结点处弯矩为零，剪力图连续；铰结点上有集中荷载作用时，集中荷载应由基本部分承担，不传递给附属部分。

9.1.4 斜梁

想一想

图 9-7 所示为桥梁工程中的引桥，图 9-8 所示为楼梯斜梁，为了适应纵坡的需要，其轴线总是与水平面倾斜一定的角度。请想一想：与水平梁相比，斜梁内力应如何计算？

图 9-7 引桥

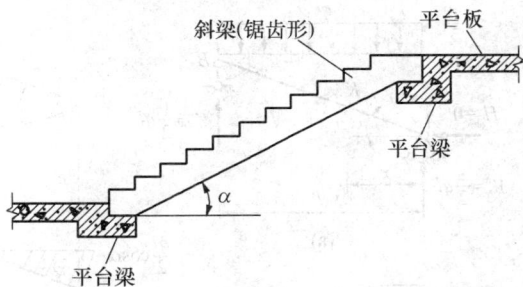

图 9-8 楼梯斜梁

在各种工程中，常遇到杆轴线与水平线成一定角度的梁，称为斜梁。斜梁通常承受两种形式的竖向均布荷载：

1）沿水平方向均匀分布的荷载 q ［图9-9(a)］。斜梁承受的人群荷载一般按水平均匀分布荷载计算。

2）沿斜梁轴线均匀分布的荷载 q'［图9-9(b)］。等截面斜梁的自重就是沿梁轴线均匀分布的荷载。

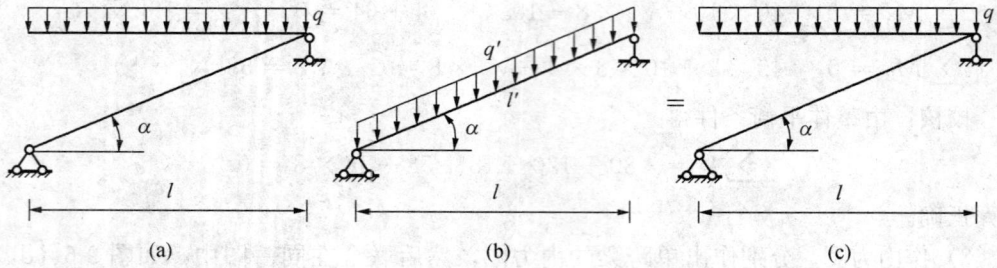

图 9-9 等截面斜梁

根据竖向总荷载等效的原则，沿斜梁轴线均匀分布的荷载 q' 可等效换算成水平均布的荷载，即

$$q = \frac{q'l'}{l} = \frac{q'}{\cos\alpha}$$

斜梁按水平均匀分布的荷载计算起来更为方便，故斜梁在竖向均布荷载作用下其荷载常简化为图 9-9（c）的形式进行计算。

【例 9-3】 已知斜梁如图 9-10（a）所示，杆轴线与水平倾角为 α，水平跨度为 l，承受沿水平方向集度为 q 的均布载荷作用。试作该斜梁的内力图，并与相应水平梁的内力图作比较。

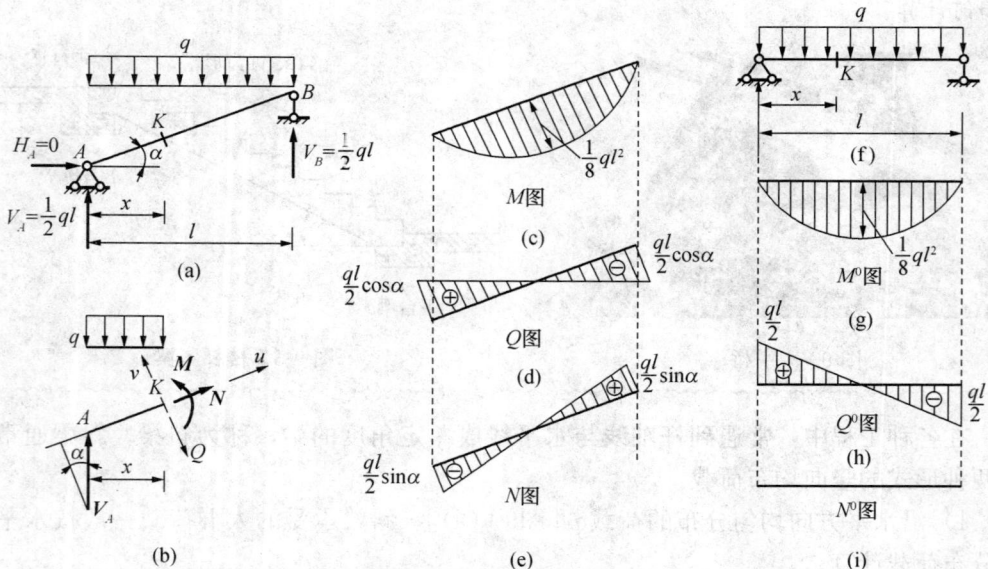

图 9-10 斜梁的内力分析

解 1）求出受力图，支座反力。

以全梁 AB 为研究对象，由静力平衡条件求得支座反力为

$$H_A = 0, \quad V_A = \frac{ql}{2} \quad (\uparrow), \quad V_B = \frac{ql}{2} \quad (\uparrow)$$

2）写出内力方程。设任一截面 K 距梁左端 A 为 x，取脱离体，如图 9-10（b）所示所有力分别对截面形心交力矩和对 v、u 轴求投影。

$$\sum M_K = 0, \quad M - V_A \cdot x + qx \cdot \frac{x}{2} = 0$$

$$\sum F_v = 0, \quad -Q + V_A \cos\alpha - qx \cos\alpha = 0$$

$$\sum F_u = 0, \quad N + V_A \sin\alpha - qx \sin\alpha = 0$$

可得弯矩方程、剪力方程和轴力方程分别为

$$M(x) = M = \frac{ql}{2} \cdot x - \frac{q}{2} \cdot x^2 \quad (0 \leqslant x \leqslant l)$$

$$Q(x) = Q = \frac{ql}{2}\cos\alpha - qx\cos\alpha \quad (0 \leqslant x \leqslant l)$$

$$N(x) = N = -\frac{ql}{2}\sin\alpha + qx\sin\alpha \quad (0 \leqslant x \leqslant l)$$

画出弯矩图、剪力图和轴力图，如图 9-10（c～e）所示。

斜梁的弯矩图为一抛物线，跨中最大弯矩为 $M_{\max} = \dfrac{ql^2}{8}$。可见斜梁中最大弯矩的位置和大小与水平跨度、支座及荷载相同的水平梁完全一样。

如图 9-10（f）所示为与上述斜梁对应的简支梁。由内力方程法可求一截面 K 的弯矩 M^0 剪力 V^0 和轴力 N^0 的方程为

$$M^0 = \frac{ql}{2} \cdot x - \frac{q}{2} \cdot x^2, \quad Q^0 = \frac{ql}{2} - qx, \quad N^0 = 0$$

作得内力图如图 9-10（g～i）所示。

将斜梁与水平梁的内力加以比较，可知二者有如下关系，即

$$M = M^0, \quad Q = Q^0 \cos\alpha, \quad N = -Q^0 \sin\alpha$$

9.2　静定平面刚架

想一想

　　刚架桥因其适应性强而得到十分广泛的应用，如图 9-11 所示为已建成的刚架桥。刚架桥的连接与特点是什么？如何计算连接点的内力？

图 9-11　刚架桥

9.2.1　静定平面刚架的特点

　　刚架是若干根直杆组成的主要由刚节点相联结的结构，按几何性质分为平面刚架

和空间刚架。静定平面刚架按构造组成特点常分为悬臂刚架、简支刚架、三铰刚架和组合刚架等，分别如图 9-12（a～d）所示。

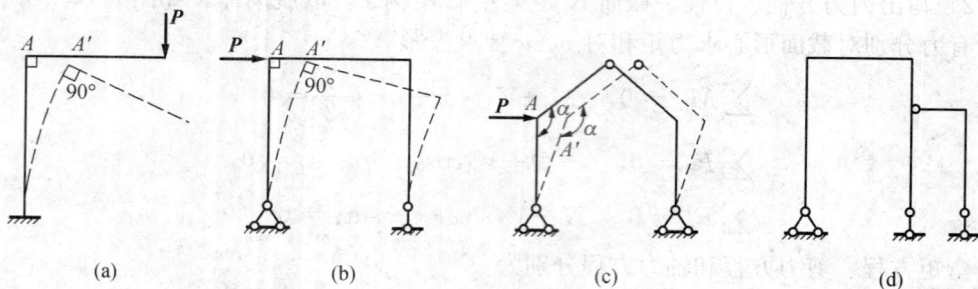

图 9-12　静定平面刚架

刚架中的刚节点是指在刚架受力后，刚结点所连的各杆件间的角度保持不变，如图 9-12（a～c）中虚线所示。刚结点对各杆端的转动有约束作用，因此刚结点可以承受和传递弯矩。

由于在刚架结构中，梁和柱由刚节点相连，梁和柱能够成为一个整体共同承担外荷载的作用。因此，刚架结构整体性好，刚度大，内力分布较均匀。刚架中杆件数量较少，节点连接简单，内部空间较大，在大跨度、重荷载的情况下是一种较好的承重结构。刚架结构在交通、建筑等各种工程中被广泛地使用。

9.2.2　静定刚架的内力计算和内力图

练一练

如图 9-13（a）所示静定悬臂刚架，$P_1 = P_2 = P_3 = 10kN$。截开 1—1 截面，画出受力图，如图 9-13（b）所示，写出平衡方程，求出 M_1、Q_1、N_1 的大小，试总结出求解刚架内力的方法。

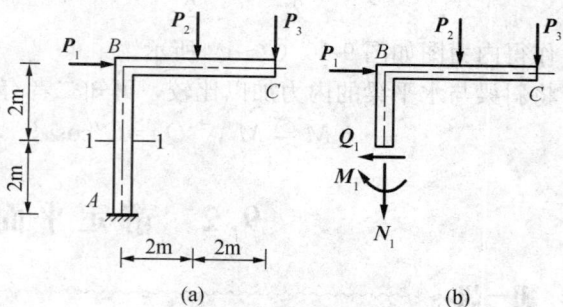

图 9-13　悬臂刚架

1. 刚架的内力计算

刚架受荷载作用时，杆件横截面上一般同时产生三种内力，即弯矩、剪力和轴力。要求出刚架中任一截面的内力，可以用截面法将刚架从指定截面处截开，考虑其中任一部分脱离体的平衡，建立平衡方程，解方程，从而求出它的内力。刚架内力的正负号规定如下：使刚架内侧受拉的弯矩为正，反之为负；轴力对杆件产生拉力为正，压力为负；剪力对杆件有顺时针方向转动的趋势为正，反之为负。

求解刚架中任一截面的内力，也可以按计算梁的剪力和弯矩的方法一样，总结出如下规律：

任一截面的弯矩 M，在数值上等于该截面任意一侧所有外力对该截面形心力矩的代数和。

任一截面的剪力 V，在数值上等于该截面任意一侧所有外力沿该截面切线方向投影的代数和。

任一截面的轴力 N，在数值上等于该截面任意一侧所有外力沿该截面法线方向投影的代数和。

2. 刚架的内力图

刚架是由直杆组成的结构，因此它的计算基础是单杆的内力分析。把刚架拆成若干单个杆件，计算杆端内力后分别绘制出内力图，将各杆内力图合在一起，即可得到刚架的内力图。

计算刚架的内力时，刚架中直杆的杆端是控制截面，跨中各截面内力常用叠加法求出。为了明确地表示杆端截面的内力，规定杆端内力下标用两个角标字母表示，第一个角标表示内力所属截面，第二个表示该截面所属杆件的另一端。如图 9-13（a）所示，AB 杆 A 端的弯矩、剪力和轴力记为 M_{AB}、Q_{AB} 和 N_{AB}，AB 杆 B 端的弯矩记为 M_{BA}、Q_{BA} 和 N_{BA} 等。

画弯矩图时，画在杆件纤维受拉的一侧，通常不用标注正负号，而画剪力图和轴力图时则应标出剪力和轴力的正负号。

3. 刚架的计算步骤

（1）求支座反力和连接处的约束反力

不同类型的刚架，其反力的计算特点也不相同。求连接处的约束力时，应根据约束性质在脱离体上正确画出约束反力。悬臂刚架可以不计算支座反力，按与几何组成相反的顺序进行计算内力。

（2）求各杆件的杆端内力

分别取各单根杆件为研究对象，在杆端截面上作用着三个杆端内力，即弯矩、剪力和轴力，利用三个独立的平衡方程可求得各内力的大小。杆端剪力和轴力均设为正号方向，弯矩可设为内侧纤维受拉为正。计算结果为负时，表示假设方向与原方向相反。刚架中的刚结点应保持平衡状态，因此可以选取适当的刚结点为研究对象，求解杆端内力。

（3）作内力图

内力图一般可用叠加法画出。

绘制弯矩图时，要利用荷载与内力之间的微分关系画出。当两杆结点上无外力偶作用时，结点处两杆弯矩图的纵标在同侧且数值相等。铰支端和悬臂端无外力偶作用时，弯矩为零；作用有外力偶时，该端的弯矩值等于该处外力偶矩的大小。

剪力图、轴力图可以画在杆件的任一侧，并注明正、负号。

（4）内力图的校核

选择一未使用过的脱离体，建立平衡方程，进行验算。由于刚架中的刚结点应保持平衡状态，经常也用刚结点的平衡进行验算。

【例 9-4】 图 9-14（a）所示刚架，试用截面法计算与刚结点 C 相连的各杆端截面的内力。

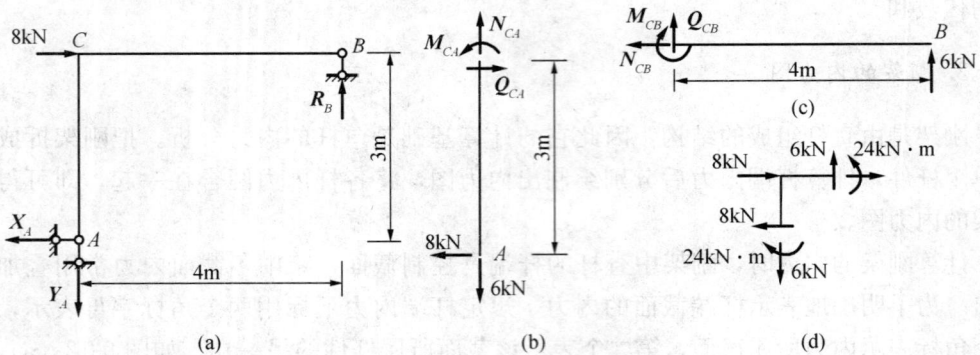

图 9-14 求刚架的支座反力及内力

解 1）画出受力图，利用刚架整体平衡方程求出支座反力，如图 9-14（a）所示。

$$\sum X = 0, \quad 8 - X_A = 0, \quad X_A = 8\text{kN} \quad (\leftarrow)$$

$$\sum M_A = 0, \quad -8 \times 3 + R_B \times 4 = 0, \quad R_B = 6\text{kN} \quad (\uparrow)$$

$$\sum Y = 0, \quad -Y_A + R_B = 0, \quad Y_A = 6\text{kN} \quad (\downarrow)$$

2）计算刚结点 C 处的杆端截面内力。与刚结点 C 相连，有两个截面，切开 CA 和 CB，分别取 CA 和 CB 为研究对象，建立平衡方程，计算杆端截面 CA 和 CB 杆端的内力。

取脱离体 CA［图 9-14（b）］，画出受力图。

$$\sum X = 0, \quad Q_{CA} - X_A = 0, \quad Q_{CA} = X_A = 8\text{kN} \quad (\text{正})$$

$$\sum Y = 0, \quad N_{CA} - Y_A = 0, \quad N_{CA} = Y_A = 6\text{kN} \quad (\text{拉})$$

$$\sum M_C = 0, \quad M_{CA} - X_A \times 3 = 0, \quad M_{CA} = X_A \times 3 = 8 \times 3 = 24\text{kN·m} \quad (\text{右侧受拉})$$

取脱离体 CB［图 9-14（c）］，画出受力图。

$$\sum X = 0, \quad N_{CB} = 0$$

$$\sum Y = 0, \quad Q_{CB} + R_B = 0, \quad Q_{CB} = -R_B = -6\text{kN} \quad (\text{负})$$

$$\sum M_C = 0, \quad -M_{CB} + R_B \times 4 = 0, \quad M_{CB} = R_B \times 4 = 6 \times 4 = 24\text{kN·m} \quad (\text{下侧受拉})$$

3）校核。取节点 C 为研究对象［图 9-14（d）］，画刚结点受力图。注意必须画出作用在结点上所有的外力和内力，才能进行校核。

$$\sum X = 8 - 8 = 0$$

$$\sum Y = 6 - 6 = 0$$

$$\sum M_C = 24 - 24 = 0$$

计算结果正确。

【例 9-5】　图 9-15 所示刚架，试计算与刚结点 C、D 相连的各杆端截面的内力。

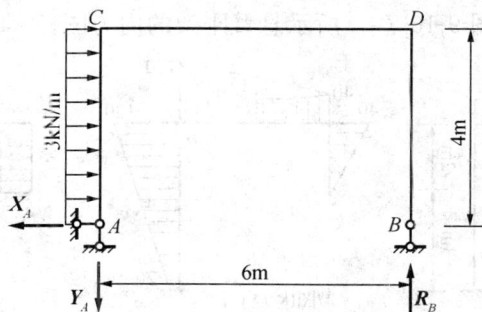

图 9-15　计算刚节点杆端内力

解　1）画出受力图，利用刚架整体平衡方程求出支座反力，如图 9-15 所示。

$$\sum X = 0,\quad 3 \times 4 - X_A = 0,\quad X_A = 12\text{kN}\quad(\leftarrow)$$

$$\sum M_A = 0,\quad -3 \times 4 \times 2 + R_B \times 6 = 0,\quad R_B = 4\text{kN}\quad(\uparrow)$$

$$\sum Y = 0,\quad -Y_A + R_B = 0,\quad Y_A = 4\text{kN}\quad(\downarrow)$$

校核：

$$\sum M_B = -3 \times 4 \times 2 + Y_A \times 6 = -24 + 4 \times 6 = 0$$

计算正确。

2）计算刚结点 C 处杆端截面内力。

AC 杆：

$$M_{CA} = X_A \times 4 - 3 \times 4 \times 2 = 12 \times 4 - 3 \times 4 \times 2 = 24\text{kN·m}\quad(右侧受拉)$$

$$Q_{CA} = X_A - 3 \times 4 = 12 - 3 \times 4 = 0$$

$$N_{CA} = Y_A = 4\text{kN}\quad(拉)$$

CD 杆：

$$M_{CD} = X_A \times 4 - 3 \times 4 \times 2 = 12 \times 4 - 3 \times 4 \times 2 = 24\text{kN·m}\quad(右侧受拉)$$

$$Q_{CD} = -Y_A = -4\text{kN}\quad(压)$$

$$N_{CD} = X_A - 3 \times 4 = 12 - 3 \times 4 = 0$$

3）计算刚节点 D 处杆端截面内力。

CD 杆：

$$M_{DC} = X_A \times 4 - 3 \times 4 \times 2 - Y_A \times 6 = 12 \times 4 - 3 \times 4 \times 2 - 4 \times 6 = 0$$

$$Q_{DC} = -Y_A = -4\text{kN} \quad （压）$$
$$N_{DC} = X_A - 3 \times 4 = 12 - 3 \times 4 = 0$$

BD 杆：

$$M_{DB} = X_A \times 4 - 3 \times 4 \times 2 - Y_A \times 6 = 12 \times 4 - 3 \times 4 \times 2 - 4 \times 6 = 0$$
$$Q_{DB} = X_A - 3 \times 4 = 12 - 3 \times 4 = 0$$
$$N_{DB} = -Y_A = -4\text{kN} \quad （压）$$

【例 9-6】 试绘制图 9-16（a）所示悬臂刚架的内力图。

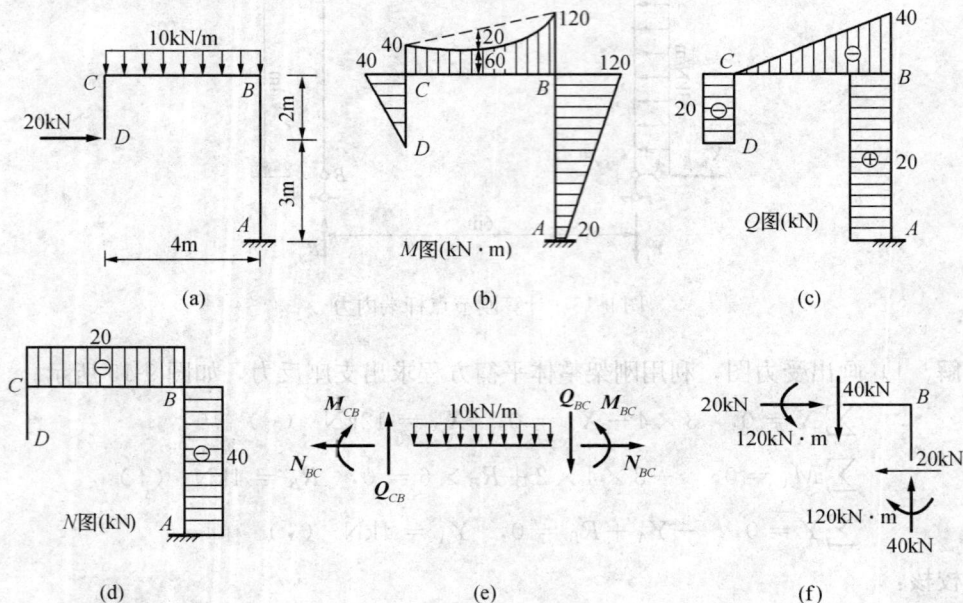

图 9-16 悬臂刚架的内力图绘制

解 对悬臂刚架，我们可以不求支座反力，直接从自由端开始计算各杆端内力。

1）计算杆端弯矩，作弯矩 M 图。

CD 杆：

$$M_{DC} = 0, \quad M_{CD} = -20 \times 2 = -40\text{kN·m} \quad （左侧受拉）$$

BC 杆：

$$M_{CB} = -20 \times 2 = -40\text{kN·m} \quad （上侧受拉）$$
$$M_{BC} = -20 \times 2 - 10 \times 4 \times 2 = -120\text{kN·m} \quad （上侧受拉）$$

如图 9-16（e）所示，用叠加法计算 BC 跨中弯矩值。

$$M_{CB}^{\text{中}} = \frac{M_{CB} + M_{BC}}{2} + \frac{1}{8}ql^2 = \frac{-40 - 120}{2} + \frac{1}{8} \times 10 \times 4^2 = -60\text{kN·m} \quad （上侧受拉）$$

AB 杆：

$$M_{BA} = -20 \times 2 - 10 \times 4 \times 2 = -120\text{kN·m} \quad （右侧受拉）$$
$$M_{AB} = 20 \times 3 - 10 \times 4 \times 2 = -20\text{kN·m} \quad （右侧受拉）$$

AB 杆、CD 杆杆端弯矩值不相同，弯矩图为斜直线，AB 杆有均布荷载作用，弯矩图为抛物线，作刚架弯矩图，如图 9-16（b）所示。

2）计算杆端剪力，作剪力 Q 图。

CD 杆：

$$Q_{DC} = Q_{CD} = -20\text{kN} \quad （压）$$

BC 杆：

$$Q_{CB} = 0, \quad Q_{BC} = -10 \times 4 = -40\text{kN} \quad （压）$$

AB 杆：

$$Q_{BA} = Q_{AB} = 20\text{kN} \quad （拉）$$

AB 杆、CD 杆杆端剪力值相同，剪力图为一平行轴线的直线，BC 杆有均布荷载作用，剪力图为斜直线，作刚架剪力图，如图 9-16（c）所示。

3）计算杆端轴力，作轴力 N 图。

CD 杆：

$$N_{DC} = N_{CD} = 0$$

BC 杆：

$$N_{CB} = N_{BC} = -20\text{kN} \quad （压）$$

AB 杆：

$$N_{BA} = N_{AB} = -10 \times 4 = -40\text{kN} \quad （压）$$

AB 杆、BC 杆杆端轴力值相同，轴力图为一平行轴线的直线，作刚架轴力图，如图 9-16（d）所示。

4）校核。取刚结点 B 为研究对象，画出结点受力图，如图 9-16（f）所示。

$$\sum X = 20 - 20 = 0$$

$$\sum Y = 40 - 40 = 0$$

$$\sum M_B = 120 - 120 = 0$$

计算结果正确。

【例 9-7】   作图 9-17（a）所示简支刚架的内力图。

解   1）画出受力图，利用刚架整体平衡方程求出支座反力，如图 9-17（a）所示。

$$\sum X = 0, \quad 4 - H_A = 0, \quad H_A = 4\text{kN} \quad （\leftarrow）$$

$$\sum M_A = 0, \quad -4 \times 2 - 20 \times 4 \times 2 + 4 + V_B \times 4 = 0, \quad V_B = 41\text{kN} \quad （\uparrow）$$

$$\sum Y = 0, \quad V_A - 20 \times 4 + V_B = 0, \quad V_A = 39\text{kN} \quad （\uparrow）$$

校核：

$$\sum M_B = 4 + 20 \times 4 \times 2 - 4 \times 2 - V_A \times 4 = 0$$

计算正确。

2）计算杆端弯矩，作弯矩 M 图。计算杆端内力，通常可以由荷载简单的一端开始

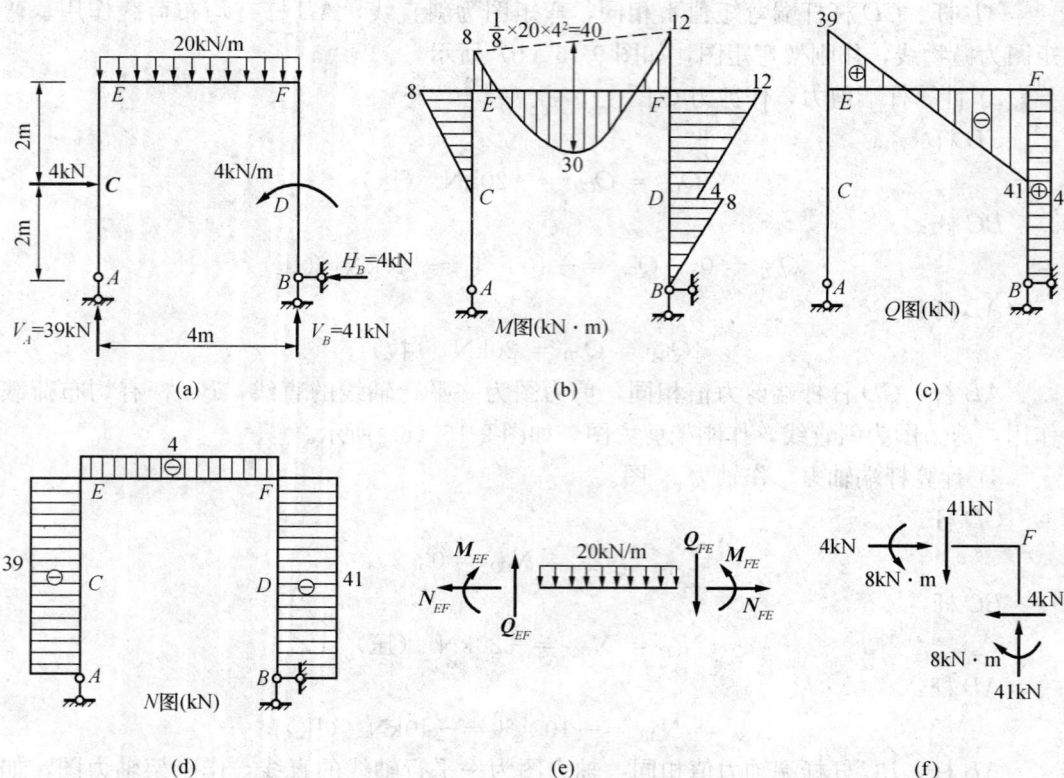

图 9-17　作简支刚架的内力图

计算。本例中，由 AE 和 BF 开始计算，并利用刚结点的性质求出 EF 杆的弯矩。

AE 杆：

$$M_{AC} = M_{CA} = M_{CE} = 0$$

$$M_{EC} = -4 \times 2 = -8 \text{kN} \cdot \text{m} \quad （左侧受拉）$$

$$M_{EF} = M_{EC} = -8 \text{kN} \cdot \text{m} \quad （外侧受拉）$$

BF 杆：

$$M_{BD} = 0$$

$$M_{DB} = -4 \times 2 = -8 \text{kN} \cdot \text{m} \quad （右侧受拉）$$

$$M_{DF} = -4 \times 2 + 4 = -4 \text{kN} \cdot \text{m} \quad （右侧受拉）$$

$$M_{FD} = -4 \times 4 + 4 = -12 \text{kN} \cdot \text{m} \quad （右侧受拉）$$

$$M_{FE} = M_{FD} = -12 \text{kN} \cdot \text{m} \quad （外侧受拉）$$

由于刚结点 E 和刚结点 F 没有受外力偶作用，刚结两杆的弯矩大小相等，用叠加法求 EF 杆的跨中弯矩，如图 9-17（b）所示。

$$M_{EF}^{中} = \frac{M_{EF} + M_{FE}}{2} + \frac{1}{8}ql^2 = \frac{-8-12}{2} + \frac{1}{8} \times 20 \times 4^2 = 30 \text{kN} \cdot \text{m} \quad （下侧受拉）$$

作刚架弯矩图，见图 9-17（b）。

3）计算杆端剪力，作剪力 Q 图。

AE 杆：

$$Q_{AC} = Q_{CA} = 0$$
$$Q_{CE} = Q_{EC} = -4\text{kN} \quad （压）$$

BF 杆：

$$Q_{BD} = Q_{DB} = -4\text{kN} \quad （压）$$
$$Q_{DF} = Q_{FD} = -4\text{kN} \quad （压）$$

EF 杆：EF 杆分别受杆端弯矩 M_{EF}、M_{FE} 和均布荷载作用，除了用截面法求杆端剪力外，还可以用叠加法求杆端剪力值，其大小等于上述各荷载单独作用时剪力值的代数和，如图 9-17（e）所示。

$$Q_{EF} = -\frac{M_{EF}}{l_{EF}} + \frac{M_{FE}}{l_{EF}} + \frac{ql_{EF}}{2} = -\frac{-8}{4} + \frac{-12}{4} + \frac{20 \times 4}{2} = 39\text{kN} \quad （拉）$$

$$Q_{FE} = -\frac{M_{EF}}{l_{EF}} + \frac{M_{FE}}{l_{EF}} - \frac{ql_{EF}}{2} = -\frac{-8}{4} + \frac{-12}{4} - \frac{20 \times 4}{2} = -41\text{kN} \quad （压）$$

AE 杆、BF 杆的剪力图为一平行轴线的直线，EF 杆有均布荷载作用，剪力图为斜直线，作刚架剪力图，如图 9-17（c）所示。

4）计算杆端轴力，作轴力 N 图。

AE 杆：

$$N_{AE} = N_{EA} = -39\text{kN} \quad （压）$$

EF 杆：

$$N_{EF} = N_{FE} = -4\text{kN} \quad （压）$$

BF 杆：

$$N_{BF} = N_{FB} = -41\text{kN} \quad （压）$$

AB 杆、BC 杆杆端轴力值相同，轴力图为一平行轴线的直线，作刚架轴力图，如图 9-17（d）所示。

5）校核。取刚结点 F 为研究对象，画出结点受力图，如图 9-17（f）所示。

$$\sum X = 4 - 4 = 0$$
$$\sum Y = 41 - 41 = 0$$
$$\sum M_F = 8 - 8 = 0$$

计算结果正确。

【例 9-8】　作图 9-18（a）所示三铰刚架的内力图。

解　1）画出受力图，如图 9-18（a）所示。

以刚架整体为研究对象：

$$\sum M_A = 0, \quad -20 \times 6 \times 3 + V_B \times 6 = 0, \quad V_B = 60\text{kN} \quad （↑）$$
$$\sum Y = 0, \quad V_A - V_B = 0, \quad V_A = 60\text{kN} \quad （↑）$$

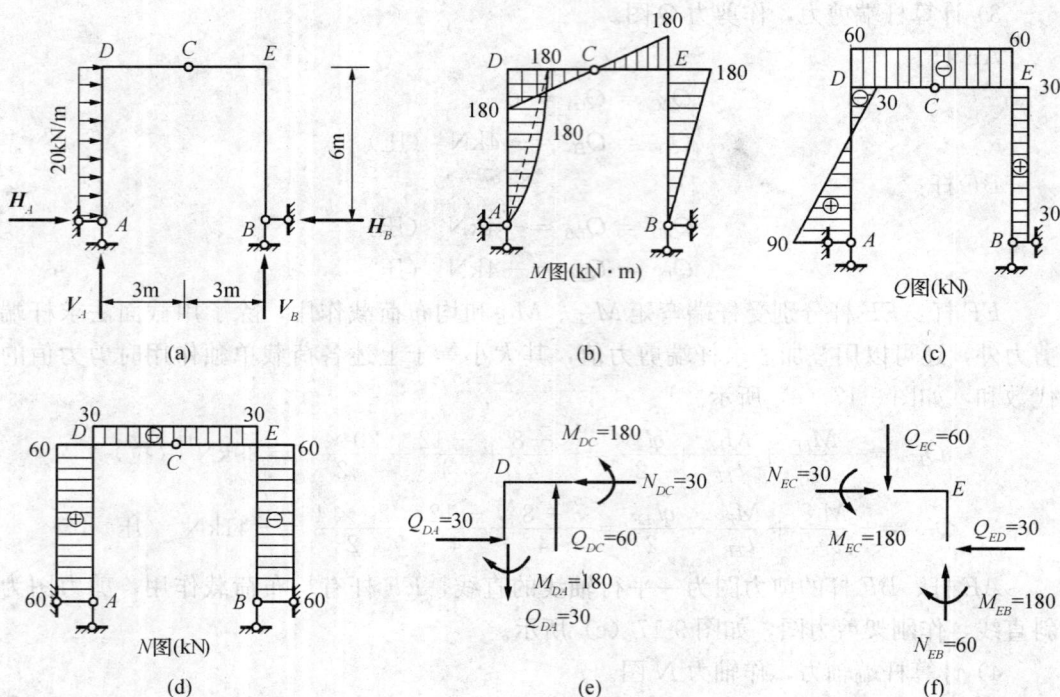

图 9-18 作三铰刚架的内力图

$$\sum X = 0, \quad H_A + 20 \times 6 - H_B = 0, \quad H_A = H_B - 120$$

再由铰结点 C 的性质，取刚架一侧 BC 部分为研究对象：

$$\sum M_C = 0, \quad V_B \times 3 - H_B \times 6 = 0, \quad H_B = 30\text{kN} \quad (\leftarrow)$$

$$H_A = H_B - 120 = -90\text{kN} \quad (\leftarrow)$$

2）计算杆端弯矩，作弯矩 M 图。

AD 杆和 DC 杆：

$$M_{AD} = M_{CD} = 0$$

$$M_{DA} = M_{DC} = 90 \times 6 - 20 \times 6 \times 3 = 180\text{kN} \cdot \text{m} \quad (\text{内侧受拉})$$

$$M_{AD}^{\text{中}} = \frac{M_{AD} + M_{DA}}{2} + \frac{1}{8}ql^2 = \frac{0 + 180}{2} + \frac{1}{8} \times 20 \times 6^2 = 180\text{kN} \cdot \text{m} \quad (\text{右侧受拉})$$

BE 杆和 EC 杆：

$$M_{BE} = M_{CE} = 0$$

$$M_{EB} = M_{EC} = -30 \times 6 = -180\text{kN} \cdot \text{m} \quad (\text{外侧受拉})$$

作刚架弯矩图，如图 9-18（b）所示。

3）计算杆端剪力，作剪力 Q 图。

AD 杆和 DC 杆：

$$Q_{AD} = -H_A = 90\text{kN}$$

$$Q_{DA} = -H_A - 20 \times 6 = -30\text{kN}$$

$$Q_{DC} = Q_{CD} = V_A = -60\text{kN}$$

CE 杆和 BE 杆：

$$Q_{CE} = Q_{EC} = V_A = -60\text{kN}$$

$$Q_{BE} = Q_{EB} = H_B = 30\text{kN}$$

作刚架剪力图，如图 9-18（c）所示。

4）计算杆端轴力，作轴力 N 图。

AD 杆和 DC 杆：

$$N_{AD} = N_{DA} = -V_A = 60\text{kN}$$

$$N_{DC} = N_{CD} = -H_B = -30\text{kN}$$

CE 杆和 BE 杆：

$$N_{CE} = N_{EC} = -H_B = -30\text{kN}$$

$$N_{BE} = N_{EB} = -V_B = -60\text{kN}$$

作刚架轴力图，如图 9-18（d）所示。

5）校核。取刚结点 D 和 E 为研究对象，画出结点受力图，如图 9-18（e，f）所示。

$$\sum X = 0, \quad \sum Y = 0, \quad \sum M_D = 0, \quad \sum M_E = 0$$

计算结果正确。

练一练

试用叠加计算例 9-8 中 AD 杆的杆端剪力。

【**例 9-9**】　试绘制图 9-19（a）所示组合刚架的内力图。

解　对于组合刚架，计算时应先计算附属部分的约束反力，再计算基本部分的约束反力，然后计算内力并绘制内力图。本例中 $ABCD$ 部分为基本部分，EFG 部分为附属部分。

1）求支座反力。取 EFG 为研究对象，画出受力图，如图 9-19（b）所示。

$$\sum X = 0, \quad -X_{EF} - 2 \times 3 = 0, \quad X_{EF} = -6\text{kN}$$

$$\sum M_E = 0, \quad R_G \times 2 - 2 \times 3 \times 1.5 = 0, \quad R_G = 4.5\text{kN} \quad (\uparrow)$$

$$\sum Y = 0, \quad Y_{EF} + R_G = 0, \quad Y_{EF} = -4.5\text{kN}$$

取 $ABCD$ 为研究对象，画出受力图，如图 9-19（c）所示。

$$\sum X = 0, \quad X_A + 4 + X_{EF} = 0, \quad X_A = 2\text{kN} \quad (\rightarrow)$$

$$\sum M_A = 0, \quad R_D \times 4 - X_{EF} \times 4 - 4 \times 4 \times 2 = 0, \quad R_D = 1\text{kN} \quad (\uparrow)$$

$$\sum Y = 0, \quad Y_A + R_D - Y_{EF} - 4 \times 4 = 0, \quad Y_A = 10.5\text{kN} \quad (\uparrow)$$

2）计算杆端弯矩，作弯矩 M 图。

(a)　　　　　　　　　　(b)　　　　　　　　　(c)

M图(kN·m)　　　　　　Q图(kN)　　　　　　N图(kN)

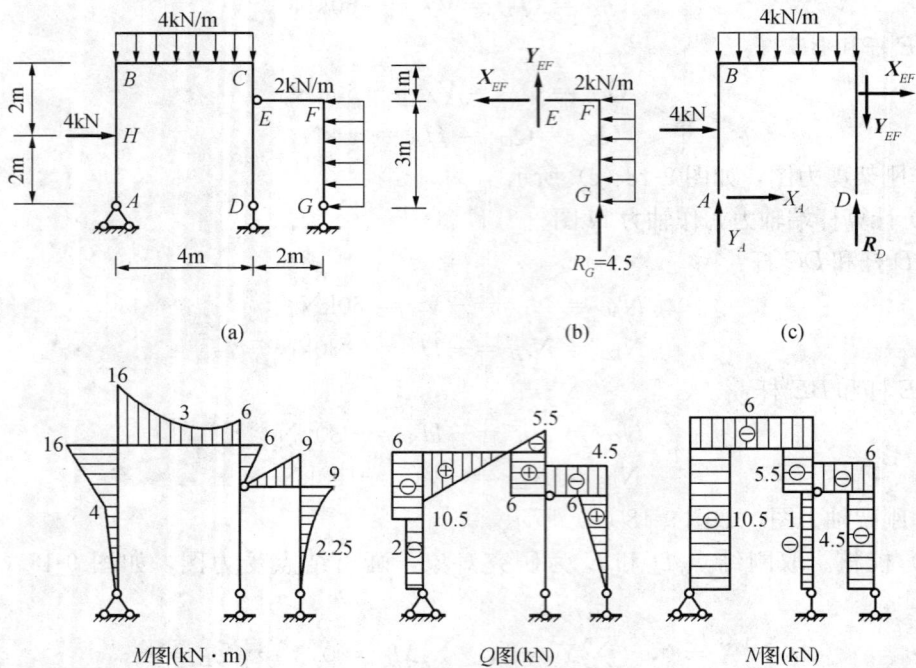

图 9-19　作组合刚架的内力图

AB 杆和 CD 杆：

$$M_{AH} = M_{DE} = M_{ED} = M_{EC} = 0$$

$$M_H = -X_A \times 2 = -4 \text{kN·m} \quad （外侧受拉）$$

$$M_{BH} = -X_A \times 4 - 4 \times 2 = -16 \text{kN·m} \quad （外侧受拉）$$

$$M_{CE} = -X_{EF} \times 1 = -6 \text{kN·m} \quad （外侧受拉）$$

BC 杆：

$$M_{BC} = M_{BH} = -16 \text{kN·m} \quad （外侧受拉）$$

$$M_{CB} = M_{CE} = -6 \text{kN·m} \quad （外侧受拉）$$

$$M_{BC}^{中} = \frac{M_{BC} + M_{CB}}{2} + \frac{1}{8}ql^2 = \frac{-16 - 6}{2} + \frac{1}{8} \times 4 \times 4^2 = -3 \text{kN·m} \quad （上侧受拉）$$

EF 杆和 FG 杆：

$$M_{EF} = M_{GF} = 0$$

$$M_{FE} = M_{FG} = -Y_{EF} \times 2 = -9 \text{kN·m} \quad （外侧受拉）$$

$$M_{FG}^{中} = \frac{M_{FG} + M_{GF}}{2} + \frac{1}{8}ql^2 = \frac{-9 + 0}{2} + \frac{1}{8} \times 2 \times 3^2 = -2.25 \text{kN·m} \quad （右侧受拉）$$

作刚架弯矩图，如图 9-19 所示。

3）计算杆端剪力，作剪力 Q 图。

AB 杆和 CD 杆：

$$Q_{AH} = Q_{HA} = -X_A = -2 \text{kN}, \quad Q_{HB} = Q_{BH} = -X_A - 4 = -6 \text{kN}$$

$$Q_{DE} = Q_{ED} = 0, \quad Q_{EC} = Q_{CE} = -X_{EF} = -6\text{kN}$$

BC 杆：

$$Q_{BC} \doteq Y_A = 10.5\text{kN}, \quad Q_{CB} = Y_{EF} - R_D = -5.5\text{kN}$$

EF 杆和 FG 杆：

$$Q_{EF} = Y_{EF} = -4.5\text{kN}$$

$$Q_{GF} = 0, \quad Q_{FG} = 2 \times 3 = 6\text{kN}$$

作刚架剪力图，如图 9-19 所示。

4）计算杆端轴力，作轴力 N 图。

AB 杆和 CD 杆：

$$N_{AB} = N_{BA} = -Y_A = -10.5\text{kN}$$

$$N_{DE} = N_{ED} = -R_D = -1\text{kN}, \quad N_{EC} = N_{CE} = -R_D + Y_{EF} = -5.5\text{kN}$$

BC 杆：

$$N_{BC} = N_{CB} = -X_A - 4 = -6\text{kN}$$

EF 杆和 FG 杆：

$$N_{EF} = N_{FE} = X_{EF} = -6\text{kN}$$

$$N_{FG} = N_{GF} = -R_G = -4.5\text{kN}$$

作刚架轴力图，如图 9-19 所示。

【例 9-10】　试作图 9-20（a）所示刚架的弯矩图。

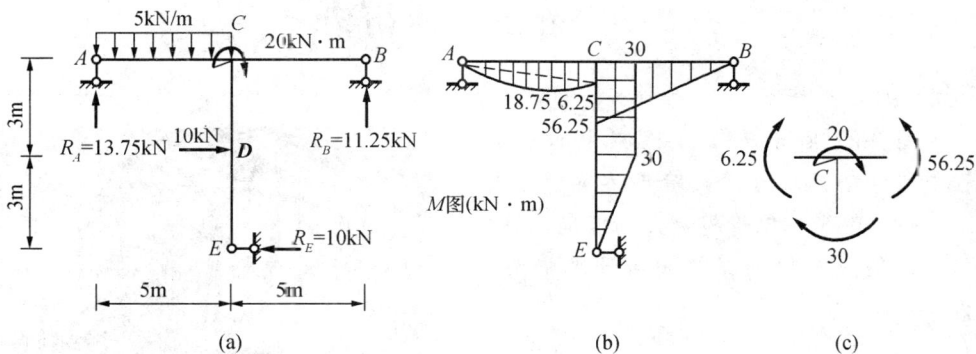

图 9-20　作刚架的弯矩图

解　1）求支座反力。画出受力图，如图 9-20（a）所示。

$$\sum X = 0, \quad 10 - R_E = 0, \quad R_E = 10\text{kN} \quad (\leftarrow)$$

$$\sum M_A = 0, \quad -5 \times 5 \times 2.5 - 20 + 10 \times 3 - R_E \times 6 + R_B \times 10 = 0, \quad R_B = 11.25\text{kN} \quad (\uparrow)$$

$$\sum M_B = 0, \quad -R_A \times 10 + 5 \times 5 \times 7.5 - 20 + 10 \times 3 - R_E \times 6 = 0, \quad R_A = 13.75\text{kN} \quad (\uparrow)$$

校核：

$$\sum Y = -5 \times 5 + 13.75 + 11.25 = 0$$

计算正确。

2）计算杆端弯矩值。

AC 杆和 CB 杆：

$$M_{AC} = M_{BC} = 0$$

$$M_{CA} = R_A \times 5 - 5 \times 5 \times 2.5 = 6.254 \text{kN} \cdot \text{m} \quad （下侧受拉）$$

$$M_{CB} = R_B \times 5 = 56.25 \text{kN} \cdot \text{m} \quad （下侧受拉）$$

CE 杆：

$$M_{ED} = 0$$

$$M_D = R_E \times 3 = 30 \text{kN} \cdot \text{m} \quad （右侧受拉）$$

$$M_{CD} = R_E \times 6 - 10 \times 3 = 30 \text{kN} \cdot \text{m} \quad （右侧受拉）$$

3）作刚架弯矩图，如图 9-20（b）所示。

AC 杆中点截面弯矩

$$M_{AC}^{中} = \frac{M_{AC} + M_{CA}}{2} + \frac{1}{8} q l^2 = \frac{0 + 6.25}{2} + \frac{1}{8} \times 5 \times 5^2 = 18.75 \text{kN} \cdot \text{m} \quad （下侧受拉）$$

4）校核。取结点 C 为研究对象，画出受杆端弯矩力偶及外力偶作用示意图，如图 9-20（c）所示。

$$\sum M_C = -6.25 - 30 + 56.25 - 20 = 0$$

弯矩计算正确。

9.3　静定平面桁架

想一想

如图 9-21 所示为正在检测中的桥梁。工程中经常使用塔架、大跨度桥梁、屋架、施工用脚手架等，以跨越更大的空间，请想一想，桁架应如何连接？如何计算桁架的内力？

图 9-21　钢桥

9.3.1　桁架的特征

桁架是由若干根直杆相互间在杆端用铰链连接而成的结构，在桥梁工程中常用于跨越较大跨度的一种结构形式。

在分析桁架时必须选取既能反映桁架的本质又能便于计算的计算简图。通常对平面桁架的计算简图作如下三条假定：

1）各杆的两端用绝对光滑而无摩擦的理想铰连接。

2）各杆轴均为直线，在同一平面内且通过铰的中心。

3）荷载均作用在桁架节点上，并在桁架的平面内。

在理想桁架情况下，各杆均为二力杆，故其受力特点是：各杆只受轴力作用。这样，杆件横截面上的应力分布均匀，使材料能得到充分利用。因此，在工程中，桁架结构得到广泛的应用，如桥梁、屋架、施工托架等。

实际的桁架并不完全符合上述理想假定。例如图 9-22（a）所示钢桁架桥，它是由两片主桁架和联结系（上、下平纵联、横联、桥门架等）及桥面系（纵、横梁等）组成的空间结构。图 9-22（b）为其横剖面示意图。列车荷载通过钢轨、轨枕、纵梁、横梁传到主桁架的结点上。图 9-22（c）为主桁架的一个结点构造略图，各杆件与结点板之间是用许多铆钉（或螺栓）连接起来的（也有的用焊接）。此外，主桁架与联结系、桥面系之间也是铆（栓）接或焊接的。可见，实际钢桁架桥的构造和受力情况都是很复杂的。

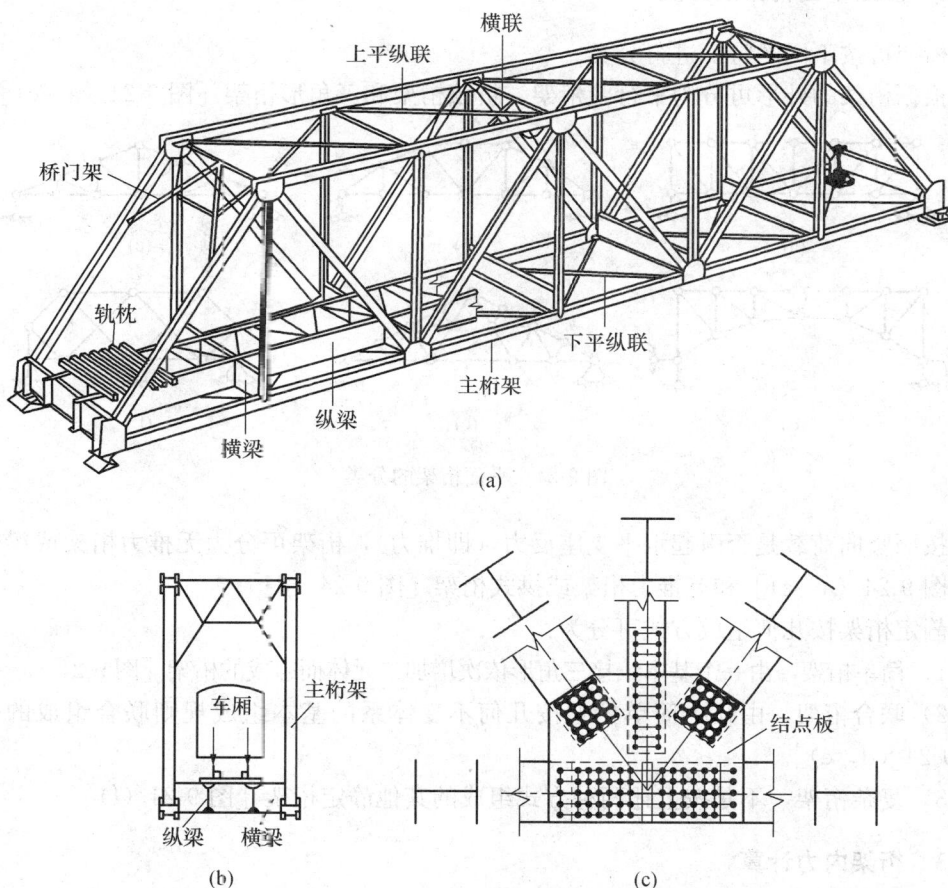

(a)

(b)　　　　　　　　　　　(c)

图 9-22　桁架简化示意图

通常把按理想桁架算得的内力称为主内力（轴力），而把上述一些原因所产生的内力称为次内力（弯矩、剪力）。此外，实际工程中还将几片桁架联合组成一个空间结构来共同承受荷载，计算时一般是将空间结构简化为平面桁架进行计算，而不考虑各片桁架间的相互影响。

桁架的杆件依其所在位置不同可分为弦杆和腹杆两类。弦杆又分为上弦杆和下弦杆。腹杆又分为斜杆和竖杆。弦杆上相邻两结点间的区间称为节间，其间距称为节间长度。两支座间的水平距离称为跨度。支座连线至桁架最高点的距离称为桁高，如图9-23所示。

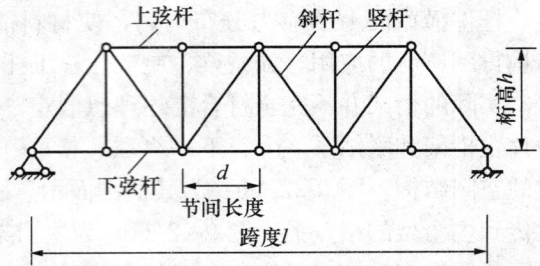

图9-23 平面桁架

9.3.2 静定平面桁架的分类

桁架可按不同的特征进行分类。

根据桁架的外形可分为平行弦桁架、折弦桁架和三角形桁架［图9-24（a~c）］。

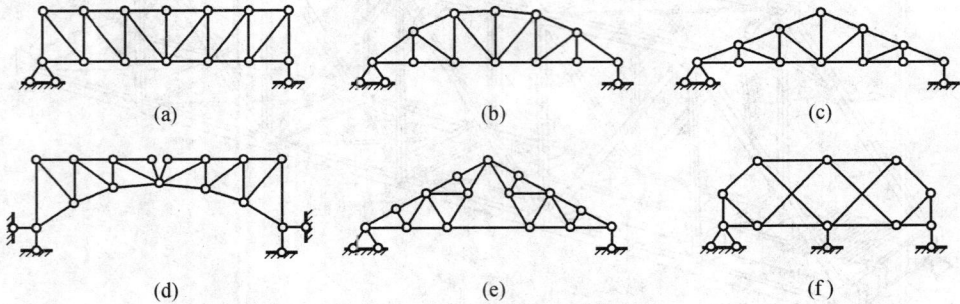

图9-24 平面桁架的分类

按照竖向荷载是否引起水平支座反力（即推力），桁架可分为无推力桁架或梁式桁架［图9-24（a~c）］和有推力桁架或拱式桁架［图9-24（d）］。

静定桁架按几何组成方式可分为：

1）简单桁架，由一个基本铰接三角形依次增加二元体而组成的桁架［图9-24（a~c）］。

2）联合桁架，由几个简单桁架按几何不变体系的基本组成规则联合组成的桁架［图9-24（d，e）］。

3）复杂桁架，不是按上述两种方式组成的其他静定桁架［图9-24（f）］。

9.3.3 桁架内力计算

桁架的内力计算与前述梁和刚架的内力计算有较大的差别，其内力计算方法有三种，即节点法、截面法、联合法。

在求桁架各杆的内力时，我们可以截取桁架中的一部分为脱离体，考虑脱离体的平衡，由平衡方程求出各杆的内力。如果截取的脱离体只包含一个结点，就叫结点法；如果截取的脱离体包含两个以上的结点时，就叫截面法。

1. 结点法

结点法是截取桁架的结点作为隔离体，由结点的静力平衡条件来计算杆件的内力。由于桁架的各杆只承受轴力，作用于任一结点上的各力（包括荷载、支反力和内力）组成一平面汇交力系。因此，我们可就每一结点列出两个平衡方程进行计算。

结点法是分析桁架的基本方法之一。从理论上讲，它可以解算任何类型的静定平面桁架。在实际计算中，为了避免解算联立方程，采用结点法时，应从未知力不超过两个的结点开始计算，并且在计算过程中应尽量使每次截取的结点，作用其上的未知力不超过两个。简单桁架可以保证能按这一要求进行，因此结点法最适用于计算简单桁架。

在计算过程中，通常先假设杆件内力为拉力（即背离结点），计算结果如得正值，表示实际内力是拉力；如得负值，则为压力。

用结点法计算桁架内力时，利用某些结点平衡的特殊情况可使计算简化。常见的特殊情况有如下几种：

1) 在不共线的两杆结点上无荷载作用时［图 9-25（a）］，两杆内力均为零。内力为零的杆件称为零杆。

2) 有两杆共线的三杆结点上，无荷载作用时［图 9-25（b）］，不共线的第三杆的内力必为零，共线的两杆内力大小相等、符号相同。

3) 两两共线的四杆结点上无荷载作用时［图 9-25（c）］，共线的两杆内力大小相等，符号相同。

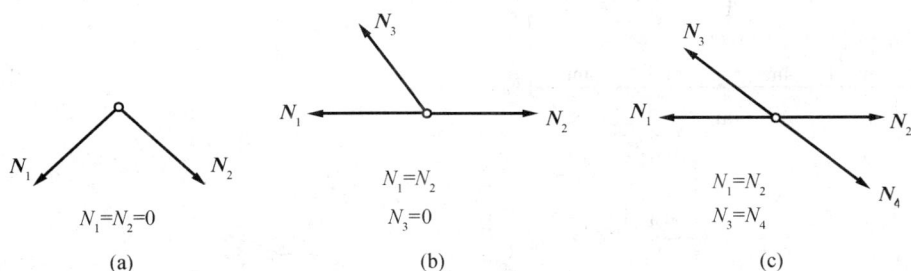

图 9-25　结点法计算桁架内力

上述结论均可由二力平衡公理和结点平衡条件得以证明。

应用上述结点平衡的特殊情况可以判断出图 9-26 所示各桁架中虚线所示各杆均为零杆，这样可以使计算工作简化。

【例 9-11】　试用结点法求图 9-27（a）所示桁架各杆的内力。

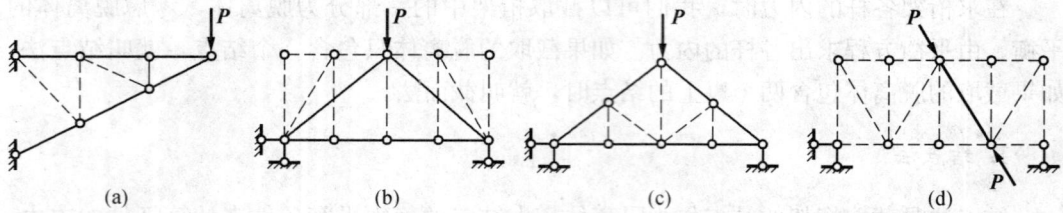

图 9-26 桁架零杆

解 1）求支座反力，由于结构和荷载均对称，故建立平衡方程，即

$$\sum M_A = 0, \quad -20 \times 4 - 10 \times 8 - 20 \times 12 + R_B \times 16 = 0, \quad R_B = 25\text{kN} \quad (\uparrow)$$

$$\sum M_B = 0, \quad -R_B \times 16 + 20 \times 12 + 10 \times 8 + 20 \times 4 = 0, \quad R_A = 25\text{kN} \quad (\uparrow)$$

校核：

$$\sum Y = R_A - 20 - 10 - 20 + R_B = 0$$

计算正确。

2）求各杆内力。为简化计算，可首先判别各特殊杆内力如下：

由结点 D、F、H 可知，CF 杆、DG 杆、EH 杆均为零杆，且 $N_{FA} = N_{FG}$，$N_{GH} = N_{HB}$。

利用对称性可知，仅需求桁架一半杆件的内力，因此只需计算结点 A 和结点 C，便可求得各杆内力。

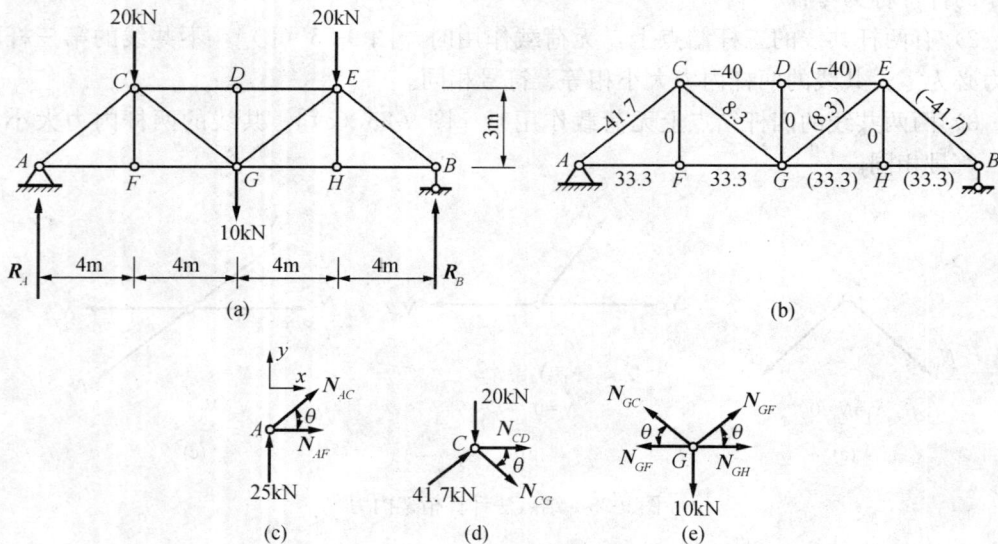

图 9-27 结点法求桁架各杆内力

结点 A：画出节点 A 受力图，如图 9-27（c）所示，$N_{AC} = N_{BE}$，$N_{FG} = N_{HG}$，$N_{CF} = N_{EH}$，$N_{AF} = N_{BH}$，$N_{AC} = N_{BE}$，$N_{AF} = N_{BH}$。

$$\cos\theta = \frac{4}{5} = 0.8, \quad \sin\theta = \frac{3}{5} = 0.6$$

$$\sum Y = 0, \quad N_{AC}\sin\theta + 25 = 0, \quad N_{AC} = -41.7\text{kN} \quad (压)$$

$$\sum X = 0, \quad N_{AF} - N_{AC}\cos\theta = 0, \quad N_{AF} = 33.3\text{kN} \quad (拉)$$

结点 C：画出节点 C 受力图，如图 9-27（d）所示。

$$\sum Y = 0, \quad -N_{CG}\sin\theta - 20 + 41.7 \times \sin\theta = 0, \quad N_{CG} = 8.3\text{kN} \quad (拉)$$

$$\sum X = 0, \quad -N_{CG}\cos\theta + 41.7 \times \cos\theta + N_{CD} = 0, \quad N_{CD} = -40\text{kN} \quad (压)$$

将计算结果写于图 9-27（b）所示桁架上（右半桁架各杆所注括号内的数字系根据对称关系求得的结果）。

3）校核。取结点 G，受力图如图 9-27（e）所示。

$$\sum Y = N_{GC}\sin\theta + N_{GF}\sin\theta - 10 = 0$$

$$\sum X = -N_{GF} - N_{GC}\cos\theta + N_{GH} + N_{GC}\cos\theta = 0$$

计算正确。

2. 截面法

在分析桁架内力时，有时仅需求出某一个（或几个）指定杆件的内力，这时用截面法比较方便。由于脱离体包含两个以上的结点，其受力图在一般情况下属于平面任意力系，可建立三个平衡方程，解算三个未知量。为避免解算联立方程，使用截面法时，脱离体上未知力的个数最好不多于三个，且尽量使一个平衡方程只包含一个未知量。

【例 9-12】　试用截面法求图 9-28（a）所示桁架指定杆的内力。

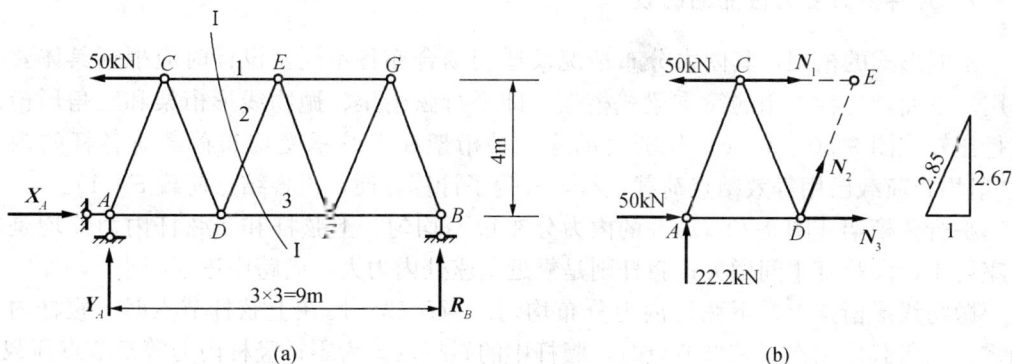

图 9-28　截面法求指定杆的内力

解　1）求支座反力。如图 9-28（a）所示，建立平衡方程，得

$$\sum X = 0, \quad -50 + X_A = 0, \quad X_A = 50\text{kN} \quad (\rightarrow)$$

$$\sum M_A = 0, \quad 50 \times 4 + R_B \times 9 = 0, \quad R_B = -22.2\text{kN} \quad (\downarrow)$$

$$\sum M_B = 0, \quad 50 \times 4 - Y_A \times 9 = 0, \quad Y_A = 22.2\text{kN} \quad (\uparrow)$$

校核：

$$\sum Y = Y_A + R_B = 0$$

计算正确。

2）求指定杆的内力。用截面 I—I 将桁架分为两部分，取左半部分为脱离体，画受力图，如图 9-28（b）所示。

建立平衡方程为

$$\sum M_D = 0, \quad 50 \times 4 - 22.2 \times 3 + N_1 \times 4 = 0, \quad N_1 = 33.4\text{kN} \quad （拉）$$

$$\sum M_E = 0, \quad 50 \times 4 - 22.2 \times 4.5 + N_3 \times 4 = 0, \quad N_3 = -25\text{kN} \quad （压）$$

$$\sum Y = 0, \quad 22.2 + N_2 \times \frac{2.67}{2.85} = 0, \quad N_2 = -23.7\text{kN} \quad （压）$$

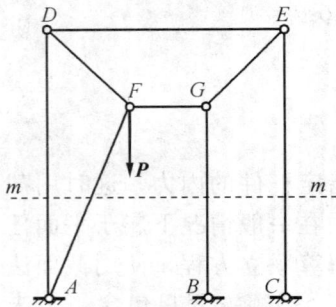

3. 结点法与截面法的联合运用

在一些比较复杂的桁架中，仅用单纯的结点法或截面法不容易求得所有杆件的内力。联合使用结点法与截面法，则方便得多。

例如图 9-29 所示为一复杂桁架，取 m—m 截面，由该截面以上取脱离体，建立平衡方程为

$$\sum X = 0, \quad N_{FA} = 0$$

图 9-29　复杂桁架

然后便可以用结点法依次取 F、D、G、E 结点为脱离体，不需解联立方程便可求出各杆内力。

9.3.4　几种桁架受力性能的比较

不同形式的桁架，其内力分布情况及适用场合亦各不同，设计时应根据具体要求选用。下面就三种常用的简支梁式桁架，即平行弦桁架、抛物线形桁架和三角形桁架进行比较。图 9-30（a～c）分别表示这三种桁架在下弦承受均布荷载时各杆的内力（这里均布荷载已用等效结点荷载代替，并为了计算方便，设各结点荷载 $F = 1$）。

平行弦桁架［图 9-30（a）］的内力分布很不均匀。上弦杆和下弦杆内力值均是靠支座处小，向跨度中间增大；腹杆则是靠近支座处内力大，向跨中逐渐减小。

抛物线形桁架上、下弦杆内力分布均匀。当荷载作用在上弦杆节点时，腹杆内力为零；当荷载作用在下弦杆节点时，腹杆中的斜杆内力为零；竖杆内力等于节点荷载。

三角形桁架［图 9-30（b）］的内力分布是不均匀的。其弦杆的内力从中间向支座方向递增，近支座处最大。在腹杆中，斜杆受压，而竖杆则受拉（或为零杆），而且腹杆的内力是从支座向中间递增。

由上所述可得如下结论：

1）平行弦桁架的内力分布不均匀，弦杆内力向跨中递增，若每一节间改变截面，则增加拼接困难；如采用相同的截面，又浪费材料。但是平行弦桁架在构造上有许多优点，如所有弦杆、斜杆、竖杆长度都分别相同，所有结点处相应各杆交角均相同等，

因而利于标准化。平行弦桁架用于轻型桁架时，可采用截面一致的弦杆，而不致有很大浪费。厂房中多用于 12m 以上的吊车梁。铁路桥梁中，由于平行弦桁架给构件制作及施工拼装都带来很多方便，故较多采用。

2）抛物线形桁架的内力分布均匀，因而在材料使用上最为经济。但是构造上有缺点，上弦杆在每一结点处均转折而须设置接头，故构造较复杂。不过在大跨度桥梁（例如 100～150m）及大跨度屋架（18～30m）中，其节约材料意义较大，故常采用。

3）三角形桁架的内力分布也不均匀。弦杆内力在两端最大，且端结点处夹角甚小，构造布置较为困难。但是其两斜面符合屋顶构造需要，故只在屋架中采用。

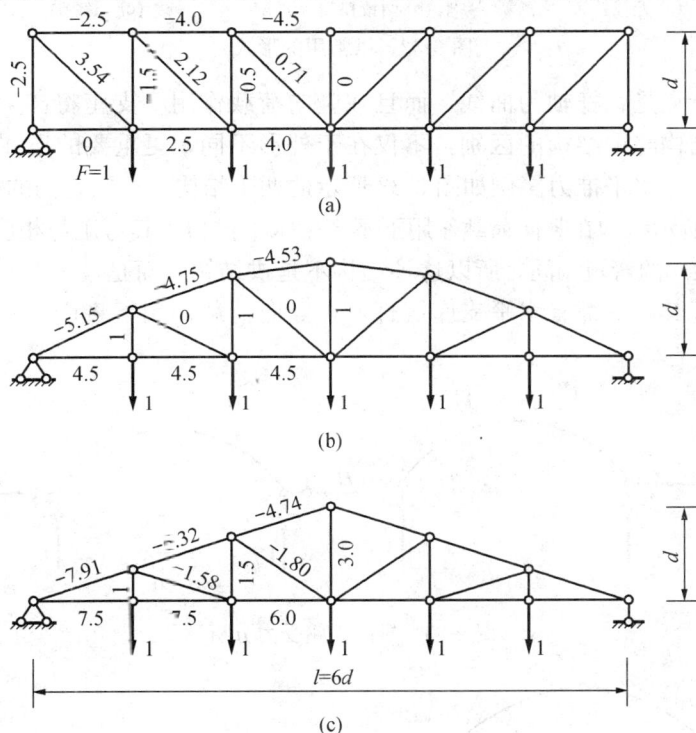

图 9-30　三种简支桁架的内力比较

9.4　三铰拱结构

想一想

拱桥为桥梁的基本体系之一，建筑历史悠久，外形优美，古今中外名桥遍布各地，在桥梁建筑中占有重要地位。它适用于大、中、小跨公路或铁路桥，尤宜跨越峡谷。又因其造型美观，也常用于城市、风景区的桥梁建筑，如图 9-31 所示。那么，如何计算拱桥的内力？

图 9-31　拱桥

9.4.1 拱的结构特性

拱是杆轴线为曲线并且在竖向荷载作用下会产生水平反力的结构。拱常用的形式有三铰拱、两铰拱和无铰拱（图 9-32）等几种。除隧道、桥梁外，在房屋建筑中，屋面承重结构也用到拱结构。

图 9-32　拱常用的形式

拱结构的特点是：杆轴为曲线，而且在竖向荷载作用下支座将产生水平推力，简称为推力。拱结构与梁结构的区别，不仅在于外形不同，更重要的还在于它在竖向荷载作用下是否产生水平推力。例如图 9-33 所示的两个结构，虽然它们的杆轴都是曲线，但图 9-33（a）所示结构在竖向荷载作用下不产生水平推力，其弯矩与相应简支梁（同跨度、同荷载的梁）的弯矩相同，所以这种结构不是拱结构，而是一根曲梁。图 9-33（b）所示结构，由于其两端都有水平支座链杆，在竖向荷载作用下将产生水平推力，所以属于拱结构。

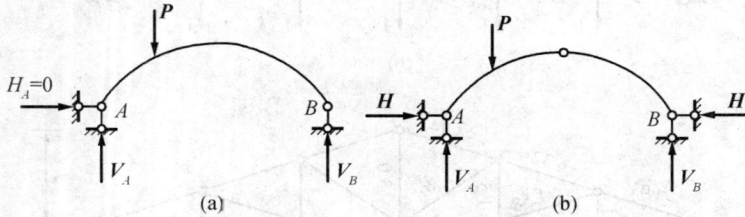

图 9-33　拱的支座受力分析

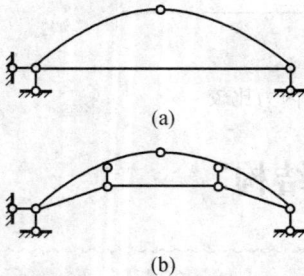

图 9-34　带拉杆的拱　　　　图 9-35　三铰拱

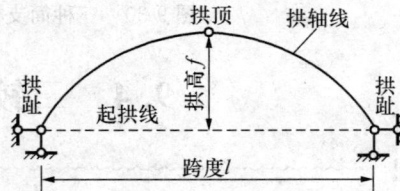

有时，在拱的两支座间设置拉杆来代替支座承受水平推力，使其成为带拉杆的拱〔图 9-34（a）〕。这样，在竖向荷载作用下支座就只产生竖向反力，从而消除了推力对支承结构的影响。为了使拱下获得较大的净空，有时也将拉杆做成折线形〔图 9-34（b）〕。

拱的各部位名称如图 9-35 所示。拱身各横截面形心的连线称为拱轴线。拱的两端支座处称为拱趾。两拱趾间的水平距离称为拱的跨度。两拱趾的连线称为起拱线。拱轴上距起拱线最远的一点称为拱顶，三铰拱通常在拱顶处设置铰。拱顶至起拱线之间的竖直距离称为拱高。拱高与跨度之比 $\dfrac{f}{l}$ 称为高跨比。两拱趾在同一水平线上的称为平拱，不在同一水平线上的称为斜拱。

9.4.2　三铰拱的内力计算

1. 三铰拱支座反力的计算

三铰拱为静定结构，其全部反力和内力可以由平衡方程算出。计算三铰拱支座反力的方法与三铰刚架支座反力的计算方法相同。下面以图 9-36（a）所示平拱受竖向荷载为例导出支座反力的计算公式。

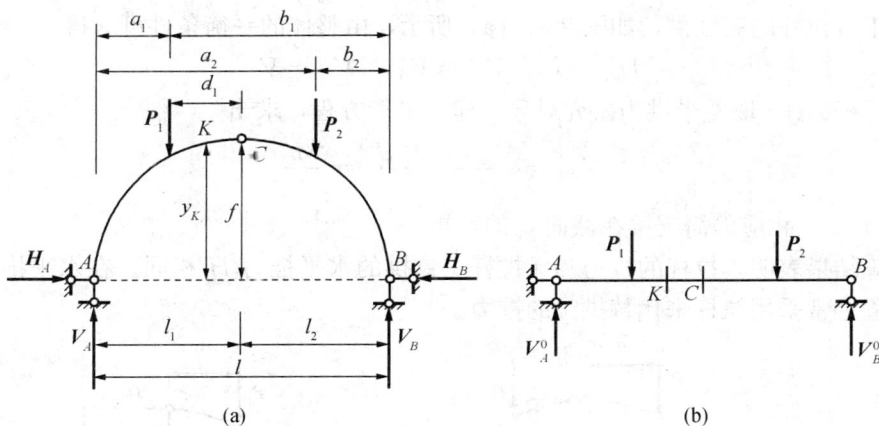

图 9-36　三铰拱支座反力计算

$$\sum M_B = 0, \quad V_A = \frac{P_1 b_1 + P_2 b_2}{l} \tag{a}$$

$$\sum M_A = 0, \quad V_B = \frac{P_1 a_1 + P_2 a_2}{l} \tag{b}$$

$$\sum X = 0, \quad H_A = H_B = H \tag{c}$$

从 C 铰处截开，取左半拱为研究对象，建立平衡方程，求出

$$\sum M_C^{左} = 0, \quad H_A = H_B = H = \frac{V_A l_1 - P_1 d_1}{f} \tag{d}$$

为了便于分析和比较，取与三铰拱同跨度、同荷载的简支梁，如图 9-36（b）所示。由平衡条件可得简支梁的支座反力及 C 截面的弯矩分别为

$$V_A^0 = \frac{P_1 b_1 + P_2 b_2}{l} \tag{e}$$

$$V_B^0 = \frac{P_1 a_1 + P_2 a_2}{l} \tag{f}$$

$$M_C^0 = V_A l_1 - P_1 d_1 \tag{g}$$

比较式（a）与式（e）、式（b）与式（f）及式（d）与式（g），可见

$$V_A = V_A^0 \tag{9-1}$$

$$V_B = V_B^0 \tag{9-2}$$

$$H = \frac{M_C^0}{f} \tag{9-3}$$

由式（9-1）、式（9-2）可知，在竖向荷载作用下，平拱的竖向支座反力和相应的简支梁的支座反力完全相同。

由式（9-4）可知，三铰拱的推力只与三个铰的位置有关，而与拱轴的形状无关。当荷载和跨度不变时，平拱的水平推力 H 与拱高 f 成反比，所以拱越扁平，其推力就越大。当 $f \to 0$ 时，$H \to \infty$，这时三铰拱的三个铰在同一条直线上，拱已成为瞬变体系。

对于有拉杆的三铰拱，如图 9-37（a）所示，由整体的平衡条件可求得

$$H_A = 0, \quad V_A = V_A^0, \quad V_B = V_B^0$$

截开杆 AB，取左半拱为研究对象，建立平衡方程，求出

$$N_{AB} = \frac{V_A l_1 - P_1 d_1}{f} = \frac{M_C^0}{f} \tag{9-4}$$

式中，M_C^0——相应的简支梁在载面 C 的弯矩。

计算结果表明，拉杆的拉力和无拉杆三铰拱的水平推力 H 相同。在水平推力不足时，工程上常采用拉杆来代替拱趾的推力。

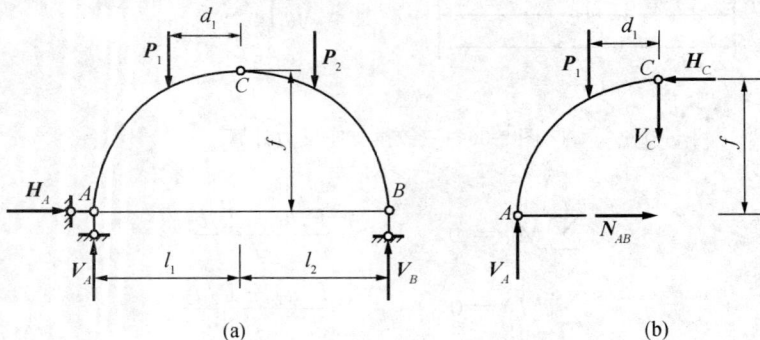

图 9-37　有拉杆三铰拱的支座反力计算

2. 三铰拱的内力计算

三铰拱的内力符号规定：弯矩以使拱内侧纤维受拉为正；剪力以使脱离体顺时针转动为正；因拱常受压力，规定轴力以压力为正。

为计算三铰拱任意截面 K（与拱轴垂直）的内力，首先在图 9-36（a）中取 K 截面以左部分为脱离体，画受力图，如图 9-38（a）所示，图中内力均按正方向假设，其相应简支梁段的受力图如图 9-38（b）。由图可见，K 截面内力为

$$Q_K = V_A^0 - P_1$$

$$M_K^0 = V_A^0 x_K - P_1(x_K - a_1)$$

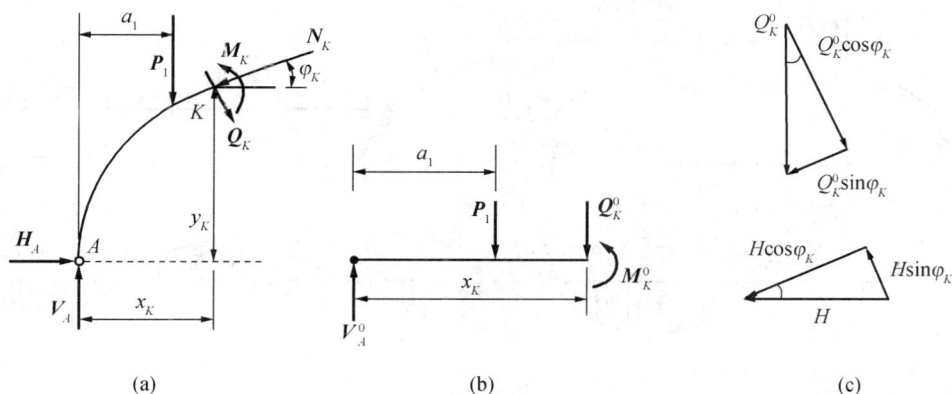

图 9-38　三铰拱任意截面的内力计算

由图 9-38（b），建立平衡方程，求得 M_K、Q_K、N_K 与相应简支梁 K 截面内力的关系式为

$$M_K = M_K^0 - H y_K \tag{9-5}$$

$$Q_K = Q_K^0 \cos\varphi_K - H\sin\varphi_K \tag{9-6}$$

$$N_K = Q_K^0 \sin\varphi_K + H\cos\varphi_K \tag{9-7}$$

式（9-5）～式（9-7）是三铰拱任意截面内力的计算公式。式中 φ_K 为所求截面的倾角，将随截面位置不同而改变。若拱轴曲线方程 $y=f(x)$ 为已知时，可利用 $\tan\varphi = \dfrac{\mathrm{d}y}{\mathrm{d}x}$ 确定各截面的 φ 值：在左半拱，$\dfrac{\mathrm{d}y}{\mathrm{d}x}>0$，$\varphi$ 取正号；右半拱，$\dfrac{\mathrm{d}y}{\mathrm{d}x}<0$，$\varphi$ 取负号。

以上拱内力计算公式是在竖向荷载作用下推导出来的，只适用于竖向荷载作用下拱的内力计算。

【例 9-13】　试求图 9-39（a）所示三铰拱 D 截面和 E 截面的内力值。拱的轴线为一抛物线，坐标原点取为 A 时，拱轴线方程为

$$y = \frac{4f}{l^2}x(l-x)$$

解　1）利用平衡方程求各支座反力。

$$V_A = V_A^0 = \frac{8\times 12 + 2\times 8\times 4}{16} = 10\text{kN}$$

$$V_B = V_B^0 = \frac{8\times 4 + 2\times 8\times 12}{16} = 14\text{kN}$$

$$H_A = H_B = H = \frac{M_C^0}{f} = \frac{10\times 8 - 8\times 4}{4} = 12\text{kN}$$

2）根据已给拱轴线方程，分别计算 D 截面和 E 截面的纵坐标及拱轴线的切线倾角。

D 截面：

$$x_D = 4\text{m}$$

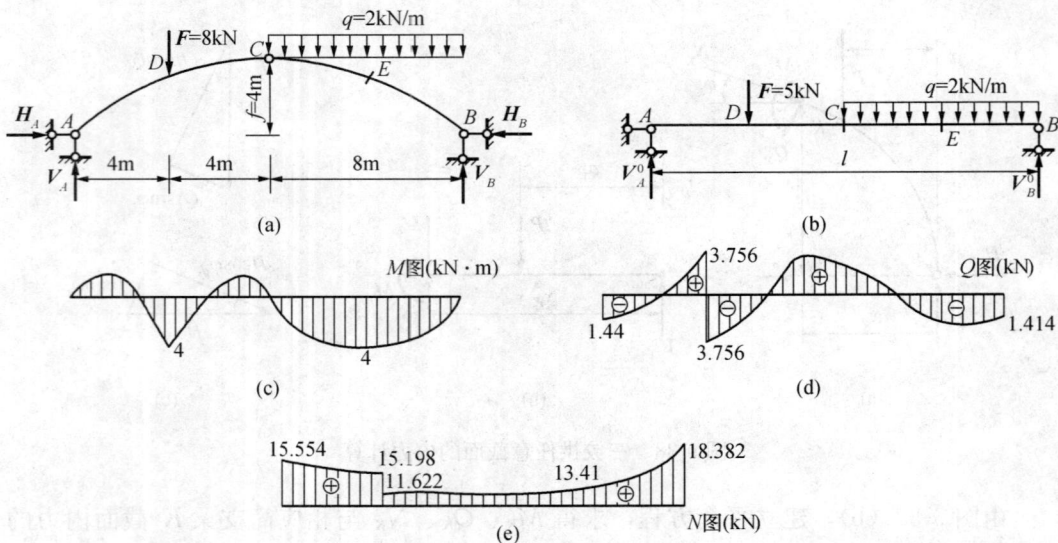

(a)

(b)

(c)

(d)

(e)

图 9-39　求三铰拱 D、E 截面的内力

$$y_D = \frac{4 \times 4}{16^2} \times 4 \times (16 - 4) = 3\text{m}$$

$$\tan\varphi_D = \frac{\mathrm{d}y}{\mathrm{d}x}\bigg|_{x=4} = \frac{4f}{l^2}(l - 2x)\bigg|_{x=4} = \frac{4 \times 4}{16^2} \times (16 - 2 \times 4) = \frac{1}{2}$$

$$\varphi_D = 26.56°$$

$$\cos\varphi_D = 0.894, \quad \sin\varphi_D = 0.447$$

根据式（9-5）～式（9-7），注意到集中力作用处剪力、轴力有突变，得到

$$M_D = M_D^0 - Hy_D = 10 \times 4 - 12 \times 3 = 4\text{kN} \cdot \text{m}$$

$$Q_D^{左} = Q_D^0 \cos\varphi_D - H\sin\varphi_D = 10 \times 0.894 - 12 \times 0.447 = 3.576\text{kN}$$

$$Q_D^{右} = Q_D^0 \cos\varphi_D - H\sin\varphi_D = (10 - 8) \times 0.894 - 12 \times 0.447 = -3.576\text{kN}$$

$$N_D^{左} = Q_D^0 \sin\varphi_D + H\cos\varphi_D = 10 \times 0.447 + 12 \times 0.894 = 15.198\text{kN}$$

$$N_D^{右} = Q_D^0 \sin\varphi_D + H\cos\varphi_D = (10 - 8) \times 0.447 + 12 \times 0.894 = 11.622\text{kN}$$

E 截面：

$$x_E = 12\text{m}$$

$$y_E = \frac{4 \times 4}{16^2} \times 12 \times (16 - 12) = 3\text{m}$$

$$\tan\varphi_E = \frac{\mathrm{d}y}{\mathrm{d}x}\bigg|_{x=12} = \frac{4f}{l^2}(l - 2x)\bigg|_{x=12} = \frac{4 \times 4}{16^2} \times (16 - 2 \times 12) = -\frac{1}{2}$$

$$\varphi_E = -26.56°$$

$$\cos\varphi_E = 0.894, \quad \sin\varphi_D = -0.447$$

$$M_E = M_E^0 - Hy_E = 14 \times 4 - 2 \times 4 \times 2 - 12 \times 3 = 4\text{kN} \cdot \text{m}$$

$$Q_E = Q_E^0 \cos\varphi_E - H\sin\varphi_E = (-14 + 2 \times 4) \times 0.894 - 12 \times (-0.447) = 0$$

$$N_E = Q_E^0 \sin\varphi_E + H\cos\varphi_E = (-14 + 2 \times 4) \times (-0.447) + 12 \times 0.894 = 13.41\text{kN}$$

若计算三铰拱多个横截面（如拱轴水平投影的等分点对应的横截面）上的内力值，

即可画出弯矩图、剪力图、轴力图的大致形状，如图 9-39（c～e）所示。

3. 三铰拱的合理拱轴线

从上述三铰拱内力计算公式中可以看出，当荷载一定时确定三铰拱内力的重要因素为拱轴线的形式。工程中，为了充分利用砖石等脆性材料的特性（即抗压强度高而抗拉强度低），往往在给定荷载下，通过调整拱轴曲线，尽量使得截面上的弯矩减小，甚至于使得截面处处弯矩值均为零，而只产生轴向压力，这时压应力沿截面均匀分布。这种在给定荷载下使拱处于无弯矩状态的相应拱轴线称为在该荷载作用下的合理拱轴线。

由式（9-5）可知，三铰拱任一截面的弯矩为

$$M(x) = M^0(x) - Hy(x)$$

当拱的轴线为合理拱轴线时，各截面的弯矩应为零，即

$$M(x) = M^0(x) - Hy(x) = 0$$

因此，合理拱轴线的方程为

$$y(x) = \frac{M^0(x)}{H} \tag{9-8}$$

式中，$M^0(x)$——相应简支梁的弯矩方程。

当拱上作用的荷载已矢时，只需求出相应简支梁的弯矩方程，而后与水平推力相比，便得到合理拱轴线方程。不难看出，在竖向荷载作用下，三铰拱的合理拱轴线的表达式与相应简支梁弯矩的表达式差一个比例常数 H，即合理拱轴的纵坐标与相应简支梁弯矩图的纵坐标成比例。

【例 9-14】　试求图 9-40（a）所示三铰拱在均布荷载作用下的合理拱轴线。

解　设坐标原点在 A 点，跨度、荷载相同的简支梁如图 9-40（b）所示。

由式（9-8），合理拱轴线方程为

$$y(x) = \frac{M^0(x)}{H}$$

相应简支梁的弯矩方程为

$$M^0(x) = \frac{ql}{2}x - \frac{qx^2}{2} = \frac{qx}{2}(l - x)$$

由式（9-3），拱的水平推力为

$$H = \frac{M_C^0}{f} = \frac{ql^2}{8f}$$

所以，合理拱轴的方程为

$$y(x) = \frac{M^0(x)}{H} = \frac{\dfrac{qx}{2}(l - x)}{\dfrac{ql^2}{8f}} = \frac{4f}{l^2}x(l - x)$$

上式表明，在均布荷载作用下，三铰拱的合理拱轴线是一抛物线。

显然，同一结构受到不同荷载的作用，就有不同的合理拱轴线方程。在工程中，同一结构往往受到各种荷载作用（固定荷载、移动荷载），而合理拱轴线只对应一种已知的

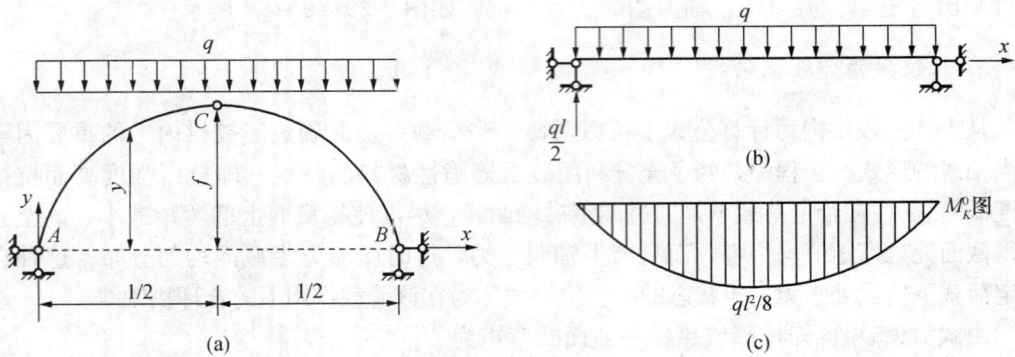

图 9-40　求三铰拱的合理拱轴线

固定荷载，对于移动荷载，不能得到其合理拱轴线方程。通常是以主要荷载作用下的合理拱轴线作为拱的轴线，在其他不同荷载作用下，拱截面虽存在弯矩，但也相对较小。

9.5　静定组合结构

9.5.1　组合结构的组成

　　组合结构由桁架与梁两种不同类型的结构有效组合而成。组合结构由两类杆件组成：一类是梁式杆，同时承受弯矩、剪力和轴力；另一类杆件为仅承受轴力的链杆。组合结构多应用于建筑中的屋架结构、吊车梁及桥梁建筑中的承重结构。工程中采用组合结构主要是为了减小梁式杆的弯矩，充分发挥材料强度，节省材料。

　　如图 9-41（a）所示组合结构中，AC、BC 杆为梁式杆，其余均为链杆；在图 9-41（b）所示组合结构中，①、②杆为链杆，其余则为梁式杆。

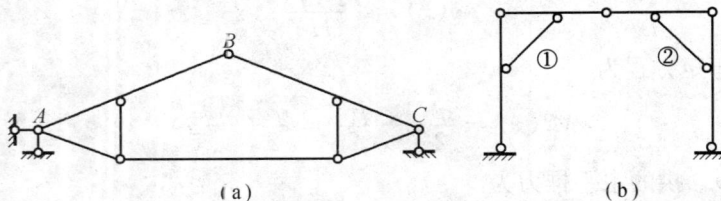

图 9-41　组合结构

9.5.2　组合结构的计算

　　静定组合结构的计算方法仍为截面法和结点法，计算步骤也与其他静定结构相同。但在取脱离体时，应特别注意所截断的杆件属于哪一类型。若截断的杆件为链杆，则该杆件的内力只有轴力；若截断的杆件为梁式杆，则杆件的内力应为弯矩、剪力和轴力。由于梁式杆的内力为三个，若先将其截断，就可能导致隔离体上的未知力过多，从而给计算带来困难。因此，在分析组合结构时，一般首先截断链杆，求出其轴力，然后根据荷载和所求得的链杆轴力计算梁式杆的内力。

【例 9-15】　试作图 9-42（a）所示组合结构的内力图。

解　1）求支座反力。利用对称性，由整体平衡条件得

$$X_A = 0, \quad Y_A = 6\text{kN}, \quad R_B = 6\text{kN}$$

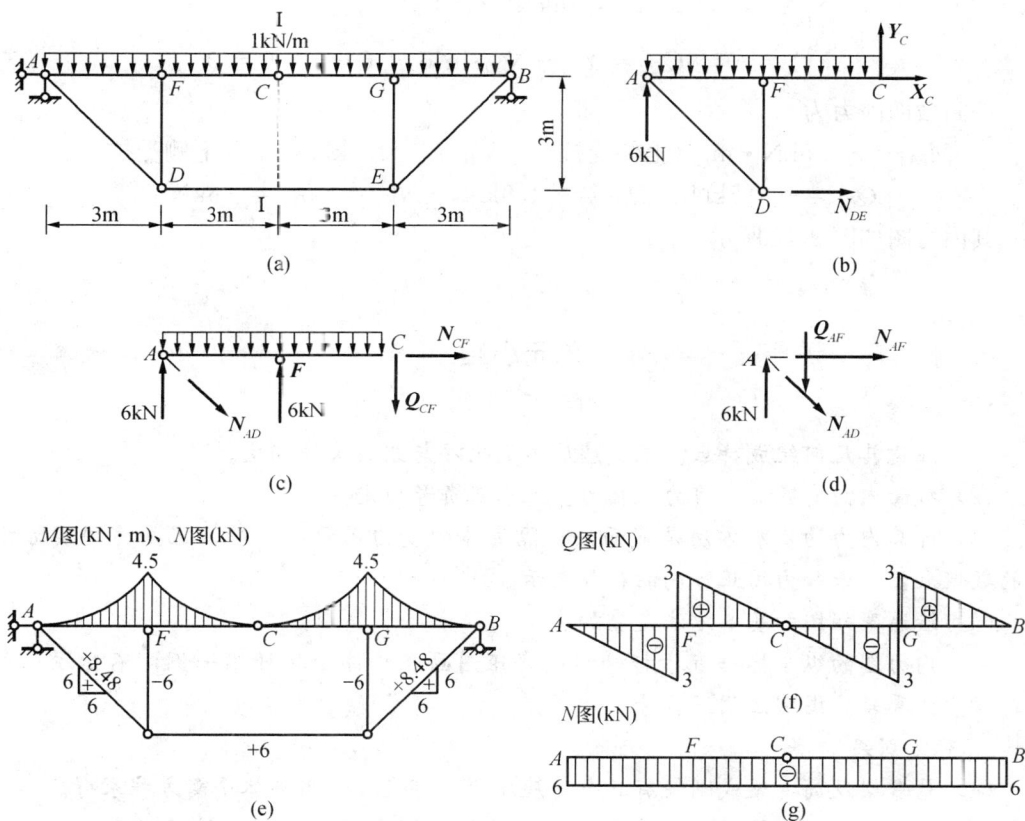

图 9-42　组合结构的受力

2）计算链杆轴力。几何组成分析：本结构是由 ADC 和 BCE 两个刚片用铰 C 和链杆 DE 连接而成的几何不变且无多余约束的组合结构。计算内力时，先作截面Ⅰ—Ⅰ，截断铰 C 和链杆 DE，脱离体如图 9-42（b）所示，由力矩平衡方程得

$$\sum M_C = 0, \quad 6 \times 6 - 1 \times 6 \times 3 - N_{DE} \times 3 = 0, \quad N_{DE} = 6\text{kN} \quad (拉)$$

由结点 D 平衡得

$$\sum X = 0, \quad N_{DE} - N_{DA}\cos 45° = 0, \quad N_{DA} = 8.48\text{kN} \quad (拉)$$

$$\sum Y = 0, \quad N_{DF} + N_{DA}\cos 45° = 0, \quad N_{DF} = -6\text{kN} \quad (压)$$

3）计算梁式杆 AC 和杆 CB 内力。取梁式杆 AFC 为隔离体，受力图如图 9-42（c）所示，控制截面为 A、F、C。

结点 A 的脱离体受力图如图 9-42（d）所示。

$$\sum X = 0, \quad N_{AF} = -6\text{kN} \quad （压）$$

$$\sum Y = 0, \quad Q_{AF} = Y_A - N_{AD}\sin45° = 0$$

结点 C：

$$\sum X = 0, \quad N_{CF} = -6\text{kN} \quad （压）$$

$$\sum Y = 0, \quad Q_{CF} = Y_A - N_{AD}\sin45° + 6 - 1 \times 6 = 0$$

控制截面内力为

$$M_{FA} = -4.5\text{kN} \cdot \text{m} \quad （上侧受拉），\quad M_{FC} = -4.5\text{kN} \cdot \text{m} \quad （上侧受拉）$$

$$Q_{FA} = -4.5\text{kN}, \quad Q_{FC} = -4.5\text{kN}, \quad N_{FA} = N_{FC} = -6\text{kN}$$

其内力图如图 9-42 所示。

单元小结

1. 静定多跨梁

（1）注意其几何组成特点。求支座反力的次序与组成次序相反。

（2）截面内力有弯矩、剪力、轴力。注意正负号规定。

（3）计算内力的基本方法是截面法。隔离体的受力图要画正确，已知力用实际方向的数值表示，未知力用正方向的符号表示。

（4）绘制弯矩图的基本方法是叠加法。

（5）内力图的纵坐标垂直于杆轴线；弯矩图画在杆件受拉纤维一侧，不标注正负号；剪力图和轴力图则注明正负号。

2. 静定刚架

（1）悬臂梁及简支梁式刚架有三个支座反力，可直接利用整体平衡方程求得。

三铰刚架有四个支座反力，除利用三个整体平衡方程外，必须利用中间铰处力矩为零的补充方程求得一个水平支座反力。

（2）刚架杆件截面内力有弯矩、剪力、轴力。注意正负号规定。

（3）截面内力的计算方法是截面法。可根据截面一边所有外力对截面形心取矩或分别沿杆轴线的法线和切线方向投影，求得杆端的弯矩、剪力和轴力。

（4）内力图的绘制。内力图的纵坐标垂直于刚架各杆的轴线，并注意刚结点处弯矩图的图形特点。

3. 静定平面桁架

（1）在满足理想桁架的假设下，桁架杆件只有轴力。因此，应当了解理想桁架的实际条件。

（2）结点法和截面法是计算桁架轴力的基本方法，应当熟练掌握。桁架按几何组成可分为简单桁架、联合桁架和复杂桁架。对于简单桁架，计算全部杆件轴力时宜用结点法，截取结点的次序和构造次序相反；对于联合桁架，宜先用截面法计算连接杆内力，然后用结点法或截面法计算其他杆件轴力。计算桁架指定杆件轴力时，应善于选择最简捷的途径，灵活应用结点法和截面法进行计算。

（3）为使计算简化，计算前应先判断零杆。

（4）桁架的外形对杆件轴力有影响。通过与相同跨度、相同荷载简支梁内力的比较，了解几种基本梁式桁架弦杆、腹杆轴力的变化规律及其应用范围。

4. 三铰拱

（1）三铰拱是由曲杆用铰组成的静定的拱式结构。三铰拱在竖向荷载作用下有水平推力。

（2）三铰拱在竖向荷载作用下的支座反力和内力可以用相应简支梁来计算。

（3）在荷载确定后，使拱各截面的弯矩等于零的轴线为合理拱轴，在沿水平线均布竖向荷载作用下三铰拱的合理拱轴是抛物线。

5. 组合结构

组合结构是由二力杆和梁式杆组成的，应能正确区分两类杆件。计算时，一般先计算二力杆的轴力，后计算梁式杆的弯矩、剪力和轴力。

自我检测

一、简答题

1. 说明计算多跨静定梁和多跨刚架支座反力的顺序。

2. 集中力可以作用在多跨静定梁的铰结点上吗？集中力偶呢？

3. 静定平面刚架的组成特点是什么？有哪些类型？

4. 试叙述静定平面刚架内力计算及内力图绘制的步骤。

5. 在刚架结点处，各杆内力有什么特点？作刚架各杆内力图时有什么规定？

6. 图 9-43 所示刚架的弯矩图是否正确？

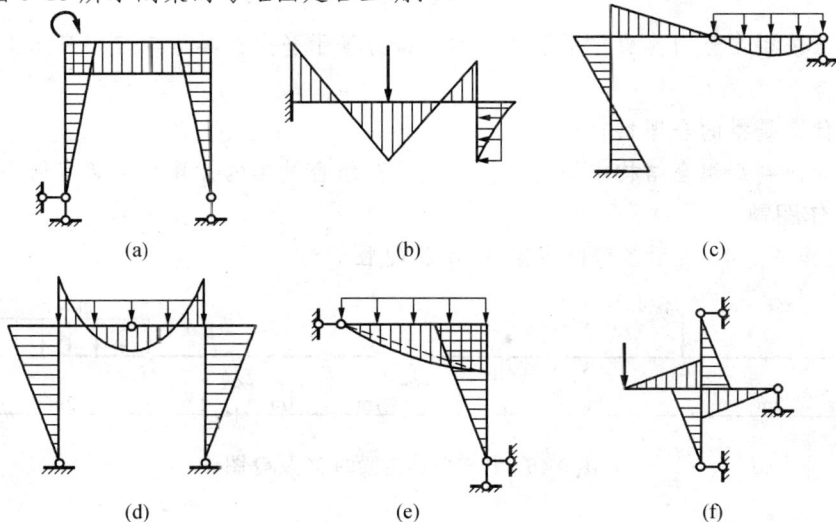

(a)	(b)	(c)
(d)	(e)	(f)

图 9-43 刚架弯矩图

7. 画出图 9-44 所示刚架弯矩图的大致形状。

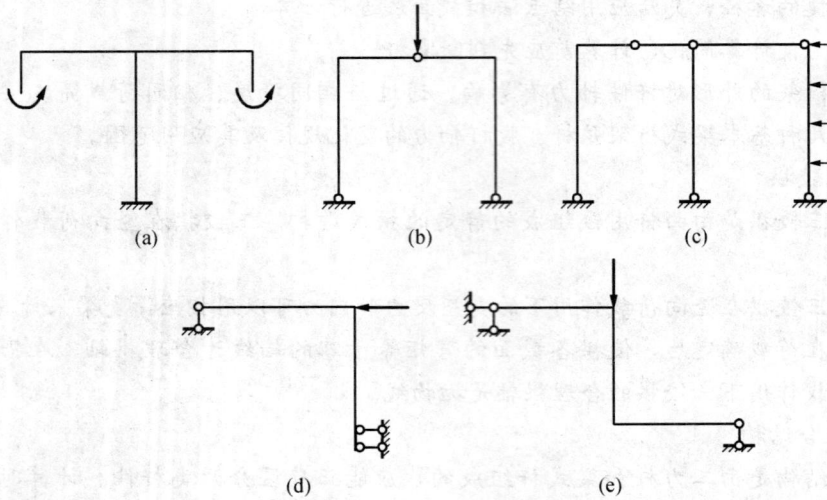

(a) (b) (c)

(d) (e)

图 9-44 画刚架弯矩图的大致形状

8. 桁架的计算简图做了哪些假设？

9. 零杆既然不受力，为何在实际结构中不把它去掉？

10. 如图 9-45 所示，同一桁架的两种受力状态，两图中对应杆件的内力是否完全相同？

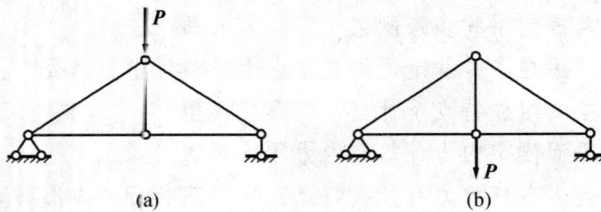

(a) (b)

图 9-45

11. 三铰拱在竖向荷载作用下，其水平推力等于多少？其弯矩与相应水平简支梁的弯矩之间有何关系？

12. 什么是拱的合理拱轴？

13. 如何判别组合结构中的链杆和梁式杆？组合结构的计算与桁架有何不同？

二、作图题

1. 试作图 9-46 所示多跨静定梁的 M 及 Q 图。

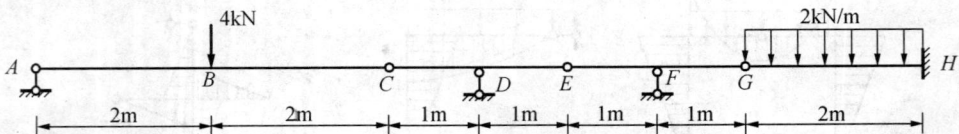

图 9-46 作多跨静定梁的 M 及 Q 图

2. 试作图 9-47 所示多跨静定梁的 M 及 Q 图。

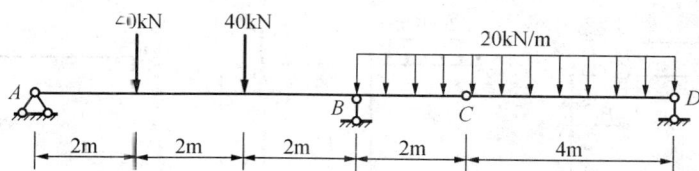

图 9-47　作多跨静定梁的 *M* 及 *Q* 图

3. 试作图 9-48 所示多跨静定梁的 *M* 图。

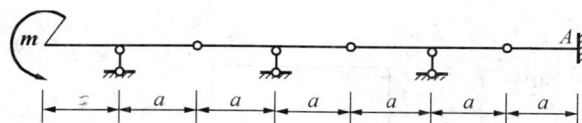

图 9-48　作多跨静定梁的 *M* 图

4. 作图 9-49 所示刚架 *M*、*Q*、*N* 图。

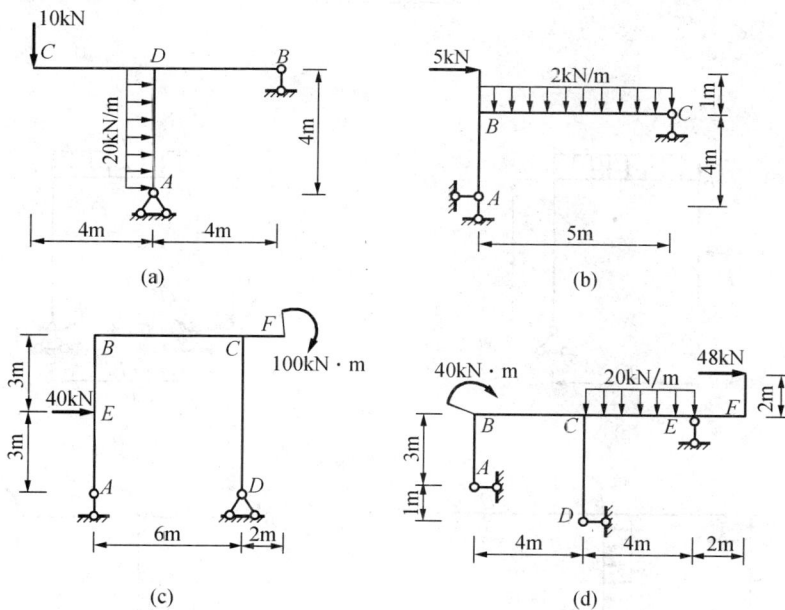

(a)

(b)

(c)

(d)

图 9-49　作刚架的内力图

5. 作出图 9-50 所示刚架 *M* 图。

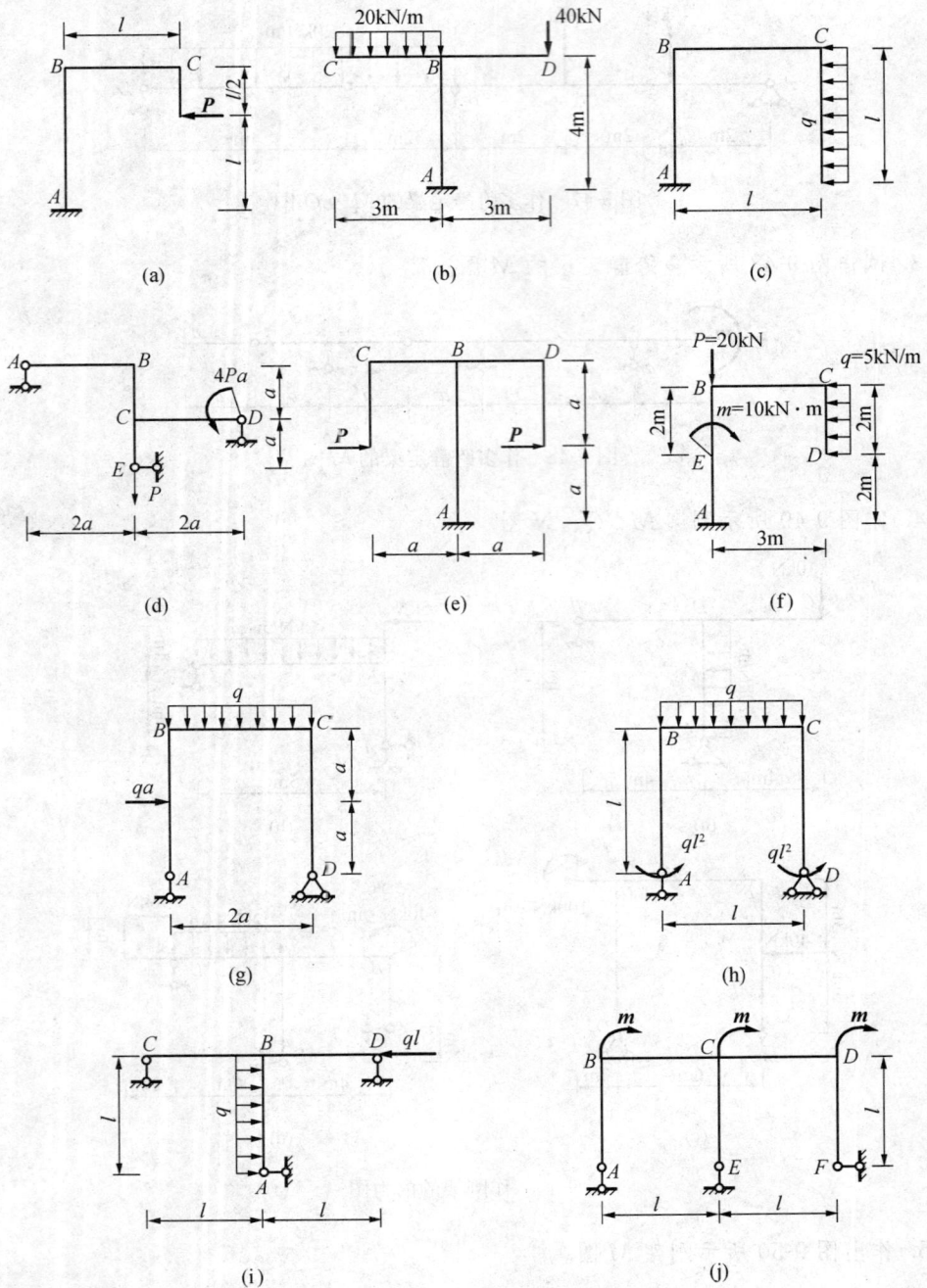

(a)

(b)

(c)

(d)

(e)

(f)

(g)

(h)

(i)

(j)

图 9-50　作刚架的 M 图

6. 作图 9-51 所示斜梁的 M、Q、N 图。

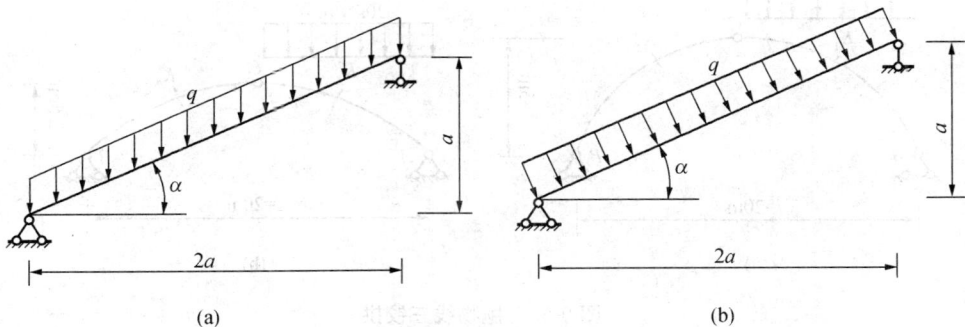

(a)　　　　　　　　　　　　　　(b)

图 9-51　作斜梁的内力图

三、计算题

1. 指出图 9-52 中的桁架中的零杆，并求指定杆的内力。

2. 图 9-53（a，b）两个抛物线三铰拱，其拱轴方程为 $y=\dfrac{4f}{l^2}x\,(l-x)$，跨度相同，拱高不同，左半跨受相同的均布荷载作用，如图 9-53 所示，求其竖向支座反力、水平推力 H 和左、右 1/4 跨度处截面 K_1、K_2 的弯矩。

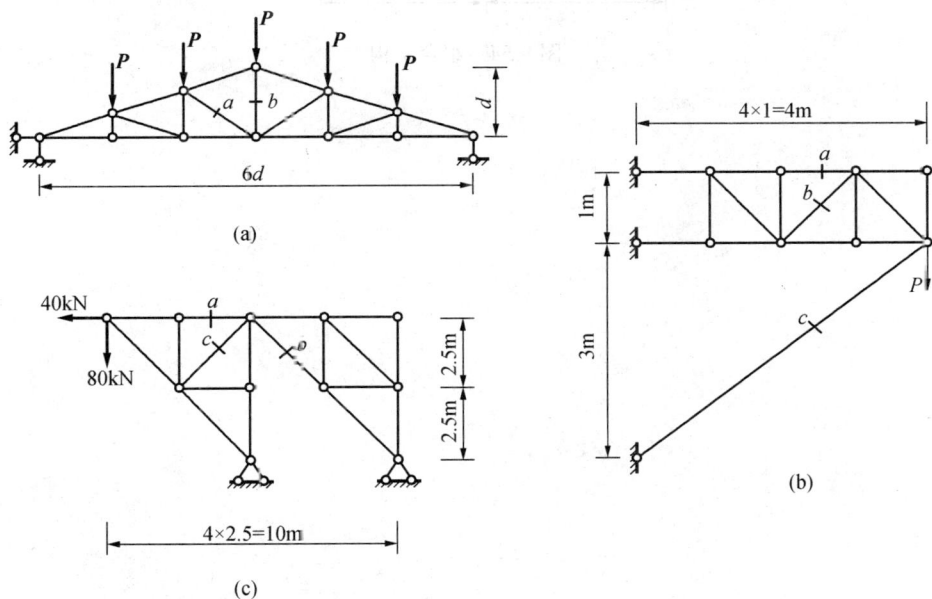

(a)

(b)

(c)

图 9-52　桁架

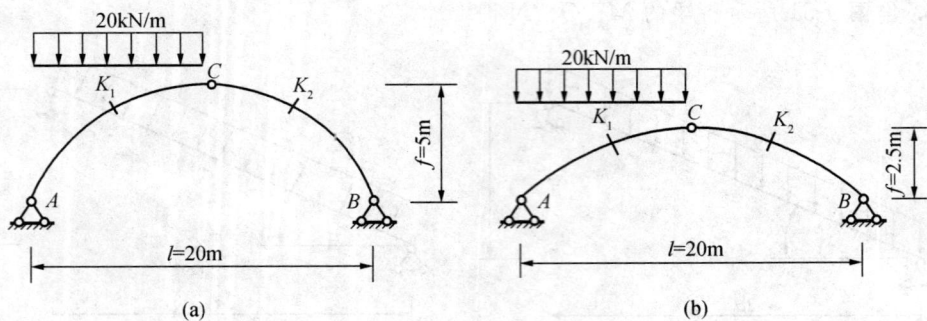

图 9-53　抛物线三铰拱

3. 试计算图 9-54 所示组合结构，作出其中梁式杆的 M 图，并求出各链杆的轴力。

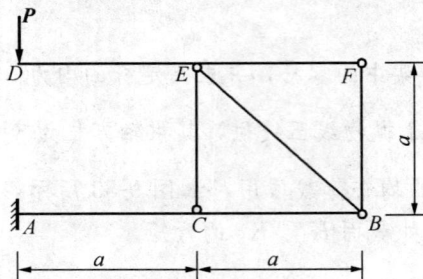

图 9-54　组合结构

工程静定平面结构位移计算

1. 掌握结构位移计算的单位荷载法。
2. 理解图乘公式，能熟练掌握用图乘法计算荷载作用下静定结构的位移。
3. 了解结构由于温度变化及支座移动引起的位移计算。

　　静定平面结构位移一般用变形体的虚功原理来计算，本单元主要介绍了结构位移计算的一般公式。

10.1　计算结构位移的目的

想一想

　　如图 10-1 所示为正在施工中的架桥机。请问：工程中如何控制架桥机端部的位移，以至能够安全到达另一个桥墩？

图 10-1　施工中的架桥机

10.1.1　结构位移

　　结构都是由变形材料制成的，当结构受到外部因素作用时，它将产生变形和位移。变形是指形状的改变，位移是指某点位置或某截面位置和方位的移动。

　　如图 10-2 所示刚架，在荷载作用下发生如虚线所示的变形，使截面 A 的形心从 A 点移动到了 A' 点，线段 AA' 称为 A 点的线位移，记为 Δ_A。若将 Δ_A 沿水平和竖向分

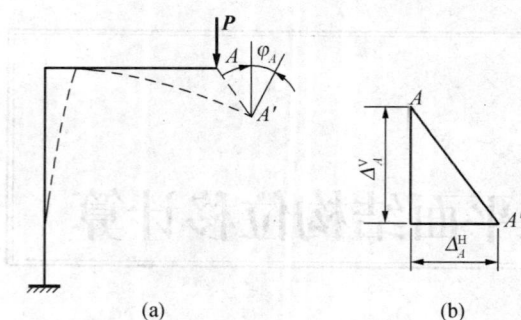

解，则其分量 Δ_A^H 和 Δ_A^V 分别称为 A 点的水平线位移和竖向线位移。同时，截面 A 还转动了一个角度，称为截面 A 的角位移，用 φ_A 表示。

上述线位移和角位移称为绝对位移。此外，还有相对位移，包括相对线位移和相对角位移。

除荷载外，温度改变、支座沉降、支座移动、材料收缩、制造误差等因素都会引起位移。

图 10-2　刚架的变形

10.1.2　计算结构位移的目的

在工程设计和施工过程中，结构位移计算是很重要的，概括地说，有如下几方面。

1）为了校核结构的刚度。我们知道，结构在荷载作用下如果变形太大，也就是没有足够的刚度，则即使不破坏也是不能正常使用的。例如列车通过桥梁时，若桥梁的挠度（即竖向线位移）太大，则线路将不平顺，以至引起过大的冲击、振动，影响行车。因此，《铁路桥涵设计规范》（TB10002.5—2005）规定，在竖向静荷载作用下桥梁的最大挠度，简支钢钣梁不得超过跨度的 1/800，简支钢桁梁不得超过跨度的 1/900。又如钢筋混凝土高层建筑的水平位移如果过大，将可能导致混凝土开裂或次要结构及装饰的破坏，人也感觉不舒服。因此，有关规范规定，在风力或地震作用下，相邻两层间的相对水平线位移（简称层间位移）的最大值与层高之比不宜大于 1/1000～1/500（随结构类型及楼房总高而异）。

2）在结构的施工过程中，也常常需要知道结构的位移。例如图 10-3 所示三孔钢桁梁，进行悬臂拼装时，在梁的自重、临时轨道、吊机等荷载作用下，悬臂部分将下垂而发生竖向位移 f_A。若 f_A 太大，则吊机容易滚走，同时梁也不能按设计要求就位。因此，必须先行计算 f_A 的数值，以便采取相应措施，确保施工安全和拼装就位。

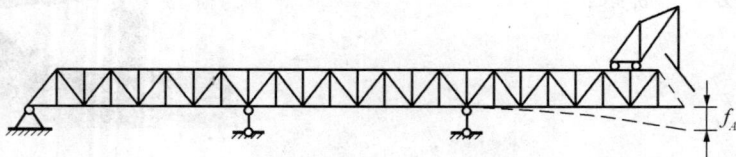

图 10-3　钢桁梁拼装施工示意图

3）为分析超静定结构打下基础。因为超静定结构的内力单凭静力平衡条件还不能全部确定，还必须考虑变形条件，而建立变形条件时就必须计算结构的位移。

4）在结构的动力计算和稳定计算中也需要计算结构的位移。

可见，结构的位移计算在工程上具有重要意义。

10.2   变形体的虚功原理

10.2.1   外力虚功

1. 功及广义位移

如图 10-4 所示，设物体上 A 点受到恒力 P 的作用时从 A 点移到 A' 点，发生了 Δ 的线位移，则力 P 在位移 Δ 过程中所做的功为

$$W = P\Delta\cos\theta \tag{10-1}$$

式中，θ——力 P 与位移 Δ 之间的夹角。

功是标量，它的量纲为力乘以长度，用 N·m 或 kN·m 表示。

图 10-5（a）为一绕 O 点转动的轮子。在轮子边缘作用有力 P。设力 P 的大小不变而方向改变，但始终沿着轮子的切线方向。当轮缘上的一点 A 在力 P 的作用下转到点 A'，轮子转动了角度 φ 时，力 P 所做的功为

$$W = PR\varphi$$

式中，PR——P 点对 O 点的力矩，以 M 来表示，则有

$$W = M\varphi$$

即力矩所做的功，等于力矩的大小和其所转过的角度的乘积。

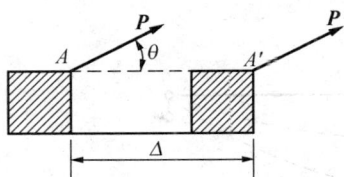

图 10-4   功的定义

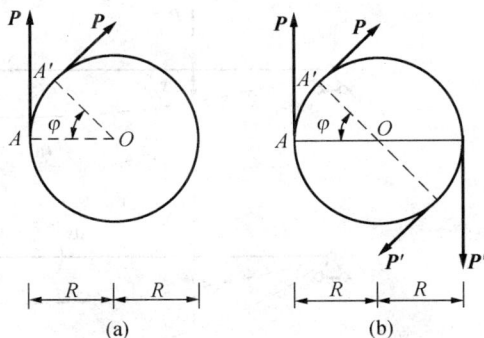

图 10-5   力和力偶做功

图 10-5（b）中，若在轮子上作用有 P 及 P' 两个力，当轮子转动了角度 φ 后，P 及 P' 所做的功为

$$W = PR\varphi + P'R\varphi$$

若 $P = P'$，则有

$$W = 2PR\varphi$$

$2PR$ 即为 P 及 P' 所构成的力偶，用 m 表示，则有

$$W = m\varphi \tag{10-2}$$

即力偶所做的功等于力偶矩的大小和其所转过的角度的乘积。

为了方便计算，可将式（10-1）和式（10-2）统一写成

$$W = P\Delta \tag{10-3}$$

式中，若 P 为集中力，则 Δ 就为线位移；若 P 为力偶，则 Δ 为角位移。P 为广义力，它可以是一个集中力或集中力偶，还可以是一对力或一对力偶等；称 Δ 为广义位移，它可以是线位移、角位移等。

2. 功的正负号

功可以为正，也可以为负，还可以为零。当 P 与 Δ 方向相同时功为正，反之则为负。若 P 与 Δ 方向相互垂直时，功为零。

3. 实功与虚功

实功是指外力或内力在自身因素引起的位移上所做的功；虚功是指若外力（或内力）在其他原因引起的位移上做的功。

例如图 10-6（a）所示简支梁，在静力荷载 P_K 的作用下达到平衡状态，结构发生了图 10-6（a）中虚线所示的变形。当 P_K 位置的位移 Δ_{KK} 是由 P_K 作用产生的，P_K 做实功，称之为外力实功。P_K 由零逐渐加到其最终值，变形也由零逐渐加到其最终值 Δ_{KK}，是变力做功。

$$\text{外力实功} \, W = \frac{1}{2} P_K \Delta_{KK}$$

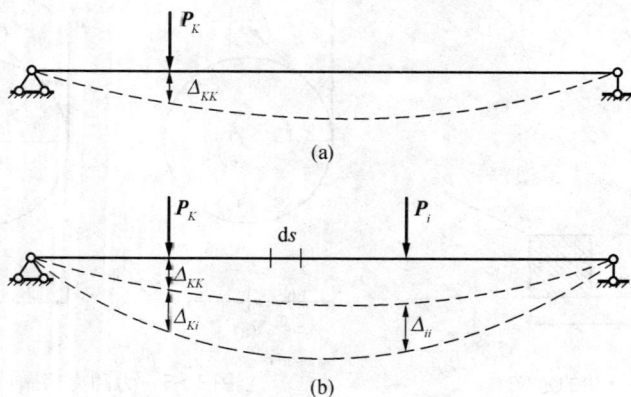

(a)

(b)

图 10-6 实功与虚功

若在此基础上又在梁上施加另外一个静力荷载 P_i，达到新的平衡状态时，P_i 在位移 Δ_{ii} 上做实功，而此阶段 P_K 的位移是 Δ_{Ki}，P_K 没有变化，是常力，P_K 在位移 Δ_{Ki} 上做虚功，称之为外力虚功，是常力做功。

$$\text{外力虚功} \, W_{外} = P_K \Delta_{Ki}$$

式中，虚位移 Δ_{Ki} 用两个下标表示，第一个下标 K 表示位移发生的位置和方向，第二个下标 i 表示引起位移的原因。本章主要用到虚功，包括外力虚功和内力虚功。

10.2.2 内力虚功

内力虚功也称为虚应变能，是指内力在其他因素引起的位移上所做的功。

简支梁在 P_K 作用下各微段两侧的内力为 M_K、Q_K、N_K，如图 10-7（a）所示。同样，在力 P_i 作用下的内力为 M_i、Q_i、N_i，它们所引起的相应变形分别为 $\mathrm{d}\varphi_i$，$\gamma_i\mathrm{d}s$，$\mathrm{d}u_i$，如图 10-7（b）所示。

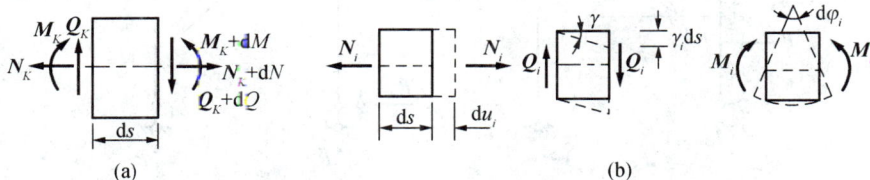

图 10-7 内力与变形

力 P_K 引起的内力为 M_K、Q_K、N_K，力 P_i 在引起的变形为 $\mathrm{d}\varphi_i$，$\gamma_i\mathrm{d}s$，$\mathrm{d}u_i$，所做的虚功称为内力虚功，其微功表达式为

$$\mathrm{d}W_{内} = M_K\mathrm{d}\varphi_i + Q_K\gamma_i\mathrm{d}s + N_K\mathrm{d}u_i$$

对于整体平面杆系结构而言，则有

$$W_{内} = \sum\int M_K\mathrm{d}\varphi_i + \sum\int Q_K\gamma_i\mathrm{d}s + \sum\int N_K\mathrm{d}u_i \tag{10-4}$$

将这个功称为内力虚功。虚功强调做功的力与产生位移的原因无关。

10.2.3 变形体的虚功原理

根据能量转变和守恒定律，可推出外力虚功等于内力虚功，即

$$W_{外} = W_{内}$$

或

$$W_{外} = \sum\int M_K\mathrm{d}\varphi_i + \sum\int Q_K\gamma_i\mathrm{d}s + \sum\int N_K\mathrm{d}u_i \tag{10-5}$$

上式表明：外力所做虚功总和等于各微段上的内力在其变形上所做的虚功总和，即外力虚功等于内力虚功。这就是虚功原理。式（10-5）称为变形体虚功方程。

虚功原理在具体应用时有以下两种方式：

1）虚设力状态：可求实际状态的未知力。这是在给定的力状态与虚设的位移状态之间应用的虚功原理，这种形式的应用即为虚位移原理。

2）虚设位移状态：可求实际状态的位移。这是在给定的位移状态与虚设的力状态之间应用的虚功原理，这种形式的应用即为虚力原理。

10.2.4 利用虚功原理计算结构的位移

利用虚力原理可以推导结构位移的计算公式。如图 10-8（a）所示结构，设在荷载、温度改变和支座移动等因素共同影响下发生了虚线所示变形，现要计算其上任一

点 K 沿任一方向 k-k 上的位移 Δ_K。由于这里引起结构位移的实际原因是荷载 P，应以此为结构的实际状态。为了使虚设状态的外力能够在实际状态的位移 Δ_K 上做虚功，需要在 K 点沿拟求位移方向（即 k-k 方向）加一个集中力 P_K。

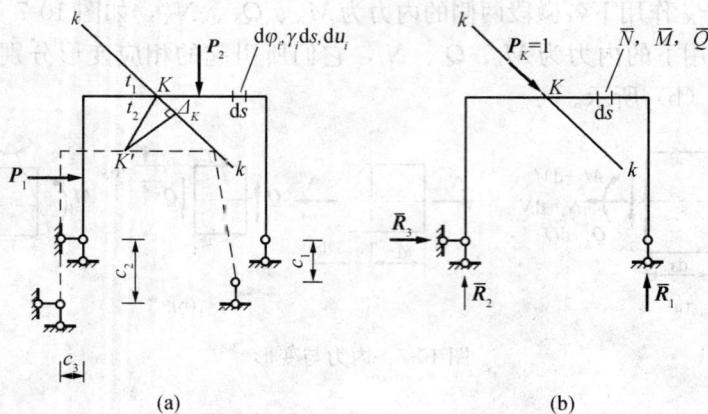

(a)   (b)

图 10-8　外力虚功和内力虚功

为计算方便，可令力 $P_K=1$，如图 10-8（b）所示，此状态即为虚拟状态。假设力 $P_K=1$ 是为了计算实际状态位移 Δ_K 而虚拟的，所以称为虚拟单位荷载。计算内力虚功时，设虚拟状态的内力为 $\overline{M}$, $\overline{Q}$, $\overline{N}$，实际状态各微段相应的变形用 $\mathrm{d}\varphi_i$，$\gamma_i\mathrm{d}s$，$\mathrm{d}u_i$ 表示。

下面先计算虚拟状态的外力和内力在实际状态相应的位移和变形上所做的虚功，然后根据虚功原理推导结构位移公式。

外力所做的虚功总和应包括外力作用处引起结构的位移与外力的乘积，以及由该外力产生的支座反力与支座处发生相应位移的乘积，即外力虚功为

$$W_{外} = P_K\Delta_K + \overline{R}_1C_1 + \overline{R}_2C_2 + \overline{R}_3C_3 = 1 \times \Delta_K + \sum \overline{R}C \qquad (10\text{-}6)$$

由变形体虚功方程可得

$$\Delta_K = \sum \int M_K\mathrm{d}\varphi_i + \sum \int Q_K\gamma_i\mathrm{d}s + \sum \int N_K\mathrm{d}u_i - \sum \overline{R}C \qquad (10\text{-}7)$$

以上为平面杆件结构位移计算的一般公式。

这种利用虚功原理，沿所求位移方向虚设单位荷载（$P_K=1$）求结构位移的方法称为单位荷载法，应用这个方法每次可计算一个位移。在虚设单位力时其指向可以任意假设，如计算结构为正值，即表示位移方向与所虚设的单位力指向相同，否则单位荷载法不仅可以用于计算结构的线位移，而且可以计算任意的广义位移，只要所设的虚单位力与所计算的广义位移相对应即可。在计算各种位移时，可按以下方法假设虚拟状态下的单位力。

若需求绝对线位移，则应在拟求位移处沿拟求线位移方向虚设相应的单位集中力；若需求绝对角位移，则应在拟求角位移处沿拟求角位移方向虚设相应的单位集中力偶；若需求相对位移，则应在拟求相对位移处沿拟求位移方向虚设相应的一对平衡单位力

或力偶。图 10-9（a～f）分别表示了在拟求位移下的单位荷载设置。

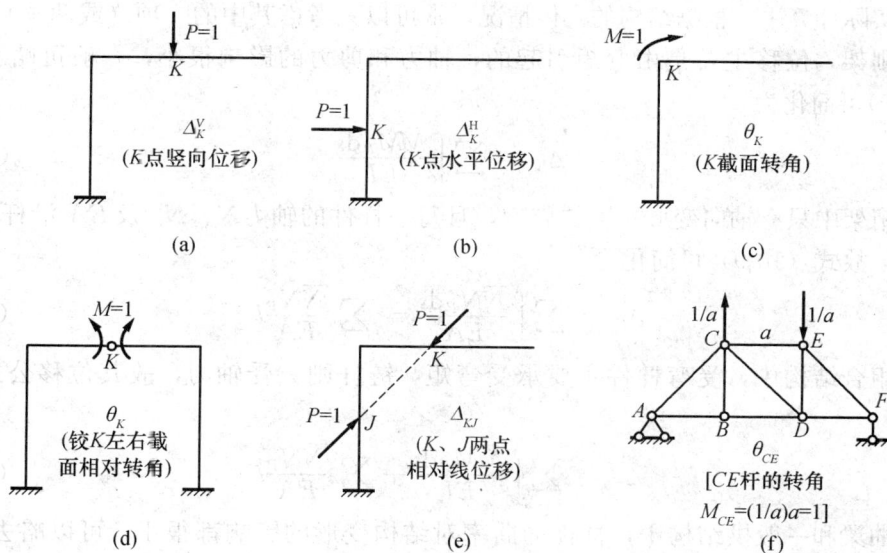

图 10-9　单位荷载的设置

10.3　荷载作用下的位移计算

如果结构只受到荷载作月，且不考虑支座位移的影响时，则式（10-7）可简化为

$$\Delta_K = \sum \int M_K \mathrm{d}\varphi_i + \sum \int Q_K \gamma_i \mathrm{d}s + \sum \int N_K \mathrm{d}u_i \tag{10-8}$$

在荷载作用下应用式（10-8）计算位移时，应根据材料是弹性的特点计算荷载作用下各截面的应变。计算时，从结构上截取长度为 $\mathrm{d}s$ 的微段，在虚拟状态中由单位荷载 $P_K = 1$ 引起的此微段两端截面上的内力用 $\overline{M}$、$\overline{Q}$、$\overline{N}$ 表示；在实际状态中，由荷载 P 引起的此微段两端截面上的内力用 M_P、Q_P 和 N_P 表示，微段的变形为 $\mathrm{d}\varphi_P$，$\gamma_P \mathrm{d}s$，$\mathrm{d}u_P$，故虚拟状态的内力在实际状态相应的变形上所做的虚功为

$$W = \sum \int \overline{M} \mathrm{d}\varphi_P + \sum \int \overline{Q}\gamma_P \mathrm{d}s + \sum \int \overline{N} \mathrm{d}u_P$$

对于弹性结构，因

$$\mathrm{d}\varphi_P = \frac{M_P \mathrm{d}s}{EI}$$

$$\gamma_P \mathrm{d}s = k\frac{Q_P \mathrm{d}s}{GA}$$

$$\mathrm{d}u_P = \frac{N_P \mathrm{d}s}{EA}$$

代入式（10-8），得

$$\Delta_K = \sum \int \frac{\overline{M}M_P \mathrm{d}s}{EI} + \sum \int k\frac{\overline{Q}Q_P \mathrm{d}s}{GA} + \sum \int \frac{\overline{N}N_P \mathrm{d}s}{EA} \tag{10-9}$$

这就是结构在荷载作用下的位移计算公式。

在实际计算中，根据结构的具体情况，常可以只考虑其中的一项（或两项），如对于梁和刚架，位移主要是由弯矩引起的，轴力和剪力的影响很小，一般可略去，故式（10-9）可简化为

$$\Delta_K = \sum \int \frac{\overline{M}M_P \mathrm{d}s}{EI} \tag{10-10}$$

在桁架中只有轴向变形一项的影响，且每一杆件的轴力 $\overline{N}$、N_P 及 EA 沿杆长 l 均为常数，故式（10-9）可简化为

$$\Delta_K = \sum \int \frac{\overline{N}N_P \mathrm{d}s}{EA} = \sum \frac{\overline{N}N_P}{EA}l \tag{10-11}$$

在组合结构中，受弯杆件主要承受弯矩，链杆则只受轴力，故其位移公式可简化为

$$\Delta_K = \sum \int \frac{\overline{M}M_P \mathrm{d}s}{EI} + \sum \frac{\overline{N}N_P}{EA}l \tag{10-12}$$

在曲梁和一般拱结构中，杆件的曲率对结构变形的影响都很小，可以略去不计，其位移仍可近似地按式（10-9）计算。通常只考虑弯曲变形一项的影响已足够精确。仅在计算扁平拱（$f/l < 1/5$）的水平位移或当拱轴与压力线比较接近时，才需同时考虑弯曲变形和轴向变形的影响，即

$$\Delta_K = \sum \int \frac{\overline{M}M_P \mathrm{d}s}{EI} + \sum \int \frac{\overline{N}N_P \mathrm{d}s}{EA} \tag{10-13}$$

【例 10-1】 如图 10-10（a）所示，等截面简支梁各杆抗弯刚度为 EI，试计算在全跨均布荷载作用下跨度中点的竖向位移与 A 端的角位移。

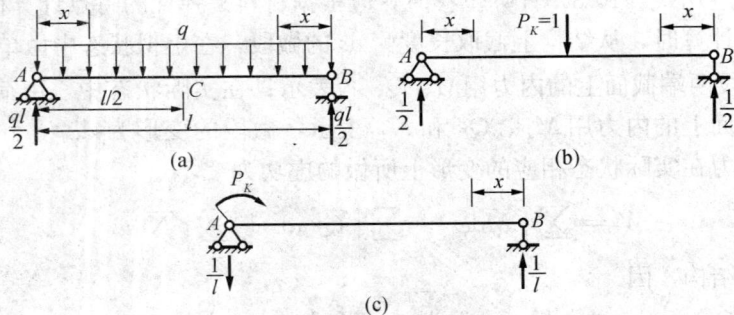

图 10-10 梁的位移计算

解 实际状态如图 10-10（a）所示，相应的弯矩方程（坐标原点在 A 或 B 点）为

$$M_P = \frac{1}{2}qlx - \frac{1}{2}qx^2$$

1）计算跨度中点竖向位移。

要求 C 点的竖向线位移，在 C 点加一竖向的单位力，如图 10-10（b）所示。弯矩方程为

$$\overline{M} = \frac{1}{2}x$$

该方程的适用范围为 AC 段。如再设坐标原点在 B 点，并规定 x 的正方向向左，则上式同样适用于 BC 段。

将以上 M_P 及 $\overline{M}$ 代入式（10-7），由于对称，沿杆件全长积分可改为沿半长积分的 2 倍，于是

$$\Delta_C^V = 2\int_0^{\frac{l}{2}} \frac{1}{2}x \times \left(\frac{1}{2}qlx - \frac{1}{2}qx^2\right)\frac{\mathrm{d}x}{EI} = \frac{5ql^4}{384EI} \quad (\downarrow)$$

计算结果得正值，表示 C 点的竖向位移的真实方向与假设的 P_K 方向相同。

2）计算 A 端的角位移。

相应的虚拟状态如图 10-10（c）所示。弯矩方程为

$$M = \frac{x}{l}$$

上式适用于梁全长范围。M_P 方程如前所示。根据式（10-7），得 A 端的角位移为

$$\varphi_A = \int_0^l \frac{x}{l}\left(\frac{1}{2}qlx - \frac{1}{2}qx^2\right)\frac{\mathrm{d}x}{EI} = \frac{ql^3}{24EI} \quad (\downarrow)$$

【例 10-2】　图 10-11（a）所示，等截面刚架各杆抗弯刚度为 EI，求 B 结点的水平位移。

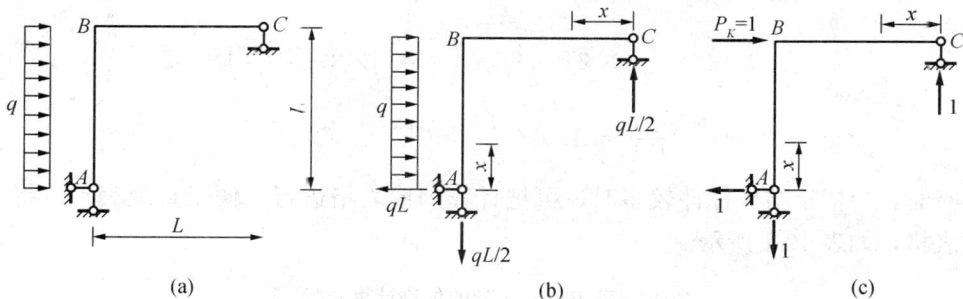

图 10-11　刚架的位移计算

解　为求 B 点的水平位移，在 B 点加一水平单位力。

分别计算出实际荷载和单位荷载作用下结构的支座反力，并建立各杆独立的截面位置坐标，注意同一杆件在两种状态中的坐标一致 [图 10-11（b，c）]。

两种状态下任意截面的弯矩函数（均以内侧受拉为正）如下。

AB 杆：

$$M(x) = qLx - \frac{qx^2}{2}, \quad \overline{M}(x) = x$$

BC 杆：

$$M(x) = \frac{qL}{2}x, \quad \overline{M}(x) = x$$

$$\Delta_B^H = \sum_1^2 \int \frac{\overline{M}M_P}{EI} dx = \left[\int_0^L \left(qLx - \frac{qx^2}{2} \right) x dx + \int_0^L \frac{qL}{2} x^2 dx \right] = \frac{3ql^4}{8EI} \quad (\rightarrow)$$

【例 10-3】 试计算如图 10-12（a）所示桁架结点 C 的竖向位移，设各杆 EA 为同一常数。

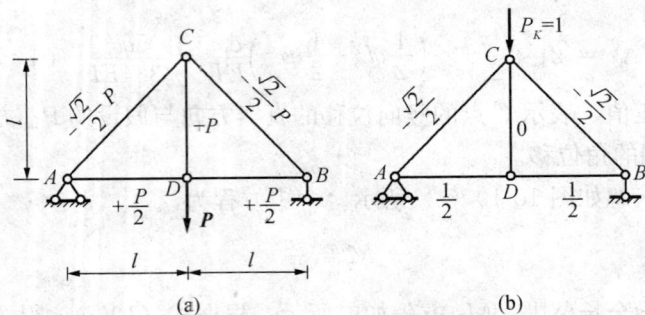

图 10-12　桁架的位移计算

解　为求 C 点的竖向位移，在 C 点加一竖向单位力，如图 10-12（b）所示。分别求出实际荷载与单位荷载引起的各杆轴力 N_P 与 $\overline{N}$，代入式（10-8），有

$$\Delta_C^V = \sum \frac{\overline{N}N_P l}{EA}$$

$$= \frac{1}{EA} \times \frac{1}{2} \times \frac{P}{2} l \times 2 + \frac{1}{EA} \times \left(-\frac{\sqrt{2}}{2} \right) \times \left(-\frac{\sqrt{2}}{2}P \right) \times \sqrt{2} l \times 2$$

$$= \left(\frac{1}{2} + \sqrt{2} \right) \frac{Pl}{EA} = 1.914 \frac{Pl}{EA} \quad (\downarrow)$$

有时，当桁架结构杆件较多时，可把计算列成表格进行，便于直观表示。将上例列成表格，如表 10-1 所示。

表 10-1　桁架的位移计算

杆件		l/m	$\overline{N}$	N_P/kN	$\overline{N}N_P l$/（kN·m）
上弦	AC、BC	$\sqrt{2}l$	$-\dfrac{\sqrt{2}}{2}$	$-\dfrac{\sqrt{2}}{2}P$	$\dfrac{\sqrt{2}}{2}Pl$
下弦	AD、BD	l	$\dfrac{1}{2}$	$\dfrac{P}{2}$	$\dfrac{P}{4}l$
竖杆	CD	l	0	P	0
					$\sum = 1.94Pl$

10.4　图　乘　法

由前述可知，计算梁和刚架在荷载作用下的位移时，先要写出 M_P 和 $\overline{M}$ 的方程式，然后代入式（10-7）中进行积分运算，当荷载比较复杂或杆件数目较多时，显得比较麻烦。当结构的各杆段符合下述三个条件时，则这一积分式就可逐段通过 M 和 M_P 两个弯矩图之间相乘的方法来解答。这三个条件是：杆轴线为直线；EI 为常数；$\overline{M}$ 和 M_P 两个弯矩图至少有一个为直线图形。下面推导图乘法计算结构位移的基本公式。

如图 10-13 所示，表示某一杆段的两个弯矩图。其中由单位荷载引起的 $\overline{M}$ 图（单位荷载弯矩图）为一直线，由荷载引起的 M_P 图（荷载弯矩图）为一曲线。对于图示坐标轴，显然有 $\overline{M}=x\tan\alpha$，代入积分式，得

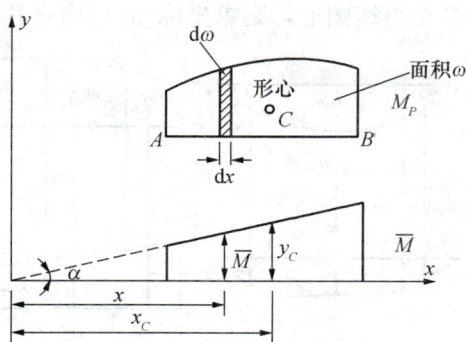

图 10-13　图乘法的公式推导

$$\frac{1}{EI}\int_A^B \overline{M}M_P\,\mathrm{d}x = \frac{1}{EI}\int_A^B x\tan\alpha M_P\,\mathrm{d}x = \frac{\tan\alpha}{EI}\int_A^B xM_P\,\mathrm{d}x = \frac{\tan\alpha}{EI}\int_A^B x\,\mathrm{d}\omega \qquad (10\text{-}14)$$

式中，$\mathrm{d}\omega$——M_P 图中有阴影线部分的微面积，$\mathrm{d}\omega=M_P\mathrm{d}x$。

$x\mathrm{d}\omega$ 是微面积 $\mathrm{d}\omega$ 对 y 轴的静矩，$\int_A^B x\,\mathrm{d}\omega$ 就是整个 M_P 图的面积对 y 轴的静矩。根据材料力学关于静矩的讨论，$\int_A^B x\,\mathrm{d}\omega$ 等于 M_P 图面积 ω 乘以其形心 C 到 y 轴的距离 x_C，即

$$\int_A^B x\,\mathrm{d}\omega = \omega x_C \qquad (10\text{-}15)$$

代入式（10-14），有

$$\frac{1}{EI}\int_A^B \overline{M}M_P\,\mathrm{d}s = \frac{1}{EI}\omega\, x_C\tan\alpha \qquad (10\text{-}16)$$

因为 $x_C\tan\alpha=y_C$，这里 y_C 为 M_P 图的形心 C 对应的 $\overline{M}$ 图上的纵距，这样式（10-16）可写为

$$\int_A^B \frac{\overline{M}M_P}{EI}\,\mathrm{d}x = \frac{1}{EI}\omega\, y_C \qquad (10\text{-}17)$$

式中，y_C——M_P 图的形心 C 处对应的 $\overline{M}$ 图的竖标值。

可见，上述积分式等于一个弯矩图的面积 ω 乘以其形心处所对应的另一个直线弯矩图上的竖标 y_C，再除以 EI，称为图乘法，是将积分运算简化为图形的面积、形心和竖标的计算。

若结构上所有各段杆都可用图乘法，则位移公式（10-10）可写成

$$\Delta_K = \sum \frac{\omega\, y_C}{EI} \qquad (10\text{-}18)$$

应用图乘法时应注意以下几点：

1）图乘法的应用条件是积分段内为同材料等截面（EI=常数）的直杆，且 M_P 图和 $\overline{M}$ 图中至少有一个是直线图形。

2）竖标 y_C 必须取自直线图形（α=常数），而不能从折线和曲线中取值。若 M_P 和

$\overline{M}$ 都是直线图形，则纵坐标 y_C 可取自其中任一个图形。

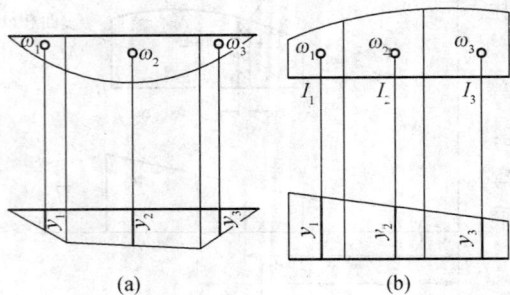

图 10-14 分段图乘

3）若面积 ω 与纵坐标 y_C 在杆件同一侧时，乘积取正值，否则取负值。

4）若 M_P 图形曲线，M 图是折线图形，则应当从折点分开分段图乘，然后叠加。如图 10-14（a）所示就应当分三段图乘，得

$$\Delta_K = \frac{1}{EI}(\omega_1 y_1 + \omega_2 y_2 + \omega_3 y_3)$$

5）若为阶形杆（各段截面不同，而在每段范围内截面不变），则应当从截面变化点分段图乘，然后叠加。如图 10-14（b）所示应分三段图乘，得

$$\Delta_K = \frac{\omega_1 y_1}{EI_1} + \frac{\omega_2 y_2}{EI_2} + \frac{\omega_3 y_3}{EI_3}$$

6）若 EI 沿杆长连续变化，或是曲杆，则必须积分计算。

图乘之所以比积分省力，在于图形的面积及其形心位置可以预先算出或查表。为应用方便，图 10-15 列出了几种常见图形的面积和形心的位置。在各抛物线图形中，顶点是指其切线平行于底边的点，顶点在中点或端点者称为标准抛物线图形。

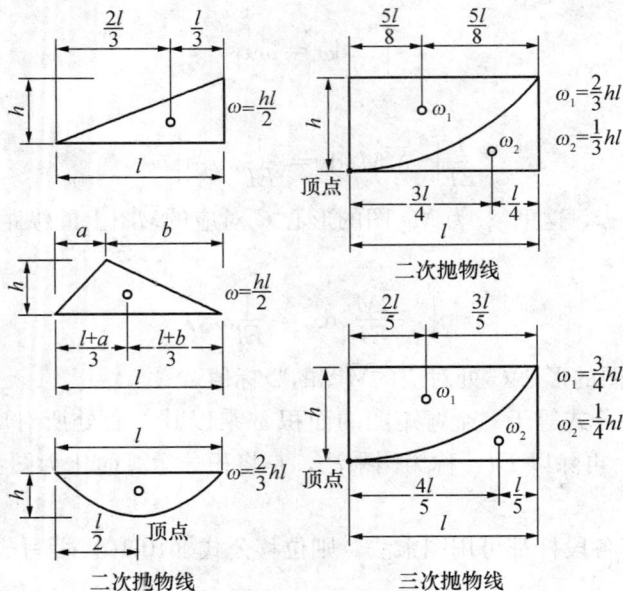

图 10-15 几种常见图形面积和形心的位置

当图形比较复杂，面积或形心位置不易直接确定时，则可将该图形分解为几个易于确定形心位置和面积的简单图形，将它们分别与另一图形相乘，然后将结果叠加。

如图 10-16（a）所示，若 M_P 和 $\overline{M}$ 都是梯形时，可以不求梯形面积的形心，而把

一个梯形分为两个三角形（或一个矩形与一个三角形），分别应用图乘法，得

$$\Delta_K = \frac{1}{EI}(\omega_1 y_1 + \omega_2 y_2) = \frac{1}{EI}\left(\frac{al}{2}y_1 + \frac{bl}{2}y_2\right)$$

其纵距 y_1 和 y_2 从 $\overline{M}$ 图的两个三角形中求得，为

$$y_1 = \frac{2}{3}c + \frac{1}{3}d, \quad y_2 = \frac{1}{3}c + \frac{2}{3}d$$

当 M_P 和 $\overline{M}$ 图的竖标不在基线的同侧时，可将其中一幅图看成一个在基线上侧、另一个在基线下侧的两个三角形，分别求出上下两三角形面积及形心所对应的纵坐标再图乘，如图 10-16（b）所示。此时

$$y_1 = \frac{2}{3}c + \frac{1}{3}d, \quad y_2 = \frac{2}{3}c + \frac{1}{3}d$$

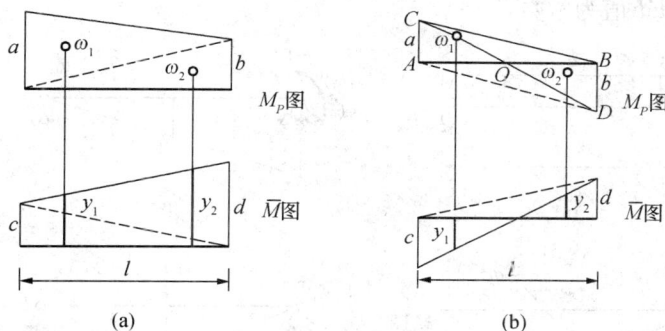

图 10-16　图乘叠加

此外，图乘法计算结构位移时，还经常遇到在均布荷载作用下较复杂的弯矩图形。如图 10-17 所示，对于均布有载作用下的任何一段直杆 AB，其弯矩图均可化为一个梯形与一个标准抛物线图形叠加。这段直杆的弯矩图与图 10-17 所示相应简支梁在两端弯矩 M_A、M_B 和均布荷载 q 作用下的弯矩图是相同的。

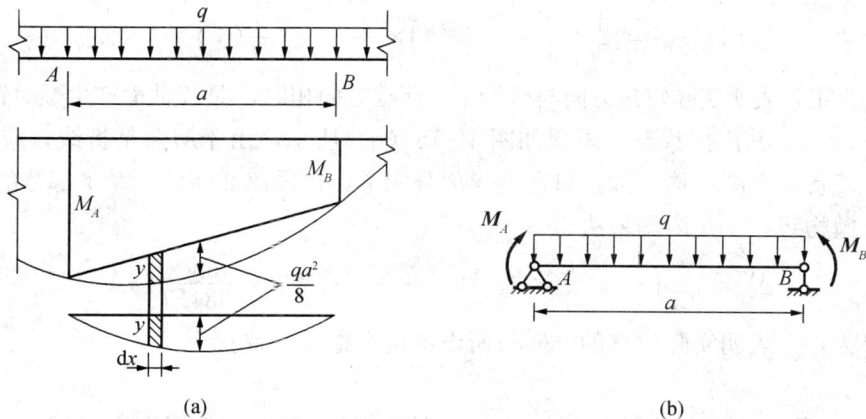

图 10-17　均布荷载作用下的图乘

　　弯矩图叠加，是指其纵距叠加，而不是原图形的简单拼合。叠加后的抛物线图形的所有纵距仍应为竖向的，而不是垂直于 M_A、M_B 的连线。这样，叠加后的抛物线图形与原标准抛物线在形状上并不相同，但两者对应的每一条微面积都相等。由此可推知，两个图形总的面积大小和形心位置仍然是相同的。

　　图乘法的计算步骤可总结如下：

1）画结构在实际荷载作用下的弯矩图 M_P。

2）在拟求位移处沿所求位移方向虚设单位力，画单位弯矩图 $\overline{M}$。

3）分段计算 M_P（或 $\overline{M}$）图形面积 ω 及其形心所对应的 $\overline{M}$（或 M_P）图形的竖标值 y_C。

4）将所求得的 ω、y_C 代入图乘公式，计算所求位移。

　　【例 10-4】　求如图 10-18（a）所示简支梁 A 端截面的角位移和梁中点 C 处的竖向位移，已知梁的 EI 值为常数。

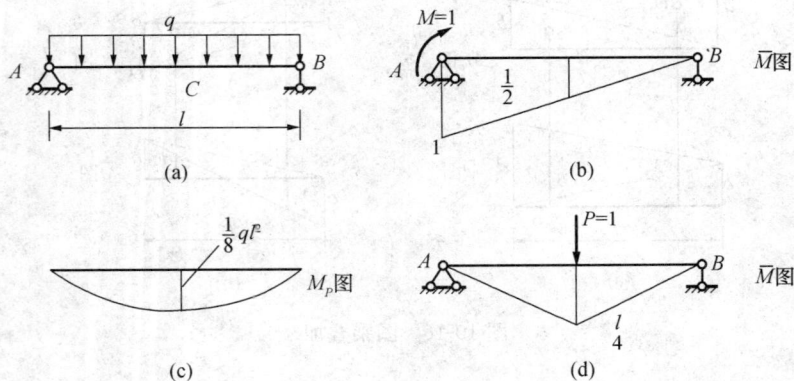

图 10-18　求简支梁的转角和位移

　　解　1）求 φ_A。作如图 10-18（b）所示 M_P 图，其虚拟状态弯矩图如图 10-18（c）所示。$\overline{M}$ 图为直线，与 M_P 图图乘，得

$$\varphi_A = \frac{1}{EI}\left(\frac{2}{3}\times l\times \frac{ql^2}{8}\right)\times \frac{1}{2} = \frac{ql^3}{24EI}(\circlearrowright)$$

结果为正，表明实际转角方向与所设单位荷载方向相同，即 A 截面产生顺时针转角。

　　2）求 Δ_{Cy}。其虚拟状态弯矩图如图 10-18（d）所示，由于 $\overline{M}$ 图是折线，应当从转折点分开，且两个图形均对称，只在左半部分图乘，再乘以 2 即可。左半部分的 M_P 图仍为标准抛物线，于是由图乘法得

$$\Delta_C^V = \frac{1}{EI}\left(\frac{2}{3}\times \frac{l}{2}\times \frac{ql^2}{8}\right)\times \left(\frac{5}{8}\times \frac{l}{4}\right)\times 2 = \frac{5ql^4}{384EI}(\downarrow)$$

结果为正，表明实际位移的方向与所设单位力指向一致。

　　【例 10-5】　试用图乘法计算如图 10-19（a）所示简支刚架截面 C 的竖向位移、B 点的角位移和 D、E 两点间的相对水平位移，各杆 EI 为常数。

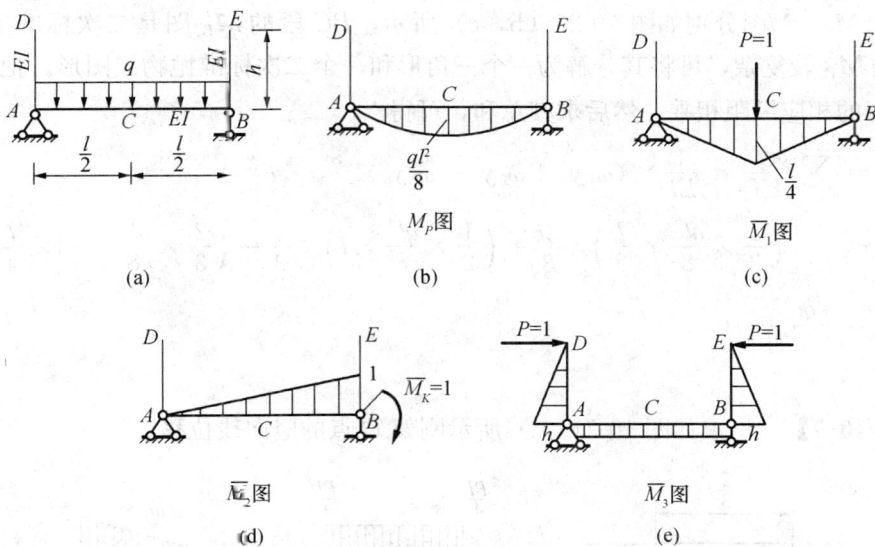

图 10-19　图乘法计算刚架位移

解　1）计算 C 截面的竖向位移 Δ_C^{V}。

作出 M_P 图和 C 截面作用单位荷载 $P_K = 1$ 时的 $\overline{M}$ 图，分别如图 10-19（b，c）所示。由于 $\overline{M}$ 图是折线，故需分段进行图乘，然后叠加。

$$\Delta_C^{\mathrm{V}} = \frac{1}{EI} \times 2\left[\left(\frac{2}{3} \times \frac{l}{2} \times \frac{ql^2}{8}\right) \times \left(\frac{5}{8} \times \frac{l}{4}\right)\right] = \frac{5ql^4}{384EI} \quad (\downarrow)$$

2）计算 B 结点角位移 φ_B。在 B 点处加单位力偶，单位弯矩图 $\overline{M}$ 如图 10-19（d）所示，将 M_P 与 $\overline{M}$ 图乘，得

$$\varphi_B = -\frac{1}{EI} \times \left[\left(\frac{2}{3} \times l \times \frac{ql^2}{8}\right) \times \frac{1}{2}\right] = -\frac{ql^3}{24EI} \quad (\curvearrowleft)$$

式中最初所用负号是因为两个图形在基线的异侧，最后结果为负号，表示 φ_B 的实际方向与所加单位力偶的方向相反。

3）求 D、E 两点的相对水平位移。在 D、E 两点沿着两点连线加一对指向相反的单位力为虚拟状态，作出 $\overline{M_3}$ 图，如图 10-19（e）所示，将 M_P 与 $\overline{M_3}$ 图乘，得

$$\Delta_{DE} = \frac{1}{EI} \times \left(\frac{2}{3} \times \frac{ql^2}{8} \times l\right)h = \frac{ql^3 h}{12EI} \quad (\rightarrow\leftarrow)$$

计算结果为正号，表示 D、E 两点相对位移方向与所设单位力的指向相同，即 D、E 两点相互靠近。

【例 10-6】　试求如图 10-20（a）所示外伸梁 C 点的竖向位移 Δ_C^{V}。梁的 EI 为常数。

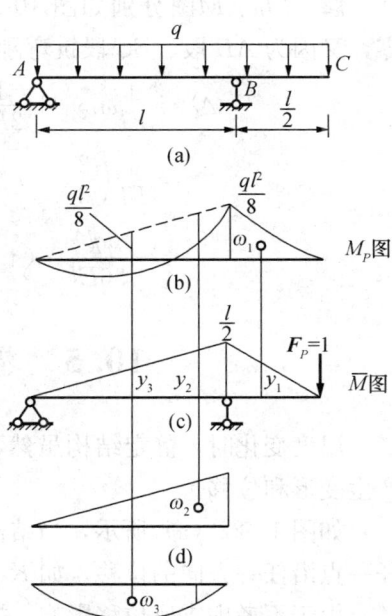

图 10-20　求外伸梁的竖向位移

解 M_P、$\overline{M}$图分别如图 10-20（b，c）所示。BC 段的 M_P 图是二次标准抛物线；AB 段的 M_P 较复杂，可将其分解为一个三角形和一个二次标准抛物线图形。把它们分别和$\overline{M}$图的相应纵距相乘，然后求其总和，可得

$$\Delta_C^{\mathrm{V}} = \sum \frac{\omega y_C}{EI} = \frac{1}{EI} \times (\omega_1 y_1 + \omega_2 y_2 + \omega_3 y_3)$$

$$= \frac{1}{EI}\left[\left(\frac{1}{3} \times \frac{ql^2}{8} \times \frac{l}{2}\right) \times \frac{3l}{8} + \left(\frac{1}{2} \times \frac{ql^2}{8} \times l\right) \times \frac{1}{3} - \left(\frac{2}{3} \times \frac{ql^2}{8} \times l\right) \times \frac{l}{4} \right]$$

$$= \frac{ql^4}{128EI} \quad (\downarrow)$$

【例 10-7】 试求如图 10-21（a）所示刚架 D 点的竖向线位移。

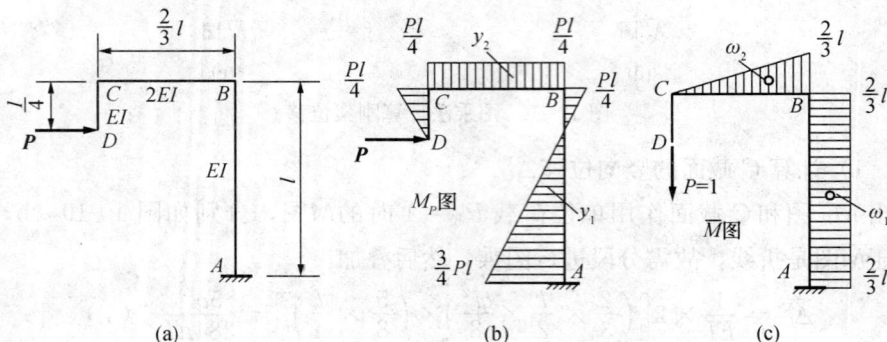

图 10-21 求刚架的竖向线位移

解 M_P、$\overline{M}$图分别如图 10-21（b，c）所示。CD 段无弯矩图，该段图乘结果为零，又因为 AB 段、BC 段抗弯刚度不同，所以图乘结果为

$$\Delta_C^{\mathrm{V}} = \frac{1}{EI}\omega_1 y_1 + \frac{1}{2EI}\omega_2 y_2$$

$$= \frac{1}{EI}\left(\frac{2}{3}l \times l \times \frac{1}{4}Pl\right) + \frac{1}{2EI}\left(\frac{1}{2} \times \frac{2}{3}l \times \frac{2}{3}l \times \frac{1}{4}Pl\right)$$

$$= -\frac{5ql^3}{36EI} \quad (\uparrow)$$

10.5 温度作用下的位移计算

温度变化时，静定结构虽然不产生内力，但材料会发生膨胀和收缩，从而使结构产生变形和位移。

如图 10-22（a）所示，当结构外侧升高 t_1 度，内侧升高 t_2 度时，要求由此引起的任一点沿任一方向的位移，如 K 点竖向位移 Δ_K。

由于不考虑支座位移影响，故位移计算的一般公式（10-7）简化为

$$\Delta_K = \sum \int \overline{M} \mathrm{d}\varphi_i + \sum \int \overline{N} \mathrm{d}u_i + \sum \int \overline{Q}\gamma_i \mathrm{d}s \tag{10-19}$$

设实际状态为位移状态 [图 10-22（a）]，在 K 点沿竖向加一单位力（$P_K = 1$）作为虚设的力状态 [图 10-22（b）]。在力状态任一微段 $\mathrm{d}s$ 的内力如图 10-22（d）所示。现研究位移状态中同一微段 $\mathrm{d}s$ 的变形 [图 10-22（c）]。微段上、下边缘纤维的伸长分别为 $at_1 \mathrm{d}s$ 和 $at_2 \mathrm{d}s$，这里 a 是材料的线膨胀系数。为简化计算，可假设温度沿截面高度成直线变化，这样在温度变化时截面仍保持平面。由几何关系可求得微段在杆件形心轴处的伸长为

$$\mathrm{d}u_i = at_1 \mathrm{d}s + (at_2 \mathrm{d}s - at_1 \mathrm{d}s)\frac{h_1}{h} = a\left(\frac{h_2}{h}t_1 + \frac{h_1}{h}t_2\right)\mathrm{d}s = at_0 \mathrm{d}s \tag{10-20}$$

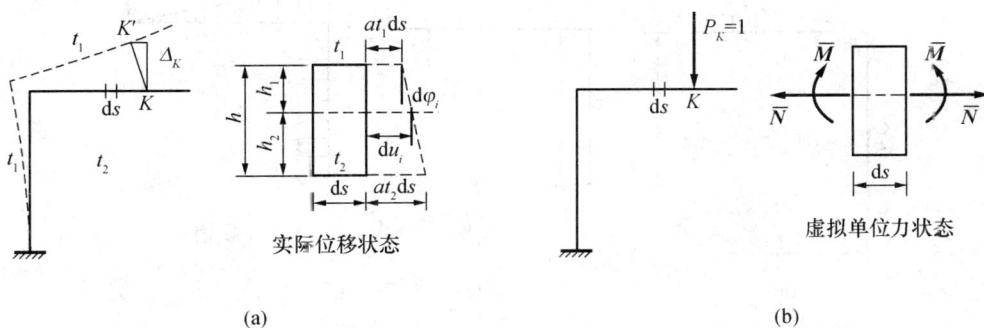

图 10-22　温度变化引起的结构变形

式中，t_0——形心轴处的温度变化，$t_0 = \dfrac{h_2}{h}t_1 + \dfrac{h_1}{h}t_2$。

若杆件的截面对称于形心轴，即 $h_1 = h_2 = \dfrac{h}{2}$，则 $t_0 = \dfrac{t_1 + t_2}{2}$，而微段两端截面的转角为

$$\mathrm{d}\varphi_i = \frac{at_2 \mathrm{d}s - at_1 \mathrm{d}s}{h} = \frac{a(t_2 - t_1)\mathrm{d}s}{h} = a\frac{\Delta t}{t}\mathrm{d}s \tag{10-21}$$

式中，Δt——两侧温度变化之差，$\Delta t = t_2 - t_1$。

此外，对于杆件结构，温度变化并不引起剪切变形（即 $\gamma_t = 0$）。将以上微段的温度引起的变形即式（10-20）、式（10-21）代入式（10-19），可得温度改变下的位移计算公式为

$$\Delta_K = \sum(\pm)\int \overline{N}at_0 \mathrm{d}s + \sum(\pm)\int \overline{M}\frac{a\Delta t}{h}\mathrm{d}s \tag{10-22}$$

如果各杆沿其全长的温度变化相同，且截面高度不变，则有

$$\Delta_K = \sum(\pm)at_0 \omega_{\overline{N}} + \sum(\pm)a\frac{\Delta t}{h}\omega_{\overline{M}} \tag{10-23}$$

式中，$\omega_{\overline{N}}$——$\overline{N}$ 图的面积，$\omega_{\overline{N}} = \displaystyle\int \overline{N}\mathrm{d}s = \overline{N}l$；

$\omega_{\overline{M}}$——$\overline{M}$ 图的面积，$\omega_{\overline{M}} = \displaystyle\int \overline{M}\mathrm{d}s$。

在应用式（10-22）和式（10-23）时，其正负号按如下规定来选取：若虚拟力状态中，由于虚内力引起的变形与实际位移状态的温度变化所引起的变形方向一致，则取正号；反之，取负号。与承受荷载的情况不同，在计算由于温度改变所引起的位移时，不能略去轴向变形的影响。

【例 10-8】 如图 10-23（a）所示刚架，已知刚架各杆内侧温度无变化，外侧温度下降 16℃，各杆截面均为矩形，高度为 h，线膨胀系数为 a，试求温度变化引起的 C 点竖向位移 Δ_C^V。

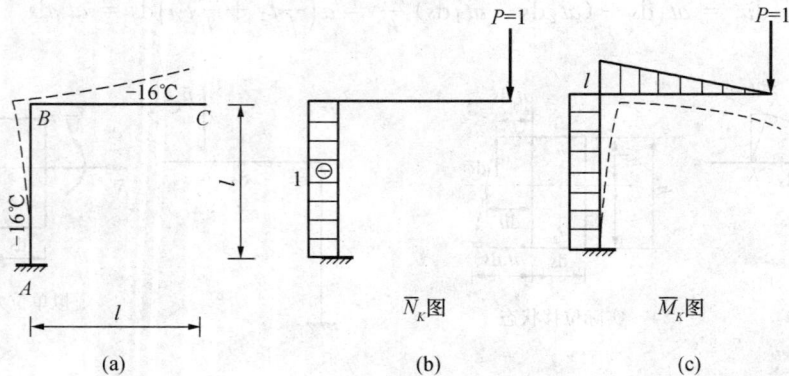

图 10-23 温度变化引起的刚架竖向位移计算

解 设虚拟单位力状态 $P=1$，作出相应的 $\overline{N}$ 和 $\overline{M}$ 图，如图 10-23（b，c）所示。

$$t_1 = -16℃, \quad t_2 = 0$$

$$t_0 = \frac{t_1 + t_2}{2} = \frac{-16+0}{2} = -8℃$$

$$\Delta t = t_2 - t_1 = [0-(-16)]℃ = 16℃$$

AB 杆由于温度变化产生轴向收缩变形，与 AB 杆所产生的变形（压缩）方向相同。而 AB 和 BC 杆由于温度变化产生的弯曲变形（外侧纤维缩短，向外侧弯曲）与由力所产生的弯曲变形（外侧受拉，向内侧弯曲）方向相反，故计算时第一项取正号，而第二项取负号。代入式（10-20），得

$$\Delta_C^V = a \times 8 \times (1 \times l) - a \times \frac{16}{h} \times \left(\frac{1}{2}l^2 + l^2\right) = 8al - 24\frac{al^2}{h} \quad (\uparrow)$$

由于 $l>h$，所得结果为负值，表示 C 点竖向位移与单位力方向相反，即实际位移向上。

10.6 支座移动时的位移计算

对于静定结构，支座移动时不会引起结构的内力和变形，结构只发生刚体位移，此时位移计算的一般公式（10-7）变为

$$\Delta_K = -\sum \overline{R}C \tag{10-24}$$

式中，$\overline{R}$——虚拟单位力状态的支座反力。

式（10-24）为静定结构在支座移动时的位移计算公式。

$\sum \overline{R}C$ 为反力虚功的总和。当 $\overline{R}$ 与实际支座位移 C 方向一致时其乘积取正，相反时为负。

【例 10-9】　如图 10-24（a）所示三铰刚架的跨度 $l=8$m，高 $h=6$m，若支座 B 发生如图 10-24 所示位移，即 $\Delta_{Bx}=6$cm（向右），$\Delta_{By}=8$cm（向下），求由此引起的左支座处杆端截面的转角 φ_A。

解　在 A 点处加一单位力偶，建立虚拟力状态。依次求得支座反力，如图 10-24（b）所示。由式（10-21）得

$$\varphi_A = -\sum \overline{R}C = -\left[\left(-\frac{1}{2h}\times\Delta_{Bx}\right)+\left(-\frac{1}{l}\times\Delta_{By}\right)\right]$$

$$= \frac{\Delta_{Bx}}{2h}+\frac{\Delta_{By}}{l} = \left(\frac{6}{2\times600}+\frac{8}{800}\right)\text{rad} = 0.015\text{rad} \quad (\uparrow)$$

计算结果为正，说明 φ_A 与虚设单位力偶的方向一致。

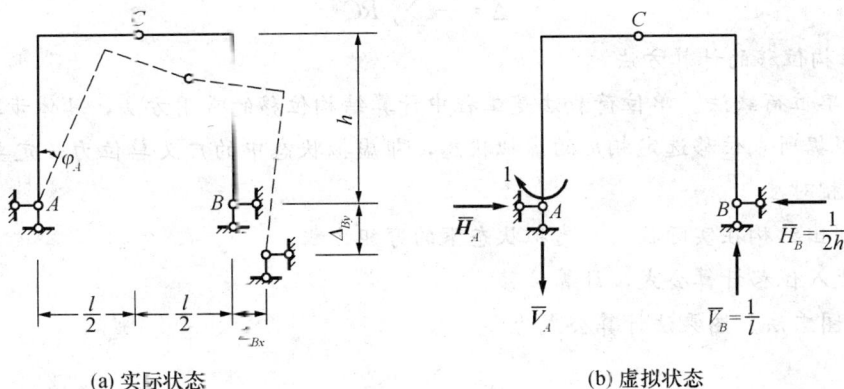

(a) 实际状态　　　　　　　　　(b) 虚拟状态

图 10-24　刚架支座移动时的位移计算

==== 单元小结 ====

静定结构的位移计算是超静定结构内力计算的基础。位移计算的基本原理是虚功原理，基本方法是单位荷载法。

1. 静定结构的位移计算公式

本单元根据虚功原理，得出在荷载作用下和支座移动时计算结构位移的公式。应用这些公式，可以对不同结构形式的位移进行计算。

（1）静定结构在荷载作用下的位移计算公式。

$$\Delta = \sum \int \frac{N_P \overline{N}}{EA} \mathrm{d}s + \sum \int k \frac{Q_P \overline{Q}}{GA} \mathrm{d}s + \sum \int \frac{M_P \overline{M}}{EI} \mathrm{d}s$$

工程实际中，在荷载作用下对不同结构进行位移计算时，常根据结构的受力特点，忽略次要因素，使位移计算公式得到简化。

1）应用于梁和刚架时，位移计算公式为

$$\Delta = \sum \int \frac{M_P \overline{M}}{EI} \mathrm{d}x$$

2）应用于桁架时，位移计算公式为

$$\Delta = \sum \frac{N_P \overline{N}}{EA} l$$

3）在组合结构中，位移计算公式为

$$\Delta_K = \sum \int \frac{\overline{M} M_P}{EI} \mathrm{d}s + \sum \frac{\overline{N} N_P}{EA} l$$

（2）静定结构由于温度变化时的位移计算公式。

$$\Delta_K = \sum (\pm) a t_0 \omega_{\overline{N}} + \sum (\pm) a \frac{\Delta t}{h} \omega_{\overline{M}}$$

（3）静定结构由于支座移动时的位移计算公式。

$$\Delta = -\sum \overline{R} C$$

2. 结构位移的计算方法

（1）单位荷载法。单位荷载法是工程中计算结构位移的常用方法，具体步骤如下：

1）根据所求位移选定相应的虚拟状态，即虚拟状态中的广义单位力一定要与所求广义位移相对应。

2）列出结构在实际状态和虚拟状态下的弯矩方程。

3）代入位移计算公式，计算位移。

（2）图乘法。图乘法计算公式为

$$\Delta = \sum \frac{\omega y_C}{EI}$$

应用图乘法时，要特别注意满足图乘的三个条件：

1）杆轴线为直线。

2）EI 为常数。

3）$\overline{M}$ 和 M_P 两个弯矩图至少有一个为直线图形。

自我检测

一、简答题

1. 计算结构位移的主要目的是什么？

2. 什么是线位移？什么是角位移？什么是相对位移？

3. 单位荷载法适用于求哪些位移？如何确定位移的实际方向？

4. 用图乘法求位移应满足哪些条件？如何确定其位移的正负号？

5. 计算曲杆或拱式结构的位移时，可否用图乘法？计算阶梯柱或EI不相等的杆段能否用图乘法？

6. 说明计算温度作用引起的位移公式中各字母的含义，并说明计算时正负号的规定。

7. 说明由于支座反力移动而引起的位移计算公式中各字母的含义，并说明计算时正负号的规定。

8. 如图10-25所示，下列图乘是否正确？如不正确，应如何改正？

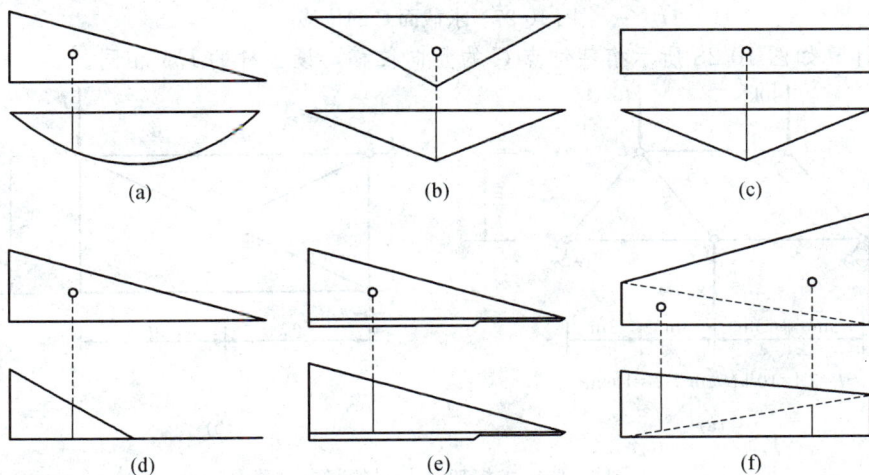

图10-25　图乘判断

二、计算题

1. 用位移公式计算如图10-26所示各梁中指定截面的位移。设EI为常数，略去剪力的影响。

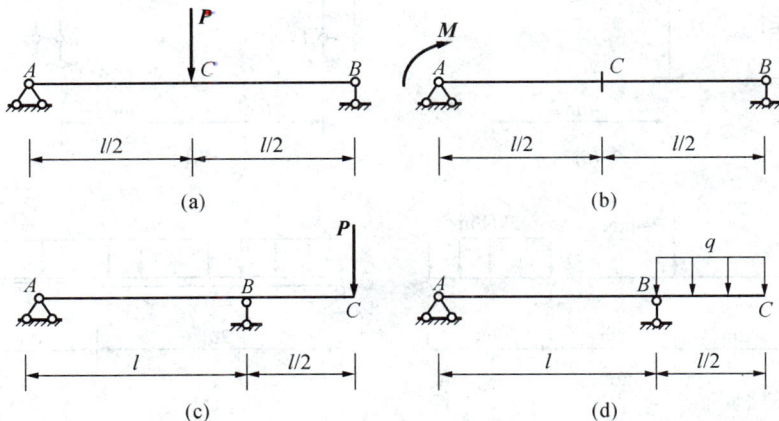

图10-26　求简支梁指定截面的位移

2. 用位移公式计算如图 10-27 所示结构中指定截面的位移。

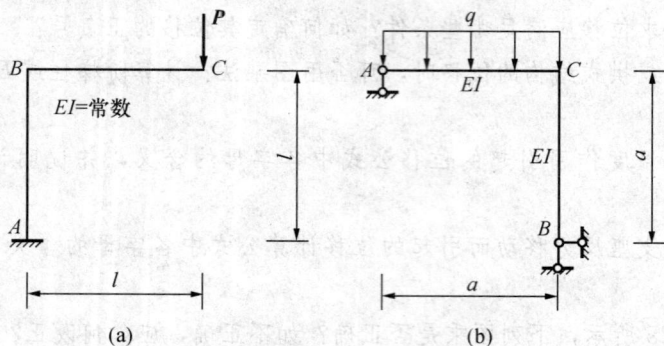

图 10-27　求截面 C 的位移

3. 计算如图 10-28 所示桁架结点 C 的竖向位移，设各杆的 EA 相同。

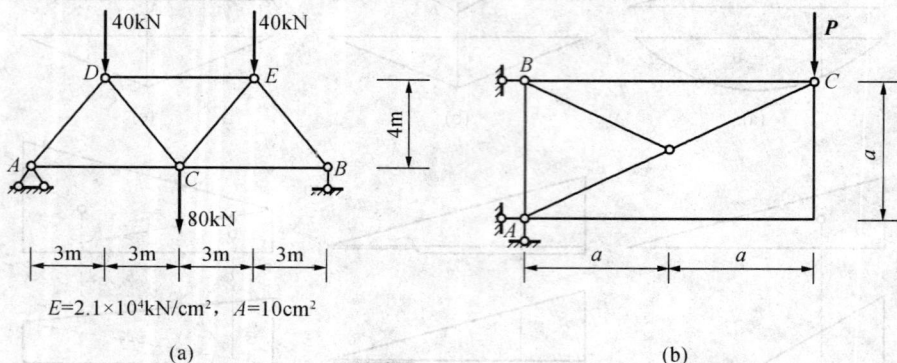

图 10-28　求桁架结点 C 的竖向位移

4. 用图乘法计算如图 10-29 所示结构指定截面的位移，设各杆的 EI 为常数。

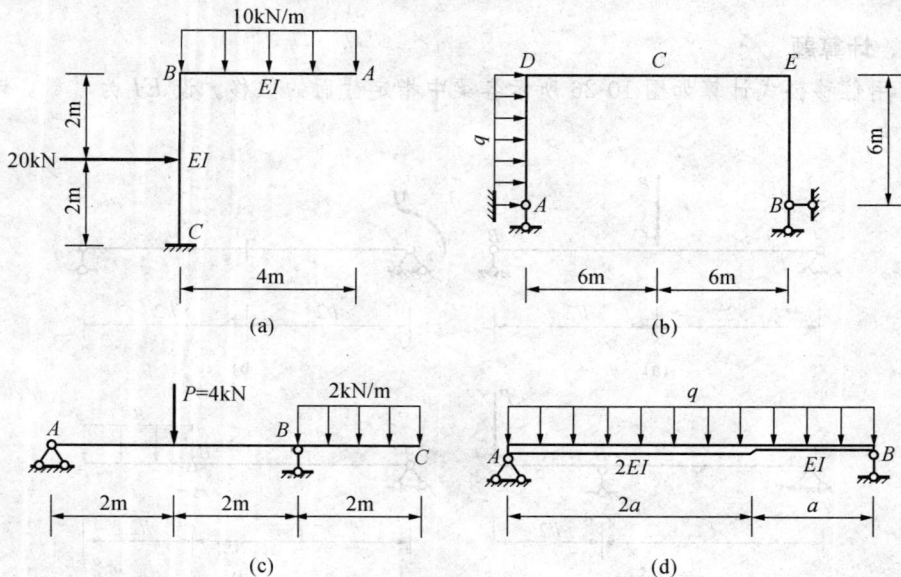

图 10-29　图乘法计算结构指定截面的位移

5. 如图 10-30 所示刚架，各杆截面为矩形，截面高度 $h=60\text{cm}$，刚架内侧温度上升 15℃，外侧温度无变化，线膨胀系数 $a=0.000\,01$，求 D 截面的水平线位移。

6. 如图 10-31 所示简支刚架，支座 B 下沉 b，试求 C 点的水平位移。

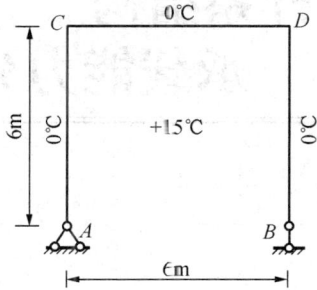

图 10-30　求温度变化引起的
D 截面水平线位移

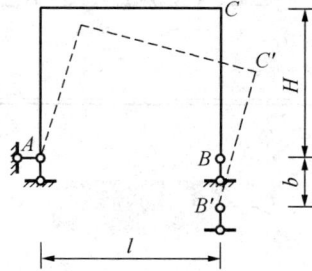

图 10-31　求支座移动引起的
C 点水平位移

工程超静定平面杆系结构承载能力分析

1. 能准确确定超静定结构的次数及基本结构。
2. 熟练写出力法典型方程，熟练掌握力法的基本原理及解题思路。
3. 了解力矩分配法求解超静定结构的方法。
4. 了解静定结构的特性。

　　超静定平面杆系结构是几何不变、有多余约束的体系。按照受力特性分类，超静定平面杆系结构一般可分为超静定梁、超静定平面刚架、超静定平面桁架、超静定拱等。

11.1　超静定结构分析——力法

想一想

　　如图 11-1 所示为一预应力混凝土连续刚构桥，多跨刚构桥保持了上部构造连续梁的属性，其跨越能力大，行车舒顺，但它的支座数量比静定结构多。请读者想一想，如何计算连续刚构桥的内力？

图 11-1　沅水大桥

11.1.1　超静定结构的概念

静定结构可以从两个方面来定义：从几何组成的角度来定义，静定结构就是没有多余约束的几何不变体系。从力学分析的角度来定义，静定结构就是它的支座反力和截面内力都可以用静力平衡条件唯一确定的结构。如图 11-2 所示的刚架就是静定结构。

超静定结构也同样可以从这两个方面来定义。从几何组成的角度来定义，超静定结构就是具有多余约束的几何不变体系；从力学分析的角度来定义，超静定结构就是它的支座反力和截面内力不能用静力平衡条件唯一确定的结构。如图 11-3 所示的刚架就是超静定结构。

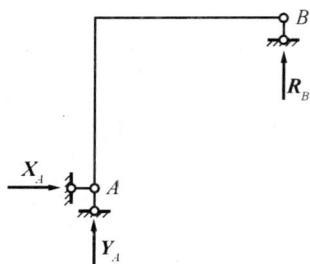

图 11-2　静定刚架受力分析　　　图 11-3　超静定刚架受力分析

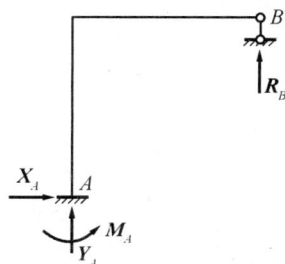

工程中常见的超静定结构有超静定梁、超静定刚架、超静定桁架、超静定拱及超静定组合结构等，如图 11-4 所示。

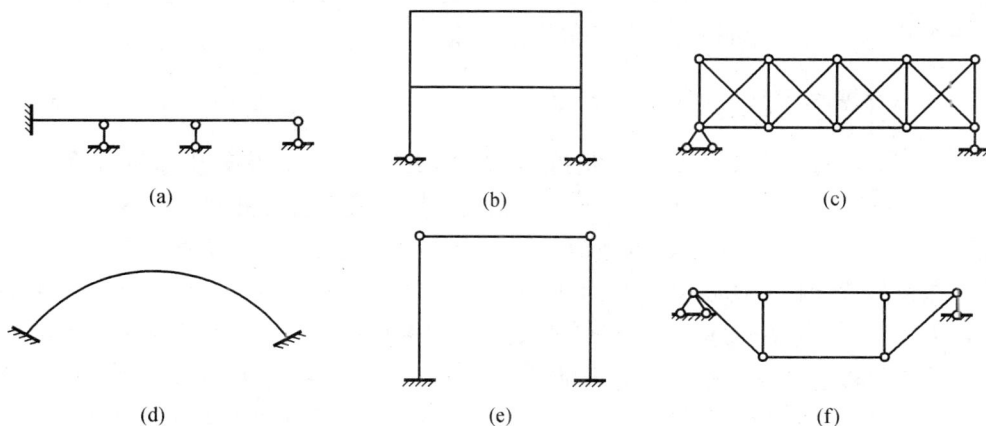

图 11-4　超静定结构类型

11.1.2　力法的基本原理

1. 力法的基本结构

图 11-5（a）所示为一端固定、另一端铰支的梁，承受均布荷载 q 的作用，EI 为常数，该梁有一个多余约束，是一次超静定结构。对图 11-5（a）所示的原结构，如果把

支杆 B 作为多余约束去掉，并代之以多余未知力 X_1，则图 11-5（a）所示的超静定梁就可转化为图 11-5（b）所示的静定梁。它承受着与图 11-5（a）所示原结构相同的荷载 q 和多余未知力 X_1，这种去掉多余约束、用多余未知力来代替后得到的静定结构称为按力法计算的基本结构。

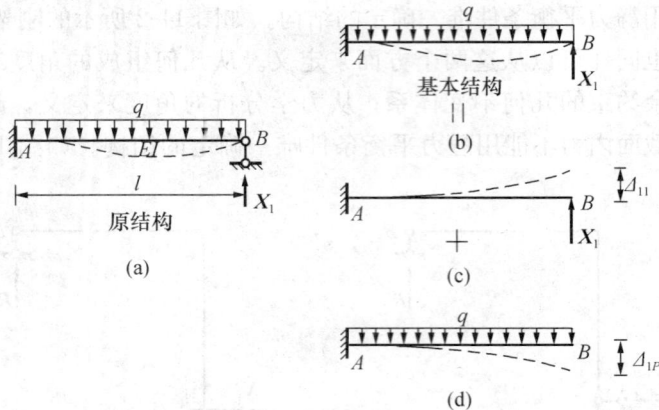

图 11-5 力法原理示意图

2. 力法的基本未知量

如果能求出符合实际受力情况的多余未知力 X_1，也就是支座 B 处的真实反力，那么基本结构在荷载和多余未知力 X_1 共同作用下的内力和变形就与原结构在荷载作用下的情况完全一样，从而可将超静定结构问题转化为静定结构问题。因此，多余未知力是最基本的未知力，又可称为力法的基本未知量。

3. 力法的基本方程

对比原结构与基本结构的变形情况可知，原结构在支座 B 处由于存在多余约束（竖向支杆）而不可能有竖向位移；而基本结构则因该联系已被去掉，在 B 点处可能产生位移；只有当多余未知力 X_1 的数值与原结构支座 B 处的实际反力相等时，才能使基本结构在原荷载 q 和多余未知力 X_1 共同作用下 B 点的竖向位移等于零。所以，用来确定多余未知力 X_1 的条件是：基本结构在原荷载和多余未知力的共同作用下，在去掉多余约束处的位移应与原结构中相应处的位移相等，这一条件称为变形协调条件。为了唯一确定超静定结构的反力和内力，必须同时考虑静力平衡条件和变形协调条件。

用 Δ_{11} 表示基本结构在 X_1 单独作用下 B 点沿 X_1 方向产生的位移 [图 11-5（c）]，用 Δ_{1P} 表示基本结构在荷载作用下 B 点沿 X_1 方向产生的位移 [图 11-5（d）]，根据叠加原理，B 点的位移可视为基本结构上上述两种位移之和，即

$$\Delta_1 = \Delta_{11} + \Delta_{1P} = 0 \tag{11-1}$$

用 δ_{11} 表示当 X_1 为单位荷载即 $X_1=1$ 时 B 点沿 X_1 方向产生的位移，则 $\Delta_{11} = \delta_{11}X_1$。这里 δ_{11} 的物理意义是：在基本结构上，由于单位荷载 $X_1=1$ 的作用，在 X_1 的作用点沿 X_1 方向产生的位移。所以有

$$\Delta_1 = \delta_{11}X_1 + \Delta_{1P} = 0 \tag{11-2a}$$

这就是根据原结构的变形条件建立的用以确定 X_1 的变形协调方程，即为力法的基本方程。

式（11-2a）中 δ_{11} 称为系数，Δ_{1P} 称为自由项，都是静定结构在已知荷载作用下的位移，所以均可用求静定结构位移的方法求得，从而多余未知力的大小和方向即可确定。

$$X_1 = -\frac{\Delta_{1P}}{\delta_{11}} \tag{11-2b}$$

为了计算系数 δ_{11} 和自由项 Δ_{1P}，分别绘出基本结构在单位荷载 $X_1 = 1$ 作用下的弯矩图 $\overline{M}_1$ 和荷载弯矩图 M_P，分别如图 11-6（a，b）所示。

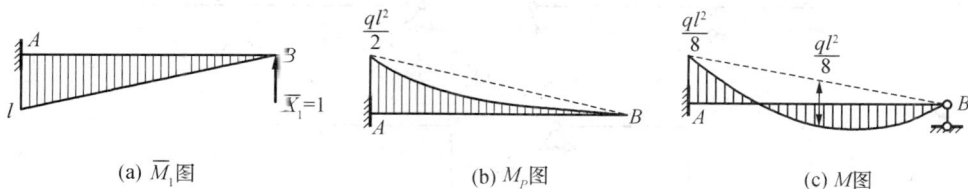

(a) $\overline{M}_1$ 图　　　　(b) M_P 图　　　　(c) M 图

图 11-6　结构弯矩图

计算 δ_{11} 时可用 $\overline{M}_1$ 图与 $\overline{M}_1$ 图图乘，叫做 $\overline{M}_1$ 图的"自乘"，即

$$\delta_{11} = \sum \int \frac{\overline{M}_1 \overline{M}_1 \mathrm{d}s}{EI} = \frac{1}{EI} \times \frac{l^2}{2} \times \frac{2l}{EI} = \frac{l^3}{3EI}$$

同理，可用 $\overline{M}_1$ 图与 M_P 图图乘计算 Δ_{1P}，即

$$\Delta_{1P} = \sum \int \frac{\overline{M}_1 M_P \mathrm{d}s}{EI} = -\frac{1}{EI}\left(\frac{1}{3} \times l \times \frac{ql^2}{2} \times \frac{3l}{4}\right) = -\frac{ql^4}{8EI}$$

将 δ_{11} 和 Δ_{1P} 代入式（11-2b），即可解出多余未知力 X_1 为

$$X_1 = -\frac{\Delta_{1P}}{\delta_{11}} = -\frac{-\dfrac{ql^4}{8EI}}{\dfrac{l^3}{3EI}} = \frac{3ql}{8} \quad (\uparrow)$$

所得结果为正值，表明 X_1 的实际方向与基本结构中所假设的方向是一致的。

多余未知力 X_1 求出后，其余所有的反力和内力都可用静力平衡条件来确定。超静定结构的最后弯矩图 M 可利用已经绘出的 $\overline{M}_1$ 图和 M_P 图按叠加原理绘出。

$$M = \overline{M}_1 X_1 + M_P$$

应用上式绘制弯矩图时，可将图的纵坐标乘以 X_1，再与 M_P 图的相应纵坐标相叠加，即可绘出 M 图，如图 11-6（c）所示。

综上所述，力法的基本思路是：去掉多余的约束，以多余未知力代替，再根据原结构的位移条件建立力法的基本方程，并求解出多余未知力，这样就可以把超静定问题转化为静定问题了。

4. 超静定次数的确定

力法是解超静定结构最基本的方法。用力法求解超静定结构时，首先要确定结构的超静定次数。用去掉多余约束的方法可以确定任何超静定结构的次数，通常将多余约束的数目或多余未知力的数目称为超静定结构的超静定次数。如果一个超静定结构在去掉 n 个联系后变成静定结构，那么这个结构就是 n 次超静定结构。

去掉多余约束的方式通常有以下几种：

1）去掉一个支座链杆或切断一根链杆，相当于去掉一个联系，如图 11-7（a，b）所示。

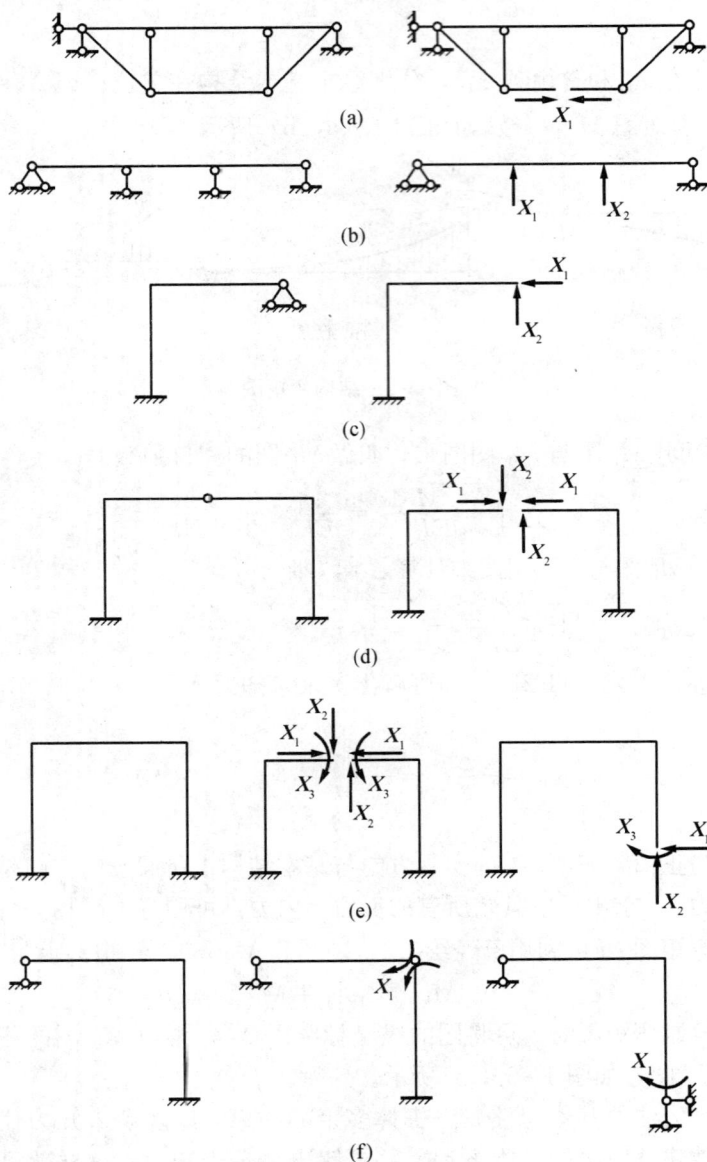

图 11-7　结构超静定次数及基本结构

2）去掉一个铰支座或去掉一个单铰，相当于去掉两个联系，如图 11-7（c，d）所示。

3）去掉一个固定端支座或切断一根梁式杆，相当于去掉三个联系，如图 11-7（e）

所示。

4）将一个固定端支座改为铰支座或将一刚性连接改为单铰连接，相当于去掉一个联系，如图 11-7（f）所示。

去掉多余约束后的静定结构称为原超静定结构的基本结构。对于同一个超静定结构来说，去掉多余约束可以有多种方法，所以基本结构也有多种形式。但不论采用哪种形式，所去掉的多余约束的数目必然是相同的。

5. 力法典型方程

上面讨论了一次超静定结构的力法原理，下面以一个三次超静定结构为例来说明力法解超静定结构的典型方程。

图 11-8（a）所示为一个三次超静定刚架，荷载作用下结构的变形如图中虚线所示。取基本结构如图 11-8（b）所示，去掉支座 C 处的三个多余约束，分别用基本未知量 X_1、X_2、X_3 代替。

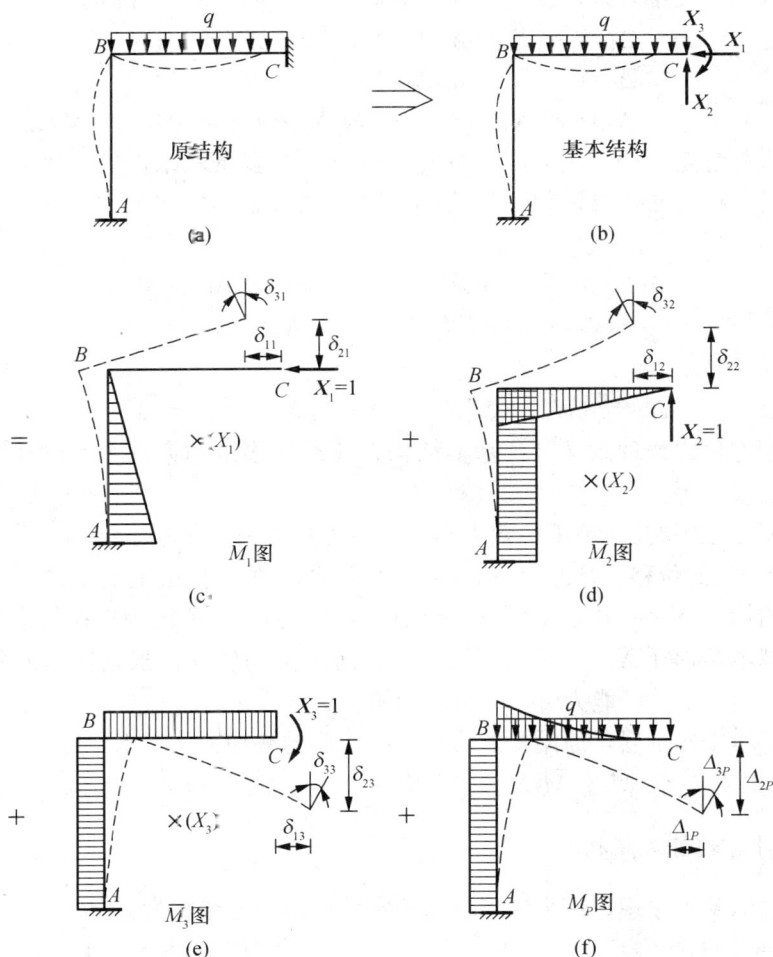

图 11-8　力法示意图

由于原结构中 C 为固定支座，其线位移和转角位移都为零，所以基本结构在荷载及 X_1、X_2、X_3 共同作用下，C 点沿 X_1、X_2、X_3 方向产生的位移都等于零，即基本结构的几何位移条件为

$$\Delta_1 = 0, \quad \Delta_2 = 0, \quad \Delta_3 = 0$$

根据叠加原理，上面的几何位移条件可以表示为

$$\left. \begin{aligned} \Delta_1 &= \Delta_{11} + \Delta_{12} + \Delta_{13} + \Delta_{1P} = 0 \\ \Delta_2 &= \Delta_{21} + \Delta_{22} + \Delta_{23} + \Delta_{2P} = 0 \\ \Delta_3 &= \Delta_{31} + \Delta_{32} + \Delta_{33} + \Delta_{3P} = 0 \end{aligned} \right\} \tag{11-3}$$

式（11-3）中第一式的 Δ_{11}、Δ_{12}、Δ_{13}、Δ_{1P} 分别为多余未知力 X_1、X_2、X_3 及荷载 P 单独作用在基本结构上沿 X_1 方向产生的位移，如果用 δ_{11}、δ_{12}、δ_{13} 表示单位力 $X_1 = 1$、$X_2 = 1$、$X_3 = 1$ 单独作用在基本结构上产生的沿 X_1 方向的位移，如图 11-8（c～f）所示，则上面的几何位移条件即式（11-3）中的第一式可以写为

$$\Delta_1 = \delta_{11} X_1 + \delta_{12} X_2 + \delta_{13} X_3 + \Delta_{1P} = 0$$

另外两式以此类推，则得到以下求解多余未知力 X_1、X_2、X_3 的力法方程为

$$\left. \begin{aligned} \Delta_1 &= \delta_{11} X_1 + \delta_{12} X_2 + \delta_{13} X_3 + \Delta_{1P} = 0 \\ \Delta_2 &= \delta_{21} X_1 + \delta_{22} X_2 + \delta_{23} X_3 + \Delta_{2P} = 0 \\ \Delta_3 &= \delta_{31} X_1 + \delta_{32} X_2 + \delta_{33} X_3 + \Delta_{3P} = 0 \end{aligned} \right\} \tag{11-4}$$

对于 n 次超静定结构，用力法计算时，去掉 n 个多余联系，代之以 n 个基本未知量，用同样的分析方法，可以得到相应的 n 个力法方程，称之为力法典型方程，具体形式为

$$\left. \begin{aligned} \Delta_1 &= \delta_{11} X_1 + \delta_{12} X_2 + \cdots + \delta_{1n} X_n + \Delta_{1P} = 0 \\ \Delta_2 &= \delta_{21} X_1 + \delta_{22} X_2 + \cdots + \delta_{2n} X_n + \Delta_{2P} = 0 \\ &\vdots \\ \Delta_n &= \delta_{n1} X_1 + \delta_{n2} X_2 + \cdots + \delta_{nn} X_n + \Delta_{nP} = 0 \end{aligned} \right\} \tag{11-5}$$

力法典型方程的物理意义是：基本结构在荷载和多余约束反力共同作用下的位移和原结构的位移相等。

力法典型方程中的 Δ_{iP} 项不包含未知量，称为自由项，是基本结构在荷载单独作用下沿 X_i 方向产生的位移。从左上方 δ_{11} 到右下方的 δ_{nn} 主对角线上的系数项 δ_{ii} 称为主系数，是基本结构在 $X_i = 1$ 作用下沿 X_i 方向产生的位移，其值恒为正；其余系数 δ_{ij} 称为副系数，是基本结构在 $X_j = 1$ 作用下沿 X_i 方向产生的位移，根据位移互等定理可知 $\delta_{ij} = \delta_{ji}$ 其值可能为正，可能为负，也可能为零。

在求得基本未知量后，原结构的弯矩可按下面的叠加公式求出，即

$$M = \overline{M}_1 X_1 + \overline{M}_2 X_2 + \cdots + \overline{M}_n X_n + M_P \tag{11-6}$$

6. 力法计算超静定结构

根据力法的基本原理，用力法求解超静定结构的一般步骤为：

1）确定结构的超静定次数，去掉多余的约束，得到基本结构，以多余未知力代替相应的多余约束。

2）建立力法的典型方程。

3）分别作出基本结构在荷载 P 及单位未知力 $\overline{X}_i=1$ 作用下的内力图。

4）利用图乘法求方程中的主副系数项 δ_{ij} 和自由项 Δ_{iP}。

5）解力法典型方程，求出多余未知力 X_i。

6）用叠加原理画出弯矩图，由基本结构画轴力图和剪力图。

下面举例说明用力法计算超静定结构的过程。对于刚架，在计算力法方程的各项系数时，通常忽略轴力和剪力的影响而只考虑弯矩的影响，这样使计算得到了简化。

【例 11-1】　用力法求图 11-9（a）所示超静定梁，作出内力图，EI 为常数。

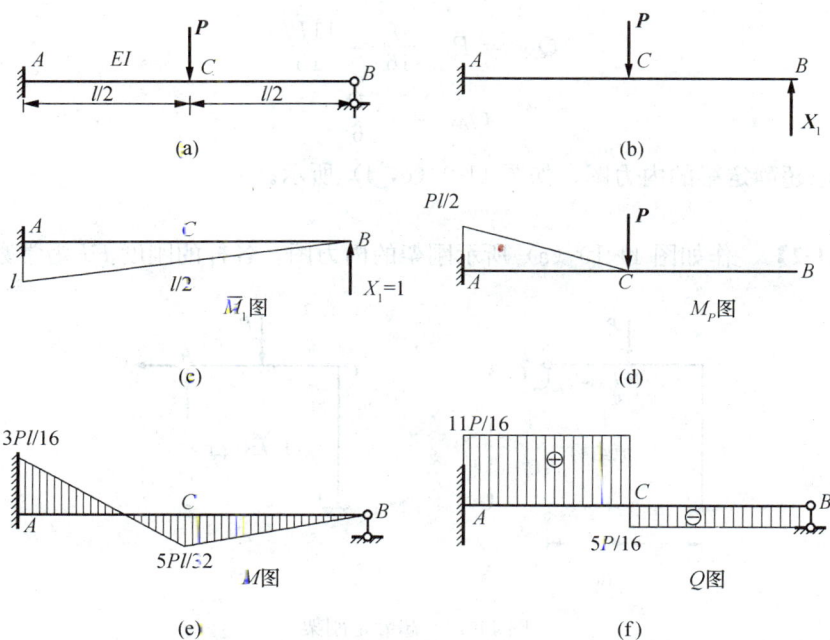

图 11-9　力法作超静定梁的内力图

解　1）梁的超静定次数为 1 次，确定基本未知量 X_1，选取基本结构如图 11-9（b）所示。

2）建立力法典型方程。

$$\Delta_1 = \delta_{11}X_1 + \Delta_{1P} = 0$$

3）分别绘出基本结构在单位荷载 $\overline{X}_1=1$ 作用下的弯矩图 $\overline{M}_1$ 和荷载弯矩图 M_P，如图 11-9（c，d）所示。

4）用图乘法求力法方程中的主副系数和自由项。

$$\delta_{11} = \frac{1}{EI}\left(\frac{l^2}{2} \times \frac{2l}{EI}\right) = \frac{l^3}{3EI}$$

$$\Delta_{1P} = -\frac{1}{EI}\left(\frac{1}{2} \times \frac{l}{2} \times \frac{Pl}{2}\right) \times \left(\frac{2l}{3} + \frac{1}{3} \times \frac{l}{2}\right) = -\frac{5Pl^3}{48EI}$$

5）解力法方程，求出多余未知力 X_1。

$$X_1 = -\frac{\Delta_{1P}}{\delta_{11}} = -\frac{-\dfrac{5Pl^3}{48EI}}{\dfrac{l^3}{3EI}} = \frac{5P}{16} \quad (\uparrow)$$

6）用叠加法求梁的内力。

$$M = \overline{M}_1 X_1 + M_P$$

$$M_{AB} = l \times \frac{5P}{16} - \frac{Pl}{2} = -\frac{3Pl}{16} \quad （上侧受拉）$$

$$M_C = \frac{l}{2} \times \frac{5P}{16} = \frac{5Pl}{32} \quad （下侧受拉）$$

$$Q_{AB} = P - \frac{5P}{16} = \frac{11Pl}{16}$$

$$Q_{BA} = -\frac{5P}{16}$$

作出原超静定梁的内力图，如图 11-9（e，f）所示。

【例 11-2】 作如图 11-10（a）所示刚架的内力图，各杆的刚度 EI 为常数。

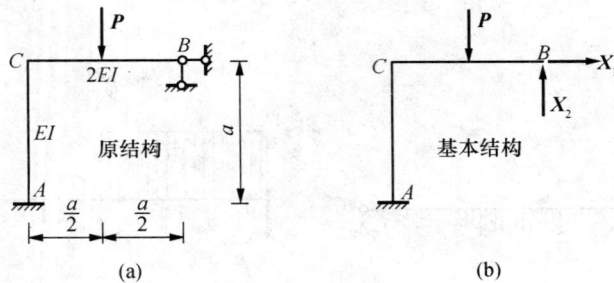

图 11-10 超静定刚架

解 1）确定超静定次数为两次，基本未知量为 X_1、X_2，选取基本结构，如图 11-10（b）所示。

2）建立力法典型方程。

$$\left.\begin{array}{l} \delta_{11}X_1 + \delta_{12}X_2 + \Delta_{1P} = 0 \\ \delta_{21}X_1 + \delta_{22}X_2 + \Delta_{2P} = 0 \end{array}\right\}$$

3）分别作 $\overline{M}_1$、$\overline{M}_2$ 图和 M_P 图，如图 11-11（a，c）所示，求主副系数和自由项。
由 $\overline{M}_1$ 自乘，得

$$\delta_{11} = \frac{1}{EI}\left(\frac{a^2}{2} \times \frac{2a}{3EI}\right) = \frac{a^3}{3EI}$$

由 $\overline{M}_2$ 自乘，得

$$\delta_{22} = \frac{1}{2EI}\left(\frac{a^2}{2} \times \frac{2a}{3EI}\right) + \frac{1}{EI}(a^2 \times a) = \frac{7a^3}{6EI}$$

由 $\overline{M}_1$、$\overline{M}_2$ 图乘，得

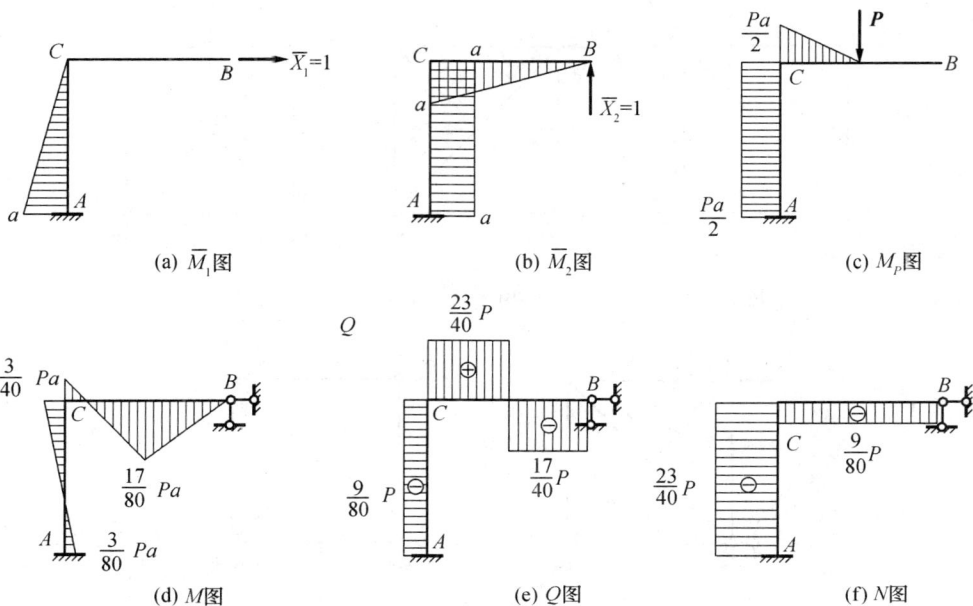

(a) $\overline{M}_1$图　　(b) $\overline{M}_2$图　　(c) M_P图

(d) M图　　(e) Q图　　(f) N图

图 11-11　刚架的内力图

$$\delta_{12} = \delta_{21} = -\frac{1}{EI}\left(\frac{a^2}{2} \times a\right) = -\frac{a^3}{2EI}$$

由 $\overline{M}_1$、M_P 图乘，得

$$\Delta_{1P} = \frac{1}{EI}\left(\frac{a^2}{2} \times \frac{Pa}{2}\right) = \frac{Pa^3}{4EI}$$

由 $\overline{M}_2$、M_P 图乘，得

$$\Delta_{2P} = -\frac{1}{2EI}\left(\frac{1}{2} \times \frac{Pa}{2} \times \frac{a}{2} \times \frac{5a}{6}\right) - \frac{1}{EI}\left(\frac{Pa^2}{2} \times a\right) = -\frac{53Pa^3}{96EI}$$

4）求出多余未知力。将以上系数和自由项带入典型方程，即

$$\left.\begin{array}{l} \dfrac{a^3}{3EI}X_1 - \dfrac{a^3}{2EI}X_2 + \dfrac{Pa^3}{4EI} = 0 \\[3mm] -\dfrac{a^3}{2EI}X_1 + \dfrac{7a^3}{6EI}X_2 - \dfrac{53Pa^3}{96EI} = 0 \end{array}\right\}$$

解联立方程，得

$$X_1 = -\frac{9}{80}P \quad (\leftarrow), \quad X_2 = \frac{17}{40}P \quad (\uparrow)$$

5）作最后弯矩图及剪力图、轴力图。弯矩图由叠加法求得。

$$M = \overline{M}_1 X_1 + \overline{M}_2 X_2 + M_P$$

剪力图和轴力图可以取基本体系，按静定结构绘制内力图的方法求得，如图 11-11 所示。

【例 11-3】　试计算图 11-12（a）所示超静定桁架，已知各杆的材料和截面面积相同。

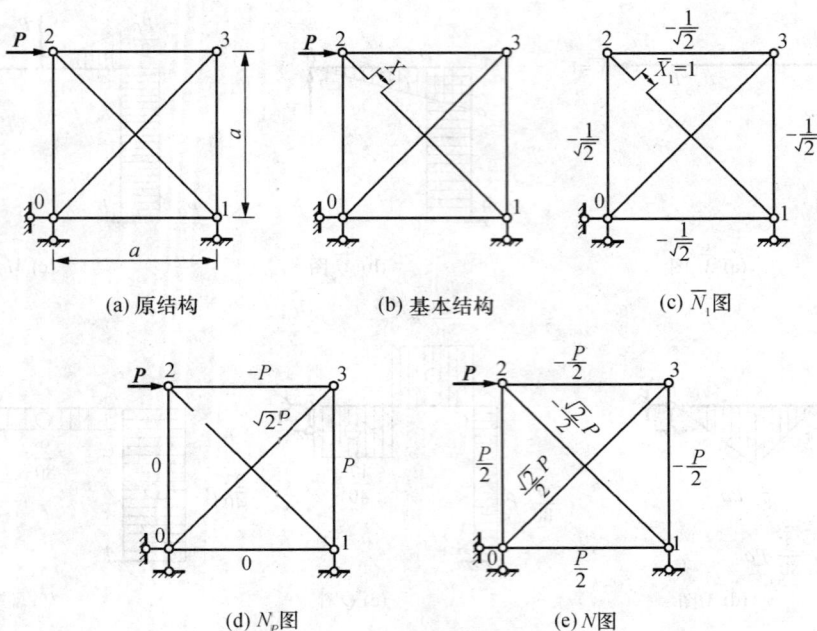

图 11-12　超静定桁架的内力计算

解 1）确定超静定次数，选取基本结构。

此桁架是一次超静定桁架。现将杆 12 切断，并代以多余力 X_1，基本结构如图 11-12（b）所示。

2）建立力法典型方程。

根据杆 12 切口处两侧截面的相对位移应等于零的条件，可建立力法典型方程为

$$\Delta_1 = \delta_{11} X_1 + \Delta_{1P} = 0$$

3）求主系数和自由项。

为了计算系数和自由项，先分别求出单位多余力和已知荷载作用于基本结构时产生的轴力，如图 11-12（c，d）所示。

$$\delta_{11} = \sum \frac{\overline{N}^2 l}{EA} = \frac{1}{EA}\left[(-\frac{1}{\sqrt{2}})^2 \times a \times 4 + 1^2 \times \sqrt{2}a \times 2\right] = \frac{2(1+\sqrt{2})a}{EA}$$

$$\Delta_{1P} = \sum \frac{\overline{N}N_P l}{EA} = \frac{1}{EA}\left[(-\frac{1}{\sqrt{2}}) \times (-P) \times a \times 2 + 1 \times \sqrt{2}P \times \sqrt{2}a\right] = \frac{(2+\sqrt{2})Pa}{EA}$$

4）求解多余力。

将上述系数和自由项代入典型方程后解得

$$X_1 = -\frac{\Delta_{1P}}{\delta_{11}} = -\frac{\dfrac{(2+\sqrt{2})Pa}{EA}}{\dfrac{2(1+\sqrt{2})a}{EA}} = -\frac{\sqrt{2}P}{2} \quad (\text{压})$$

5）求各杆最后轴力。

由叠加原理得

$$N = \overline{N}_1 X_1 + N_P$$

求得各杆轴力如图 11-12（e）所示。

11.1.3　温度改变时超静定结构的计算

温度改变时超静定结构要产生内力，其计算原理与在荷载作用下的情况相仿，只是典型方程中自由项的计算有所不同。

如图 11-13（a）所示为三次超静定结构，设各杆外侧温度均升高 t_1，内侧温度均升高 t_2，现在用力法计算其内力。

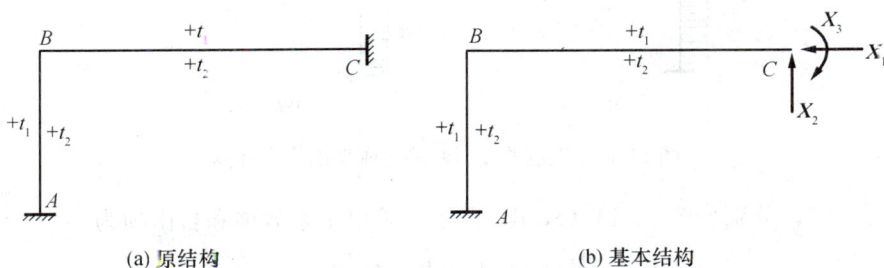

(a) 原结构　　　　　　　　　　　　　(b) 基本结构

图 11-13　温度改变时超静定结构计算简图

去掉支座 C 处的 3 个多余联系，代以多余未知力 X_1、X_2 和 X_3，得到基本结构如图 11-13（b）所示。设基本结构的 C 点由于温度改变沿 X_1、X_2 和 X_3 方向所产生的位移分别为 Δ_{1t}、Δ_{2t} 和 Δ_{3t}，它们可按下式计算，即

$$\Delta_{it} = \sum \alpha t_0 \int \overline{N}_i \, \mathrm{d}s + \sum \frac{\alpha \Delta t}{h} \int \overline{M}_i \, \mathrm{d}s \quad (i = 1,2,3) \tag{11-7}$$

根据基本结构在多余未知力 X_1、X_2 和 X_3 以及温度改变的共同作用下 C 点产生的位移应与原结构相同的条件，可以列出如下的力法典型方程，即

$$\left.\begin{array}{l} \delta_{11} X_1 + \delta_{12} X_2 + \delta_{13} X_3 + \Delta_{1t} = 0 \\ \delta_{21} X_1 + \delta_{22} X_2 + \delta_{23} X_3 + \Delta_{2t} = 0 \\ \delta_{31} X_1 + \delta_{32} X_2 + \delta_{33} X_3 + \Delta_{3t} = 0 \end{array}\right\} \tag{11-8}$$

其中各系数的计算仍与以前所述相同，自由项则按式（11-7）计算。

由于基本结构是静定的，温度的改变并不使其产生内力，因此由式（11-8）解出多余未知力 X_1、X_2 和 X_3 后，按下式计算原结构的弯矩，即

$$M = \overline{M}_1 X_1 + \overline{M}_2 X_2 + \overline{M}_3 X_3 \tag{11-9}$$

再根据平衡条件即可求其剪力和轴力。

【例 11-4】　试计算如图 11-14（a）所示刚架的内力，设刚架各杆内侧温度升高 10℃，外侧温度无变化，各杆线膨胀系数为 α，EI 和截面高度 h 均为常数。

解　此刚架为一次超静定结构，取基本结构如图 11-14（b）所示。力法典型方程为

$$\delta_{11} X_1 + \Delta_{1t} = 0$$

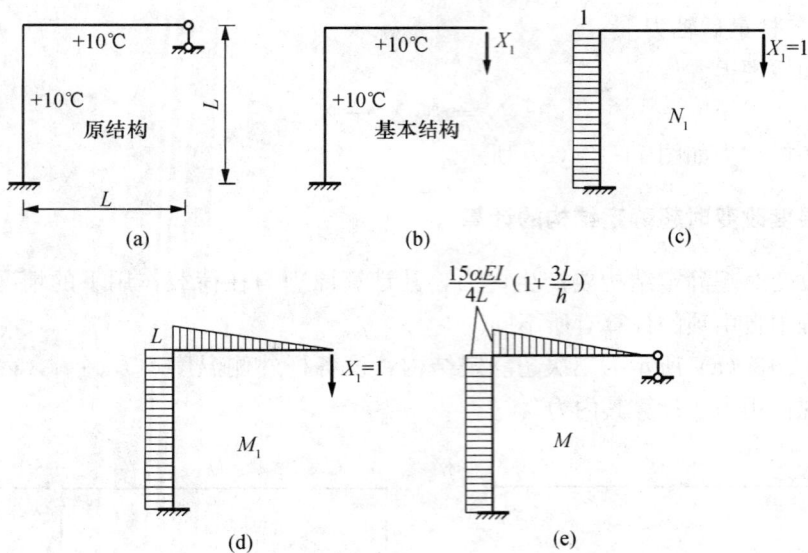

图 11-14　温度改变时超静定刚架的内力计算

作 $\overline{M}_1$ 和 $\overline{N}_1$ 图，分别如图 11-14（c，d）所示。求得主系数项和自由项为

$$\delta_{11} = \frac{1}{EI}(L^2 \times L + \frac{L^2}{2} \times \frac{2}{3}L) = \frac{4L^3}{3EI}$$

$$\Delta_{1t} = \sum \alpha t_0 \int \overline{N}_i ds + \sum \frac{\alpha \Delta t}{h} \int \overline{M}_i \, ds = -\alpha \times 5 \times L + [-\alpha \times \frac{10}{h}(L^2 + \frac{1}{2}L^2)]$$

$$= -5\alpha L(1 + \frac{3L}{h})$$

代入力法典型方程，求得

$$X_1 = -\frac{\Delta_{1t}}{\delta_{11}} = -\frac{-5\alpha L(1 + \frac{3L}{h})}{\frac{4L^3}{3EI}} = \frac{15\alpha Et}{4L^2}(1 + \frac{3L}{h})$$

根据 $M = \overline{M}_1 X_1$ 即可作出最后弯矩图，如图 11-14（e）所示。得出 M 图后，则不难据此求出其他内力图。

由以上例题可以看出，超静定结构由于温度改变引起的内力与各弯曲刚度的绝对值有关，这与荷载作用下的情况有所不同。

11.1.4　支座移动时超静定结构的计算

用力法计算超静定结构在支座移动所引起的内力时，其基本原理和解题步骤与荷载作用的情况相同，只是力法典型方程中自由项的计算有所不同，它表示基本结构由于支座位移在多余联系处沿多余未知力方向所引起的位移 Δ_{ic}。

【例 11-5】　图 11-15（a）所示单跨超静定梁，设支座 A 发生转角 θ，试作梁的弯矩图，已知梁的刚度 EI 为常数。

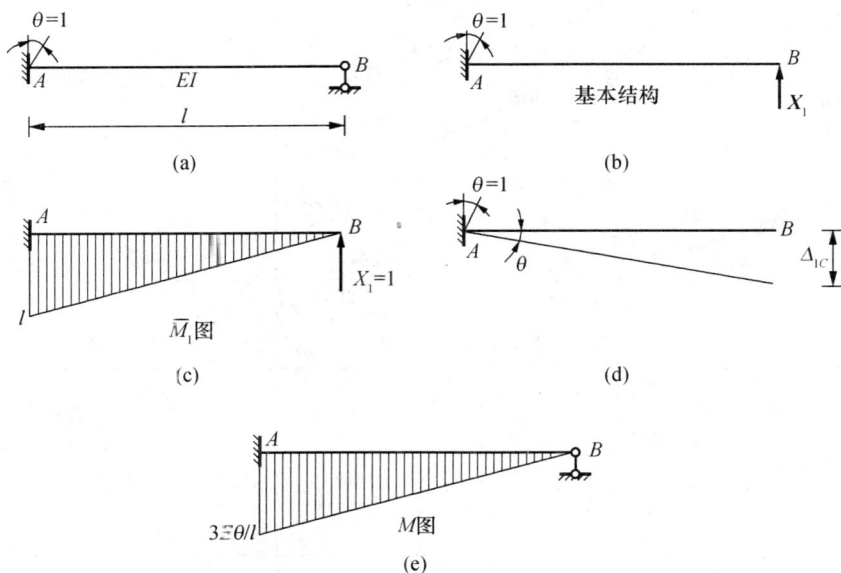

图 11-15 支座移动时超静定梁的弯矩计算

解 1）选取基本结构，如图 11-15（b）所示。

2）建立力法典型方程，由于原结构在 B 处无竖向的位移，所以可建立力法典型方程为

$$\delta_{11}X_1 + \Delta_{1C} = 0$$

3）计算系数项和自由项，作 $\overline{M}_1$ 和 $\overline{N}_1$ 图，分别如图 11-15（c）所示。求得主系数项和自由项为

$$\delta_{11} = \frac{1}{EI}(\frac{1}{2} \times l \times l \times \frac{2}{3}l) = \frac{l^3}{3EI}$$

$$\Delta_{1C} = -\sum \overline{R}C = -(l\theta) = -l\theta$$

4）代入力法典型方程，求得

$$X_1 = -\frac{\Delta_{1C}}{\delta_{11}} = -\frac{-l\theta}{\dfrac{l^3}{3EI}} = \frac{3EI\theta}{l^2}$$

5）作弯矩图。

由于支座位移在静定的基本结构中不会引起内力，只需要将 $\overline{M}_1$ 图乘以 X_1 值即可。

$$M = \overline{M}_1 X_1$$

$$M_{AB} = l \times \frac{3EI\theta}{l^2} = \frac{3EI\theta}{l}$$

$$M_{BA} = 0$$

作 M 图，如图 11-15（e）所示。

由所得的弯矩图不难看出，超静定结构由于支座位移引起的内力，其大小与杆件的刚度 EI 成正比，与杆长成反比。

单跨超静定梁在荷载作用下，或支座移动时的内力均可用力法求出。杆端弯矩与杆端剪力值列于表 11-1 中。

表 11-1　单跨超静定梁的杆端弯矩与杆端剪力

编号	梁的简图	弯矩图	杆端弯矩		杆端剪力	
			M_{AB}	M_{BA}	Q_{AB}	Q_{BA}
1			$\dfrac{4EI}{l}=4i$	$2i$ $\left(i=\dfrac{EI}{l},\text{以下同}\right)$	$-\dfrac{6i}{l}$	$-\dfrac{6i}{l}$
2			$-\dfrac{6i}{l}$	$-\dfrac{6i}{l}$	$\dfrac{12i}{l^2}$	$\dfrac{12i}{l^2}$
3			$3i$	0	$-\dfrac{3i}{l}$	$-\dfrac{3i}{l}$
4			$-\dfrac{3i}{l}$	0	$\dfrac{3i}{l^2}$	$\dfrac{3i}{l^2}$
5			i	$-i$	0	0

№	简图	弯矩图	M^F_{AB}	M^F_{BA}		
6	P 作用于 A 上方 a，b，l（两端固定）	M^F_{AB}（A），M^F_{BA}（B）	$-\dfrac{Pab^2}{l^2}$ 当 $a=b$ 时 $-Pl/8$	$\dfrac{Pa^2b}{l^2}$; $\dfrac{Pl}{8}$	$\dfrac{Pb^2}{l^2}\left(1+\dfrac{2a}{l}\right)$; $\dfrac{P}{2}$	$-\dfrac{Pa^2}{l^2}\left(1+\dfrac{2b}{l}\right)$; $-\dfrac{P}{2}$
7	q（均布，两端固定）	M^F_{AB}（A），M^F_{BA}（B）	$-\dfrac{ql^2}{12}$	$-\dfrac{ql^2}{12}$	$\dfrac{ql}{2}$	$-\dfrac{ql}{2}$
8	M 作用于 C，a，b，l	M^F_{AB}（A），M^F_{BA}（B），C	$\dfrac{Mb(3a-l)}{l^2}$	$\dfrac{Ma(3b-l)}{l^2}$	$-\dfrac{6ab}{l^2}M$	$-\dfrac{6ab}{l^2}M$
9	P 作用于 C，a，b，l（下端固定，B 铰支）	M^F_{AB}（A），C，B	$-\dfrac{Pab(l+b)}{2l^2}$ 当 $a=b=\dfrac{1}{2}$ 时 $-3Pl/16$	0	$\dfrac{Pb(3l^2-b^2)}{2l^3}$; $\dfrac{11}{16}P$	$\dfrac{Pa^2(2l+b)}{2l^3}$; $-\dfrac{5}{16}P$
10	q（均布，下端固定，B 铰支）	M^F_{AB}（A），B	$-\dfrac{ql^2}{8}$	0	$\dfrac{5}{8}ql$	$-\dfrac{3}{8}ql$

续表

编号	梁的简图	弯矩图	杆端弯矩 M_{AB}	杆端弯矩 M_{BA}	杆端剪力 Q_{AB}	杆端剪力 Q_{BA}
11			$\dfrac{M(l^2-3b^2)}{2l^2}$	0	$\dfrac{3M(l^2-b^2)}{2l^3}$	$-\dfrac{3M(l^2-b^2)}{2l^3}$
12			$-\dfrac{Pl}{2}$	$-\dfrac{Pl}{2}$	P	P
13			$-\dfrac{Pa(l+b)}{2l}$ 当 $a=b$ 时 $-\dfrac{3Pl}{8}$	$-\dfrac{P}{2l}a^2$ $-\dfrac{Pl}{8}$	P	0
14			$-\dfrac{ql^2}{3}$	$-\dfrac{ql^2}{6}$	ql	0

11.1.5 超静定结构的特性

超静定结构具有以下一些重要特性:

1) 超静定结构是有多余约束的几何不变体系。

2) 超静定结构的全部内力和反力仅由静力平衡条件求解不出,还必须考虑几何变形条件。

3) 超静定结构的内力与材料的性质和截面的几何特征有关,即与刚度有关。荷载引起的内力与各杆的刚度比值有关,因此在设计超静定结构时须事先假定截面的尺寸,才能求出内力;然后再根据内力重新选择截面尺寸。另外,也可以通过调整各杆的刚度比值达到调整内力的目的。

4) 温度改变、支座移动、材料收缩、制造误差等都将导致超静定结构产生内力。

5) 超静定结构存在多余约束,当某一约束破坏后结构仍有一定的承载能力,但承载能力会下降。

6) 超静定结构由于存在多余约束,与相应的静定结构比较而言,超静定结构的内力分布较为均匀,刚度和稳定性都有所提高。

11.2 力矩分配法计算连续梁

力法解超静定结构需要建立和求解力法方程。当超静定次数较高时,解多元线性方程组十分麻烦。因此,工程上采用实用的计算方法——力矩分配法。该方法的特点不需要建立和求解方程,直接以杆端弯矩为计算目的,从不平衡到平衡,经过多次循环运算叠加逼近真值。

因此,力矩分配法是一种渐近的方法,特别适用于连续梁和无结点线位移刚架的计算。

11.2.1 力矩分配法中的几个概念

1. 固端弯矩 M_{ij}^F

对于杆件,由荷载(或其他外因)引起的杆端弯矩称为固端弯矩。正负号的规定:对杆端来说,顺时针的弯矩为正,反之力负;对结点来说,逆时针的弯矩为正,反之为负,见图 11-16。

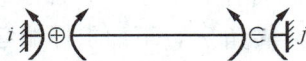

图 11-16 杆端弯矩及结点的正负号规定

2. 近端、远端

杆件产生转角变形的一端称为近端,另一端称为远端。

3. 线刚度 i

杆件横截面的抗弯刚度 EI 被杆件长度去除,其结果就是杆件的线刚度,即

$$i = \frac{EI}{l}$$

4. 转动刚度 S_{ij}

图 11-17 所示单跨超静定梁 ij，使 i 端转动单位转角 $\varphi_i = 1$ 时，在 i 端所需施加的力矩称为 ij 杆 i 端的转动刚度，并用 S_{ij} 表示，其中第一个下标代表施力端或称近端，第二个下标代表远端。各种单跨超静定梁的转动刚度查表 11-1。

图 11-17 (a) 中，远端 j 为固定端时，近端 i 的转动刚度为
$$S_{ij} = 4i$$
图 11-17 (b) 中，远端 j 为铰支端时，近端 i 的转动刚度为
$$S_{ij} = 3i$$
图 11-17 (c) 中，远端 j 为定向支承时，近端 i 的转动刚度为
$$S_{ij} = i$$

由此可见，等截面直杆杆端的转动刚度与该杆的线刚度和远端支承情况有关。杆的 i 值越大，杆端的转动刚度就越大。这时欲使杆端转动一单位角度所需施加的力矩就越大，所以，杆端的转动刚度即表示杆端抵抗转动的能力。

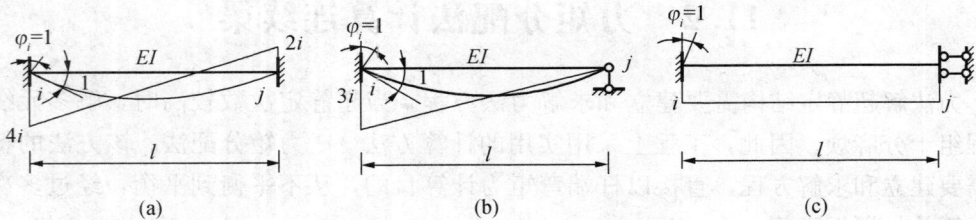

图 11-17　单跨超静定梁的转动刚度

5. 分配系数 μ_{ij}

如图 11-18 (a) 所示由等截面杆件组成的刚架，只有一个刚结点 1，它只能转动不能移动。当有个外力矩 M 加于结点 1 时，刚架发生如图中虚线所示的变形，各杆的 1 端均发生转角 φ_1，下面求杆端弯矩 M_{12}、M_{13}、M_{14}、M_{15}。

由转动刚度的定义可知
$$M_{12} = S_{12}\varphi_1 = 4i_{12}\varphi_1$$
$$M_{13} = S_{13}\varphi_1 = i_{13}\varphi_1$$
$$M_{14} = S_{14}\varphi_1 = 3i_{14}\varphi_1$$
$$M_{15} = S_{15}\varphi_1 = 3i_{15}\varphi_1$$

根据图 11-18 (b)，利用结点 1 的力矩平衡条件得
$$M = M_{12} + M_{13} + M_{14} + M_{15} = (S_{12} + S_{13} + S_{14} + S_{15})\varphi_1$$

所以

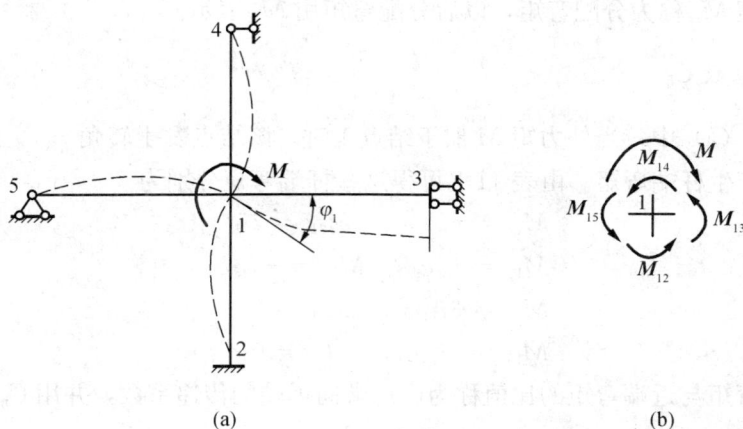

图 11-18　结点力偶的分配

$$\varphi = \frac{M}{S_{12} + S_{13} + S_{14} + S_{15}} = \frac{M}{\sum S_1}$$

其中，$\sum S_1$ 为汇交于结点 1 各杆件在 1 端的转动刚度之和。

将求得的 φ_1 代入 M_{1i}，得

$$M_{12} = \frac{S_{12}}{\sum S_1} M$$

$$M_{13} = \frac{S_{13}}{\sum S_1} M$$

$$M_{14} = \frac{S_{14}}{\sum S_1} M$$

$$M_{15} = \frac{S_{15}}{\sum S_1} M$$

上式表明，各杆近端产生的弯矩与该杆杆端的转动刚度成正比，转动刚度越大，则所产生的弯矩越大。设

$$\mu_{1j} = \frac{S_{1j}}{\sum S_1}$$

式中的下标 j 为汇交于结点 1 的各杆之远端，在本例中即为 2、3、4、5。于是，各近端弯矩可写成

$$M_{1j} = \mu_{1j} M$$

μ_{1j} 称为各杆件在近端的分配系数。汇交于同一结点的各杆杆端的分配系数之和应等于 1，即

$$\sum \mu_{1j} = \mu_{12} + \mu_{13} + \mu_{14} + \mu_{15} = 1$$

由上述可见，加于结点 1 的外力矩 M 按各杆杆端的分配系数分配给各杆的近端，

因而杆端弯矩 M_{1j} 称为分配弯矩，以后分配弯矩用 M_{1j}^μ 表示。

6. 传递系数 C_{ij}

图 11-18 （a）中，当外力矩 M 加于结点 1 时，该结点发生转角 φ_1，于是各杆的近端和远端都产生杆端弯矩。由表 11-1 可得这些杆端弯矩分别为

$$M_{12} = 4i_{12}\varphi_1, \quad M_{21} = 2i_{12}\varphi_1$$
$$M_{13} = i_{13}\varphi_1, \quad M_{31} = -i_{13}\varphi_1$$
$$M_{14} = 3i_{14}\varphi_1, \quad M_{41} = 0$$
$$M_{15} = 3i_{15}\varphi_1, \quad M_{51} = 0$$

将远端弯矩与近端弯矩的比值称为由近端向远端的传递系数，并用 C_{ij} 表示，即

$$C_{1j} = \frac{M_{j1}}{M_{1j}}$$
$$M_{j1} = C_{1j}M_{1j}$$

上式表明，远端弯矩 M_{j1}（又称为传递弯矩）等于传递系数与分配弯矩的乘积。以后传递弯矩用 M_{ji}^C 表示。

传递系数随远端的支承情况而异。对等截面直杆来说，各种支承情况下的传递系数为：

远端固定，$C_{ij} = \dfrac{1}{2}$；

远端铰支，$C_{ij} = 0$；

远端定向支承，$C_{ij} = -1$。

11.2.2 力矩分配法的基本原理

如图 11-19 （a）所示两跨连续梁，只有一个刚性结点 B，在 AB 跨中作用有集中荷载 P，BC 跨作用有均布荷载 q，刚结点 B 处有转角 θ_B，变形曲线如图中虚线所示。

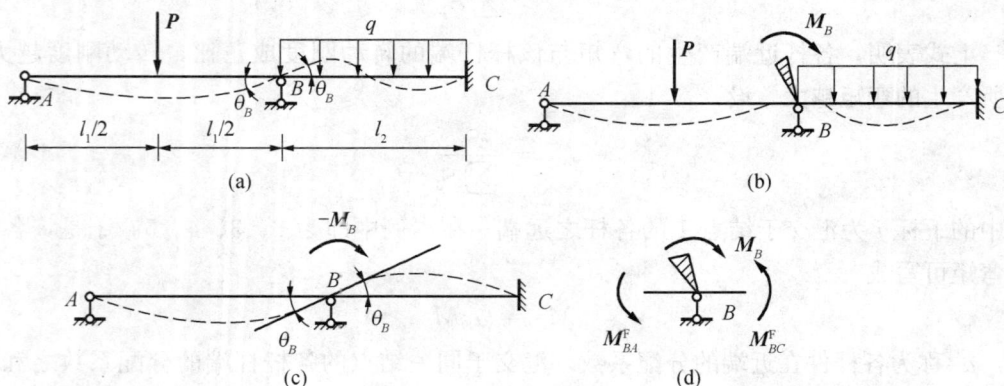

图 11-19　单结点力矩分配的基本原理

首先，固定结点，在结点 B 处加入刚臂，约束结点 B 的转动。连续梁被附加刚臂

分隔为两个单跨的超静定梁 AB 和 BC，在荷载作用下其变形曲线如图 11-19（b）中虚线所示。各单跨超静定梁的固端弯矩可由表 11-1 查得。一般情况下，汇交于刚结点 B 处的 BA 杆和 BC 杆的固端弯矩彼此不相等，因此在附加刚臂中将产生附加约束力矩 M_B，见图 11-19（b），也称为结点不平衡力矩，其数值可由图 11-19（d）求得，为

$$M_B = M_{BA}^F + M_{BC}^F = \sum M_{Bj}^F$$

上式表明结点不平衡力矩等于相交于该结点的各杆固端弯矩代数和，其正负与固端弯矩代数和是一致的。

其次，放松结点。为了使图 11-19（b）所示有附加刚臂的连续梁能和图 11-19（a）所示连续梁等效，必须放松附加刚臂，使结点 B 产生转角 θ_B。为此，在结点 B 加上一个与结点不平衡力矩 M_B 大小相等、转向相反的力矩 $-M_B$，即反号的结点不平衡力矩，如图 11-19（c）所示，$-M_B$ 将使结点 B 产生所需的 θ_B 转角。

由以上分析可见，图 11-19（a）所示连续梁的受力和变形情况应等于图 11-19（b）和图 11-19（c）所示情况的叠加。也就是说，要计算连续梁相交于 B 结点各杆的近端弯矩，应分别计算图 11-19（b）所示情况的杆端弯矩即固端弯矩和图 11-19（c）所示情况的杆端弯矩即分配弯矩，然后将它们叠加，其中分配弯矩等于分配系数乘以反号的结点不平衡力矩 $-M_B$。同样，连续梁相交于 B 结点各杆的远端弯矩应是图 11-19（b）所示情况的固端弯矩和图 11-19（e）所示情况的传递弯矩相加。

下面举例说明力矩分配法的计算步骤。

【例 11-6】   试用力矩分配法计算图 11-20（a）所示两跨连续梁，绘出梁的弯矩图和剪力图。

解   1）计算分配系数 μ_{ij}。

$$\mu_{BA} = \frac{S_{BA}}{\sum S_B} = \frac{4i_{AB}}{4i_{AB} + 3i_{BC}} = \frac{4 \times \dfrac{1.5EI}{8}}{4 \times \dfrac{1.5EI}{8} + 3 \times \dfrac{EI}{6}} = 0.6$$

$$\mu_{BC} = \frac{S_{BC}}{\sum S_B} = \frac{3i_{BC}}{4i_{AB} + 3i_{BC}} = \frac{3 \times \dfrac{EI}{6}}{4 \times \dfrac{1.5EI}{8} + 3 \times \dfrac{EI}{6}} = 0.4$$

2）计算各杆固端弯矩 M_{ij}^F 和结点不平衡力矩 M_i。

$$M_{AB}^F = -\frac{1}{12}ql^2 = -\frac{1}{12} \times 15 \times 8^2 = -80\text{kN} \cdot \text{m}$$

$$M_{BA}^F = \frac{1}{12}ql^2 = \frac{1}{12} \times 15 \times 8^2 = 80\text{kN} \cdot \text{m}$$

$$M_{BC}^F = -\frac{1}{8}ql^2 = -\frac{1}{8} \times 15 \times 6^2 = -67.5\text{kN} \cdot \text{m}$$

$$M_{CB}^F = 0$$

结点 B 不平衡力矩

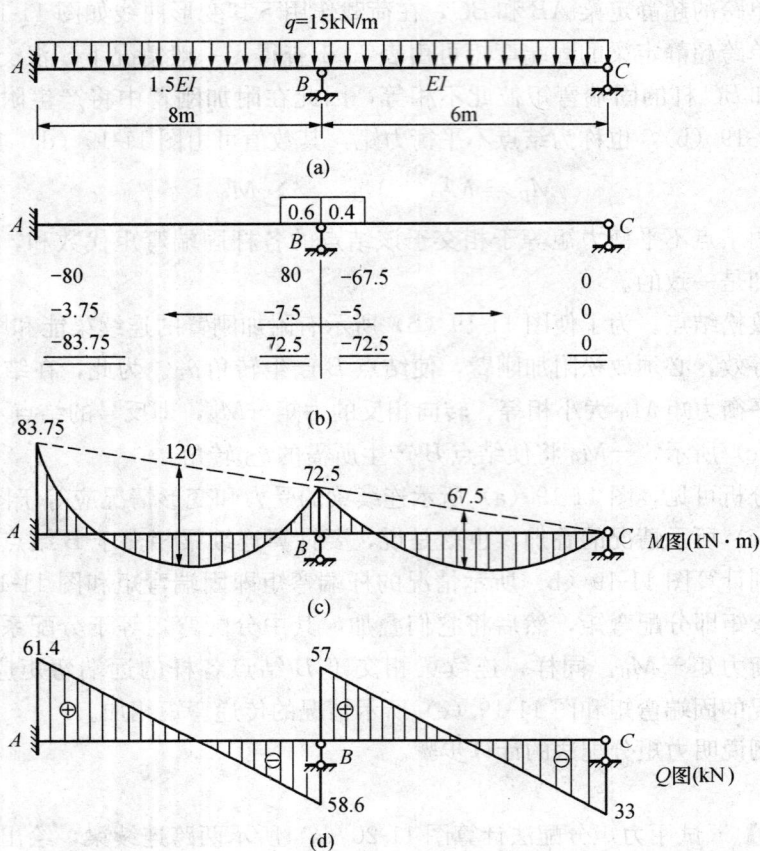

图 11-20　力矩分配法计算连续梁的内力

$$M_B = M_{BA}^F + M_{BC}^F = 80 - 67.5 = 12.5 \text{kN} \cdot \text{m}$$

3）计算分配弯矩 M_{ij}^μ 与传递弯矩 M_{ji}^C。

$$M_{BA}^\mu = \mu_{BA}(-M_B) = 0.6 \times (-12.5) = -7.5 \text{kN} \cdot \text{m}$$

$$M_{BC}^\mu = \mu_{BC}(-M_B) = 0.4 \times (-12.5) = -5 \text{kN} \cdot \text{m}$$

杆 BA 远端固定，传递系数 $C_{BA} = \dfrac{1}{2}$，杆 BC 远端为铰支，传递系数 $C_{BC} = 0$。

$$M_{AB}^C = C_{BA}(M_{BA}^\mu) = \frac{1}{2} \times (-7.5) = -3.75 \text{kN} \cdot \text{m}$$

$$M_{CB}^C = 0$$

4）计算各杆端总弯矩 M_{ij}。将各杆端固端弯矩与分配弯矩或传递弯矩求和。

$$M_{AB} = M_{AB}^F + M_{AB}^C = -80 - 3.75 = -83.75 \text{kN} \cdot \text{m}$$

$$M_{BA} = M_{BA}^F + M_{BA}^\mu = 80 - 7.5 = 72.5 \text{kN} \cdot \text{m}$$

$$M_{BC} = M_{BC}^F + M_{BC}^\mu = -67.5 - 5 = -72.5 \text{kN} \cdot \text{m}$$

$$M_{CB} = M_{CB}^F + M_{CB}^C = 0$$

5）绘制 M 图、Q 图。根据每一杆端总弯矩绘制 M 图，如图 11-20（c）所示；根据弯矩图与荷载可作剪力图，见图 11-20（d）。

注意图中结点 B 分配弯矩下画一横线，表示该结点不平衡力矩分配完毕，结点已经达到新的平衡。箭头表示将近端分配弯矩传至远端的方向。

上述全部过程完全可在图 11-20（b~d）中进行，因此力矩分配法是一种很简捷的方法。

11.2.3　多结点力矩分配

【例 11-7】　用力矩分配法作图 11-21（a）所示连续梁的弯矩图、剪力图，并求出各支座的反力。

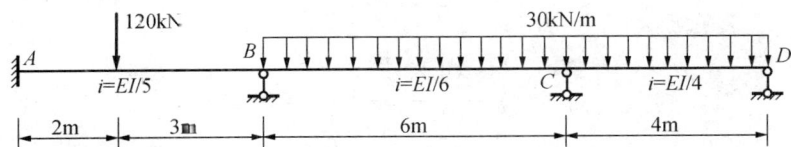

(a)

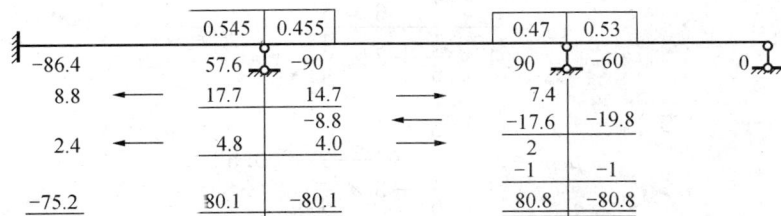

(b)

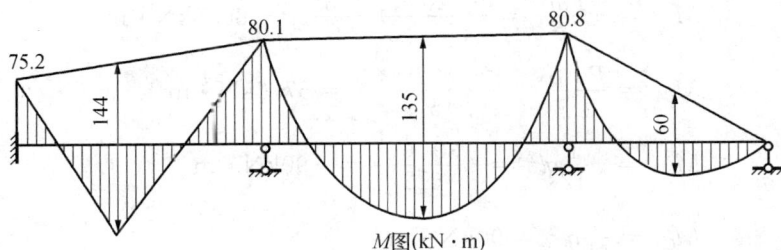

M图(kN·m)

(c)

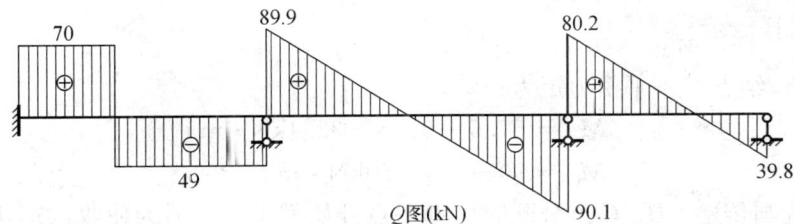

Q图(kN)

(d)

图 11-21　力矩分配法计算连续梁的内力和反力

解 本题有两个刚结点，需加两个刚臂，用力矩分配法计算时就需要在 B、C 两处进行分配，当 B 点刚臂松动时（B 点进行力矩分配）C 点刚臂必须起到阻止转动的作用，而 C 点松动时（C 点进行力矩分配）B 点又重新固定不动，只有这样力矩分配法的原则才能一直进行下去。正是由于遵循这一原则，传递弯矩将始终存在，从理论上讲这将是一个无限循环的过程，但从实用角度出发，各结点进行两轮分配后其结果基本上就可以满足工程需要，当最后一轮分配完毕后就不要再进行传递。

1）计算分配系数。由于梁的 EI 相同，但各梁跨度不同，因此各梁线刚度不同，计算时可约去 EI。

$$\mu_{BA} = \frac{4 \times \frac{1}{5}}{4 \times \frac{1}{5} + 4 \times \frac{1}{6}} = 0.545$$

$$\mu_{BC} = \frac{4 \times \frac{1}{6}}{4 \times \frac{1}{5} + 3 \times \frac{1}{6}} = 0.445$$

$$\mu_{CB} = \frac{4 \times \frac{1}{6}}{4 \times \frac{1}{6} + 3 \times \frac{1}{4}} = 0.47$$

$$\mu_{CD} = \frac{3 \times \frac{1}{4}}{4 \times \frac{1}{6} + 3 \times \frac{1}{4}} = 0.53$$

2）计算固端弯矩和结点不平衡力矩。

$$M_{AB}^F = -\frac{Pab^2}{l^2} = -\frac{120 \times 2 \times 3^2}{5^2} = -86.4 \text{kN} \cdot \text{m}$$

$$M_{BA}^F = \frac{Pa^2b}{l^2} = \frac{120 \times 2^2 \times 3}{5^2} = 57.6 \text{kN} \cdot \text{m}$$

$$M_{BC}^F = -\frac{1}{12}ql^2 = -\frac{30 \times 6^2}{12} = -90 \text{kN} \cdot \text{m}$$

$$M_{CB}^F = \frac{1}{12}ql^2 = 90 \text{kN} \cdot \text{m}$$

$$M_{CD}^F = -\frac{1}{8}ql^2 = -\frac{30 \times 4^2}{8} = -60 \text{kN} \cdot \text{m}$$

$$M_{DC}^F = 0$$

结点 B、结点 C 不平衡力矩为

$$M_B = 57.6 - 90 = -32.4 \text{kN} \cdot \text{m}$$

$$M_C = 90 - 60 = 30 \text{kN} \cdot \text{m}$$

3）分配与传递。B、C 点分配时由哪一点开始都可以，但为使收敛加快，一般由结点不平衡力矩绝对值较大者开始。本例中可自 B 点开始，然后 C 点再分配，过程见图 11-21（b）。当 B 结点第一轮分配后，传给 C 点 7.4kN·m 的一个弯矩，此时 C 点

的结点不平衡力矩应为 30+7.4=37.4kN·m，然后再分配，当传给 B 点 -8.8kN·m 的力矩后，此值即为 B 点新的不平衡力矩，需将它重新分配，到这时 B 已分配两轮，传给 C 点 2kN·m 后，C 点作最后一次分配，至此分配传递工作即认为结束，不要再继续传给 B 点。从分配数据值的大小看到，此时已在 1kN·m 以下，误差在 1‰～2‰ 左右，从工程实用角度看是可行的。

4）作 M 图与 Q 图。最后将每一杆端弯矩求和即可得到杆端最终弯矩，弯矩图示于图 11-21（c）。根据弯矩图与荷载可作剪力图，见图 11-21（d）。

也可由叠加法作剪力图。

$$Q_{AE} = \frac{-(-75.2+80.1)}{5} + \frac{3\times120}{5} = 71.02\text{kN} \quad （正）$$

$$Q_{BA} = \frac{-(-75.2+80.1)}{5} - \frac{2\times120}{5} = -48.98\text{kN} \quad （负）$$

$$Q_{BC} = \frac{-(-80.1+80.8)}{6} + \frac{30\times6}{2} = 89.88\text{kN} \quad （正）$$

$$Q_{CB} = \frac{-(-80.1+80.8)}{6} - \frac{30\times6}{2} = -90.11\text{kN} \quad （负）$$

$$Q_{CD} = \frac{-(-80.8+08)}{4} + \frac{30\times4}{2} = 80.2\text{kN} \quad （正）$$

$$Q_{DC} = \frac{-(-80.8+08)}{4} - \frac{30\times4}{2} = -39.8\text{kN} \quad （负）$$

5）根据支座结点竖向平衡，可求得各支座反力。

$$R_A = Q_{AB} = 71.02\text{kN} \quad （↑）$$

$$R_B = -Q_{BA} + Q_{BC} = -(-48.98)+89.88 = 138.86\text{kN} \quad （↑）$$

$$R_C = -Q_{CB} + Q_{CD} = -(-90.11)+80.2 = 170.32\text{kN} \quad （↑）$$

$$R_D = -Q_{DC} = -(-48.98) = 39.8\text{kN} \quad （↑）$$

校核：

$$\sum Y = 71.02 - 120 + 138.86 - 30\times6 + 170.32 - 30\times4 + 39.8 = 0.18\text{kN}$$

误差比较小，在允许范围内，计算正确。

── 单元小结 ──

（1）力法的基本结构是静定结构。力法是以多余未知力作为基本未知量，由满足原结构的位移条件来求解未知量，然后通过静定结构计算超静定结构的内力，将超静定问题转化为静定问题来处理，这是力法的基本思想。

（2）力法方程是一组变形协调方程，其物理意义是基本结构在多余未知力和荷载的共同作用下，多余未知力作用处的位移与原结构相应处的位移相同，在计算静定结构时，要同时运用平衡条件和变形条件，这是求解静定结构与超静定结构的根本区别。

熟练地选取基本结构，熟练地计算力法方程中的系数和自由项是掌握和运用力法的关键。必须熟练地理解系数和自由项的物理意义，并在此基础上理解力法的基本思想。

（3）温度改变、支座移动、材料收缩、制造误差等都将导致超静定结构产生内力。

（4）力矩分配法适用于计算连续梁和无结点线位移的刚架。力矩分配法的物理概念清楚，运算步骤简单，不需建立和求解联立方程就可直接得到杆端弯矩值。

（5）力矩分配法的基本运算是单结点的力矩分配，主要有以下两个环节：

1）固结刚结点。对刚结点施加阻止转动的约束，根据荷载计算各杆的固端弯矩和结点的约束力矩。

2）放松刚结点。根据各杆的转动刚度计算分配系数，将结点的约束力矩反符号，乘以分配系数，得到各杆端的分配弯矩；然后，将各杆端的分配弯矩乘以传递系数，得到各杆远端的传递弯矩。

（6）多结点的力矩分配（连续梁和无侧移刚架计算）是先固定全部刚结点，然后逐个放松结点，轮流进行单结点的力矩分配。

自我检测

一、简答题

1. 静定结构与超静定结构的区别是什么？

2. 在选定力法的基本结构时，应掌握什么原则？对于给定的超静定结构，它的力法基本结构是唯一的吗？基本未知量的数目是确定的吗？

3. 力法典型方程中的主系数、副系数、自由项 Δ 的物理意义是什么？为什么主系数恒大于零，而副系数可能为正值、负值或为零？

4. 为什么在荷载作用下超静定结构的内力状态只与各杆的 EI、EA 相对值有关，而与它们的绝对值无关？为什么静定结构的内力与各杆 EI、EA 值无关？

5. 用力法计算超静定结构时，当基本未知量求得后，绘制超静定结构的最后内力图，可用哪两种方法？

6. 力矩分配法中对杆件的固端弯矩、杆端弯矩的正负号是怎样规定的？

7. 什么叫转动刚度？等截面杆远端为固定或铰支时，杆端的转动刚度各等于多少？

8. 什么叫分配系数？分配系数和转动刚度有何关系？一个结点上各杆分配系数之和是多少？

9. 什么叫传递系数？传递系数如何确定？

10. 力矩分配的含义是什么？近端弯矩、远端弯矩、分配弯矩、传递弯矩的含义是什么？

二、计算题

1. 如图 11-22 所示，试确定结构的超静定次数。

2. 试用力法计算如图 11-23 所示超静定梁，并作出内力图，各杆 EI 为常数。

3. 试用力法计算如图 11-24 所示超静定刚架，并作出内力图，各杆 EI 为常数。

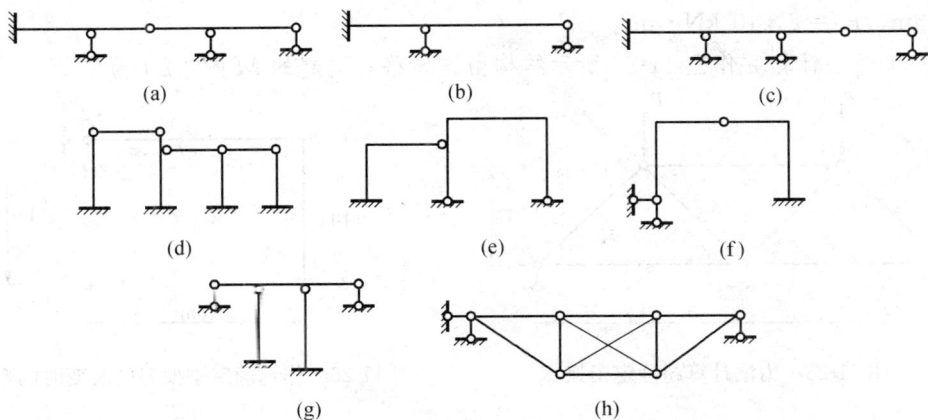

图 11-22　超静定结构

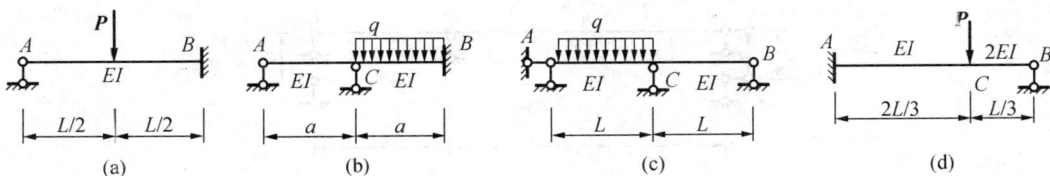

图 11-23　力法计算超静定梁

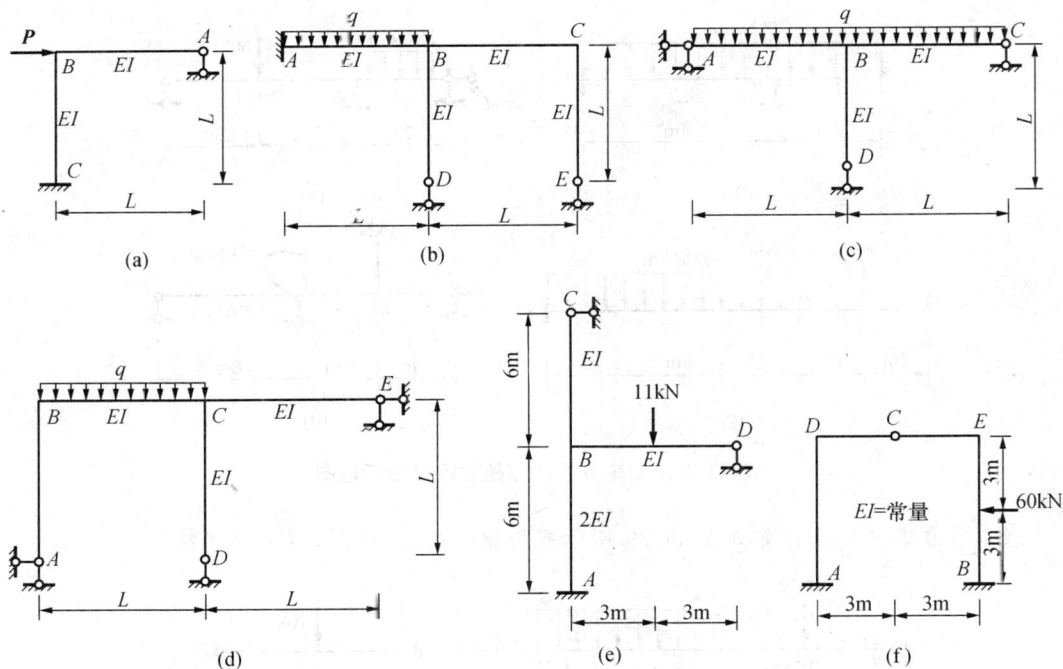

图 11-24　力法计算超静定刚架

4. 用力法计算如图 11-25 所示桁架，假设各杆 EA 相同。

5. 用力法计算并作图 11-26 所示结构的 M 图，已知 $\alpha = 0.000\,01$，各杆矩形截面高

$h=0.3\text{m}$，$EI=2\times10^{5}\text{kN}\cdot\text{m}^{2}$。

6. 用力法计算并作图 11-27 所示结构由支座移动引起的 M 图，EI 为常数。

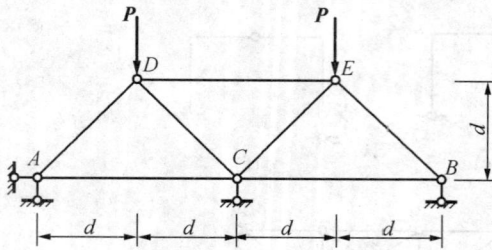

图 11-25　力法计算超静定桁架　　　　　图 11-26　作超静定刚架温度改变时的弯矩图

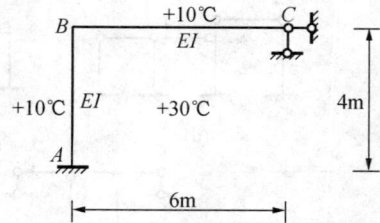

7. 用力矩分配法计算如图 11-28 所示结构，并作 M 图，EI 为常数。

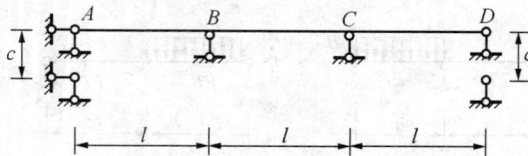

图 11-27　作超静定梁支座移动时的变矩图

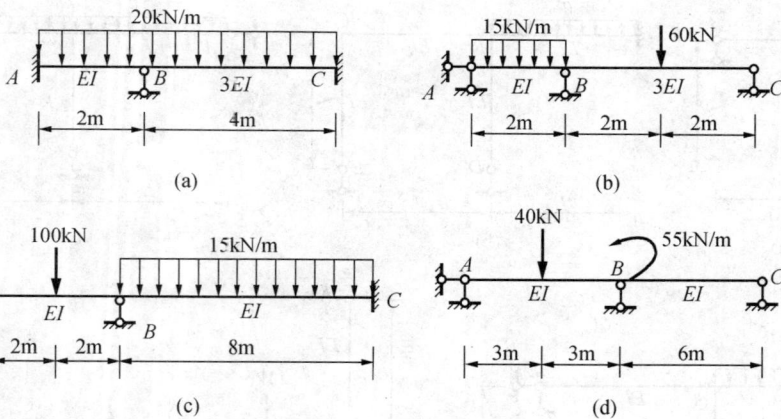

(a)　　　　　　　　　　　(b)

(c)　　　　　　　　　　　(d)

图 11-28　力矩分配法作超静定梁的弯矩图

8. 用力矩分配法计算如图 11-29 所示多跨梁，并作 M 图，EI 为常数。

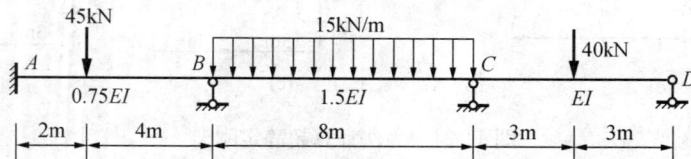

图 11-29　力矩分配法作多跨梁的弯矩图

工程结构影响线

在前面各单元中,我们所接触的荷载均是恒载(大小、方向、作用位置都不变的荷载)。结构在恒载作用下,反力、内力以及变形都是一定的。但对于主要承受移动荷载(大小、方向不变但作用位置不断改变的荷载)的工程结构(如桥梁)来说,其内力、反力与这些移动荷载之间的关系更显得重要,它们之间有什么规律吗?

本单元正是要告诉读者它们之间的规律——影响线。

12.1 影响线的概念

为了方便叙述,本单元把结构的反力、内力(包括轴力 N、剪力 Q 和弯矩 M)、位移统称为量值,记为 S。

想一想

当你从独木桥上走过时,人的重量没有变,作用位置却在变,那桥两端的支座反力及桥身的内力是不变的呢,还是一直在变呢?

在移动荷载作用下,结构的量值(反力、内力、位移等)随着荷载位置的移动而变化,不仅不同截面的某一量值的变化规律不同,而且同一截面的不同量值在同样移动荷载作用下的变化规律往往也不相同。因此,每次只能研究某个量值的变化规律。

另外,由于实际的移动荷载是多种多样的,不可能对每一个具体的荷载都进行讨论,也无须逐个加以讨论。根据叠加法(在弹性范围内,量值和荷载值成线性关系),只要抽出其中的共性进行分析讨论即可,而这些荷载的共性就是一个竖向的单位集中荷载。

当方向不变的单位集中荷载 $P=1$ 沿结构移动时，表示结构某一指定处的某一量值变化规律的图形称为该**量值的影响线**。

12.2 用静力法作单跨静定梁的影响线

将竖向荷载 $P=1$ 放在结构的任意位置，并选定一坐标系，以横坐标 x 表示荷载作用点的位置，然后根据平衡条件求出所求量值与荷载位置 x 之间的函数关系式（就称为该量值的影响线方程），再根据方程作出影响线图形。

> **想一想**
>
> 如图 12-1 所示，当方向不变的单位集中荷载 $P=1$ 沿结构移动时，两端的支座反力是怎样变化的呢？截面 K 处的剪力 Q、弯矩 M 又是怎样变化的呢？
>
> 图 12-1 受移动荷载 $P=1$ 作用的简支梁

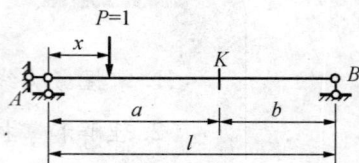

1. 反力影响线

现画出简支梁（图 12-1）的受力图（图 12-2），设反力向上为正。

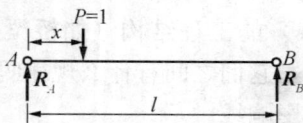

图 12-2 简支梁的受力图　　　图 12-3 反力影响线

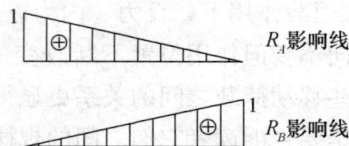

由静力平衡条件即可得

$$\sum M_B = 0, \quad R_A l - P(l - x) = 0$$

$$\sum M_A = 0, \quad R_B l - Px = 0$$

解得

$$\left. \begin{aligned} R_A &= 1 - \frac{x}{l} \\ R_B &= \frac{x}{l} \end{aligned} \right\} \quad (0 \leqslant x \leqslant l) \tag{12-1}$$

上式就是 R_A 和 R_B 的影响线方程，都是 x 的一次函数。若取单位集中荷载的作用位置 x 作为横坐标，量值（R_A 或 R_B）作为纵坐标，根据式（12-1）就可作出 R_A 和 R_B 的影响线，如图 12-3 所示。

上述通过结构的静力平衡条件，求出量值影响线方程，再画出影响线的方法，称为**静力法**。

2. 剪力、弯矩影响线

现要作图 12-1 所示简支梁截面 K 的剪力、弯矩影响线。由截面法可知，P 在 K 截面的左边和右边时，截面 K 的剪力、弯矩是不一样的，因此要分段求解。

当 P 在的 K 截面的左边移动，沿截面 K 截开后取右段分析（剪力、弯矩的正负规定与之前一样），如图 12-4（a）所示。由静力平衡条件可得

图 12-4　分段分析

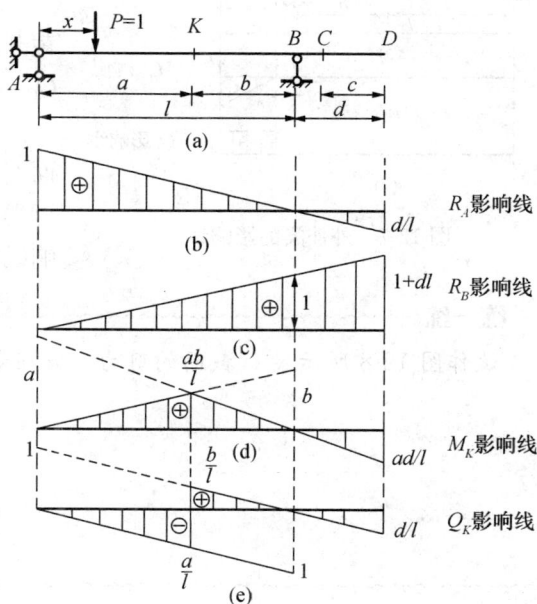

$$Q_K = -R_B = -x/l \qquad (0 < x < a) \tag{12-2}$$

$$M_K = R_B b = bx/l \qquad (0 \leqslant x \leqslant a) \tag{12-3}$$

当 P 在的 K 截面的右边移动时，沿截面 K 截开后取左段分析，如图 12-4（b）所示。由静力平衡条件即可得

$$Q_K = R_A = 1 - x/l \qquad (a < x < l) \tag{12-4}$$

$$M_K = R_A a = a(1-x)/l \qquad (a \leqslant x \leqslant l) \tag{12-5}$$

由上面四式可知，剪力 Q、弯矩 M 均是 x 的一次函数，也即是说剪力和弯矩的影响线都是斜直线，现以 x 为横坐标、量值（Q_K、M_K）为纵坐标作出其影响线，如图 12-5 所示。

【**例 12-1**】　试作图 12-6（a）所示外伸梁支座反力以及截面 K、C 的剪力、弯矩影响线。

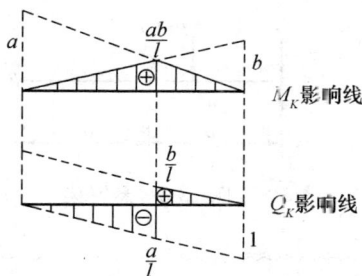

图 12-5　简支梁的影响线

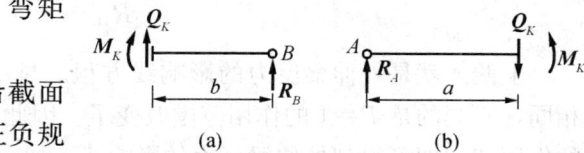

图 12-6　外伸梁的受力及影响线

解 1）反力影响线。设反力 R_A 和 R_B 向上为正，由静力平衡条件即可解得

$$R_A = 1 - \frac{x}{l}$$

$$R_B = \frac{x}{l}$$

上两式就是外伸梁反力的影响线方程。显然，其与简支梁的反力影响线方程完全相同，不同的是 $P=1$ 的作用范围改变了。因此，只需将简支梁的反力影响线延伸到 P 的作用范围即可得到外伸梁反力的影响线，如图 12-6（b，c）所示。

2）截面 K 的剪力、弯矩影响线。当 P 在的 K 截面的左边移动时，沿截面 K 截开后取右段分析（图略）。由静力平衡条件即可得

$$Q_K = -R_B = -x/l \qquad (0 < x < a)$$
$$M_K = R_B b = bx/l \qquad (0 \leqslant x \leqslant a)$$

当 P 在的 K 截面的右边移动时，沿截面 K 截开后取左段分析［图 12-4（b）］，由静力平衡条件即可得

$$Q_K = R_A = 1 - x/l \qquad (a < x < l+d)$$
$$M_K = R_A a = a(1-x)/l \qquad (a \leqslant x \leqslant l+d)$$

由上面四式可知：截面 K 的剪力、弯矩影响线方程显然与简支梁的剪力、弯矩影响线方程完全相同，不同的是 $x_{max} = l+d$。因此，只需将简支梁的剪力、弯矩影响线相应延伸即可得到外伸梁剪力、弯矩的影响线。

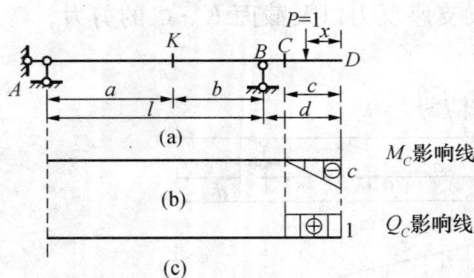

图 12-7 外伸梁的影响线

3. 截面 C 的剪力、弯矩影响线

当 P 在 C 截面的左边移动时，沿截面 C 截开后取右段分析，由静力平衡条件即可得 $Q_C = 0$，$M_C = 0$。

当 P 在的 C 截面的右边移动时，沿截面 C 截开后取右段分析，由静力平衡条件即可得 $Q_C = 1$，$M_C = x-c$（$0 \leqslant x \leqslant c$）。作出影响线，如图 12-7（a，b）所示。

练一练

试作图 12-8 所示梁 C 截面的剪力、弯矩影响线。

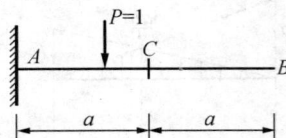

图 12-8 悬臂梁

12.3　用机动法作静定梁影响线

利用虚功原理作影响线的方法称为机动法。在以后的学习或工作中往往只需要知道影响线的轮廓，而机动法能不经计算就可迅速绘出影响线的轮廓，对于这样的要求，很适合使用机动法来绘制。另外一方面，也可利用机动法对静力法绘制的影响线进行校核。

> **想一想**
>
> 若将图 12-1 中的简支梁的支座 B 拆掉（用 R_B 代替），如图 12-9 所示，令 AB 沿 R_B 的方向发生单位位移（注意支座 A 仍在），会发现什么？
>
> 图 12-9　拆掉支座 B 的简支梁

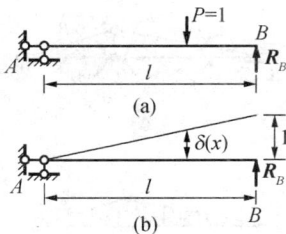

12.3.1　机动法作简支梁的影响线

从图 12-9 中我们可以看到，AB 沿 R_B 的方向发生单位位移的位置图（位移图）与 R_B 的影响线完全相同，这难道是巧合吗？

回答是否定的，下面我们利用虚功原理来导出这个结果。

图 12-9（b）所示是一个几何可变体系，它可以绕 A 点转动。现令 B 点沿正方向发生单位位移（虚位移），反力与虚位移同向，故在单位虚位移上作正虚功，荷载 P 与虚位移 $\delta(x)$ 反向，故 P 做负虚功，根据虚功原理，各力在虚位移上做的总虚功应该为零，即

$$R_B \cdot 1 - P \cdot \delta(x) = 0$$

注意到 $P=1$，则有

$$R_B = \delta(x)$$

此式表明，反力 R_B 的大小与梁的虚位移图上 P 作用处对应的位移值相等。因此，反力 R_B 的影响线完全可以由梁的虚位移图来替代。

由以上分析可知，机动法绘制量值 S 的影响线，只要去掉与欲求量值相对应的约束，使得到可变体系沿量值 S 的正向发生单位虚位移，由此得到的刚体虚位移图即为量值 S 的影响线。

用机动法作静定梁的影响线的一般步骤为：

1）解除与量值对应的约束，用量值代替，使梁成为可变体系。

2）让体系沿量值的正方向发生单位位移，根据剩余约束条件作出梁的位移图，此

图即为欲求量值的影响线。

读者可根据上述方法，试作出图 12-1 中简支梁的支座 A 的反力影响线。

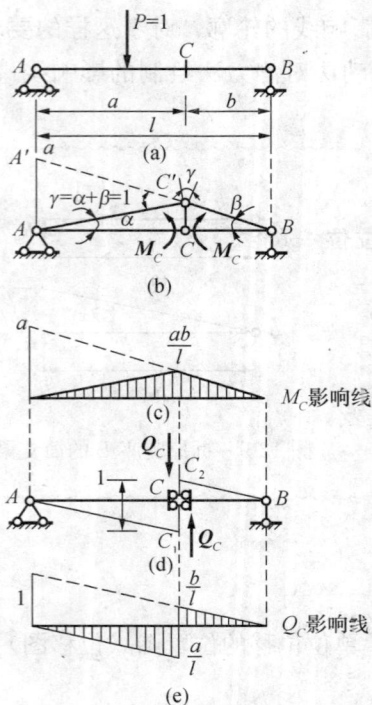

图 12-10　截面 C 弯矩、剪力的影响线

为了进一步说明怎样用机动法绘制影响线，继续以图 12-10（a）所示简支梁为例，作 C 截面弯矩、剪力的影响线。

用机动法绘制 C 截面弯矩影响线时，首先解除相对应的转动约束，代之以一对力偶 M_C（正向弯矩的转向），即将 C 改为铰结点，然后让梁沿正向弯矩的转向发生单位相对转角（$\gamma=1$），这样 C 点移到 C' 点，梁的位移如图 12-10（b）所示。延长 BC'，与 AB 的垂直线交于 A'，由于角 γ 是一个单位微量，由微分原理可知 AA' 的高度为 a，再从比例关系可得 CC' 的高度应为 ab/l，根据梁的位移图绘出 M_C 的影响线，如图 12-10（c）所示。

绘制 C 截面剪力的影响线时，解除与剪力相对应的约束，把点 C 变成双滑动约束，用一对正向剪力代替，使 C 截面沿剪力的正向发生单位相对线位移，梁的位移如图 12-10（d）所示。由于 C 点是双滑动约束，C 点两侧截面始终平行，且截面与梁轴线始终垂直，所以 C 点左右两侧的梁段轴线是平行的，从而根据相似三角形边长的比例关系可得 CC_1 的高度为 a/l，CC_2 的高度为 b/l。根据梁的位移绘出 Q_C 的影响线，如图 12-10（e）所示。

这里所讨论的 C 截面内力影响线具有一般性，即对于两支座之间的任意截面，其弯矩、剪力影响线均可照此套用，包括外伸梁也是如此，对于梁外伸段的影响线，只需随着梁轴线延伸即可。

12.3.2　机动法作多跨静定梁的影响线

对于多跨静定梁来说，由于支座和梁段较多，要比简支梁的影响线复杂，在作位移图要注意位移协调，满足剩余约束条件。下面以例题的形式展开介绍。

【例 12-2】　试作图 12-11（a）所示多跨静定梁反力 R_C 和 K 截面内力 M_K、Q_K 的影响线。

解　1）反力 R_C 的影响线。

用机动法绘制反力 R_C 的影响线时，首先解除 C 支座的约束，代之以反力 R_C，并让 C 沿 R_C 的正向移动 1 个单位长度，由于 AB 为不变体系，B 截面无位移，这样就可得到位移图，如图 12-11（b）所示；然后转换成 R_C 的影响线，如图 12-11（c）所示。

2）K 截面的弯矩影响线。

解除 K 截面的弯矩的相应约束，代之以反力 M_K，让 K 沿 M_K 的正向转动 1 个单位转角，由于 AK 为不变体系，K 截面无位移，这样就可得到位移图，如图 12-11（d）所示；然后转换成 M_K 的影响线，如图 12-11（e）所示。

3）K 截面的剪力影响线。

同上，解除 K 截面剪力的相应约束，代之以反力 Q_K，让 K 沿 Q_K 的正向相对移动 1 个单位长度，K 截面无位移，这样就可得到位移图，如图 12-11（f）所示；然后转换成 Q_K 的影响线，如图 12-11（g）所示。

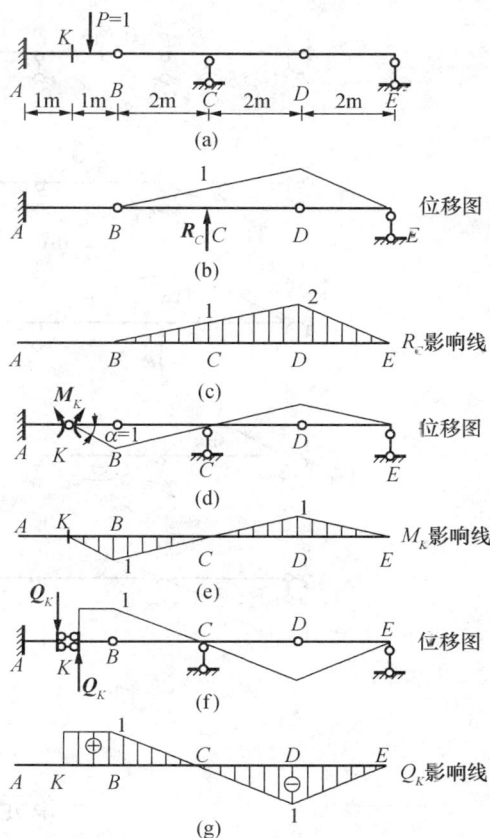

图 12-11　多跨静定梁的影响线

12.4　用机动法作连续梁的影响线

对于连续梁来说，机动法作影响线的步骤仍然和静定梁一样，但是由于结构在去掉量值所对应的约束后，结构整体或者部分仍可保持为几何不变，要使结构发生虚位移，梁的位移就不再是刚体运动，位移图也不再是直线，而是约束所允许的光滑连续的弹性变形曲线，这是连续梁影响线的特征，在绘制影响线图时要注意这个特点。

正因为连续梁的影响线为弹性曲线，所以其影响线的特征值（具体数值）难以直接利用机动法来加以确定。对于连续梁来说，常见荷载为均布荷载，很多情况下只需要根据影响线的轮廓夹帮助确定最不利荷载位置，所以连续梁的影响线一般都是用机动法来分析，绘出其图像轮廓线即可。

图 12-12 所示为连续梁 K_1 截面弯矩、B 支座反力、C 截面弯矩、K_2 截面剪力的影响线，从中可以看出影响线均为光滑连续的弹性曲线。

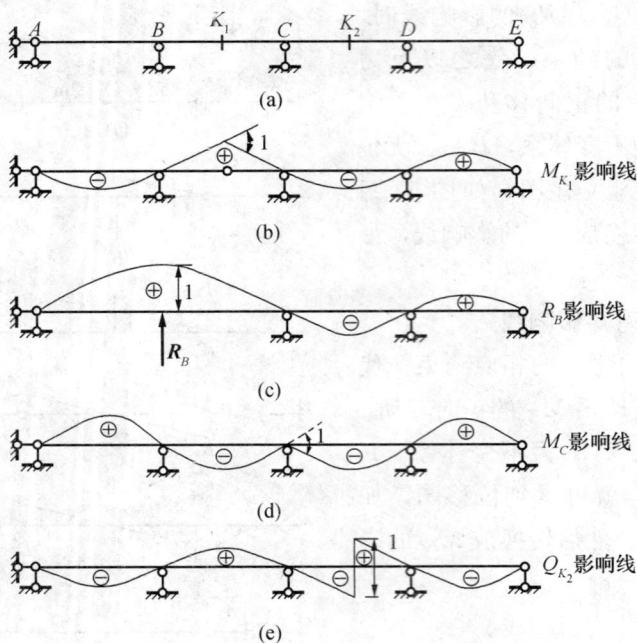

图 12-12　连续梁的影响线

单元小结

（1）影响线是在单位竖向移动荷载作用下，结构某一指定处的某一量值（内力、反力等）随竖向单位荷载位置移动而变化的规律。影响线的横坐标表示单位移动荷载作用位置，纵坐标表示单位移动荷载作用下结构该量值的大小。

（2）绘制影响线的方法有静力法和机动法两种。

（3）根据静力平衡条件建立量值关于单位移动荷载作用位置的函数方程，据此函数绘制影响线的方法称为静力法。

（4）由虚位移原理，解除与所求量值对应的约束，沿量值正向给出单位位移，根据约束条件作出机构的位移图来绘制影响线的方法称为机动法。

（5）静定结构的影响线由直线段组成，超静定结构的影响线由光滑的曲线构成。

自我检测

一、填空题

1. 影响线是在_____作用下，结构的_____变化的规律。

2. 影响线的横坐标表示_____，纵坐标表示_____。

3. 静定结构的影响线由_____组成，超静定结构的影响线由_____构成。

二、绘图题

1. 试用静力法绘制图 12-13 所示梁指定量值（R_A、R_B、M_K、Q_K、M_C、Q_C）的影响线。

2. 试用静力法绘制图 12-14 所示梁指定量值（N_{DB}、M_K、Q_K、M_B、Q_{B-}、Q_{B+}）的影响线。

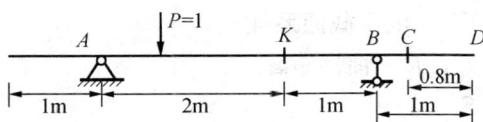

图 12-13　绘制外伸梁

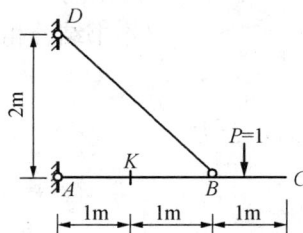

图 12-14　绘制支架的影响线

3. 试用机动法绘制图 12-15 所示梁指定量值（R_B、M_B、Q_K、M_K、R_C）的影响线。

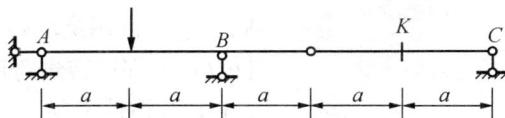

图 12-15　绘制多跨静定梁

附录 1　主要符号

(本书结合相应的规范采用以下符号)

F　外力，分力，合力

G　重力

P　集中力

q　分布荷载集度

Q　分布荷载合力

T　柔体约束反力

N　光滑接触面约束反力，轴

R　主矢，合力，支座反力，链杆
　　约束反力

X，Y　支座反力

m　集中力偶，合力偶

M　弯矩，合力矩，主矩

l　长度，跨度

p　全应力

A　面积

σ　正应力

τ　剪切应力

$[\sigma]$　许用正应力

$[\tau]$　许用剪切应力

E　拉压弹性模量

ν　泊松比

G　剪切弹性模量

ψ　截面收缩率

K　安全系数

V　剪力，竖向支座反力

W_z　抗弯截面系数

I_z，I_y　惯性矩

S_z　静矩

b　中性轴所在截面宽度

h　截面高度

y　纵向坐标，挠度

θ　转角

f　最大挠度

$[f/l]$　许用挠度跨度比

$[\theta/l]$　许用转角跨度比

i_x，i_y　惯性半径

σ_{cr}　临界应力

P_{cr}　临界力

μ　长度系数

λ　柔度

φ　稳定折减系数

Δ　线位移，广义位移

M　弯矩

H　水平支座反力

δ　结构在单位广义荷载作用下的广义位
　　移，延伸率

r　结构在单位广义位移作用下的广义力

θ　转角位移

c　支座位移

i　线刚度

附录 2　热轧型钢有关数据

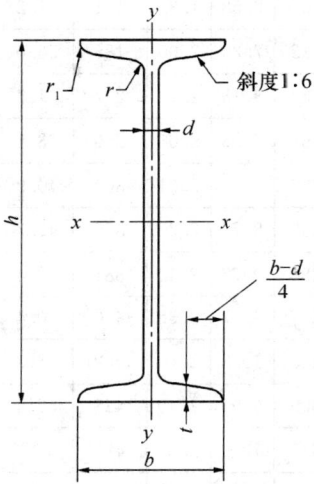

h——高度；

b——腿宽度；

d——腰厚度；

——平均腿厚度；

r——内圆弧半径；

r_1——腿端圆弧半径

附图 1　工字钢截面

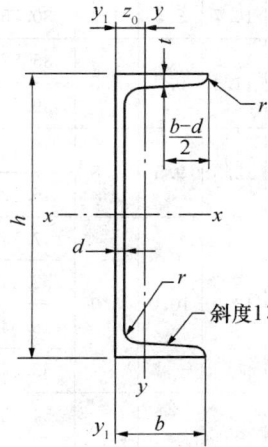

h——高度；

b——腿宽度；

d——腰厚度；

t——平均腿厚度；

r——内圆弧半径；

r_1——腿端圆弧半径；

z_0——yy 轴与 $y_1 y_1$ 轴间距

附图 2　槽钢截面

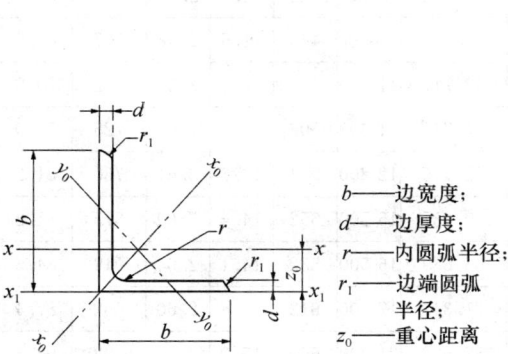

b——边宽度；

d——边厚度；

r——内圆弧半径；

r_1——边端圆弧半径；

z_0——重心距离

附图 3　等边角钢截面

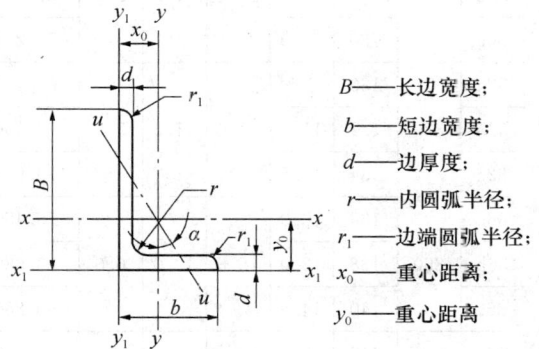

B——长边宽度；

b——短边宽度；

d——边厚度；

r——内圆弧半径；

r_1——边端圆弧半径；

x_0——重心距离

y_0——重心距离

附图 4　不等边角钢截面

附表 1　工字钢截面尺寸、截面面积、理论质量及截面特性

型号	截面尺寸/mm						截面面积/cm²	理论质量/(kg/m)	惯性矩/cm⁴		惯性半径/cm		截面模数/cm³	
	h	b	d	t	r	r_1			I_x	I_y	i_x	i_y	W_x	W_y
10	100	68	4.5	7.6	6.5	3.3	14.345	11.261	245	33.0	4.14	1.52	49.0	9.72
12	120	74	5.0	8.4	7.0	3.5	17.818	13.987	436	46.9	4.05	1.62	72.7	12.7
12.8	126	74	5.0	8.4	7.0	3.5	18.118	14.223	488	46.9	5.20	1.61	77.5	12.7
14	140	80	5.5	9.1	7.5	3.8	21.516	16.890	712	64.4	5.76	1.73	302	16.1
16	160	88	6.0	9.9	8.0	4.0	26.131	20.513	1130	93.1	6.58	1.89	141	21.2
18	180	84	6.5	10.7	8.5	4.3	30.756	24.143	1660	122	7.36	2.00	185	26.0
20a	200	100	7.0	11.4	9.0	4.5	35.578	27.929	2370	158	8.15	2.12	237	31.5
20b		102	9.0				39.578	31.069	2500	169	7.96	2.06	250	38.1
22a	220	110	7.5	12.3	9.5	4.8	42.128	38.070	3400	225	8.99	2.31	309	40.9
22b		112	9.5				46.528	36.524	3570	235	8.78	2.27	325	42.7
24a	240	116	8.0	13.0	10.0	5.0	47.741	37.477	4570	280	9.77	2.42	381	48.4
24b		118	10.0				52.541	41.245	4800	297	9.57	2.38	400	50.4
25a	250	116	8.0				48.541	38.105	5020	280	10.2	2.40	402	48.3
25b		118	10.0				53.542	42.030	5280	309	9.94	2.40	428	52.4
27a	270	122	8.5	13.7	10.5	5.3	54.554	42.825	6550	345	10.9	2.51	485	55.6
27b		124	10.5				59.954	47.064	6870	366	10.7	2.47	509	58.9
28a	280	122	8.5				55.404	43.492	7110	345	11.3	2.50	805	56.6
28b		124	10.5				61.004	47.888	7480	379	11.1	2.49	534	61.2
30a	300	125	9.0	14.4	11.0	5.5	61.254	48.084	8950	400	12.1	2.55	597	63.5
30b		128	11.0				67.254	52.794	9400	422	11.8	2.50	627	65.9
30c		130	13.0				73.254	57.504	9850	445	11.6	2.46	557	68.5
32a	320	130	9.5	15.0	11.5	5.8	67.156	52.717	11 100	160	12.8	2.62	692	70.8
32b		132	11.5				73.556	57.741	11 600	502	12.6	2.61	725	76.0
32c		134	13.5				79.956	62.765	12 200	544	12.3	2.61	760	81.2
36a	360	136	10.0	15.8	12.0	6.0	75.480	60.037	15 800	552	14.4	2.69	875	81.2
36b		138	12.0				83.680	65.689	16 500	582	14.1	2.64	919	84.3
36c		140	14.0				90.880	71.341	17 300	612	13.8	2.60	962	87.4
40a	400	142	10.5	16.5	12.5	6.3	86.112	87.598	21 700	660	15.9	2.77	1090	93.2
40b		144	12.5				94.112	73.878	22 800	692	15.6	2.71	1140	95.2
40c		146	14.5				102.112	80.158	23 000	727	15.2	2.65	1190	99.6

续表

型号	截面尺寸/mm						截面面积/cm²	理论质量/(kg/m)	惯性矩/cm⁴		惯性半径/cm		截面模数/cm³	
	h	b	d	t	r	r_1			I_x	I_y	i_x	i_y	W_x	W_y
45a		150	11.5				102.446	80.420	32 200	855	17.7	2.89	1430	114
45b	450	152	13.5	18.0	13.5	6.8	111.446	87.485	33 800	894	17.4	2.84	1500	118
45c		154	15.5				120.446	94.550	35 300	938	17.1	2.79	1570	122
50a		158	12.0				119.304	93.654	46 500	1120	19.7	3.07	1860	142
50b	500	160	14.0	20.0	14.0	7.0	129.304	101.504	48 600	1170	19.4	3.01	1940	146
50c		162	16.0				139.304	109.354	50 600	1220	19.0	2.96	2080	151
55a		166	12.5				134.185	105.335	62 900	1370	21.6	3.19	2290	164
55b	550	168	14.5				145.185	113.970	65 600	1420	21.2	3.14	2390	170
55c		170	16.5	21.0	14.5	7.3	156.185	122.605	68 400	1480	20.9	3.08	2490	175
56a		166	12.5				135.435	106.316	65 600	1370	22.0	3.18	2340	165
56b	560	168	14.5				146.635	115.108	68 500	1490	21.6	3.16	2450	174
56c		170	16.5				157.835	123.900	71 400	1560	21.3	3.16	2550	183
63a		176	13.0				154.658	121.407	93 900	1700	24.5	3.31	2980	193
63b	630	178	15.0	22.0	15.0	7.5	167.258	131.298	98 100	1810	24.2	3.29	3160	204
63c		180	17.0				179.858	141.189	102 000	1920	23.8	3.27	3300	214

注：表中 r、r_1 的数据用于孔型设计，不做交货条件。

附表 2　槽钢截面尺寸、截面面积、理论质量及截面特性

型号	截面尺寸/mm						截面面积/cm²	理论质量/(kg/m)	惯性矩/cm⁴			惯性半径/cm		截面模数/cm³		重心距离/cm
	h	b	d	t	r	r_1			I_x	I_y	I_{y1}	i_x	i_y	W_x	W_y	z_0
5	50	37	4.5	7.0	7.0	3.5	6.928	5.438	26.0	8.30	20.9	1.94	1.10	10.4	3.55	1.35
6.3	63	40	4.8	7.5	7.5	3.8	8.451	8.634	50.8	11.9	28.4	2.45	1.19	16.1	4.50	1.36
6.5	65	40	4.3	7.5	7.5	3.8	8.547	6.709	55.2	12.0	28.3	2.54	1.19	17.0	4.59	1.38
8	80	43	5.0	8.0	8.0	4.0	10.248	8.045	101	16.6	37.4	3.15	1.27	25.3	5.79	1.43
10	100	48	5.3	8.5	8.5	4.2	12.748	10.007	198	25.6	54.9	3.95	1.41	39.7	7.80	1.52
12	120	53	5.5	9.0	9.0	4.5	15.362	12.059	346	37.4	77.7	4.75	1.56	57.7	10.2	1.62
12.6	126	53	5.5	9.0	9.0	4.5	15.692	12.318	391	38.0	77.1	4.95	1.57	62.1	10.2	1.59
14a	140	58	6.0	9.5	9.5	4.8	18.516	14.535	564	53.2	107	5.52	1.70	80.5	13.0	1.71
14b		60	8.0				21.316	16.733	609	61.1	121	5.35	1.69	87.1	14.1	1.67
16a	160	63	6.5	10.0	10.0	5.0	21.962	17.24	866	73.3	144	6.28	1.83	108	16.3	1.80
16b		65	8.5				25.162	19.752	935	83.4	161	6.10	1.82	117	17.6	1.75

续表

型号	截面尺寸/mm						截面面积/cm²	理论质量/(kg/m)	惯性矩/cm⁴			惯性半径/cm		截面模数/cm³		重心距离/cm
	h	b	d	t	r	r_1			I_x	I_y	I_{y1}	i_x	i_y	W_x	W_y	z_0
18a	180	68	7.0	10.5	10.5	5.2	25.699	20.174	1270	98.6	190	7.04	1.96	141	20.0	1.88
18b		70	9.0				29.299	23.000	1370	111	210	6.84	1.95	152	21.5	1.84
20a	200	73	7.0	11.0	11.0	5.5	28.837	22.637	1780	128	244	7.86	2.11	178	24.2	2.01
20b		75	9.0				32.837	25.777	1910	144	268	7.64	2.09	191	25.9	1.95
22a	220	77	7.0	11.5	11.5	5.8	31.846	24.999	2390	158	298	8.67	2.23	218	28.2	2.10
22b		79	9.0				36.246	28.453	2570	176	326	8.42	2.21	234	30.1	2.03
24a		78	7.0				34.217	26.860	3050	174	325	9.45	2.25	254	30.5	2.10
24b	240	80	9.0				39.017	30.628	3280	194	355	9.17	2.23	274	32.5	2.03
24c		82	11.0	12.0	12.0	6.0	43.817	34.396	3510	213	388	8.96	2.21	293	34.4	2.00
25a		78	7.0				34.917	27.410	3370	176	322	9.82	2.24	270	30.6	2.07
25b	250	80	9.0				39.917	31.335	3530	196	353	9.41	2.22	282	32.7	1.98
25c		82	11.0				44.917	35.260	3690	218	384	9.07	2.21	295	35.9	1.92
27a		82	7.5				39.284	30.838	4350	216	393	10.5	2.34	323	35.5	2.13
27b	270	84	9.5				44.684	35.077	4690	239	428	10.3	2.31	347	37.7	2.06
27c		86	11.5	12.5	12.5	6.2	50.084	39.316	5020	261	467	10.1	2.28	372	39.8	2.03
28a		82	7.5				40.034	31.427	4760	218	388	10.9	2.33	340	35.7	2.10
27b	280	84	9.5				45.634	35.823	5130	242	428	10.6	2.30	366	37.9	2.02
28c		86	11.5				51.234	40.219	5500	268	463	10.4	2.29	393	40.3	1.95
30a		85	7.5				43.902	34.463	6050	260	467	11.7	2.43	403	41.1	2.17
30b	300	87	9.5	13.5	13.5	6.8	49.902	39.173	6500	289	515	11.4	2.41	433	44.0	2.13
30c		89	11.5				55.902	43.883	6950	316	560	11.2	2.38	463	46.4	2.09
32a		88	8.0				48.513	38.083	7600	304	552	12.5	2.50	475	46.5	2.24
32b	320	90	10.0	14.0	14.0	7.0	54.913	43.107	8140	336	593	12.2	2.47	509	49.2	2.16
32c		92	12.0				61.313	48.131	8690	374	643	11.9	2.47	543	52.6	2.09
36a		96	9.0				60.910	47.814	11 900	455	818	14.0	2.73	660	63.5	2.44
36b	360	98	11.0	16.0	16.0	8.0	68.110	53.466	12 700	497	880	13.6	2.70	703	66.9	2.37
36c		100	13.0				75.310	59.118	13 400	536	948	13.4	2.67	746	70.0	2.34
40a		100	10.5				75.068	58.928	17 600	592	1070	15.3	2.81	879	78.8	2.49
40b	400	102	12.5	18.0	18.0	9.0	83.068	65.208	18 600	640	114	15.0	2.78	932	82.5	2.44
40c		104	14.5				91.068	71.488	19 700	688	1 220	14.7	2.75	986	86.2	2.42

注：表中 r、r_1 的数据用于孔型设计，不做交货条件。

附表3 等边角钢截面尺寸、截面面积、理论重量及截面特性

型号	截面尺寸/mm b	截面尺寸/mm d	截面尺寸/mm r	截面面积/cm²	理论重量/(kg/m)	外表面积/(m²/m)	惯性矩/cm⁴ I_x	惯性矩/cm⁴ I_{x1}	惯性矩/cm⁴ I_{x0}	惯性矩/cm⁴ I_{y0}	惯性半径/cm i_x	惯性半径/cm i_{x0}	惯性半径/cm i_{y0}	截面模数/cm³ W_x	截面模数/cm³ W_{x0}	截面模数/cm³ W_{y0}	重心距离/cm z_0
2	20	3	3.5	1.132	0.889	0.078	0.40	0.81	0.63	0.17	0.69	0.75	0.39	0.29	0.45	0.20	0.60
		4		1.459	1.145	0.077	0.60	1.09	0.78	0.22	0.58	0.73	0.38	0.36	0.55	0.24	0.64
2.5	25	3		1.432	1.124	0.098	0.82	1.57	1.29	0.34	0.76	0.95	0.49	0.46	0.73	0.33	0.73
		4		1.859	1.459	0.097	1.03	2.11	1.62	0.43	0.74	0.93	0.48	0.59	0.93	0.40	0.76
3.0	30	3	4.5	1.749	1.373	0.117	1.46	2.71	2.31	0.61	0.91	1.15	0.59	0.68	1.09	0.51	0.85
		4		2.276	1.786	0.117	1.84	3.63	2.92	0.77	0.90	1.13	0.58	0.87	1.37	0.62	0.89
3.6	36	3		2.109	1.656	0.141	2.58	4.58	4.09	1.07	1.11	1.39	0.71	0.99	1.61	0.76	1.00
		4		2.756	2.163	0.141	3.29	6.25	5.22	1.37	1.09	1.38	0.70	1.28	2.05	0.93	1.04
		5		3.382	2.654	0.141	3.95	7.84	6.24	1.55	1.03	1.36	0.70	1.56	2.45	1.00	1.07
4	40	3	5	2.359	1.852	0.157	3.59	6.41	5.69	1.49	1.23	1.55	0.79	1.23	2.01	0.96	1.09
		4		3.086	2.422	0.157	4.60	8.56	7.29	1.91	1.22	1.54	0.79	1.60	2.58	1.19	1.13
		5		3.791	2.976	0.156	5.53	10.74	8.76	2.30	1.21	1.52	0.78	1.96	3.10	1.39	1.17
4.5	45	3	5	2.659	2.088	0.177	5.17	9.12	8.20	2.14	1.40	1.76	0.89	1.58	2.58	1.24	1.22
		4		3.486	2.736	0.177	6.65	12.18	10.56	2.75	1.38	1.74	0.89	2.05	3.32	1.54	1.26
		5		4.292	3.369	0.176	8.04	15.2	12.74	3.33	1.37	1.72	0.88	2.51	4.00	1.81	1.30
		6		5.076	3.985	0.176	9.33	18.36	14.76	3.89	1.36	1.70	0.8	2.95	4.64	2.06	1.33
5	50	3	5.5	2.971	2.332	0.197	7.18	12.5	11.37	2.98	1.55	1.96	1.00	1.96	3.22	1.57	1.34
		4		3.897	3.060	0.197	9.26	16.69	14.70	3.82	1.54	1.94	0.99	2.56	4.16	1.96	1.38
		5		4.803	3.770	0.196	11.21	20.50	17.79	4.64	1.53	1.92	0.98	3.18	5.03	2.31	1.42
		6		5.688	4.465	0.196	13.05	25.14	20.68	5.42	1.52	1.91	0.98	3.68	5.85	2.63	1.46

续表

型号	截面尺寸/mm			截面面积/cm²	理论重量/(kg/m)	外表面积/(m²/m)	惯性矩/cm⁴				惯性半径/cm			截面模数/cm³			重心距离/cm
	b	d	r				I_x	I_{x1}	I_{x0}	I_{y0}	i_x	i_{x0}	i_{y0}	W_x	W_{x0}	W_{y0}	z_0
5.6	56	3	6	3.343	2.624	0.221	10.19	17.56	16.14	4.24	1.75	2.20	1.13	2.48	4.08	2.02	1.48
		4		4.390	3.446	0.220	13.18	23.43	20.92	5.46	1.73	2.18	1.11	3.24	5.28	2.52	1.53
		5		5.415	4.251	0.220	16.02	29.33	28.42	6.61	1.72	2.17	1.10	3.97	6.42	2.98	1.57
		6		6.420	5.040	0.220	18.69	35.26	29.66	7.73	1.71	2.15	1.10	4.68	7.49	3.40	1.61
		7		7.404	5.812	0.219	21.23	41.23	33.63	8.82	1.69	2.13	1.09	5.36	8.49	3.80	1.64
		8		8.367	6.568	0.219	23.63	47.24	37.37	9.89	1.68	2.11	1.09	6.03	9.44	4.16	1.68
6	60	5	6.5	5.829	4.576	0.236	19.89	36.05	31.57	8.81	1.85	2.33	1.19	4.59	7.44	3.48	1.57
		6		6.914	5.427	0.235	23.25	43.33	36.89	9.80	1.83	2.31	1.18	5.41	8.70	3.98	1.70
		7		7.977	6.262	0.235	26.44	50.65	41.92	10.96	1.82	2.29	1.17	6.21	9.88	4.45	1.74
		8		9.080	7.081	0.235	29.47	58.02	46.66	12.88	1.81	2.27	1.17	6.98	11.00	4.88	1.78
6.3	63	4	7	4.978	3.907	0.248	19.03	33.36	30.17	7.89	1.96	2.46	1.26	4.13	6.78	3.20	1.70
		5		6.143	4.822	0.248	23.17	41.73	36.77	9.57	1.94	2.45	1.26	5.08	8.25	3.90	1.74
		6		7.288	5.721	0.247	27.12	50.14	43.03	11.20	1.93	2.43	1.24	6.00	9.66	4.46	1.78
		7		8.412	6.603	0.247	30.87	58.60	48.98	12.79	1.92	2.41	1.23	6.88	10.99	4.98	1.82
		8		9.515	7.469	0.247	34.46	67.11	54.56	14.88	1.90	2.40	1.23	7.75	12.25	5.47	1.85
		10		11.657	9.151	0.246	47.09	84.31	64.85	17.38	1.88	2.36	1.22	9.39	14.56	6.36	1.93
7	70	4	8	5.570	4.372	0.275	26.39	45.74	41.80	10.99	2.18	2.74	1.40	5.14	8.44	4.17	1.86
		5		6.875	5.397	0.275	32.21	57.21	51.08	13.31	2.16	2.73	1.39	6.32	10.32	4.95	1.91
		6		8.160	6.406	0.275	37.77	68.73	59.93	15.61	2.15	2.71	1.38	7.48	12.11	5.67	1.95
		7		9.424	7.398	0.275	43.09	80.29	68.35	17.82	2.14	2.69	1.38	8.59	13.81	6.34	1.99
		8		10.667	8.373	0.274	48.17	91.92	76.37	19.98	2.12	2.68	1.37	9.68	15.43	6.98	2.03

型号	边宽 b	厚度 d	圆角 r	截面面积	理论重量	外表面积											
7.5	75	5	9	7.412	5.818	0.295	39.97	70.56	63.30	16.62	2.33	2.92	1.50	7.32	11.94	5.77	2.04
		6		8.797	6.905	0.294	46.95	84.55	74.38	19.51	2.31	2.90	1.49	8.64	14.02	6.67	2.07
		7		10.160	7.976	0.294	53.57	98.71	84.96	22.18	2.30	2.89	1.48	9.93	16.02	7.44	2.11
		8		11.503	9.030	0.294	59.96	112.97	95.07	24.86	2.28	2.88	1.47	11.20	17.93	8.19	2.15
		9		12.825	10.068	0.294	66.10	127.30	104.71	27.48	2.27	2.86	1.46	12.43	19.75	8.89	2.18
		10		14.126	11.089	0.293	71.98	141.71	113.92	30.05	2.26	2.84	1.46	13.64	21.48	9.56	2.22
8	80	5	9	7.912	6.211	0.315	48.79	85.36	77.33	20.25	2.48	3.13	1.60	8.34	13.67	6.66	2.15
		6		9.397	7.376	0.314	57.35	102.50	90.98	23.72	2.47	3.11	1.59	9.87	16.08	7.65	2.19
		7		10.860	8.525	0.314	65.58	119.70	104.07	27.09	2.46	3.10	1.58	11.37	18.40	8.58	2.23
		8		12.303	9.658	0.314	73.49	136.97	116.60	30.39	2.44	3.08	1.57	12.83	20.61	9.46	2.27
		9		13.725	10.774	0.314	81.11	154.31	128.60	33.61	2.43	3.06	1.56	14.25	22.73	10.29	2.31
		10		15.126	11.874	0.313	88.43	171.74	140.09	36.77	2.42	3.04	1.56	15.64	24.76	11.08	2.35
9	90	6	10	10.637	8.350	0.354	82.77	145.87	131.26	34.28	2.79	3.51	1.80	12.61	20.63	9.95	2.44
		7		12.301	9.656	0.354	94.83	170.30	150.47	39.18	2.78	3.50	1.78	14.54	23.64	11.19	2.48
		8		13.944	10.946	0.353	106.47	194.80	168.97	43.97	2.76	3.48	1.78	16.42	26.55	12.35	2.52
		9		15.566	12.219	0.353	117.72	219.39	186.77	48.66	2.75	3.46	1.77	18.27	29.35	13.46	2.56
		10		17.167	13.476	0.353	128.58	244.07	203.90	53.26	2.74	3.45	1.76	20.07	32.04	14.52	2.59
		12		20.306	15.940	0.352	149.22	293.76	236.21	66.22	2.71	3.41	1.75	23.57	37.12	16.49	2.67
10	100	6	12	11.932	9.366	0.393	114.95	200.07	181.98	47.92	3.10	3.90	2.00	15.68	25.74	12.69	2.67
		7		13.796	10.830	0.393	131.86	233.54	208.97	54.74	3.09	3.89	1.99	18.10	29.55	14.26	2.71
		8		15.638	12.276	0.393	148.24	267.09	235.07	61.41	3.08	3.88	1.98	20.47	33.24	15.75	2.76
		9		17.462	13.708	0.392	164.12	300.73	260.30	67.95	3.07	3.86	1.97	22.79	36.81	17.18	2.80
		10		19.261	15.120	0.392	179.51	334.48	284.68	74.35	3.05	3.84	1.96	25.06	40.26	18.54	2.84
		12		22.800	17.898	0.391	208.90	402.34	330.95	86.84	3.03	3.81	1.95	29.48	46.80	21.08	2.91
		14		26.256	20.611	0.391	236.53	470.75	374.06	99.00	3.00	3.77	1.94	33.73	52.90	23.44	2.99
		16		29.627	23.257	0.390	262.53	539.80	414.16	110.89	2.98	3.74	1.94	37.82	58.57	25.63	3.06

续表

型号	b	d	r	截面面积/cm²	理论重量/(kg/m)	外表面积/(m²/m)	I_x	I_{x1}	I_{x0}	I_{y0}	i_x	i_{x0}	i_{y0}	W_x	W_{x0}	W_{y0}	z_0/cm
							惯性矩/cm⁴				惯性半径/cm			截面模数/cm³			重心距离
11	110	7	12	15.196	11.928	0.433	177.16	310.64	280.94	73.36	3.41	4.30	2.80	22.05	36.12	17.51	2.96
		8		17.238	13.535	0.433	199.45	355.20	316.49	82.42	3.40	4.28	2.19	24.95	40.69	19.39	3.01
		10		21.261	16.690	0.432	242.19	444.65	384.39	99.98	3.28	4.25	2.17	30.60	49.42	22.91	3.09
		12		25.200	19.782	0.431	282.55	534.60	448.17	116.93	8.35	4.22	2.15	36.05	57.62	26.15	3.16
		14		29.056	22.809	0.431	320.71	625.16	508.01	133.40	3.32	4.18	2.14	41.31	85.31	29.14	3.24
12.5	125	8	14	18.750	15.504	0.492	297.03	521.01	470.89	123.16	3.88	4.88	8.50	32.58	53.28	25.86	3.77
		10		24.373	19.133	0.491	361.67	651.93	673.89	149.46	3.85	4.85	2.48	39.97	64.93	60.62	3.45
		12		28.912	22.696	0.491	423.16	783.42	671.44	174.88	1.83	4.82	2.46	41.17	75.96	35.03	3.53
		14		33.367	26.193	0.490	481.65	915.61	763.73	199.57	3.80	4.78	2.45	54.16	85.41	39.13	3.61
		16		37.739	29.625	0.489	537.31	1048.62	850.58	223.65	8.77	4.75	2.43	60.93	96.28	42.96	3.68
14	140	10	14	27.373	21.488	0.551	514.65	915.11	817.27	312.04	6.34	5.46	2.78	50.58	82.56	38.20	3.82
		12		32.512	25.522	0.551	603.68	1099.23	958.79	248.57	4.31	5.43	2.76	59.80	96.85	45.02	3.90
		14		37.567	29.490	0.550	688.81	1284.23	1093.58	284.06	4.28	5.40	2.75	68.75	110.47	50.45	3.98
		16		42.539	33.393	0.549	770.24	1470.07	1221.81	318.67	4.26	5.36	2.74	77.46	123.42	55.55	4.06
15	150	8	14	23.750	18.644	0.592	521.37	899.53	827.49	215.25	4.69	5.90	3.01	47.36	78.02	38.14	3.99
		10		29.373	23.058	0.591	637.50	1125.09	1012.79	262.21	4.66	5.87	2.99	58.35	95.49	45.51	4.08
		12		34.912	27.405	0.591	748.85	1351.26	1129.97	307.73	4.63	5.84	2.97	69.04	112.19	52.38	4.15
		14		40.367	37.588	0.590	855.64	1578.25	1359.30	351.98	4.60	5.80	2.95	79.45	128.16	58.83	4.23
		15		43.063	33.804	0.590	907.39	1692.10	1441.09	373.69	4.59	5.78	2.95	84.56	136.87	61.90	4.27
		16		45.739	35.905	0.589	958.08	1806.21	1521.02	395.14	4.58	5.77	2.94	89.59	143.40	64.89	≈4.31

型号	d	A	质量	外表面积											
16 / 160	10	31.302	24.729	0.630	779.53	1365.33	1237.30	321.76	4.98	0.27	3.20	66.70	103.36	52.76	4.31
	12	37.441	29.391	0.630	916.58	1639.57	1455.68	377.40	4.95	6.24	3.18	78.98	128.67	60.74	4.39
	14	43.296	33.987	0.629	1048.36	1914.68	1665.02	431.70	4.92	6.20	3.16	90.96	147.17	68.24	4.47
	16	49.067	38.518	0.629	1175.08	2190.82	1865.57	484.59	4.89	6.17	3.14	102.63	164.89	75.31	4.55
18 / 180	12	42.241	33.159	0.710	1321.35	2332.80	2100.10	542.81	5.59	7.05	3.58	100.82	166.00	78.41	4.89
	14	48.896	38.383	0.709	1514.58	2723.48	2407.42	621.53	5.56	7.02	3.56	116.25	189.14	88.38	4.97
	16	55.467	43.512	0.709	1700.99	3155.29	2703.37	698.50	5.54	6.98	3.55	131.13	212.40	97.83	5.05
	18	61.065	48.634	0.706	1875.12	3502.43	2988.20	762.01	5.50	6.94	3.51	146.54	234.78	106.14	5.13
20 / 200	14	54.642	42.894	0.788	2103.88	3734.10	3343.26	862.83	6.30	7.82	3.98	144.70	236.40	111.82	5.46
	16	62.013	48.680	0.788	2366.15	4270.39	3760.89	971.41	6.18	7.79	3.96	163.65	265.93	123.96	5.54
	18	69.301	54.401	0.787	2620.64	4808.12	4164.54	1076.74	5.15	7.75	3.94	182.22	294.18	135.52	5.52
	20	76.505	60.056	0.787	2867.30	5347.51	4554.65	1180.04	6.12	7.72	3.53	200.42	332.06	146.55	5.69
	24	90.661	71.168	0.785	3338.25	6457.16	5294.97	1381.53	6.07	7.64	3.90	236.17	374.41	166.65	5.87
22 / 220	16	58.664	53.901	0.866	3187.36	5681.62	5063.73	1310.99	6.81	8.59	4.37	199.56	325.51	153.81	6.03
	18	76.752	60.250	0.866	3534.30	6395.93	5615.32	1453.27	6.79	8.55	4.35	222.37	360.97	168.29	6.11
	20	84.756	66.533	0.865	3871.49	7112.04	6150.08	1592.90	6.76	8.52	4.34	244.77	396.34	182.16	6.18
	21	92.676	72.751	0.865	4199.23	7830.19	6668.37	1730.10	6.73	8.48	4.32	266.78	428.66	195.45	6.26
	24	100.512	78.902	0.864	4517.83	8550.57	7170.55	1865.11	6.70	8.45	4.31	288.39	460.94	208.21	6.33
	26	108.264	84.987	0.864	4827.58	9273.39	7656.98	1998.17	6.68	8.41	4.30	309.62	492.21	220.49	6.41
25 / 250	18	87.842	68.956	0.985	5268.22	9379.11	8369.04	2167.41	7.74	9.76	4.97	290.12	473.42	224.03	6.84
	20	97.045	76.180	0.984	5779.34	10426.97	9181.94	2376.74	7.72	9.73	4.55	319.66	519.41	242.85	6.92
	24	115.201	90.433	0.983	6763.93	12529.74	10742.67	2785.19	7.66	9.66	4.92	377.34	607.70	278.38	7.07
	26	124.154	97.461	0.982	7238.08	13585.18	11491.33	2984.84	7.63	9.62	4.90	405.50	650.05	295.19	7.15
	28	133.022	104.422	0.982	7700.60	14643.62	12219.39	3181.81	7.61	9.58	4.89	433.22	691.23	311.42	7.22
	30	141.807	111.318	0.981	8151.80	15705.30	12927.26	3376.34	7.58	9.55	4.88	460.51	731.28	327.12	7.30
	32	150.508	118.149	0.981	8502.01	16770.41	13615.32	3568.71	7.56	9.51	4.87	487.39	770.20	342.33	7.37
	35	163.402	127.271	0.980	9232.44	18374.96	14611.16	3853.72	7.52	9.46	4.86	526.97	826.53	364.30	7.48

注：截面图中的 $r_1=1/3d$ 及表中 r 的数据用于孔型设计，不做交货条件。

附表 4　不等边角钢截面尺寸、截面面积、理论质量及截面特性

型号	截面尺寸/mm B	b	d	r	截面面积/cm²	理论质量/(kg/m)	外表面积/(m²/m)	I_x/cm⁴	I_{x1}/cm⁴	I_y/cm⁴	I_{y1}/cm⁴	I_u/cm⁴	i_x/cm	i_y/cm	i_u/cm	W_x/cm³	W_y/cm³	W_u/cm³	$\tan\alpha$	重心距离 x_0/cm	y_0/cm
2.5/1.6	25	16	3	3.5	1.162	0.912	0.080	0.70	1.56	0.22	0.43	0.14	0.78	0.44	0.34	0.43	0.19	0.16	0.392	0.42	0.86
			4		1.499	1.176	0.079	0.88	2.09	0.27	0.59	0.17	0.77	0.43	0.34	0.55	0.24	0.20	0.381	0.46	0.90
3.2/2	32	20	3	3.5	1.492	1.171	0.102	1.59	3.27	0.46	0.82	0.28	1.01	0.55	0.43	0.72	0.30	0.25	0.382	0.49	1.08
			4		1.939	1.522	0.101	1.93	4.37	0.57	1.12	0.35	1.00	0.54	0.42	0.93	0.39	0.32	0.374	0.53	1.12
4/2.5	40	25	3	4	1.890	1.484	0.127	3.08	5.39	0.93	1.59	0.56	1.28	0.70	0.54	1.15	0.49	0.40	0.385	0.59	1.32
			4		2.457	1.936	0.127	3.93	8.53	1.18	3.14	0.71	1.26	0.69	0.54	1.49	0.53	0.52	0.381	0.63	1.37
4.5/2.8	45	28	3	5	2.143	1.687	0.143	4.45	9.10	1.34	2.23	0.80	1.44	0.79	0.61	1.47	0.62	0.51	0.383	0.64	1.47
			4		2.806	2.203	0.143	5.59	12.13	1.70	3.00	1.02	1.42	0.78	0.60	1.91	0.80	0.66	0.380	0.68	1.51
5/3.2	50	32	3	5.5	2.431	1.908	0.161	6.24	12.49	2.02	3.31	1.20	1.60	0.91	0.70	2.39	0.82	0.68	0.404	0.73	1.60
			4		3.177	2.494	0.160	8.02	16.65	2.58	4.45	1.53	1.59	0.90	0.69	3.03	1.05	0.87	0.402	0.77	1.65
5.6/3.6	56	36	3	6	2.743	2.153	0.181	8.88	17.54	2.92	4.70	1.73	1.80	1.03	0.79	2.32	1.05	0.87	0.408	0.80	1.78
			4		3.590	2.818	0.180	11.46	23.39	3.76	6.33	2.23	1.79	1.02	0.79	3.03	1.37	1.13	0.408	0.85	1.82
			5		4.415	3.465	0.180	13.86	29.25	4.49	7.94	2.67	1.77	1.01	0.78	3.71	1.65	1.36	0.404	0.88	1.87
6.3/4	63	40	4	7	4.058	3.185	0.202	16.49	33.30	5.23	8.63	3.12	2.02	1.14	0.88	3.87	1.70	1.40	0.398	0.92	2.04
			5		4.993	3.920	0.202	20.02	41.63	6.37	10.86	3.76	2.00	1.12	0.87	4.74	2.07	1.71	0.395	0.95	2.08
			6		5.908	4.638	0.201	23.36	49.98	7.29	13.12	4.34	1.96	1.11	0.86	5.59	2.43	1.99	0.393	0.99	2.12
			7		6.802	5.339	0.201	26.53	58.07	8.24	15.47	4.97	1.98	1.10	0.86	6.40	2.78	2.29	0.389	1.03	2.15
7/4.5	70	45	4	7.5	4.547	3.570	0.226	23.17	45.92	7.59	12.28	4.40	2.26	1.29	0.96	4.86	2.17	1.77	0.410	1.02	2.24
			5		5.609	4.403	0.225	27.95	57.10	9.13	15.39	5.40	2.23	1.28	0.98	5.92	2.65	2.19	0.407	1.06	2.28
			6		6.647	5.218	0.225	32.54	68.85	10.62	18.58	6.35	2.21	1.26	0.98	6.95	3.12	2.59	0.404	1.09	2.32
			7		7.657	6.011	0.225	37.22	79.99	12.01	21.84	7.16	2.20	1.25	0.97	8.03	3.57	2.94	0.402	1.13	2.36

型号	B	b	d	r	A (cm²)	理论重量 (kg/m)	外表面积 (m²/m)	Ix	Ix1	Iy	Iy1	Iu	ix	iy	iu	Wx	Wy	Wu	tanα	x0	y0
7.5/5	75	50	5	8	6.125	4.808	0.245	34.86	70.00	12.61	21.04	7.41	2.39	1.44	1.10	6.83	3.30	2.74	0.435	1.17	2.36
			6		7.260	5.699	0.245	41.12	84.30	14.70	25.37	8.54	2.38	1.42	1.08	8.12	3.88	3.19	0.435	1.21	2.40
			8		9.467	7.431	0.244	52.39	112.50	18.53	34.23	10.87	2.35	1.40	1.07	10.52	4.99	4.10	0.429	1.29	2.44
			10		11.590	9.098	0.244	62.71	140.80	21.96	43.43	13.10	2.33	1.38	1.06	12.79	6.04	4.99	0.423	1.36	2.52
6/5	80	50	5	8	6.375	5.005	0.255	41.98	85.21	12.82	21.06	7.66	2.55	1.42	1.10	7.78	3.32	2.74	0.388	1.14	2.60
			6		7.560	5.935	0.255	49.49	102.53	14.95	25.41	8.85	2.56	1.41	1.08	9.25	3.91	3.20	0.387	1.18	2.65
			7		8.724	6.848	0.255	56.16	119.33	16.96	29.82	10.18	2.54	1.39	1.08	10.58	4.48	3.70	0.384	1.21	2.69
			8		9.867	7.745	0.254	62.83	136.41	18.85	34.32	11.38	2.52	1.38	1.07	11.92	5.03	4.16	0.381	1.25	2.73
9/5.6	90	56	5	9	7.212	5.661	0.287	60.45	121.32	18.32	29.53	10.98	2.90	1.59	1.23	9.92	4.21	3.49	0.385	1.25	2.91
			6		8.557	6.717	0.286	71.03	145.59	21.42	35.58	12.90	2.88	1.58	1.23	11.74	4.96	4.13	0.384	1.29	2.95
			7		9.880	7.756	0.286	81.01	169.60	24.36	41.71	14.67	2.86	1.57	1.22	13.49	5.70	4.72	0.382	1.33	3.00
			8		11.183	8.779	0.286	91.03	194.17	27.15	47.93	16.34	2.85	1.56	1.21	15.27	6.41	5.29	0.380	1.36	3.04
10/6.3	100	63	6	10	9.617	7.550	0.320	99.06	199.71	30.94	50.50	18.42	3.21	1.79	1.38	14.64	6.35	5.25	0.394	1.43	3.24
			7		11.111	8.722	0.320	113.45	233.00	35.26	59.14	21.00	3.20	1.78	1.38	16.88	7.29	6.02	0.394	1.47	3.28
			8		12.534	9.878	0.319	127.37	266.37	39.39	67.88	23.50	3.18	1.77	1.37	19.08	8.21	6.78	0.391	1.50	3.32
			10		15.467	12.142	0.319	153.81	333.06	47.12	85.73	28.33	3.15	1.74	1.35	23.32	9.98	8.24	0.387	1.58	3.40
10/8	100	80	6	10	10.637	8.350	0.354	107.04	199.83	61.24	102.68	31.65	3.17	2.40	1.71	15.19	10.16	8.37	0.627	1.97	2.95
			7		12.301	9.656	0.354	122.73	233.20	70.08	119.98	36.17	3.16	2.39	1.72	17.52	11.71	9.60	0.626	2.01	3.0
			8		13.944	10.946	0.353	137.92	266.81	75.58	137.37	40.58	3.14	2.37	1.71	19.81	13.21	10.80	0.625	2.05	3.04
			10		17.167	13.476	0.353	166.87	333.63	94.65	172.48	49.10	3.12	2.35	1.69	24.24	16.12	13.12	0.622	2.13	3.12
11/7	110	70	6	10	10.637	8.350	0.354	133.37	255.78	42.92	69.08	25.36	3.54	2.01	1.54	17.85	7.90	6.53	0.403	1.57	3.53
			7		12.301	9.656	0.354	153.00	310.00	49.01	80.82	28.95	3.53	2.00	1.53	20.60	9.09	7.50	0.402	1.61	3.57
			8		13.944	10.946	0.353	172.04	354.39	54.87	92.70	32.45	3.51	1.98	1.53	23.30	10.25	8.45	0.401	1.85	3.62
			10		17.187	13.476	0.353	208.39	443.13	65.88	116.83	39.20	3.48	1.95	1.51	28.54	11.48	10.29	0.397	1.72	3.70

续表

型号	截面尺寸/mm				截面面积/cm²	理论质量/(kg/m)	外表面积/(m²/m)	惯性矩/cm⁴					惯性半径/cm			截面模数/cm³			tanα	重心距离/cm	
	B	b	d	r				I_x	I_{x1}	I_y	I_{y1}	I_u	i_x	i_y	i_u	W_x	W_y	W_u		x_0	y_0
12.5/8	125	80	7	11	14.096	11.066	0.403	227.98	454.99	74.42	120.32	43.81	4.02	2.30	1.76	26.88	12.01	9.92	0.408	1.80	4.01
			8		15.989	12.551	0.403	236.77	519.99	83.49	137.85	49.15	4.01	2.28	1.75	30.41	19.56	11.18	0.407	1.84	4.06
			10		19.712	15.474	0.402	312.04	650.09	100.67	173.40	59.45	3.98	2.26	1.74	37.33	16.56	13.64	0.404	1.92	4.14
			12		23.351	18.330	0.402	364.41	780.39	116.67	209.67	59.35	3.95	2.24	1.72	44.01	19.43	16.01	0.400	2.00	4.22
14/9	140	90	8	12	18.038	14.160	0.453	365.64	730.53	120.69	195.79	70.83	4.50	2.59	1.98	38.48	17.34	14.31	0.411	2.04	4.50
			10		22.261	17.475	0.452	445.50	913.20	140.03	245.92	85.82	4.47	2.56	1.96	47.31	21.22	17.48	0.409	2.12	4.58
			12		25.400	20.724	0.451	521.59	1096.09	169.79	296.89	100.21	4.44	2.54	1.95	55.87	24.95	20.54	0.405	2.19	4.66
			14		30.456	23.908	0.451	594.10	1279.26	192.10	348.82	114.13	4.42	2.51	1.94	64.18	28.54	23.52	0.403	2.27	4.74
15/9	150	90	8	12	18.839	14.788	0.473	442.05	898.35	122.80	195.96	74.14	4.84	2.55	1.98	43.86	17.47	14.48	0.354	1.97	4.92
			10		23.261	18.260	0.472	539.24	1182.85	148.82	246.26	89.86	4.81	2.53	1.97	53.97	21.38	17.69	0.352	2.05	5.01
			12		27.600	21.666	0.471	632.08	1347.50	172.85	297.45	104.95	4.79	2.50	1.96	63.79	25.14	20.80	0.359	2.12	5.09
			14		31.866	25.007	0.471	720.77	1572.38	195.62	349.74	119.53	4.76	2.48	1.94	73.33	28.77	23.84	0.356	2.20	5.17
			15		33.952	26.658	0.471	763.62	1684.93	205.50	376.33	126.67	4.74	2.47	1.93	77.99	30.53	25.33	0.354	2.24	5.21
			16		36.027	28.281	0.470	805.51	1797.59	217.07	403.24	133.72	4.73	2.45	1.93	82.60	32.27	26.82	0.352	2.27	5.25
16/10	160	100	10	13	25.315	19.872	0.512	668.69	1362.89	205.03	336.59	121.74	5.14	2.85	2.19	62.13	26.56	21.92	0.890	2.28	5.24
			12		30.054	23.592	0.511	784.91	1635.56	239.06	405.94	142.33	5.11	2.82	8.17	73.49	31.28	85.79	0.388	2.36	5.32
			14		34.709	27.247	0.510	896.30	1908.50	271.20	476.42	162.23	5.08	2.80	2.16	84.56	35.83	29.58	0.385	0.43	5.40
			16		29.281	30.835	0.510	1003.04	2181.79	301.60	548.22	182.57	5.05	2.77	2.16	95.33	40.24	33.44	0.382	2.51	5.48

型号	B	b	d	r	截面面积/cm²	理论重量/(kg/m)	外表面积/(m²/m)	Ix	Ix1	Iy	Iy1	Iu	ix	iy	iu	Wx	Wy	Wu	tanα	X0	Y0
18/11	180	110	10	14	28.373	20.273	0.571	956.25	1940.40	278.11	447.22	166.50	5.80	3.13	2.42	78.96	32.49	26.88	0.376	2.44	5.89
			12		33.712	26.440	0.571	1124.72	2328.38	325.03	538.94	194.87	5.78	3.10	2.40	93.53	38.32	31.55	0.374	2.52	5.98
			14		38.967	30.589	0.570	1286.91	2716.60	369.55	631.95	222.30	5.75	3.08	2.39	107.78	43.97	36.32	0.372	2.59	6.06
			16		44.139	34.649	0.569	1443.06	3105.15	411.85	726.48	248.94	5.72	3.06	2.38	121.54	49.44	40.87	0.369	2.67	6.34
20/12.5	200	125	12	14	37.912	29.761	0.641	1570.90	3193.85	483.16	787.74	285.79	6.44	3.57	2.74	116.73	49.99	41.23	0.392	2.83	6.54
			14		43.687	34.436	0.540	1800.97	3726.17	550.83	922.47	326.58	6.41	3.54	2.73	134.65	57.44	47.34	0.390	2.91	6.62
			16		49.739	39.045	0.639	2023.35	4258.88	615.44	1058.86	366.21	6.98	3.52	2.71	152.18	64.89	53.32	0.388	2.99	6.70
			18		55.526	43.588	0.639	2238.30	4792.00	677.19	1197.13	404.83	6.35	3.40	3.70	169.33	71.74	59.18	0.385	3.08	6.78

注：截面面中的 $r_1 = 1/3d$ 及表中 r 的数据用于孔型设计，不做交货条件。

自我检测答案

绪论

（略）

单元 1

一、简答题

3. (1) （×）

   (2) （×）

   (3) （×）

   (4) （×）

单元 2

一、填空题

1. 0

2. $F_x = 100\sqrt{3}\,\text{kN}$ 或 173.2kN，$F_y = 100\text{kN}$

3. 合力

4. $\sum\limits_{i=1}^{n} F_{iy} = 0$

5. x，代数和

6. 2

7. ＋

8. 2kN·m

9. 0

10. 1

11. 3，2

二、计算题

1. $F_{1x} = -100\sqrt{3}\,\text{N}$，$F_{1y} = -100\text{N}$

   $F_{2x} = 0$，$F_{2y} = -150\text{N}$

   $F_{3x} = 100\sqrt{3}\,\text{N}$，$F_{3y} = 100\sqrt{3}\,\text{N}$

   $F_{4x} = -125\sqrt{2}\,\text{N}$，$F_{4y} = 125\sqrt{2}\,\text{N}$

2. $\sum M_O(P) = 10\sqrt{3} - 20\,\text{kN·m} = -2.68\,\text{kN·m}$

3. $F_{BA} = 50\sqrt{3}\,\text{kN}$ （＋），$F_{BC} = 50\text{kN}$ （－）

4. $F_{AB} = 5\text{N}$ （＋），$m_2 = 3\text{N·m}$ （逆时针转）

5. $X_A = P$ （←），$Y_A = \dfrac{P}{2}$ （↓），$R_D = \dfrac{P}{2}$ （↑）

6. $X_A=20\text{kN}$ （←），$Y_A=28.8\text{kN}$ （↑），$R_B=25.86$ （kN）（↑）

7. $R_B=29\text{kN}$ （↑），$R_D=13\text{kN}$ （↑）

8. $R_D=8.33\text{kN}$ （↑），$R_B=100\text{kN}$ （↑），$Y_A=48.33\text{kN}$ （↓）

单元 3

一、填空题

1. 拉压、剪切和挤压、扭转、弯曲

2. 合力、重合、伸长、缩短

3. 截面法，截开、代替、列平衡方程

4. 内力，σ，相同，＋，－

5. 1，10^6，10^9

6. σ_b，σ_s

二、选择题

1. C　2. B　3. A 和 E

三、计算题

1. $N_1=10\text{kN}$ （＋），$N_2=-10\text{kN}$ （－）

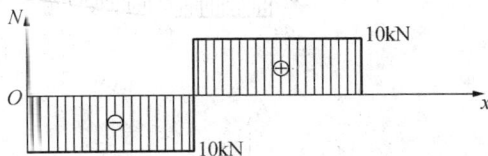

$N_1=P$ （＋），$N_2=-4P$ （－）

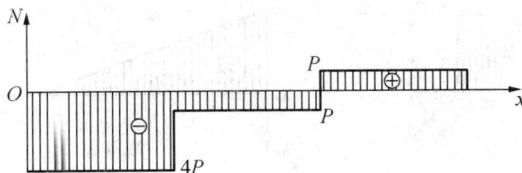

2. $N_1=-20\text{kN}$ （－），$N_2=-10\text{kN}$ （－），$N_3=10\text{kN}$ （＋）

$\sigma_1=-100\text{MPa}$ （－），$\sigma_2=-33.33\text{MPa}$ （－），$\sigma_3=25\text{MPa}$ （＋）

3. $N_{BC}=-20\text{kN}$ （－），$N_{CD}=0\text{kN}$，$N_{DA}=-20\text{kN}$ （－）

$\sigma_A=-20\text{MPa}$ （－）（图见右侧）

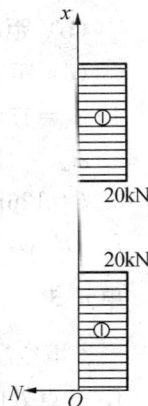

4. $\sigma_{AB}=31.1\text{MPa}$ （＋），$\sigma_{AC}=37.7\text{MPa}$ （＋）

5. $\sigma_{绳}=5.63\text{MPa}<[\sigma]$，绳强度足够

6. $d\geqslant17.5\text{mm}$

7. $[P_1]=80\sqrt{3}\text{kN}=138.56\text{kN}$，$[P_2]=480\text{kN}$，取 $[P]=80\sqrt{3}\text{kN}=138.56\text{kN}$

8. $x = \dfrac{6}{7}l$

单元 4

一、选择题

1. C   2. B   3. B   4. A   5. C   6. A   7. C

二、计算题

1. (a) $Q_1 = -\dfrac{ql}{2}$, $M_1 = -\dfrac{ql^2}{8}$; $Q_2 = -\dfrac{ql}{2}$, $M_2 = -\dfrac{ql^2}{8}$; $Q_3 = -\dfrac{ql}{2}$, $M_3 = -\dfrac{3ql^2}{8}$

   (b) $Q_1 = \dfrac{F}{3}$, $M_1 = \dfrac{2Fl}{9}$; $Q_2 = -\dfrac{2F}{3}$, $M_2 = \dfrac{2Fl}{9}$

2.

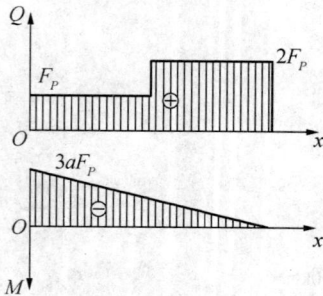
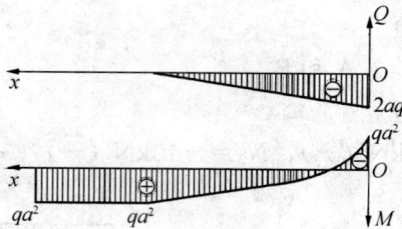

(a)   (b)

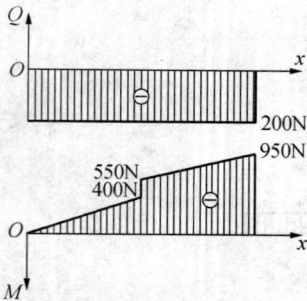
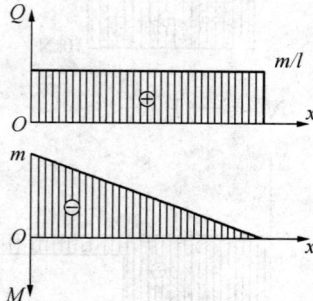

(c)   (d)

3. (a) 距底边 $y_C = 86.7\,\text{mm}$, $I_{z_C} = 78.72 \times 10^6\,\text{mm}^4$, $I_{y_C} = 14.72 \times 10^6\,\text{mm}^4$

   (b) 距底边 $y_C = 145\,\text{mm}$, $I_{z_C} = 141.01 \times 10^6\,\text{mm}^4$, $I_{y_C} = 208.21 \times 10^6\,\text{mm}^4$

   (c) 距底边 $y_C = 90\,\text{mm}$, $I_{z_C} = 56.75 \times 10^6\,\text{mm}^4$, $I_{y_C} = 8.11 \times 10^6\,\text{mm}^4$

4. $\sigma_A = 15\,\text{MPa}$, $\sigma_{\max} = 37.5\,\text{MPa}$

5. $\sigma_{\max} = 156\,\text{MPa} < [\sigma]$, 强度足够

6. $b = 126\,\text{mm}$, $h = 378\,\text{mm}$

7. $[P]_{AB} \leqslant 256\,\text{kN}$, $[P]_{CD} \leqslant 416\,\text{kN}$, 取 $[P] \leqslant 256\,\text{kN}$

单元 5

一、填空题

1. 一点处的应力状态；主平面；主应力

2. $\left(\dfrac{\sigma_x+\sigma_y}{2},\ 0\right)$, $\sqrt{\dfrac{(\sigma_x-\sigma_y)^2}{4}+\tau_{xy}^2}$；强度理论

二、选择题

1. D 2. C

三、计算题

1. $F_1=25\text{N}$, $F_2=215\text{N}$

$M_A=10\text{N}\cdot\text{m}$, $F_{S_A}=-15\text{N}$

$I_z=\dfrac{120\times200^3}{12}=8\times10^7$, $S_A^*=50\times120\times75=4.5\times10^5$

$\sigma_A=\dfrac{My}{I_z}=\dfrac{10\times10^3\times50}{8\times10^7}=6.25\text{GPa}$

$\tau_A=\dfrac{F_S S_A^*}{bI_z}=\dfrac{-15\times4.5\times10^5}{120\times8\times10^7}=703.125\text{MPa}$

$M_B=-100\text{N}\cdot\text{m}$, $F_{SA}=100\text{N}$

$\sigma_B=\dfrac{My}{I_z}=\dfrac{100\times10^3\times50}{8\times10^7}=62.5\text{GPa}$

$\tau_B=\dfrac{F_S S_B^*}{bI_z}=\dfrac{100\times4.5\times10^5}{120\times8\times10^7}=4687.5\text{MPa}$

2. $\alpha=-60°$

$\sigma_{-60°}=\dfrac{50}{2}-\dfrac{50}{2}\cos(-60°)-10\sin(-60°)=21.16\text{MPa}$

$\tau_{-60°}=-\dfrac{50}{2}\sin(-60°)+10\cos(-60°)=26.65\text{MPa}$

3. $\sigma_{\max}=\dfrac{1}{2}\times(30-20)+\dfrac{1}{2}\times\sqrt{(30+20)^2+4\times40^2}=52.17\text{MPa}$

$\sigma_{\min}=\dfrac{1}{2}\times(30-20)-\dfrac{1}{2}\times\sqrt{(30+20)^2+4\times40^2}=-42.17\text{MPa}$

$\sigma_{r3}=\tau_{\max}=47.169\text{MPa}$

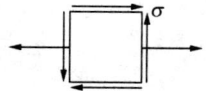

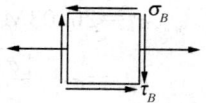

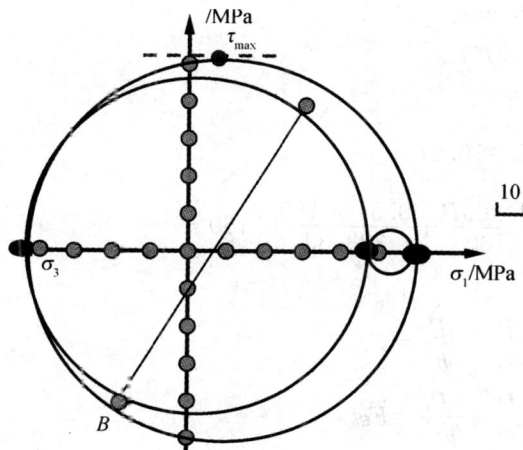

4. 从图示应力圆可求得

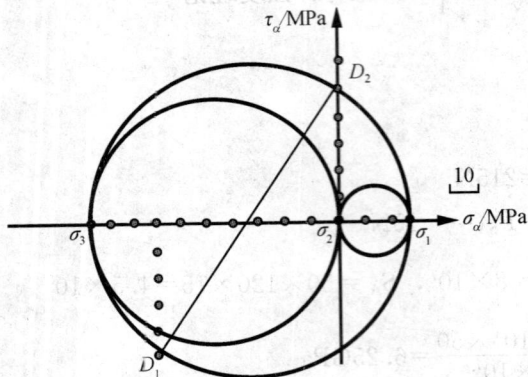

$\sigma_1 = 26.03\text{MPa}$，$\sigma_2 = 0$，$\sigma_3 = -96.03\text{MPa}$

$\sigma_{\text{mo}} = \sigma_1 - \dfrac{[\sigma]^+}{[\sigma]^-}\sigma_3 = 26.03 - \dfrac{60}{180} \times (-96.03) = 58.04\text{MPa} \leqslant [\sigma]^+$

满足强度要求

单元 6

一、填空题

1. 压弯；斜弯曲；截面核心

2. 叠加；第三强度理论，第四强度理论

二、选择题

1. D　2. A　3. A　4. C

三、计算题

1. $\sigma_1 = 550\text{MPa}$，$\sigma_2 = 420\text{MPa}$，$\sigma_3 = -350\text{MPa}$

   $\sigma_{r3} = \sigma_1 - \sigma_3 = 900\text{MPa}$

   $\sigma_{r4} = \sqrt{\dfrac{1}{2}\left[(\sigma_1-\sigma_2)^2 + (\sigma_2-\sigma_3)^2 + (\sigma_3-\sigma_1)^2\right]} = 842.68\text{MPa}$

2. $P_x = P\cos30° = 0.866P$

   $P_y = P\sin30° = 0.5P$

   $A = 20 \times 5 = 100$

   $W_z = \dfrac{1}{6} \times 20^2 \times 5 = 16.67$

   $\sigma = \dfrac{P_x}{A} + \dfrac{P_y L}{W_z} = \dfrac{0.866P}{100} + \dfrac{0.5P \times 160}{333.33} \leqslant 160$

   $P = 643.44\text{N}$

3. $\sigma_{\max} = \dfrac{P}{A} + \dfrac{Pe}{W_z} = \dfrac{P}{bh} + \dfrac{6Pe}{bh^2} = E\varepsilon_a$

   $\sigma_{\min} = \dfrac{P}{A} - \dfrac{Pe}{W_z} = \dfrac{P}{bh} - \dfrac{6Pe}{bh^2} = E\varepsilon_b$

$e = 1.789 \times 10^{-3} \text{m}$

$P = 18.364 \text{kN}$

单元 7

一、选择题

1. B　2. B　3. C

二、填空题

1. 大柔度杆

2. 压杆由稳定的平衡状态转变为不稳定的平衡状态

三、计算题

1. (a) 6.2kN，49.3MPa

   (b) 6.2kN，49.3MPa

   (c) 5.6kN，44.7MPa

2. 50 倍

3. $[P] = 421 \text{kN}$

4. 稳定

单元 8

一、选择题

1. B　2. C　3. C　4. C　5. D

二、几何组成分析

图 8-31（a）：几何不变体系，无多余约束

图 8-31（b）：几何不变体系，有 1 个多余约束

图 8-31（c）：几何可变体系，且为几何常变体系

图 8-31（d）：几何不变体系，无多余约束

图 8-31（e）：几何不变体系，无多余约束

图 8-31（f）：几何不变体系，有 2 个多余约束

图 8-31（g）：几何不变体系，无多余约束

图 8-31（h）：几何可变体系，且为几何瞬变体系

三、确定超静定次数

图 8-32（a）：超静定结构，1 次超静定

图 8-32（b）：静定结构，无多余约束

单元 9

一、简答题

（略）

二、作图题

1. $M_B = 4 \text{kN} \cdot \text{m}$，$M_H = -8 \text{kN} \cdot \text{m}$

2. $M_B = -120 \text{kN} \cdot \text{m}$

3. $M_A = m$

4. (a) $M_{DB} = 120 \text{kN} \cdot \text{m}$（下侧拉）

   (b) $M_{BC} = 25 \text{kN} \cdot \text{m}$（下侧拉），$M_{BA} = 20 \text{kN} \cdot \text{m}$（右侧拉）

   $Q_{BC} = 0$，$Q_{BA} = 5 \text{kN}$

   $N_{BC} = 0$，$N_{BC} = 0$

   (c) $M_{CB} = -340 \text{kN} \cdot \text{m}$（下侧拉）

   $M_{BA} = -120 \text{kN} \cdot \text{m}$（左侧拉）

   $Q_{BA} = -40 \text{kN}$

   $N_{BA} = -36.7 \text{kN}$

   (d) $M_{BA} = 504 \text{kN} \cdot \text{m}$（右侧拉）

   $M_{CB} = 544 \text{kN} \cdot \text{m}$（下侧拉）

   $Q_{AB} = 168 \text{kN} \cdot \text{m}$，$Q_{CC} = -120 \text{kN}$

   $N_{BC} = 168 \text{kN}$，$N_{CE} = 48 \text{kN}$

5. (a) $M_{BA} = -0.5Pl$（左侧拉）

   (b) $M_{AB} = 30 \text{kN} \cdot \text{m}$（左侧拉）

   (c) $M_{AB} = 0.125ql^2$（右侧拉）

   (d) $M_{BC} = 3Pa$（左侧拉）

   (e) $M_{BA} = 2Pa$（右侧拉）

   (f) $M_{BA} = 10 \text{kN} \cdot \text{m}$（左侧拉）

   $M_{EA} = 0$，$M_{EB} = 10 \text{kN} \cdot \text{m}$（右侧拉）

   $M_{AB} = 20 \text{kN} \cdot \text{m}$（左侧拉）

   (g) $M_{BA} = -qa^2$（左侧拉）

   $M_{CD} = -2qa^2$（右侧拉）

   (h) $M_{AB} = -ql^2$（左侧拉）

   $M_{DC} = ql^2$（左侧拉）

   (i) $M_{BA} = ql^2/2$（左侧拉）

   $M_{BD} = -0.25ql^2$（上侧拉）

   (j) $M_{CB} = -2m$（上侧拉）

   $M_{CD} = -m$（上侧拉）

6. (a) $M_{中} = \dfrac{qa^2}{2\cos\alpha}$

   (b) $M_{中} = \dfrac{5}{8}qa^2$

三、计算题

1. (a) $N_a = -1.8P$（压），$N_b = 2P$（拉）

   (b) $N_a = 0$，$N_b = 0$，$N_c = -\dfrac{5}{3}P$

(c) $N_a = 120\text{kN}$（拉），$N_b = -169.7\text{kN}$（压），$N_c = 0$

2. (a) $H = 100\text{kN}$，$M_{K_1} = 125\text{kN} \cdot \text{m}$，$M_{K_2} = -125\text{kN} \cdot \text{m}$

   (b) $H = 200\text{kN}$，$M_{K_1} = 125\text{kN} \cdot \text{m}$，$M_{K_2} = -125\text{kN} \cdot \text{m}$

3. $N_{BF} = P$，$N_{BE} = 0$

   $M_{EF} = Pa$（上侧拉），$M_{CA} = Pa$（下侧拉）

单元 10

一、简答题

（略）

二、计算题

1. (a) $\varphi_A = \dfrac{Pl^2}{8EI}$（↓），$\Delta_C^V = \dfrac{Pl^3}{48EI}$（↓）

   (b) $\varphi_A = \dfrac{Ml}{3EI}$（↓），$\Delta_C^V = \dfrac{Ml^2}{8EI}$（↓）

   (c) $\varphi_A = \dfrac{Pl^2}{12EI}$（↑），$\Delta_C^V = \dfrac{Pl^3}{8EI}$（↓）

   (d) $\varphi_A = \dfrac{ql^3}{48EI}$（↑），$\Delta_C^V = \dfrac{11ql^4}{384EI}$（↓）

2. (a) $\Delta_C^H = \dfrac{Pl^2}{2EI}$（→），$\Delta_C^V = \dfrac{4Pl^2}{3EI}$（↓），$\varphi_C = \dfrac{2Pl^2}{2EI}$（↓）

   (b) $\varphi_A = \dfrac{qa^3}{24EI}$（↓），$\Delta_C^H = \dfrac{qa^4}{24EI}$（←）

3. (a) $\Delta_C^V = 0.0098\text{m}$（↓）

   (b) $\Delta_C^V = \dfrac{14Pa}{EA}$（↓）

4. (a) $\varphi_A = \dfrac{1400}{3EI}$（↓），$\Delta_A^V = \dfrac{440}{EI}$（↓）

   (b) $\Delta_E^H = \dfrac{234q}{EI}$（→），$\varphi_B = \dfrac{121q}{4EI}$（↓）

   (c) $\varphi_A = \dfrac{4}{3EI}$（↓），$\Delta_C^V = \dfrac{80}{9EI}$（↓）

   (d) $\varphi_B = \dfrac{41qa^3}{18EI}$（↑）

5. $\Delta_D^H = 0.945\text{cm}$（→）

6. $\Delta_C^H = \dfrac{Hb}{l}$

单元 11

一、简答题

（略）

二、计算题

1. （略）

2. （a） $M_{BA} = \dfrac{3Pa}{16}$ （上部受拉）

   （b） $M_{CA} = \dfrac{qa^2}{28}$ （上部受拉），$M_{BC} = \dfrac{3qa^2}{28}$ （上部受拉）

   （c） $M_{CA} = \dfrac{qL^2}{16}$ （上部受拉）

   （d） $Y_B = \dfrac{28P}{53}$

3. （a） $M_{BA} = \dfrac{3PL}{8}$ （下部受拉），$M_{CB} = \dfrac{5PL}{8}$ （左侧受拉）

   （b） $M_{AB} = \dfrac{3qL^2}{28}$ （上部受拉），$M_{BC} = \dfrac{qL^2}{28}$ （上部受拉）

   （c） $M_{BA} = M_{BC} = \dfrac{qL^2}{8}$ （上部受拉）

   （d） $M_{BC} = M_{CE} = \dfrac{qL^2}{20}$ （上部受拉）

   （e） $M_{AB} = 0$，$M_{BA} = 4.5\text{kN} \cdot \text{m}$ （左侧受拉），$M_{BC} = 4.5\text{kN} \cdot \text{m}$ （右侧受拉）

   （f） $M_{AD} = 36.99\text{kN} \cdot \text{m}$ （右侧受拉），$M_{BE} = 104.43\text{kN} \cdot \text{m}$ （右侧受拉）

4. $N_{AB} = 0.415P$，$N_{DE} = 0.17P$

5. （略）

6. （略）

7. （a） $M_{AB} = -2.67\text{kN} \cdot \text{m}$，$M_{BA} = 14.67\text{kN} \cdot \text{m}$

   （b） $M_{BA} = 22.5\text{kN} \cdot \text{m}$

   （c） $M_{CB} = 85\text{kN} \cdot \text{m}$

   （d） $M_{BA} = -5\text{kN} \cdot \text{m}$，$M_{BC} = -50\text{kN} \cdot \text{m}$

8. $M_{BA} = 50.98\text{kN} \cdot \text{m}$，$M_{BC} = 68.3\text{kN} \cdot \text{m}$

单元 12

一、填空题

1. 单位竖向移动荷载，某一指定处的某一量值（内力、反力等）随竖向单位荷载位置移动而

2. 单位集中荷载的作用位置，结构的量值（反力、内力、位移等）

3. 直线段，光滑的曲线

二、绘图题

（略）

主要参考文献

陈鸿炽 . 2005. "宝瓶"式桥墩受力特性及钢筋合理性布置的探讨 . 福建建设科技（2）：41 - 42.

陈立群，等 . 2006. 理论力学 . 第一版 . 北京：清华大学出版社 .

范钦珊，蔡新 . 2006. 材料力学 . 第一版 . 北京：清华大学出版社 .

方从严 . 2009. 建筑力学 . 第一版 . 合肥：合肥工业大学出版社 .

干光瑜，等 . 2002. 材料力学 . 第三版 . 北京：高等教育出版社 .

贾启芬，等 . 2002. 工程力学 . 第一版 . 天津：天津大学出版社 .

李廉锟 . 2010. 结构力学 . 第四版 . 北京：高等教育出版社 .

刘鸿文，等 . 2004. 材料力学 . 第四版 . 北京：高等教育出版社 .

刘丽华，王晓天 . 2008. 建筑力学与建筑结构 . 第一版 . 北京：中国电力出版社 .

骆毅，等 . 2010. 土木工程力学基础 . 第一版 . 北京：人民交通出版社 .

马景善，等 . 2005. 工程力学与水工结构 . 第一版 . 北京：中国建筑工业出版社 .

单辉祖 . 2002. 材料力学 . 第二版 . 北京：高等教育出版社 .

宋小壮 . 2001. 土木工程力学 . 第一版 . 北京：高等教育出版社 .

孙训方，等 . 2008. 材料力学 . 第五版 . 北京：高等教育出版社 .

吴宝瀛 . 2008. 工程力学 . 第一版 . 北京：清华大学出版社 .

吴承霞 . 2009. 建筑力学与结构 . 第一版 . 北京：北京大学出版社 .

于英 . 2007. 建筑力学 . 第二版 . 北京：中国建筑工业出版社

张庆霞，金舜卿 . 2010. 建筑力学 . 第一版 . 武汉：华中科技大学出版社 .

周中瑾，等 . 2005. 建筑力学 . 第二版 . 北京：中国建筑工业出版社 .